郑州市地方史研究丛书

郑州金石志·明代编

郑州市地方史志编纂委员会　主办
郑州市地方史志办公室　编著

中国水利水电出版社
www.waterpub.com.cn
·北京·

郑州市地方史研究丛书编纂委员会

序

在中华文明发展的历史进程中，黄河流域以国家中心城市郑州为核心区域的中原文化源远流长，博大精深。全面、科学地收集整理历史文献是做好地方史研究的重要前提，也是深入探寻郑州国家中心城市文化根脉的一项基础性工作。

近年来，我们组织专家学者开展了“地方史研究丛书”的编纂工作，在认真整理古籍旧志的基础上，于2019年完成了《郑州历史地图集》《嘉靖郑州志校释》首批两部专著。2021年，根据《郑州市地方志工作规划（2021—2025）》部署要求，围绕编纂《郑州简史》，在郑州市委宣传部、郑州市文物局、郑州大学、中国水利水电出版社等单位及专家学者的支持帮助下，完成了《郑州古代诗选》《郑州金石志》（汉代编、北朝编、隋唐五代编、宋代编、金元代编、明代编、清代编）等8部专著的编纂出版。

诗言情，歌咏志，郑州是一座充满古典浪漫主义、现实主义色彩的诗歌之城。我们侧重地方史研究的角度，从历代典籍、诗集中对郑州地区的诗歌作品作了较系统的收集整理，编选夏、周、三国、西晋时期古诗30首；唐代91位诗人、214首；五代3位诗人、5首；宋代16位诗人、124首；金代25位诗人、75首；元代39位诗人、92首；明代5位诗人、33首；清代12位诗人、104首。这些作者基本涵盖了中国诗歌及文学史上最具代表性的重要人物，如《诗经》“郑风”“郐风”，唐代三大诗人李白、杜甫、白居易，唐宋八大家等。这些诗篇是郑州的历史记忆，为城市文化景观及其审美作了诗意、精彩的提炼与概括。

金石不朽，在中国的地方史志文献中，石刻资料以其原始性、真实性、地域性历来为研究者所重视，如北宋赵明诚所言，“史牒出于后人之手，不能无失，而刻词当时所立，可信不疑”。关于郑州古代石刻的著录及研究，自北宋欧阳修《集古录》、赵明诚《金石录》开始，成为历代金石著述、地方史志修纂的重要内容。此次编纂《郑州金石志》，是在郑州市文物局、郑州市博物馆及其商城遗址分馆、古荥汉代冶铁遗址分馆、郑州市文物考古研究院、管城区文物局、新郑市博物馆、新密市博物馆、荥阳市博物馆、郑州仁清金石传拓艺术博物馆、黄河博物馆等单位及诸多专家学者的大力支持下进行的，收集汉代以来石刻拓本近千种。许多为近年来最新出土，精心拓印，此次结集出版，弥足珍贵，为考证、辨识城市发展的历史脉络提供了丰富佐证。

地方史志研究，须以历史文献为根基，才能真正以史为鉴，发掘历史智慧，讲好郑州这座城市在辉煌灿烂的中华文明历史长河中所发生的生动故事。这也是郑州作为国家中心城市提升软实力，这也是弘扬中国气派、中国元素、中国精神的重要工作。

限于时间、篇幅，《郑州古代诗选》《郑州金石志》仅是初编，还有许多工作需要继续深入，我们将广泛征求意见，以期进一步修订完善，提高编纂水平。

编者

2021 年 12 月

目录

序

002 训公提点之塔 松庭撰并书 洪武六年四月

004 嵩岩之塔 松庭撰并书 洪武六年五月

006 辩公提点之塔 洪武九年五月

007 铁峰柔公庵主之塔 洪武十七年三月

008 少林住持嵩溪定公长老之塔 洪武二十四年正月

010 少林住持定公禅师之碑 □□撰 觉金书 洪武二十五年四月

014 少林住持松庭禅师之碑 蒲庵撰 觉金书 洪武二十五年四月

016 淳拙禅师道行之碑 蒲庵撰 德始书 洪武二十五年五月

018 少林住持松庭禅师之塔 洪武二十五年六月

019 宁公提举之塔 洪武二十五年九月

020 二祖庵住山玉公塔 洪武二十八年四月

021 少林都提点兴公塔 洪武二十八年九月

022 少林长老凝然改公禅师寿塔 本性撰 了文书 永乐十四年四月

024 嵩山少林禅寺前住持人山大和尚行实 毛毅撰 鲁岩书 永乐十四年八月

025 少林前住持竹庵忍公大禅师之塔 永乐二十一年二月

026 游少林寺 周鉴 宣德二年六月

028 提点古源渊公之塔 宣德三年九月

029 无为训公之塔 宣德五年五月

030 少林前堂嗣祖传法宗砺禅师金公之塔 真空撰 了文书 宣德五年五月
032 无尘清公之塔 宣德五年六月
033 少林首座圆宗整公之塔 宣德五年十月
034 少林住持桧庵斑公长老之塔 宣德九年九月
035 鲁山僧会大方通公之塔 宣德九年十月
036 圆寂首座金公无用之塔 正统十年三月
037 永庆住持嵩岩喜公长老之塔 正统十年七月
038 少林都提点一庵全公之塔 正统十年七月
039 少林提点道安勤公之塔 正统十年十月
040 少林住持俱空斌公长老寿塔 印宗撰 隆安书 景泰四年四月
042 凝然禅师道行之碑 会原撰 西竺书 福兴篆额 景泰六年十一月
046 郑州修学记 刘定之撰 天顺三年四月
048 大毗卢佛水陆堂记 了能撰 福兴书 昌正篆额 天顺五年八月
052 少林前堂首座灵峰寿公之塔 天顺六年二月
053 少林提点东明胜公之塔 天顺六年五月
054 本山座元印宗能公寿塔 天顺七年八月
056 本府安国寺首座如山行公和尚之塔 成化元年五月
057 敕赐少林住持连公松堂塔 成化元年七月
058 佛顶尊胜陀罗呢咒之帔 成化二年三月
062 少林住持长老性公自然之塔 成化九年三月
063 初祖庵前庵主慧公之塔 成化九年七月

064　初祖庵主政公道源之塔　成化九年七月
066　重修初祖殿记　圆忠撰　孙裕书并篆　成化九年十一月
068　河南府僧纲司都纲成公一峰和尚之塔　成化十一年八月
070　重修灵泉禅院记　广通撰　张真篆书　成化十一年十月
072　少林前堂首座净堂戒公之塔　成化十二年四月
073　本山提点玉公翠峰之塔　成化十二年五月
074　少林提点谨公义堂和尚之塔　成化十二年八月
076　永庆禅寺住持忠公敬堂之塔　成化十四年二月
078　少林塔院玲公瑞峰禅师之塔　成化十四年二月
080　少林达麽洞隐公东山禅师之寿塔　成化十四年八月
081　少林前堂首座俊公月舟和尚之塔　成化十四年八月
082　少林前堂首座大千闰公之塔　成化十五年二月
083　少林副寺无碍鉴公之塔　成化十五年十月
084　少林副寺灯公无尽之塔　成化十六年六月
085　昶公辉天禅师之塔　成化十六年六月
086　首座明公月潭之塔　成化十七年二月
087　永庆住持昇公太州之塔　成化十七年十月
088　本寺提点定公慧庵寿塔　成化十九年七月
090　少林住持从公无方和尚塔铭　成化十九年九月
092　徽府恩赐之碑　成化二十年二月
094　初祖庵主本公之塔　成化二十年三月

096 从公无方功行之碑 成化二十年四月
100 铸造铜弥勒佛碑记 璘楚□撰 悟忍书额 弘治元年正月
104 本山提点镇公古堂之塔 弘治元年八月
106 少室宝心敬公禅师寿塔 性成撰 悟忍书 弘治元年九月
108 提点聪公和尚寿塔 弘治三年七月
110 重修石窟净土寺记 常镒撰 郑继宗题额 郭果书 弘治七年
112 普安禅寺罗汉碑记 石玠撰 周道篆 薛钦书 弘治十一年五月
114 望嵩岳 李省斋作 陈宣跋 弘治十一年十一月
115 永庆寺住持宣公古风长老之塔 弘治十三年三月
116 少林住持传法嗣祖归源顺公和尚之塔 性成撰 本聪书 弘治十三年三月
118 游少林寺二首步文潞公韵 王弘撰 弘治十三年五月
120 少林成公拙庵长老和尚之塔 空本撰 弘治十四年闰七月
122 少林罢参庵主德公崇仁和尚之塔 弘治十□年七月
123 少林寺首座庆公云风和尚寿塔 正德元年五月
124 少林寺首座昞公南洲之塔 正德元年十月
125 访少室 何天衢撰 正德七年闰五月
126 僧会司官少林寺圆寂玉峰瑛公之塔 正德七年八月
127 少林寺修建轮藏阁、方丈、初祖殿、玉皇殿、甘露殿等记
月舟撰 正德七年八月
128 续曹洞正宗嗣祖传法沙门奉钦除僧纲司官彻空本公和尚
寿塔庙记 正德七年九月

129 少林寺首座成公之塔 正德七年十月
130 仙公道行之碑 悟本撰 周森书并篆额 正德八年八月
134 重修少林寺初祖庵面壁亭记 洪琦书 正德八年九月
135 都穆提名 正德八年十月
136 伽蓝示迹之碑 月舟撰 周森篆额并书 正德十二年正月
140 少林圆寂首座祯公益庵和尚之塔 正德十二年三月
141 少林寺住持嗣祖传法第二十九代古梅庭公塔铭
法训撰 正德十二年四月
142 过少林寺二首 毛伯温撰 正德十二年四月
144 钦依祖庭少林禅寺住持嗣祖曹洞正宗第二十三世月舟禅师载公之寿塔 正德十六年四月
146 游嵩岳诗 陈凤梧撰 正德十六年六月 附刘魁诗两首
148 敕赐祖庭少林禅寺嗣祖曹洞正宗第二十三代传法住持月舟和尚寿塔记 悟榻撰 □成题额 宗宝书 嘉靖元年四月
150 敕赐少林禅寺都提举政公德心和尚之灵塔 月舟撰 嘉靖二年九月
152 卢岩寺香亭题记 嘉靖四年五月
154 重修重阳观记 白钢撰 尹世荣书篆 嘉靖四年十一月
156 敕赐祖庭少林寺初祖庵庵主观公大千之灵塔
月舟撰 洪轮书 嘉靖五年
158 敕赐祖庭少林禅寺沙弥白斋琼公童行之灵塔 嘉靖六年五月
159 宿少林 陶谐撰 嘉靖六年六月
160 嘉靖辛卯季春二十一日安成晚生伍全敬谒宋太师欧阳文忠公墓下感而有作 伍全撰 嘉靖十年三月

162　敕赐祖庭少林禅寺淳公素庵首座和尚之塔　嘉靖十年四月
164　敕赐祖庭少林禅寺都提举罕公玉堂和尚觉灵之塔　嘉靖十年四月
165　敕赐祖庭少林禅寺都提举宏公大机和尚之塔　嘉靖十年四月
166　千崖万壑　张钦书　许成名题　嘉靖十五年五月
168　敕赐少林禅寺首座会公和尚灵塔　嘉靖十五年十月
169　重修梅子沟石桥记　周棹撰　张永亨书　王宗化题额　嘉靖十七年三月
170　庄严圆寂住持宗琳玉堂禅师灵塔　悟万撰　周腾书　嘉靖十七年四月
172　敕赐大少林禅寺都提点安公守心和尚寿塔　嘉靖十八年三月
174　游嵩岳诗　陈棐撰　嘉靖十九年四月
176　游嵩岳诗　王尧弼撰　嘉靖十九年夏
178　大明周府鄢陵端僖王圹志铭　李士允撰　曹嘉书　熊爵隶　嘉靖十九年十一月
180　少林禅寺选公和尚灵塔　嘉靖二十年三月
182　敕赐大少林禅寺监寺章公印宗和尚之塔　嘉靖二十年三月
183　敕赐大少林禅寺明公月庵长老寿塔　嘉靖二十年四月
184　达磨折苇渡江图　冲壁题　嘉靖二十二年二月
186　游少林寺　刘钦顺撰　嘉靖二十二年四月
188　施茶碑记　洪洽撰并书　嘉靖二十五年八月
190　敕赐大少林禅寺故都提点僧会署印天长续公大和尚之塔　嘉靖二十六年四月
191　敕赐大少林禅寺首座敖公和尚之塔　嘉靖二十七年三月
192　敕赐大少林禅寺敕名天下对手教会武僧正德年间蒙钦取宣调镇守山陕等布政边京御封都提调总言统征云南烈兵扣官赏友公三奇和尚之寿塔　嘉靖二十七年六月

194 藩王周王世叙并旨谕荥阳县洞林寺碑 嘉靖二十七年十月
198 敕赐洞林大觉禅寺历代序 明滋撰并篆 真霄书 嘉靖二十七年十月
202 敕赐祖庭少林禅寺住持嗣祖曹洞正宗第二十四世静庵榻公灵塔
嘉靖三十一年二月
204 敕赐祖庭少林禅寺提点富公寿安和尚灵塔 嘉靖三十一年三月
206 重修少林寺记 明藩徽王首阳子书 嘉靖三十二年正月
208 重修十王殿记 杨应魁书 嘉靖三十五年三月
210 少林寺重建初祖殿记碑 罗洪先撰 朱衡书 吕时中篆额 嘉靖三十九年七月
212 敕赐祖庭大少林禅寺首座智公和尚之塔 嘉靖四十三年正月
213 敕赐祖庭大少林禅寺庄严圆寂亲教师就公天竺和尚之塔
嘉靖四十三年二月
214 敕赐祖庭大少林禅寺都提点本县僧会司署印永公大节和尚寿塔
嘉靖四十三年二月
216 混元三教九流图赞 朱载堉 嘉靖四十四年三月
218 敕赐少林寺提举署僧会司印乳峰三空了公和尚寿塔
陈瀚撰并书 嘉靖四十四年四月
220 嗤没哪塔扁囤和尚灵塔 嘉靖四十四年八月
221 敕赐少林禅寺都提举署僧会司寿堂添公寿塔 嘉靖四十四年十月
222 郑州重修文庙记 张大猷撰 周国卿书 嘉靖四十四年十一月
224 碧潭禅师寿塔铭 小山撰文 镇性书并篆 嘉靖四十五年正月
226 释迦佛手字及释迦如来双迹灵相图 嘉靖四十五年二月
228 匾囤禅师行实碑铭 杜滦撰并书 隆庆三年九月
230 敕赐嵩山祖庭大少林禅寺本山首座义公无穷和尚塔
隆庆四年四月

232　敕赐嵩山祖庭大少林禅寺初祖庵福公寿安和尚之塔　隆庆四年四月

233　敕赐嵩山祖庭大少林禅寺本寺首座珥公和尚寿塔　隆庆四年四月

234　钦依住持少林寺嗣曹洞正宗第二十四世当代传法小山禅师塔铭
王体易撰　成吉祥书　隆庆六年四月

235　钦差告示碑　万历元年正月

236　河南府登封县为乞怜山僧分豁额外粮差帖　万历元年十月

238　炼魔台　左思明书　万历元年冬

240　达磨像　张路绘　陈文烛题　万历二年春

242　谒中岳庙　王守诚撰　万历二年冬

243　敕赐少林禅寺空公和尚寿塔　万历三年二月

244　敕赐少林禅寺当代住持贤公隐山和尚灵塔　万历三年二月

245　敕赐少林禅寺提点参公竺方和尚寿塔　万历三年二月

246　秋日辱唐惠庵宪使同游少林用白岩乔公韵　李廷龙　万历三年七月

248　护法紧那罗王　妙法紧那罗王　大法紧那罗王　持法紧那罗王像
万历三年七月

250　同滕北海、管建初二山人暨幻休上人游初祖庵遇雨　游达磨面壁洞
黄洪宪撰　万历五年六月

252　三圣庙□　高拱撰　万历六年四月

254　无穷禅师小像赞
翘勤撰　真空书　无穷禅师碑　法彬撰　无穷禅师像　文石绘　万历六年十二月

256　初祖庵观面壁像　周鉴撰　万历八年秋

257　敕赐少林禅寺兴公古宗和尚之塔　万历八年九月

258　敕赐少林寺见公和尚之塔　万历八年九月

259 敕赐祖庭大少林禅寺提点瑞公雪堂和尚之塔 万历九年三月
260 河南府登封县为乞怜分豁丈地均粮帖 万历九年十一月
262 钦依大少林禅寺彪公和尚灵塔 万历十年正月
263 敕赐祖庭大少林禅寺灯公和尚之塔 万历十年正月
264 敕赐少林禅寺圆寂授教师助公天衣和尚寿塔 万历十年二月
266 敕赐大少林禅寺圆寂都提举雄公大威和尚寿塔 万历十年二月
268 敕赐大少林禅寺圆寂首座整公无心和尚寿塔 万历十年二月
269 敕赐嵩山祖庭大少林禅寺本山提举对公之塔 万历十一年二月
270 圆寂亲教师本寺都提举雷公大震和尚灵塔 万历十一年三月
272 少林寺设斋三载完满碑记 丁尧相撰 万历十一年十月
274 少林寺总持宗门幻休润禅师塔记
汪道昆撰 汪道贯篆 周天球书 万历十四年七月
278 钦依大少林寺传法住持幻休和尚塔
汪道昆撰 汪道贯篆额 王穉登书 万历十四年七月
280 丁亥二月嵩山祷雨遇雪，后雪大澍，喜和徐侍御游少林喜雪之作
叶时新撰 万历十五年二月
281 面壁石 王士崧撰 万历十五年四月
282 中秋夜同巩登二年丈考绩宿少林次题壁韵
冯懋仁 顾汉 郑大原撰 万历十七年八月
283 少林仲公和尚之塔 万历十八年三月
284 少林提点爱公一慈和尚之塔 祖源撰 万历十八年三月
286 少林寺圆寂首座迷公指南和尚之塔 万历十九年三月
287 敕赐祖庭大少林禅寺都提点本县僧会司署印朵公莲峰和尚寿塔
万历二十年四月

288 敕赐祖庭大少林禅寺初祖庵庵主洞公本原和尚之塔 万历二十年四月
289 圆寂少林寺秦公和尚灵塔 万历二十一年二月
290 祖庭少林禅寺恕公和尚灵塔 万历二十一年二月
291 祖庭少林禅寺珉公和尚灵塔 万历二十一年二月
292 敕赐祖庭少林禅寺圆寂禅师和尚竹公寿塔 万历二十一年十月
294 登封县图 万历二十一年
296 祖庭大少林禅寺僧智庵公和尚寿塔 万历二十二年二月
298 祖庭少林禅寺僧辇公和尚灵塔 万历二十二年二月
299 祖庭少林禅寺僧台公和尚灵塔 万历二十二年二月
300 院行明文 万历二十三年八月
302 登封县知县丁为肃清规杜诈害以安丛林事告示 万历二十三年十月
304 面壁洞同丁元文给谏 颖阳三月雨雪歌赠丁元文
区大相撰 杨玉润书 万历二十四年
306 敕赐祖庭少林寺白公雪峰灵塔 万历二十五年二月
307 敕赐少林寺都提举前署僧会司印均公芸庵灵塔 万历二十五年二月
308 敕赐祖庭少林寺都提举当公正宗灵塔 万历二十五年二月
309 初祖庵 思庵撰 万历二十六年夏
310 明钦依道公无言禅师行实碑
王锡爵撰 俞汝为篆额 董其昌书 万历二十七年十二月
316 五岳真形之图 方大美跋并书 万历三十二年二月
318 敕赐少林禅寺都提举体公一元和尚寿塔 万历三十三年三月
319 敕赐少林寺庵主客公玉峰和尚寿塔 万历三十三年春
320 敕赐少林寺都提举宾公智庵和尚寿塔 万历三十三年春

322 明钦依道公无言禅师行实碑
鲁凤仪撰 乐元声书 虞淳熙篆额 万历三十年四月
326 题达磨面壁 金忠士 万历三十六年十月
328 嵩山少林寺赐紫住持曹洞正宗第二十六代禅师道公碑铭
董其昌撰并书丹篆额 万历三十七年正月
336 嵩山六十峰诗 傅梅撰 王正民书并篆额 万历三十七年五月
338 甘露台 李思孝题 万历三十八年夏
339 谒中岳 李思孝题 万历三十八年夏
340 少室、阳城、石淙诗 傅梅撰 万历三十九年十月
342 重修慈云寺千佛大殿碑记 赵景星撰 万历四十年正月
344 白衣洞善碑记 万历四十四年
346 再宿少林 董光宏撰 万历四十五年五月
347 鱼篮观音图 万历四十五年十二月
348 观音大士像 万历四十六年九月
350 启建佛斋供三次完满碑记 无言撰 永随书 万历四十六年九月
352 敕赐少林禅寺授教师武公本乐和尚享寿四十一之塔
万历四十七年三月
354 敕赐少林禅寺都提举征战有功顺公万庵和尚享寿七十四之塔 万历四十七年三月
355 敕赐禅寂灵塔 万历
356 登五乳峰顶访达磨洞 曹文衡撰 天启元年八月
358 初祖庵偈 夏民仰撰 天启三年四月
360 钦依少林寺传曹洞正宗第二十六代雪居大师安乐处
天启三年

361 题少林寺诗 梁建廷 天启三年
362 游少室及道公入寿藏序 刘安行撰 天启三年十二月
364 敕赐祖庭大少林禅寺授教恩师房公右室大和尚寿灵之塔
天启四年三月
366 钟馗像碑 梁建廷题 天启四年四月
368 钦命河南少林寺创建千佛阁兼权方丈第二十六代静庵大师安乐处
天启四年四月
370 达摩像碑 梁建廷赞 天启四年五月
372 少林观武 程绍撰 天启五年二月
373 敕赐祖庭少林禅寺提点古鉴镜公大和尚之塔寓 天启五年三月
374 敕赐祖庭大少林禅寺恩师提点守余乡公本大和尚寿算之塔
天启五年四月
375 敕赐祖庭大少林禅寺恩祖征战有功大才便公寿算八十三岁本
大和尚之灵塔 天启五年四月
376 敕赐祖庭大少林禅寺千佛阁焚修冠带住持提点信公道源大和尚寿塔
天启七年二月
377 祭中岳告文 王铎撰 崇祯三年十月
386 少林二十七代钦依传法住持寒灰喜公禅师碑记
焦源溥撰 焦源清篆 王之采书 崇祯三年十月
390 重修横翠亭记 慧喜志 寂光书 崇祯四年八月
392 明诰封中大夫光禄卿龙津魏公墓志铭
王铎撰 毛文炳篆额 禹好善书 崇祯十年十一月
394 重修东岳寝殿金装神像碑记 屈复伸撰 崇祯十二年七月

明

训公提点之塔

松庭撰并书　洪武六年四月

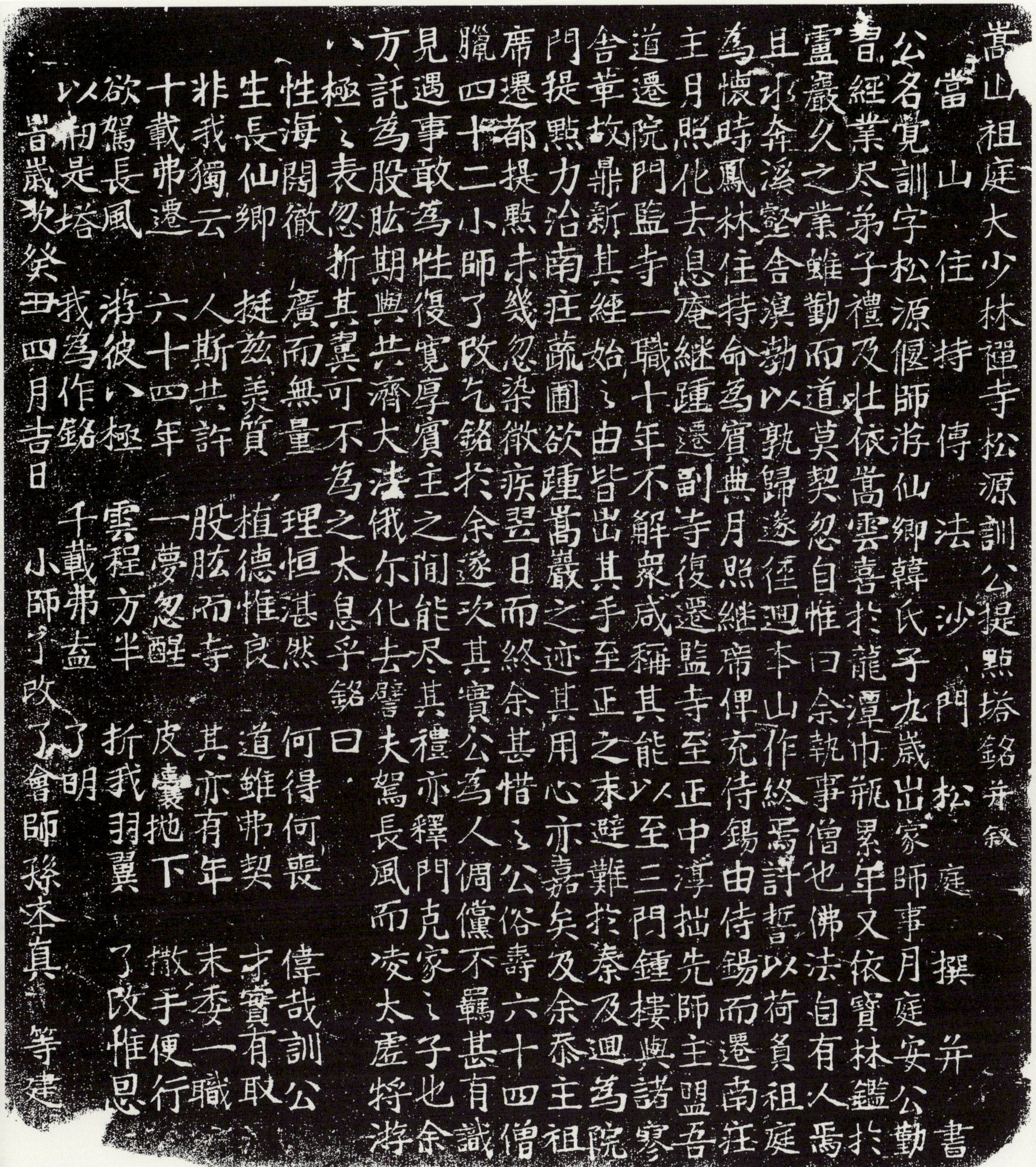
嵩山祖庭大少林禪寺松源訓公提點塔銘并叙
當山住持傳法沙門松庭撰并書
公名覺訓字松源偃師游仙鄉韓氏子九歲出家師事月庭安公勤
習經業尽弟子禮及壯依嵩雲喜於龍潭巾瓶累年又依寶林鑑於
靈巖久之業雖勤而道莫契忽自惟曰余執事僧也佛法自有人焉
且求奔溪壑舍漠勃以孰歸遂徑迴本山作終焉計誓以荷負祖庭
為懷時鳳林住持命為賓典月照繼席俾充侍錫由侍錫而遷南莊
主月照化去息庵繼踵遷副寺復還監寺至正中淳拙先師主盟吾
道遷院門監寺一職十年不解衆咸稱其能以至三門鍾樓與諸寮
舍華故鼎新其經始之由皆出其手至正之末避難於秦及迴為院
門提點力治南莊蔬圃欲踵嵩巖之迹其用心亦嘉矣及余忝主祖
席遷都提點未幾忽染微疾翌日而終余甚惜之公俗壽六十四僧
臘四十二小師了改乞銘於余遂次其實公為人倜儻不羈甚有識
見遇事敢為性復寬厚實主之間能尽其禮亦釋門克家之子也余
方託為股肱期與共濟大法俄尔化去譬夫駕長風而凌太虛將游
八極之表忽折其翼可不為之太息乎銘曰
性海闊徹　廣而無量　理恒湛然　何得何喪　偉哉訓公
生長仙鄉　挺茲美質　植德惟良　道雖弗契　才實有取
非我獨云　人斯共許　股肱而寺　其亦有年　末委一職
十載弗遷　六十四年　一夢忽醒　皮囊拋下　撒手便行
欲駕長風　游彼八極　雲程方半　折我羽翼　了改惟恩
以相是塔　我為作銘　千載弗盍　了明
昔歲次癸丑四月吉日　小師了改　了會　師孫本真　等建

嵩岩之塔

松庭撰并书　洪武六年五月

嵩山祖庭大少林禪寺寶應住持嵩巖俊公和尚塔銘并叙

當山住持嗣祖沙門松庭子嚴撰并書

師名智俊，嵩巖其自号也。姓張氏，世居覃懷，以十善名家。師生而英特，稟性好佛，童丱礼本寺藏雲老人為師，服勤有年。及事被削，乃如下受具足戒。已而還元住持本寺，俾充侍錫，復充悅衆。又有年，延祐中抵京師萬壽，参靈峯，命掌知藏。久無所契，即尋旋踵祖山。時鳳林主法，命為監寺，兼領淨明，翔正殿，塑佛像，搆禪房，求錢又於本第又淨明、萬安啓講筵者三，又嘗輸錢命僧三轉大藏經，磬舍衣資以為襯施。天歷中，淳拙主盟祖庭，遷院門監寺，乃翔閣西隅南庄兩处蔬圃，復於寺西鑿大小二池，積水養魚，栽蓮種樹，仍起亭於池中，旱則汲引清流灌溉蔬圃，代夫抱甕之勞，暇則徘徊從倚，挹維嵩之翠，觀游魚之樂，蓋有濠梁之思焉。淳拙退席，鳳林復繼踵，乃飛錫游臺山，瞻礼文殊，迨迴道經順德，參損庵益於開元，一言指契，即付之以衣法。損庵亦嘗住本寺。至正中，無為住持，遷都提點，兼領寶應，又翔正殿、法堂，不三載，像設莊嚴，内外煥然，為之一新。初受疏日，鳳林聞之乃曰："茲寺興矣。"後果符其言。無為化去，淳拙再繼席，師舉意翔鍾樓，新南庄，開崇德之基，益普照之田，其功業不可具述焉。至正之末，天下大乱，茲寺失守，乃避兵於汶水之中林，已而汶水亦乱，師挈其徒還本寺，以疾感於少室之南杜家寨。事稍寧，還靈骨於祖塋，塔而葬之。俗壽七十三，僧臘五十二。於戲！師智而多謀，蒞事有權，股肱叢林幾五十餘載，始終如一，為衆竭力，略無少懈，於事之大小，知無不為，加以豁達大度，遇物有容，犯而不較，又復公勤廉潔，志在衛法，不為利名，果断敢言，足以蓋諂諛者之顔，御衆之際，慈威並行，真末法幹蠱有為之僧也。可銘乎哉！銘曰：

金仙之道，抑以言通。雖涉名象，罔昧厥宗。師之雅号，何取於嵩。

用配厥德，以正以中。中正而庸，道可尊崇。諸山星拱，僉仰高風。

靈峯弗契，謁損庵公。一言得理，勢倚穹窿。職居祖寺，兼領梵宮。

受翔尓殿，以像大雄。師於兩刹，信有極功。五十餘載，靡替始終。

奉衆竭力，乃尽厥忠。生緣忽謝，花落殘紅。師之來也，如雲之叢。

師之遊也，若水之東。身雖云死，道則弥隆。此銘此塔，萬世弗窮。

歲在癸丑五月吉日小師等建

小師：子整　子齊　子忍　子深　子順　師孫：覺滿　覺成　法寶　覺昌　覺忠

助緣：都提點覺訓　院門提點覺興　修造提點本永　悅衆了攺　侍者文就　果海　直歲圓德　知客本真

辩公提点之塔

洪武九年五月

鐵峯柔公
庵主之塔
洪武十七年三月日小師果圓奉

少林住持嵩溪定公长老之塔

洪武二十四年正月

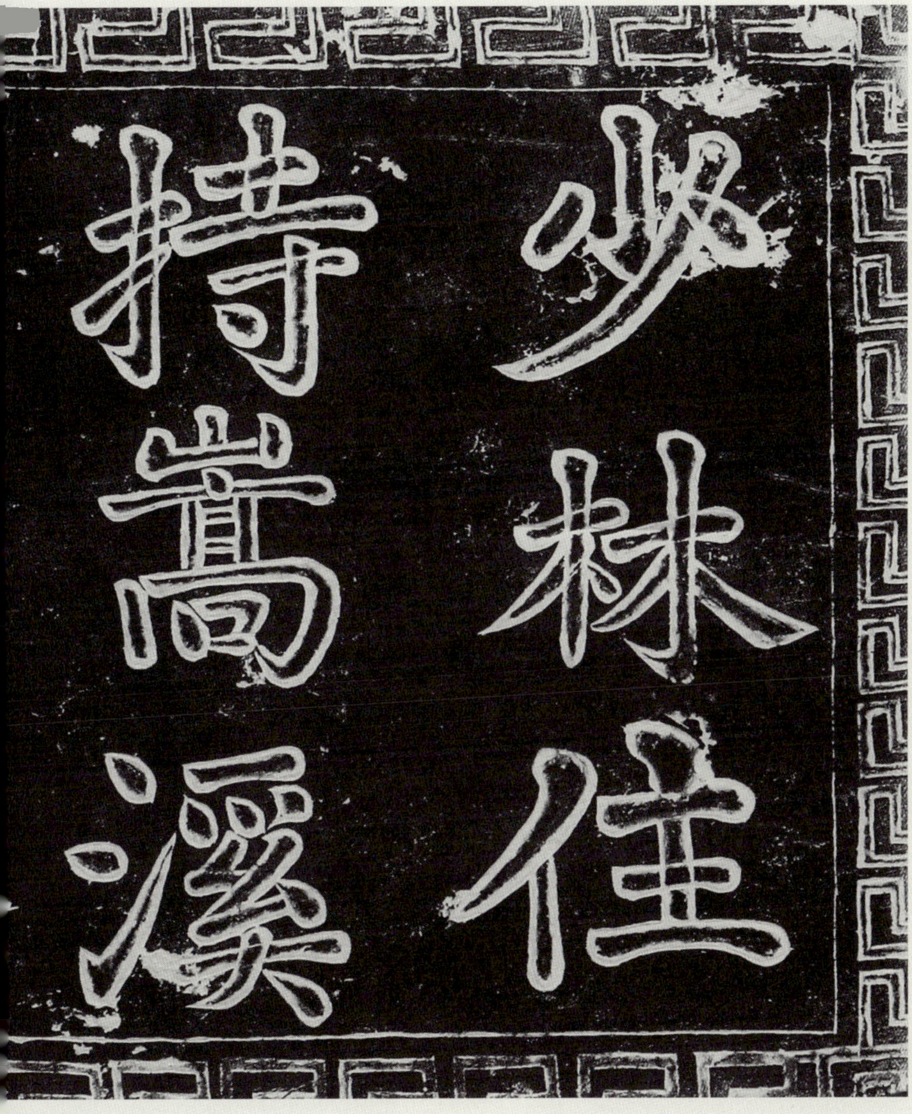
少林住
持嵩溪

少林住持定公禅师之碑

□□撰　觉金书　洪武二十五年四月

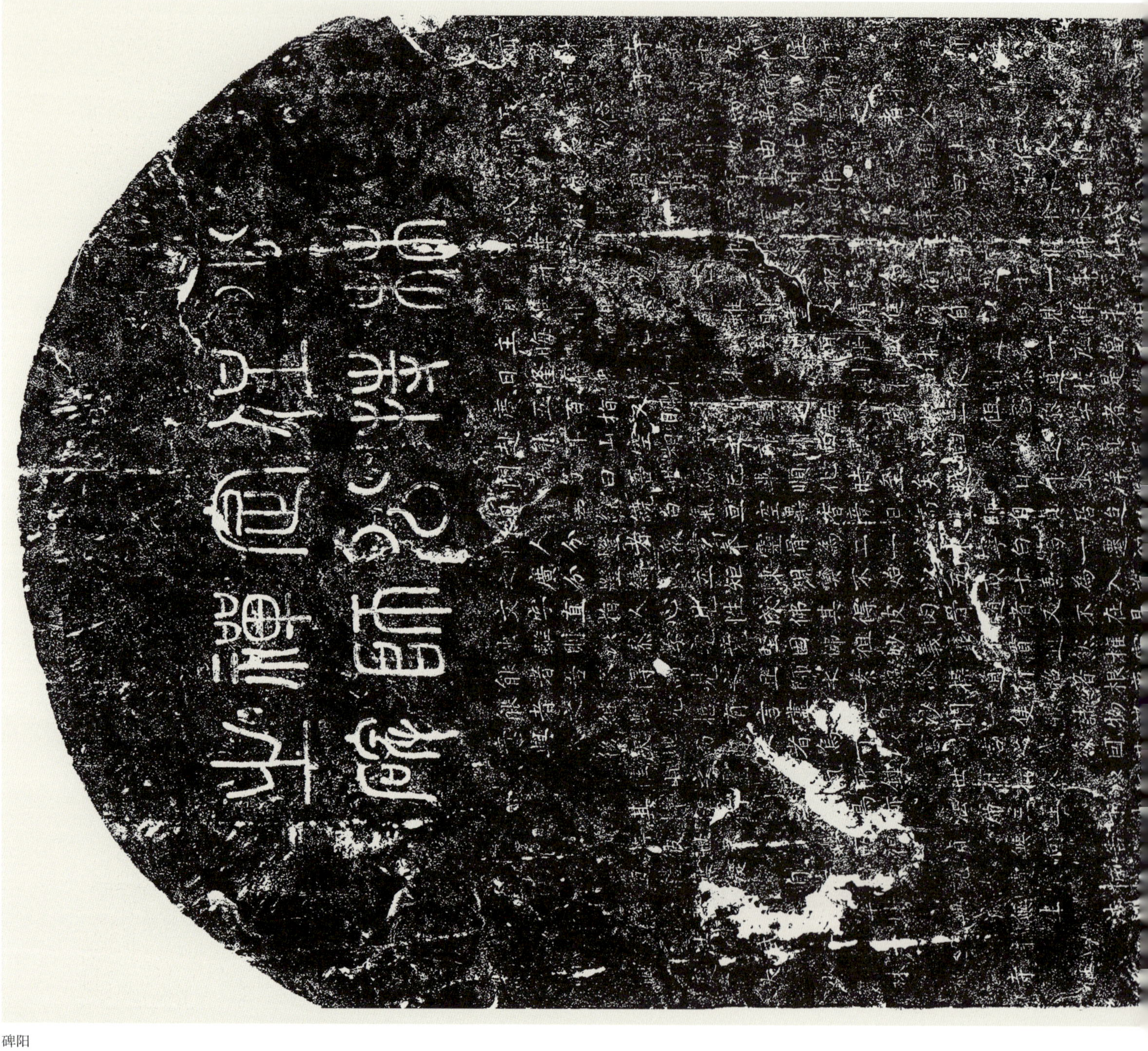

碑阳

碑阴

少林住持松庭禅师之碑

蒲庵撰　觉金书　洪武二十五年四月

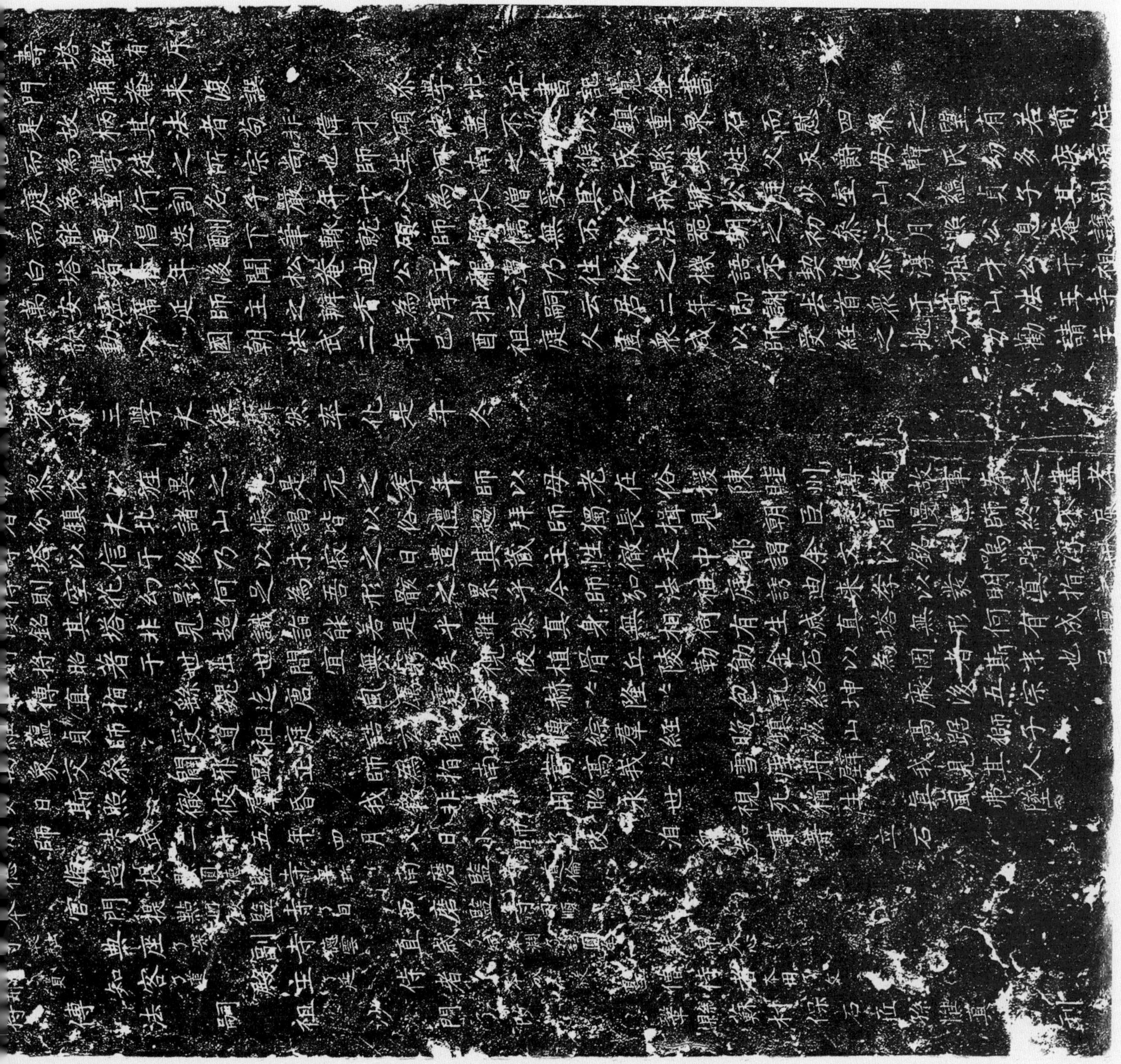

淳拙禅师道行之碑

蒲庵撰　德始书　洪武二十五年五月

少林住持松庭禅师之塔

洪武二十五年六月

洪武二十五年九月

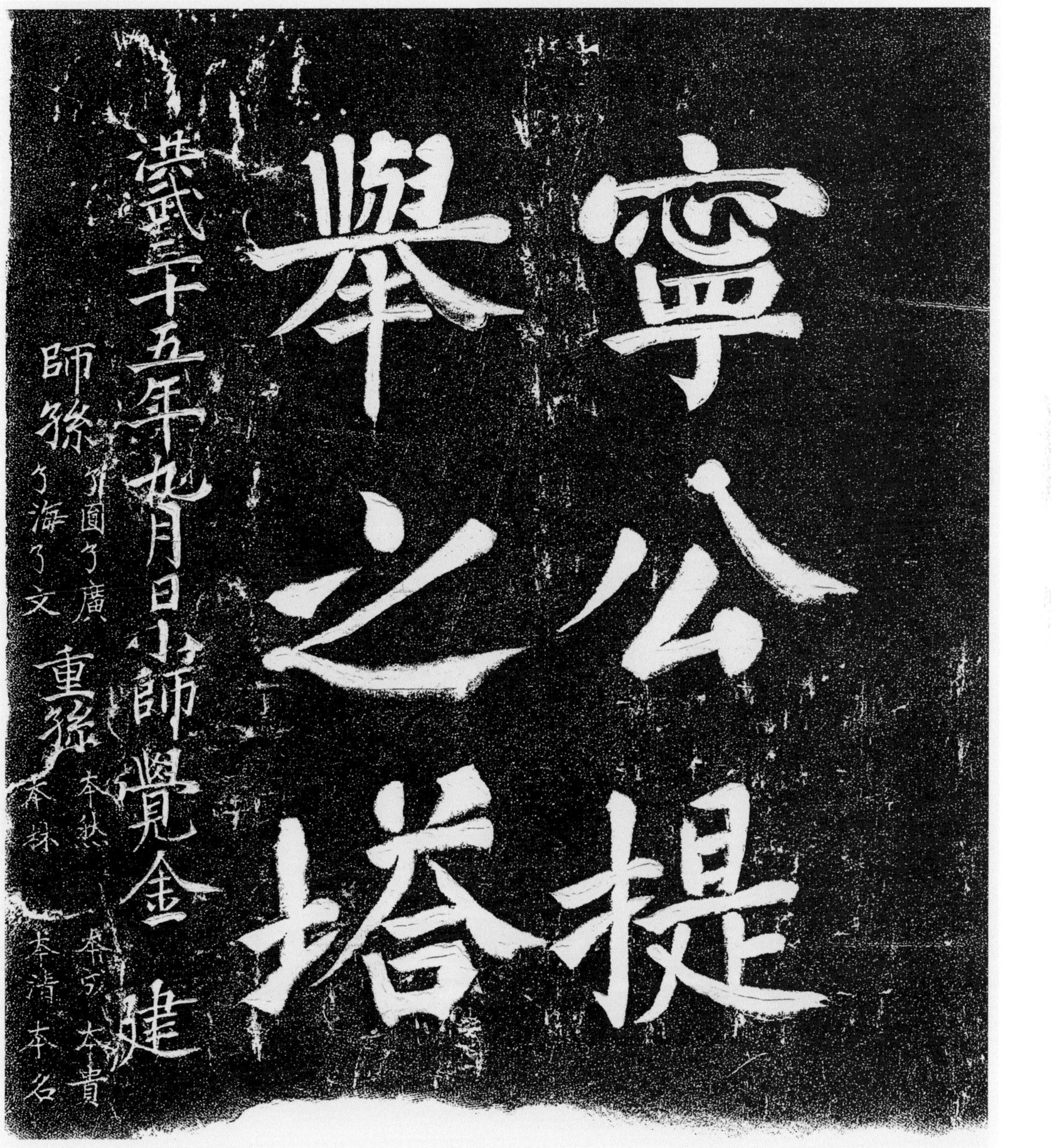

二祖庵住山玉公塔

洪武二十八年四月

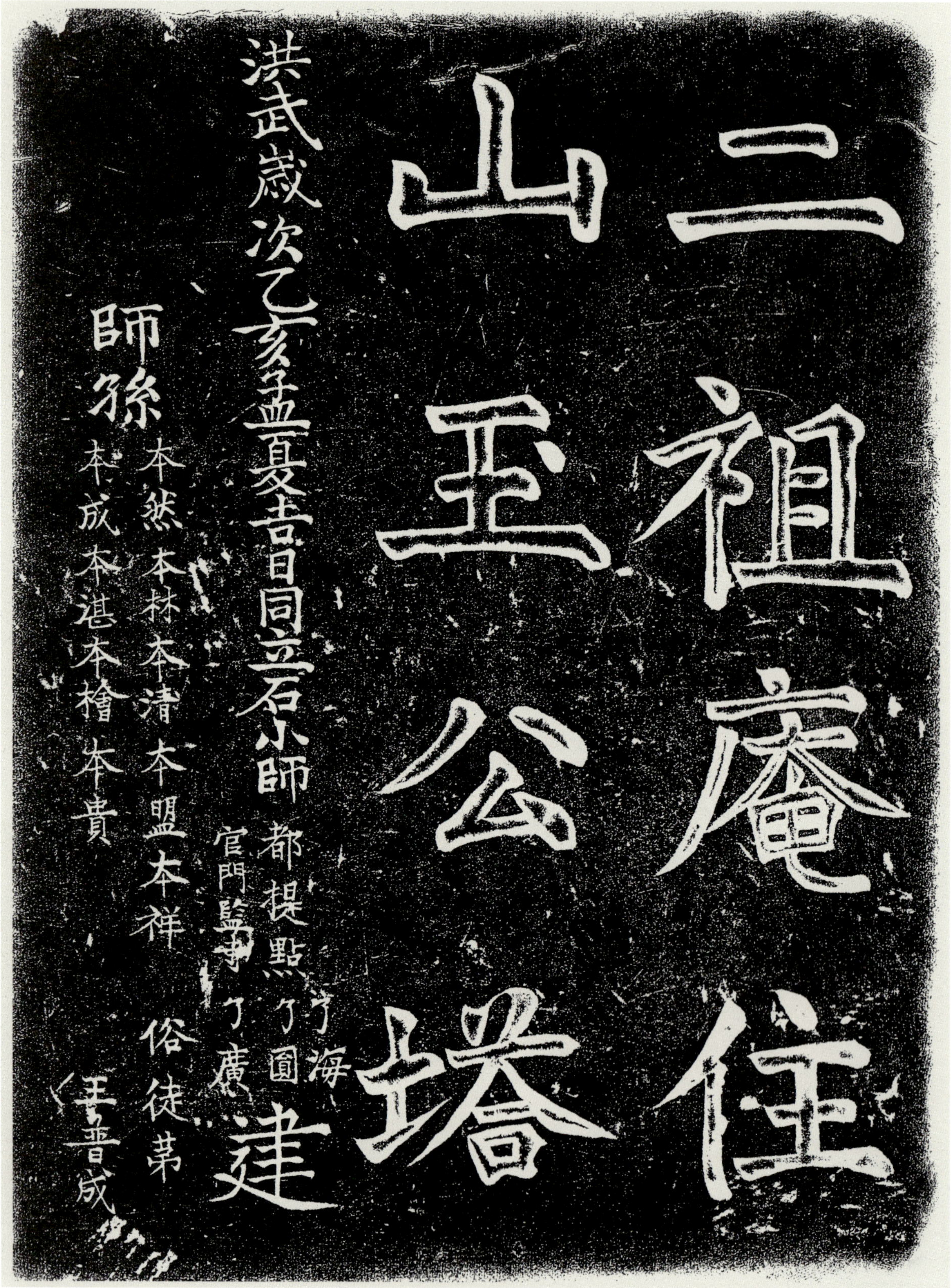

洪武二十八年九月

少林长老凝然改公禅师寿塔

本性撰　了文书　永乐十四年四月

嵩山大少林禪寺第二十五代住持凝然壽塔之銘并序 [illegible]
伏聞凝然性海不動金山至理忘言名相豈能道其跡靈明洞徹識情何以窺其源包括虛空含[illegible]
邊表之際豈在思議而得者也至善之理自非夙智高明罕能造其要有大禪師法諱了改自號凝然祖於河安
嵩陽金店人也任信之子母韓氏始自髫齓而遠囂素志憺飫懷出塵之情父母深憐許以從釋及年十四往禮
訓公提點於祖庭擢授落髮師乃天姿純粹拔萃超羣青燈黃卷吾益數句悠遊乃外之典逮年二十有一受其具
戒一日往學參訪月印潭長老于嵩山烓香作禮扣問玄宗日益咨詢無暇臨寺謙恭遜讓上下和睦凡所作為
身先率眾乃精修東西殿廊二次水礦煥然一新劵力有年得斯道矣復越關陝使禮臺山訪求知音乃歷有季三
隆祥伯松庭巖公大和尚主於祖庭風步雲囊徑詣座側機語相投然和未幾韞膺之珠爆然炳發向上玄關了然
笏矣乃證道為家授衣頌覲師卓志命掌記室一依五載禮別至洪武二十年前御山善公長老唱道祖山請師主
元平分風月談笑有年合辭山隱時值洪武二十三年叢社荒涼祖席高虛四衆耆老御師碩德咸舉薦之具疏禮
請師乃固辭懇之再三無如之何故不得而言也遂援其鋒踞猊之座竪龜毛之塵機輪電掣聲震華夷緇素
臻靡不忻從而化也殿樓廡庫葺故煥然常住[illegible]檯似增前盈嗣法者數十餘人扶持三載退席閑居至年高邁世
壽　歲僧彌　歲桑榆晚景二豎奔騰幻化之軀大海浮漚嗣續小師海寶圓吾了深等慕恩訓厚媿目
報酬預誌壽塔以銘于後具師卓行丐余之文予媿才菲弗獲辭遂舉敘師平昔之大槩謹為之銘曰
真空妙理　圓同太虛　亘古窮今　無欠無餘　自西一脉　派列曹溪　豈掣雷轟　霧霈淋漓　師之懷
渤澥流通　所證斯道　雪庭授之　兀住名藍　踞獅座示　提唱宗乘　聲震寰宇　叅依緇流　咨詢絡繹
拔峭機鋒　單傳直指　拂竪龜毛　杖懸兔角　妙用[illegible]玄　神機閃爍　示彼沉劃　不墮中偏　死生一致
遂乎本源　法身弗墜　幻化非堅　勒此貞銘　萬古流傳

嗣法小師
南陽寶庵主　少林文庵主　彰德懃庵主　裕州林庵主
大同朗庵主　臨津斑庵主　路州才庵主　汝州照庵主
密縣善庵主　平陽深庵主　汝州祥庵主　洛陽清庵主
開封安庵主　襄縣澄庵主　洛陽金庵主
鄭州福庵主　汝寧榮庵主　安邑泉庵主

本真　本毅　圓全　圓鏡　勅提點　俗徒眾
落　本[illegible]　本心　圓聰　圓廣　緣果　真蘇　本藝
髮　本澗　本成　師　圓壽　圓信　法監寺　數百餘人
小　本用　本敬　孫　圓勲　圓海　姪　圓通　俗孫　任大
師　本貴　本慧　圓勝　任三　任五

大明永樂十四年孟夏吉日　小師海寶等立石　師孫圓壽刊

嵩山少林禅寺前住持人山大和尚行实

毛毅撰　鲁岩书　永乐十四年八月

嵩山少林禪寺前住持人山大和尚行實　進士毛毅撰　少林悅衆魯岩書丹
竊謂衣鉢之傳不繼而梵教棋分曹溪之派不振而禪宗星布[illegible]而戒律常行定慧不滅厳有先覺寔啟後
人師者出塵之捷徑也教者般若之慈航也迺禪關者非徑則奚登進法海者無航則孰濟此後人所以有
望於先覺也大河之南有僧曰人山大[illegible]師少出家於鄭州香嚴長壽禪寺受業於應岩和尚而脫塵因參
法於如庵和尚而尊正戒訪於瀛洲和尚而悟真覺於是本性了然禪機澄澈既精深於戒律𨒪儀軌於同
袍遂開堂於平陽兜率禪寺祕密宏敷[illegible]從雲聚自諦其道之可行也乃飛錫太原住奉聖寺者七載曳杖
介休主與國寺者三年繼登方丈於交城復掌宗風於石壁由是度比丘衆近悅而遠來闍毘屋敍日增月
廣洪武十六年奉
晉府令旨住山西之崇善寺始終十年儀教修備親藩禮重洪武二十六年奉
周府令旨住錫嵩山少林祖庭禪寺永樂三年五月奉
朝命選取高僧奉揚佛會師預首選既赴
京師道達
宸御聖會究滿復回南陽鄧州香嚴長壽禪寺乃始出家之地也是年九月二十二日圓寂座化終始同歸存
没得所可謂成全者矣本姓高氏凡爲僧者六十餘年壽八十有八歲住過禪林八處度弟子數千百人其在
香嚴也有賢隱山固庵主等其在兜率也有賢一峯心自然等其在奉聖也有覺瓊峯等其在興國也有半
開雲等其在石壁也有才法雲寺其在崇善也有海印堂英雄峯等數十人其在少林也有賢普門十餘人
其終始相依披剃執業者了教見掛錫於落陽之福先寺皆師之居王山寺大作緣事有功於山門後居少
林設水陸無遮大會禮請十師建立資戒聖壇啓建法堂修營祖殿丈室輪奐一新至今人咸稱道之其美
之及人也深矣當師圓寂之時緇[illegible]數千遠近畢集靈骨堅固如今舍利山西諸寺奉造塔宇起會安葬浮圖
之道信如是也惟少林所得堅固尚置覺遲爲窀穸則不敢起塔宇則未能門徒了教心竊傷悼衣鉢空虛
緣力微薄胥盡遑遑莫知所措於是俗述先師之寔德俾觀者所興起庶有助而成之者異日塔宇既成石
碣將立亦有考於斯述云　落髮小師　了教　真竟　真空　圓能　圓善　時圓得　高因信
大明永樂十四年中秋吉日　小師　了教　圓賢　等立石　張普善刻

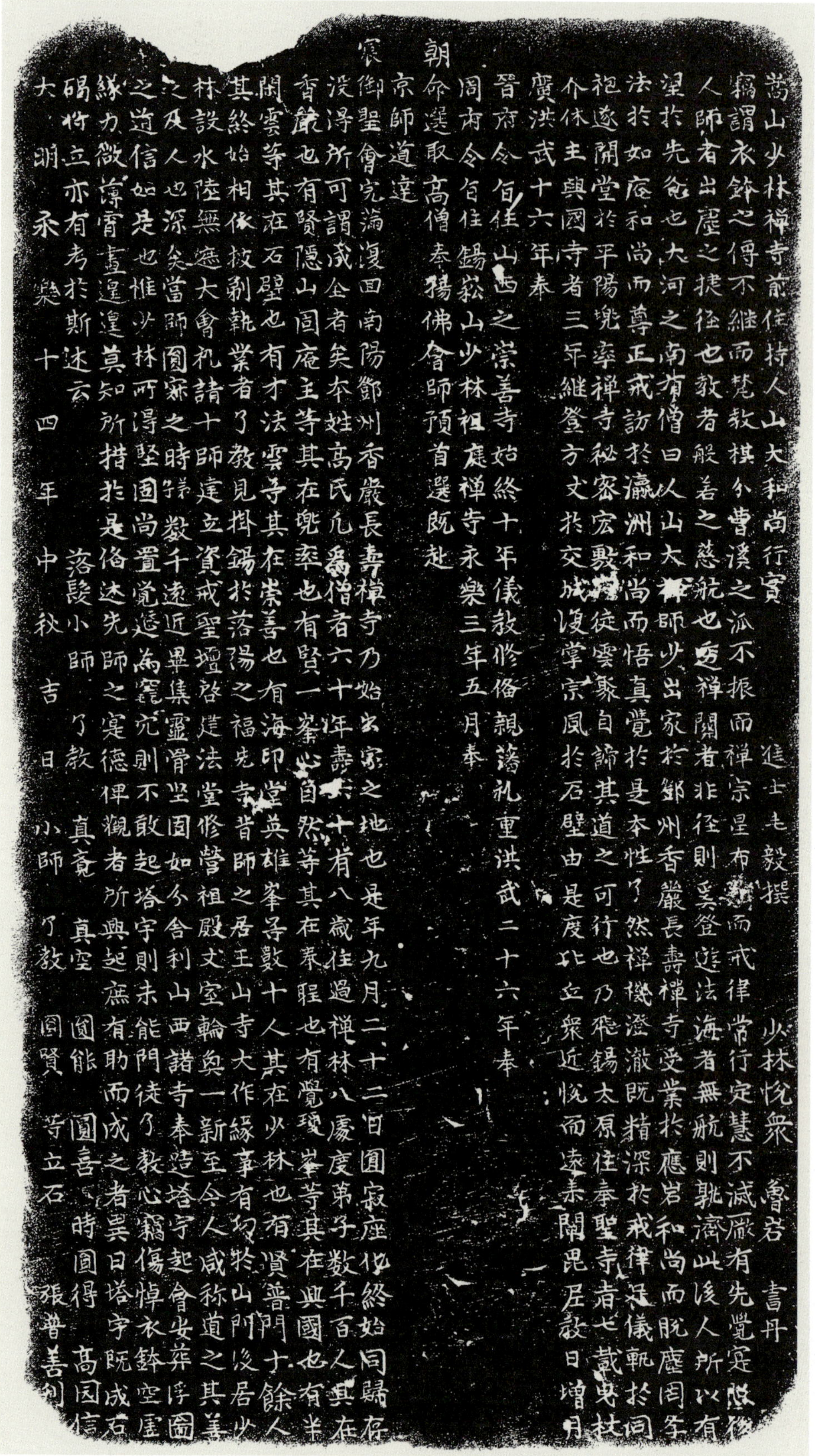

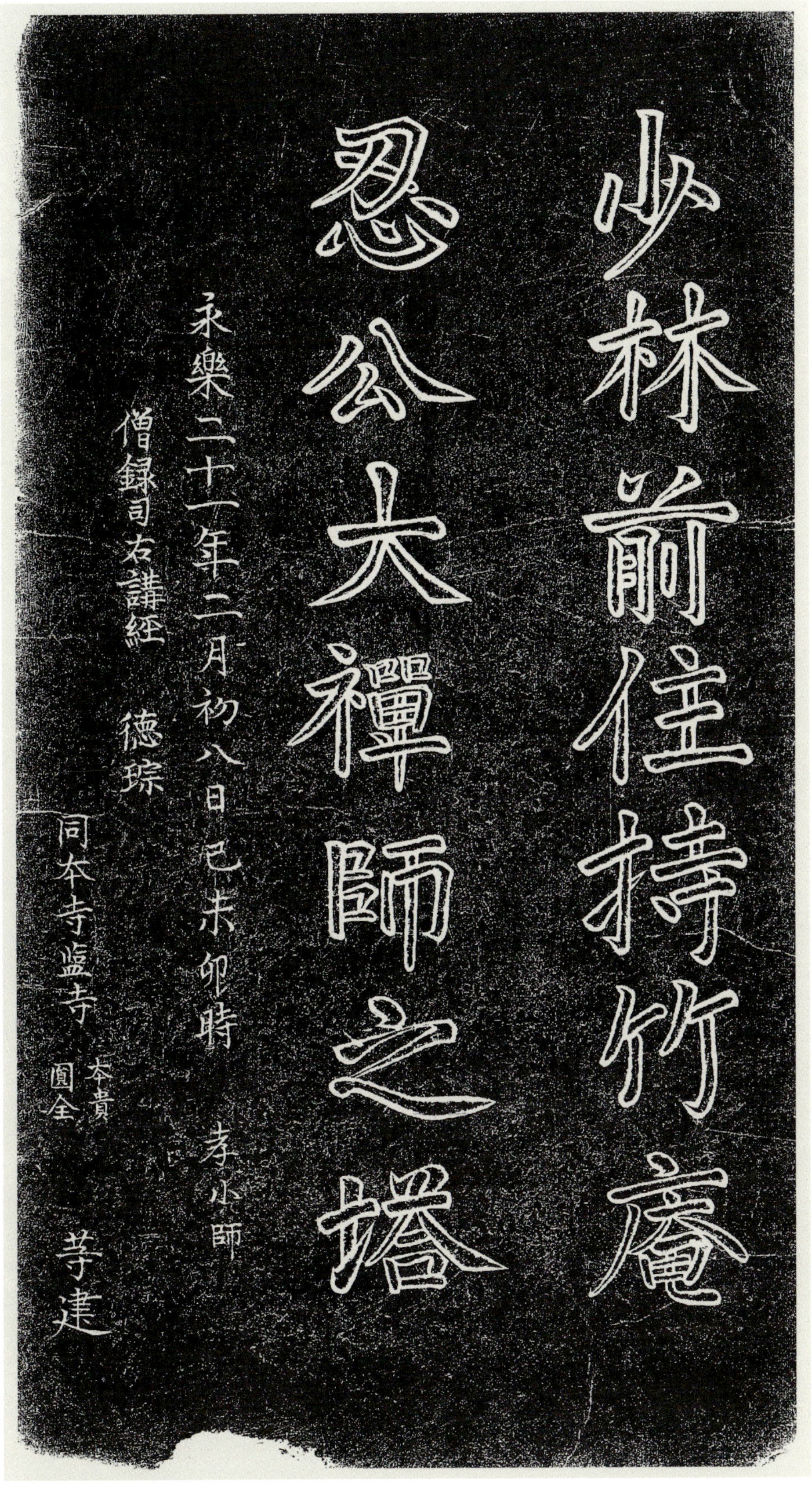
少林前住持竹庵
忍公大禪師之塔
永樂二十一年二月初八日己未卯時
孝小師
僧録司右講經 德琮
同本寺監寺
本貴
圓全
等建

游少林寺

周鉴　宣德二年六月

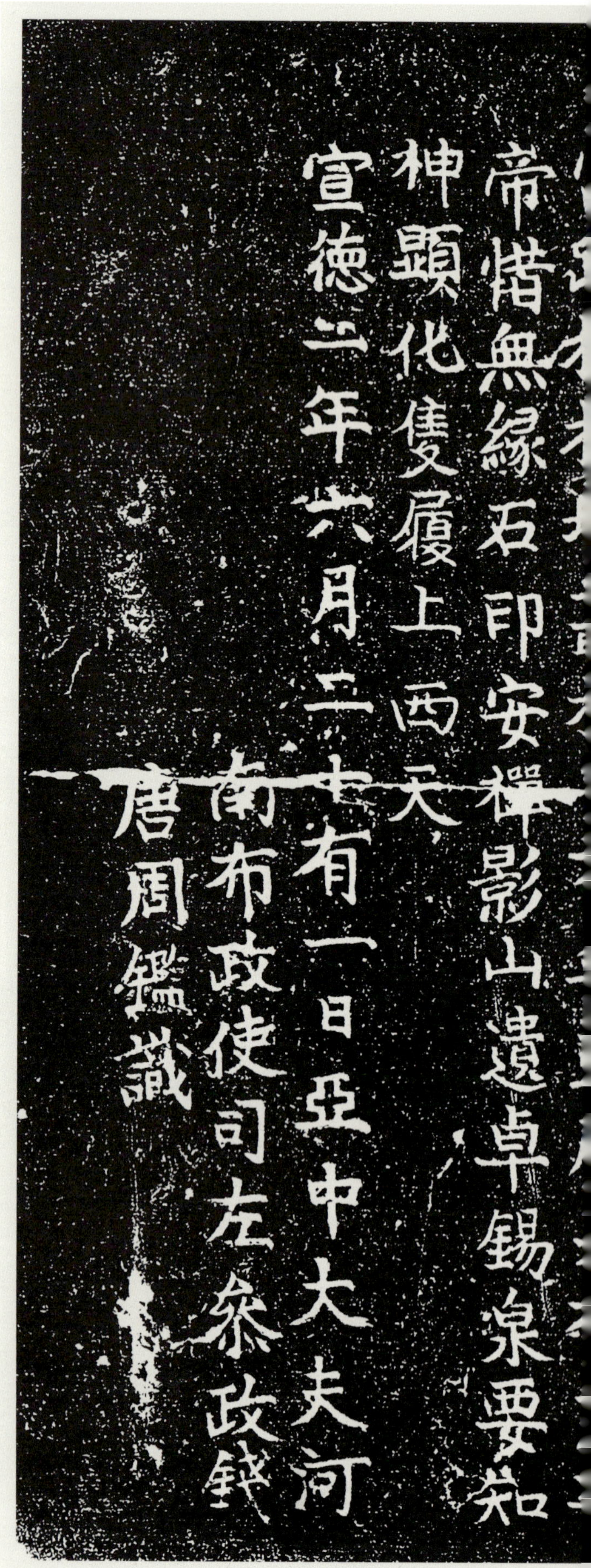
帝惜無緣石印安禪影山遺卓錫泉要知
神顕化隻履上西天
宣德二年六月二十有一日亞中大夫河
南布政使司左參政錢
唐周鑑識

遊少林寺
折葦来居五乳峰九年潜跡面崆峒一支
臂断傳心法五葉花開見性空碧水溪中
觀皓月白雲深處納清風禪關不許常人
到緑蘚蒼苔遍地封
又

提点古源渊公之塔

宣德三年九月

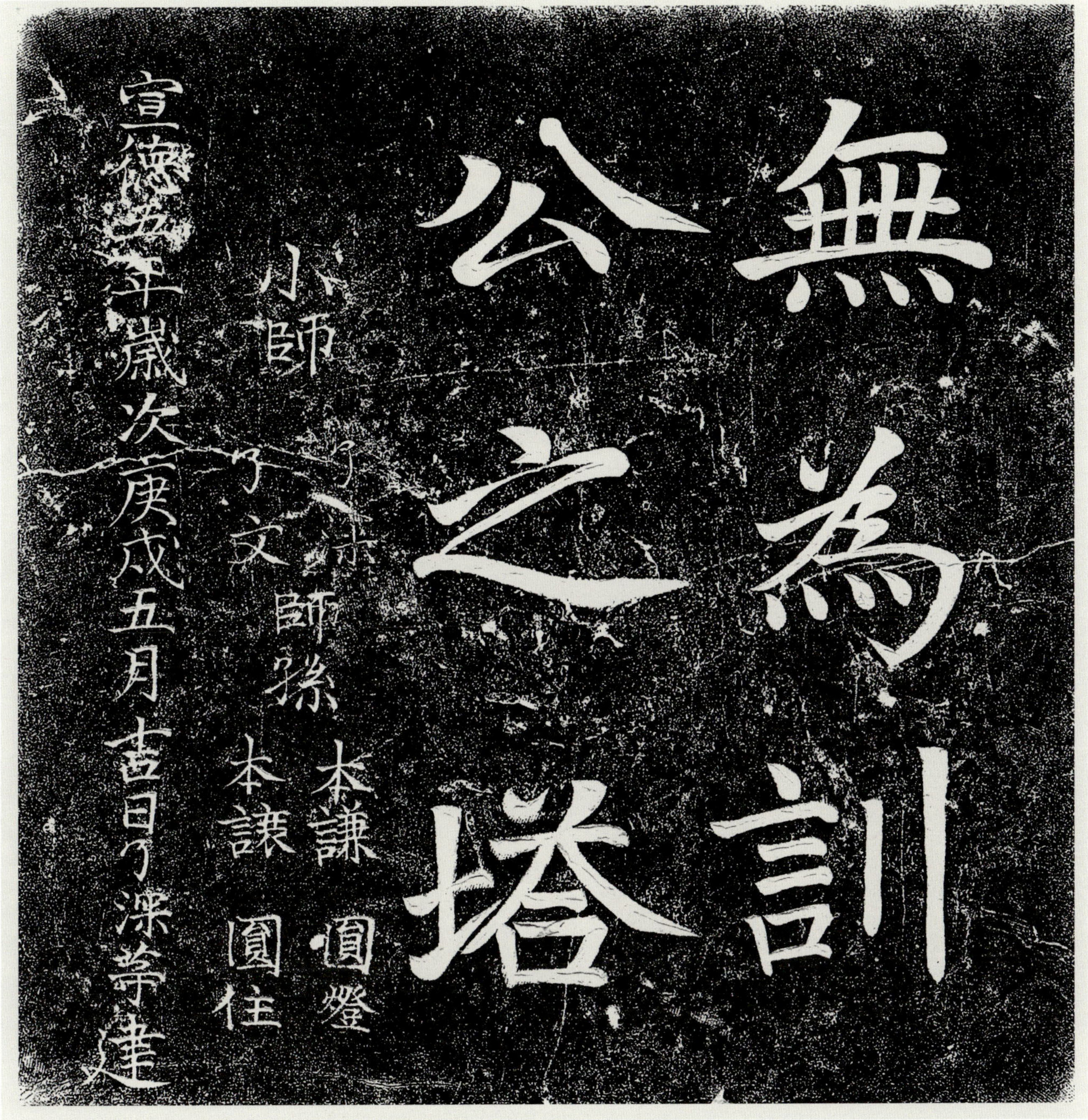
無為訓
公之塔
小師
了沫
了文
師孫
本謙 圓燈
本謙 圓住
宣德五年歲次庚戌五月吉日了深等建

少林前堂嗣祖传法宗砺禅师金公之塔

真空撰　了文书　宣德五年五月

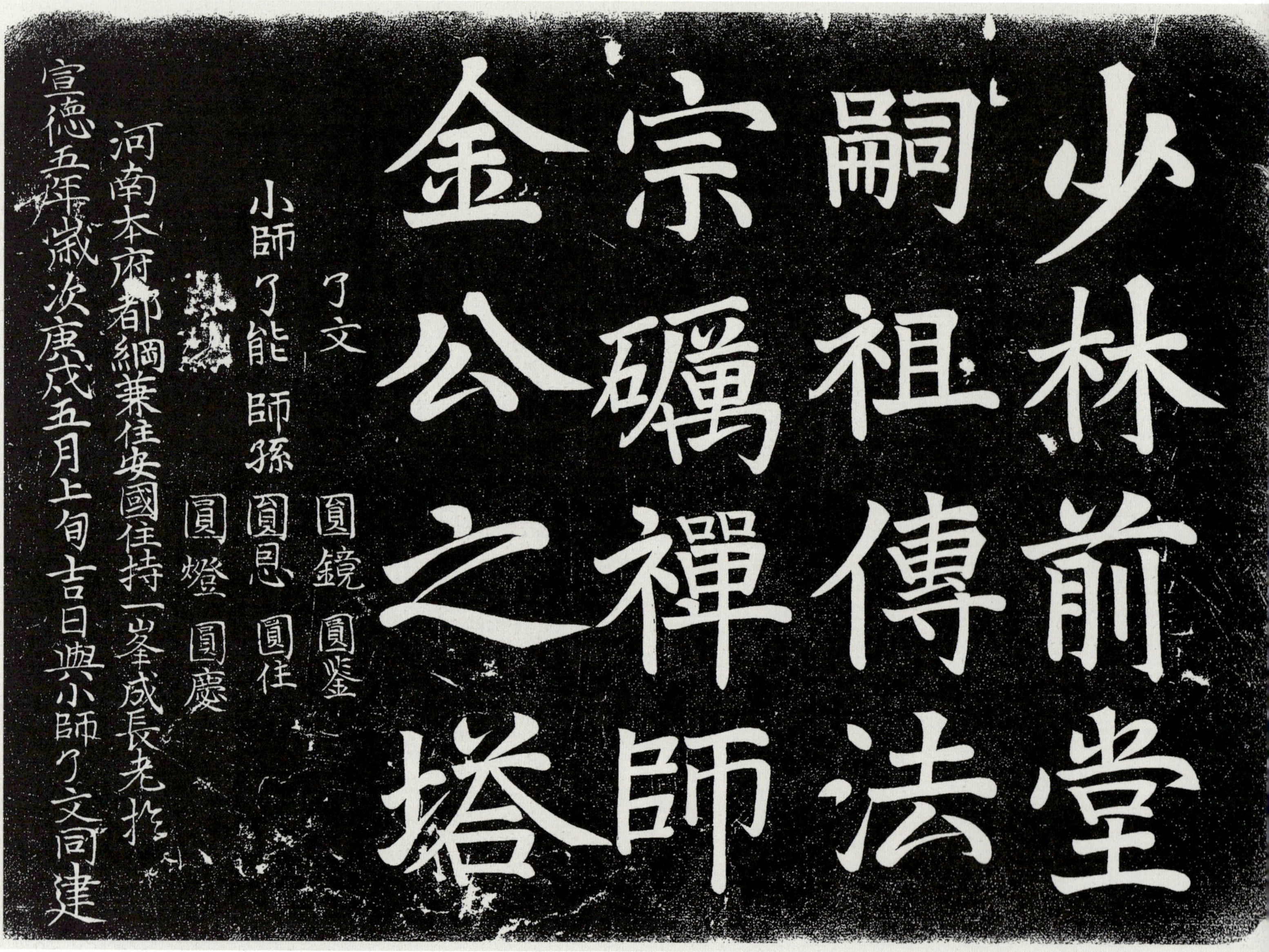
少林前堂
嗣祖傳法
宗礪禪師
金公之塔
了文　圓鏡　圓鑒
小師了能　師孫圓恩　圓住
圓燈　圓慶
河南本府都綱兼住安國住持一峯成長老於
宣德五年歲次庚戌五月上旬吉日與小師了文同建

嵩山祖庭大少林禪寺前堂嗣祖傳法宗𥗼金公大禪師塔銘有序

江西礼祖系學比丘無相真空撰　小師了文書丹

夫真如弗易之理而湛寂常圓應品物以奚遠闢昏而獨照踞涅槃岍迥超有漏之因脫死生輪頓悟無為之妙巍巍乎越四大而高視豈涉言詮而可得也有大禪人諱曰覺金乃号宗𥗼篤志是門胄明斯義産於河南偃師世族孫家庄其父魏均道乳為親安氏自齠齡所許逮年一紀丙午之歲碩捨于少林名刹投礼都提舉寧公和尚為師行童十秋及洪十八受沙弥戒品披剃為大僧卓志超倫拔俗英姿淳美以出塵之義觀空華而弗久視浮世之非常探西來鼻祖之源故叩於祖松庭禪伯巾缾侍久獲其密化之徽學問淵博迨洪二十春祖席凝然請掌紀室海外雲衲庭峙徵為文者靡匪應機而答也洪有二十七仁山長老唱道嵩山致請分座平均風月談笑有年至洪三十又一受無上具足戒律恪致祖源三十餘春心懷秋月行潔氷霜達一乘不墜之因了萬法歸根之旨譽興化外德播寰中杖錫雲臻嗣法者數十餘人僧蠟四十餘年時當暮景驟尋塵世度緣已畢一疾奠廖順寂無常有徒了文叩承庇陰法乳深恩曷可報焉姑以叙師平昔之行言勒為舫銘遂傳之于後而頌曰

西来鼻祖　海島摧傾　神機電捲　三十有餘　俄經一夢　故勒斯銘
始自少林　禪分五派　妙用雷霆　勁挺直指　遂逝東濵
一葉芬芳　教演三乘　師之見解　垂示後昆　續其後裔
千葩競明　重重混洽　遂造源扃　桑榆晚景　肯負貽名
乾坤蕩爾　刹刹圓音　几坐名藍　二曜侵尋　式其行蹟

嗣法門人
路州靖庵主　原曲斌庵主　路州卞庵主　江西空庵來　曲州順庵主
平陽才庵主　平陽智庵主　降州成庵主　河南衛無念居士陳　河南府㝡庵居士汪

落髮小師
了文　了能
師□
圓鏡　圓恩　圓燈
圓鑒　圓住　圓慶

俗徒弟
邵□福　邵了□　王本通　常太□　□圓達

河南本府都綱兼住安國寺住持一峰成長老

宣德五年歲次庚戌五月上旬吉日與小師了文同立石

於本寺監寺圓壽刊

无尘清公之塔

宣德五年六月

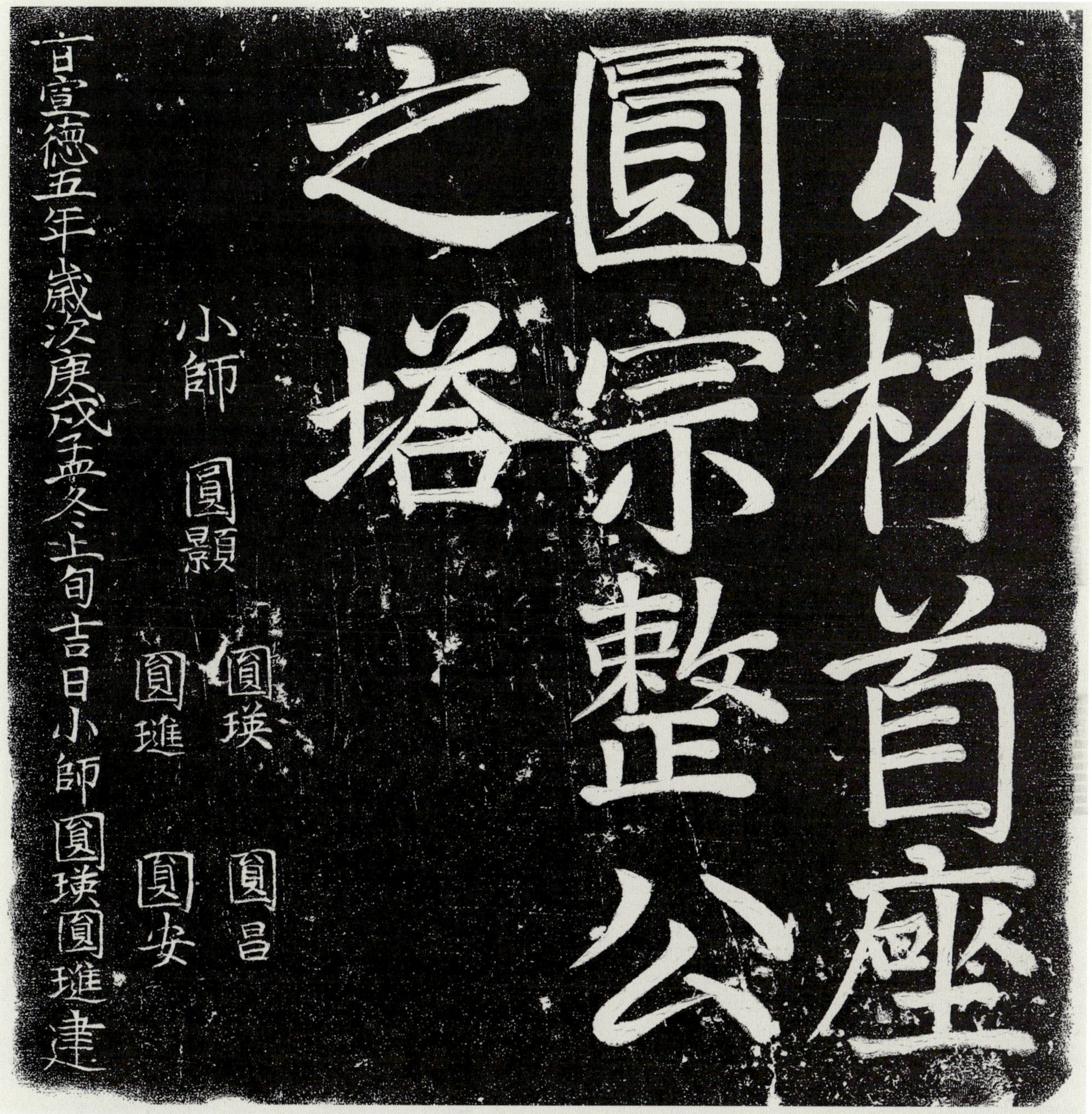
少林首座
圓宗整公
之塔
小師 圓顥 圓瑛 圓昌
圓璡 圓安
旹宣德五年歲次庚戌孟冬上旬吉日小師圓瑛圓璡建

少林住持桧庵斑公长老之塔

宣德九年九月

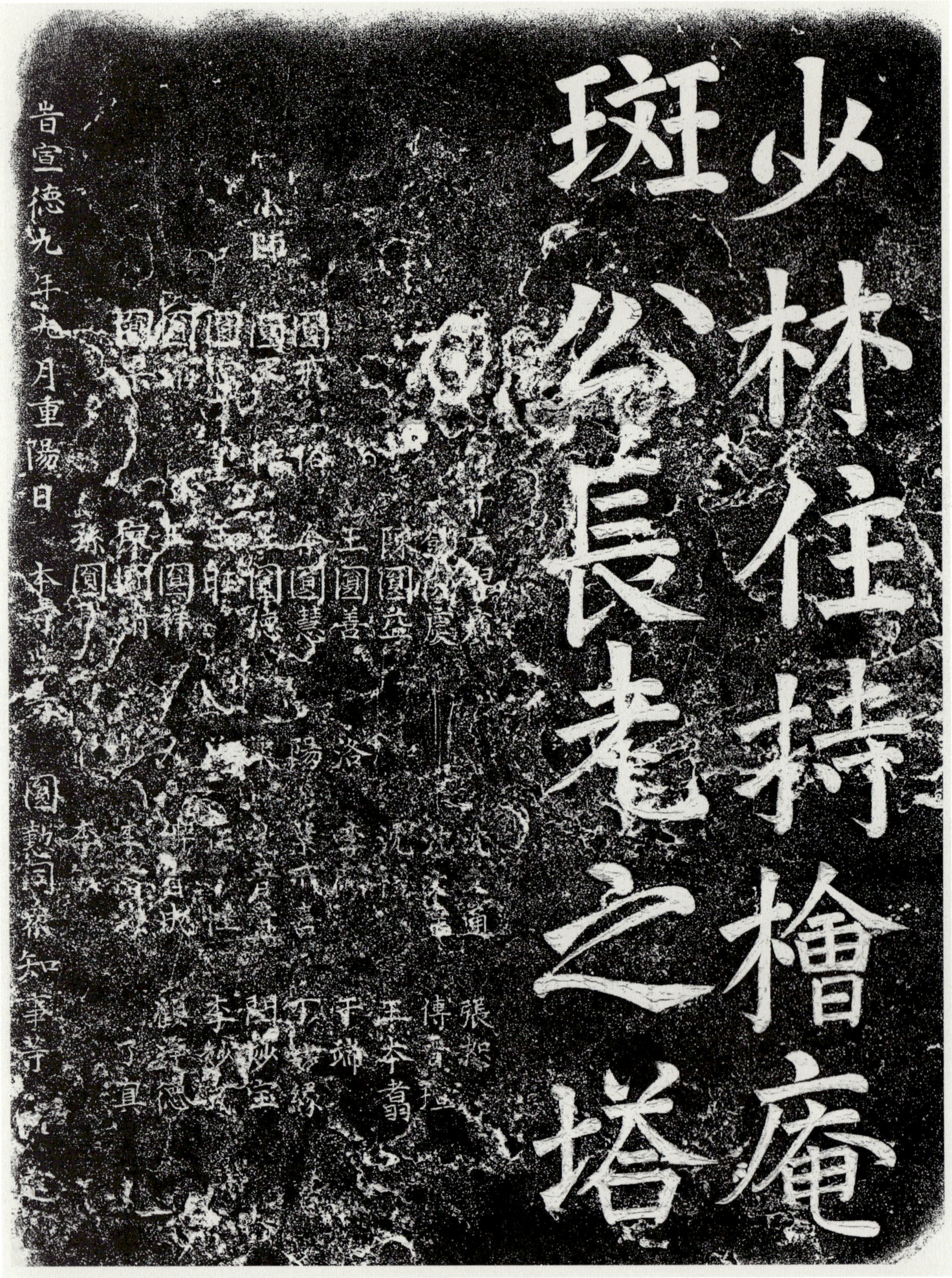

宣德九年十月

圆寂首座金公无用之塔

正统十年三月

永慶住持
嵩巖喜公
長老之塔

正统十年七月

少林都提
點一庵全
公之塔
可瑛 悟玘
可俊 可徽 悟夲
小師 可 師孫 悟
可 悟聰
可理 悟云
可一 外生曹忠 悟通
旹大明正統十年孟秋七月吉日 建

少林提点道安勤公之塔

正统十年十月

少林提點
道安懃公
可聞
可定
可賢
可忠
可敏
小師
師孫
悟淳
悟方
正統十年十月吉日
可聞等建

少林住持俱空斌公长老寿塔

印宗撰　隆安书　景泰四年四月

嵩山祖庭少林禪寺傳法嗣祖斌公俱空壽塔銘記
當山首座印宗撰
嗣法小師隆安書
夫道架寥廓越六度以昭彰壽塔澶然突三空而寂岩人生天
地之間雖与草露同條而朝晞難保生而必返理之用也惟行
与德非其類歟公諱斌號俱空晉之垣山亳邑人也父王晉
亮母梁氏妙榮生而巨異天賦慈敏捨送本縣興寺禮無相
講主爲師雍染受經研精教旨於永樂丙子貴志遊於河南初
參香山潭公月印長老機緣少契辛卯歲參少林祖庭駐錫
吉香於凝然和尚淘汰得其玄趣復參[illegible]禪師針芥相投密
付單傳之旨既蒙印可抱冨而還鄉庚子之秋見達本寺重新
殿宇僧僚新塑天王聖像光嚴壯麗倉廪儲粟悉備於前依佈
法主白石老師內窮教網肇論之宗外究語孟周易之學或開
講安禪或陞堂演法雲横萬籟月印千江時少林虛席而久正
統十四年本寺執事僧具疏詣彼敦請住持四載[illegible]傳堂上續
西来之慧命立雪庭中蘭洞丁[illegible]風重粧六祖觀音翻蓋方
達磨之亭東廊西廡俱然整[illegible]学參叩雲臻光輝祖
庭壯觀山門享世七十[illegible]嗚呼[illegible]頹塔彼時門人昌曉等各
罄資[illegible]衍羽翼營塔高顯[illegible]乞余銘記特表酧師之資
[illegible]旌幢標名于世矣記曰
洞下宗風 不偏不午 文字非傳 豈名佛祖
燈燈續焰 耀古騰今 惟公作畧 堪度金針
諸方衲子 任[illegible]參尋 風生虎嘯 霧起龍吟
慶揚窣堵 永鎮少林
嗣法門人昌曉 行文等建
奉善 權戒弟子黃覺性
登封唐莊[illegible]勤 刊
大明景泰四年孟夏吉日 立石
葉縣楊真建塔

凝然禅师道行之碑

会原撰　西竺书　福兴篆额　景泰六年十一月

碑阳

碑阴

郑州修学记

刘定之撰　天顺三年四月

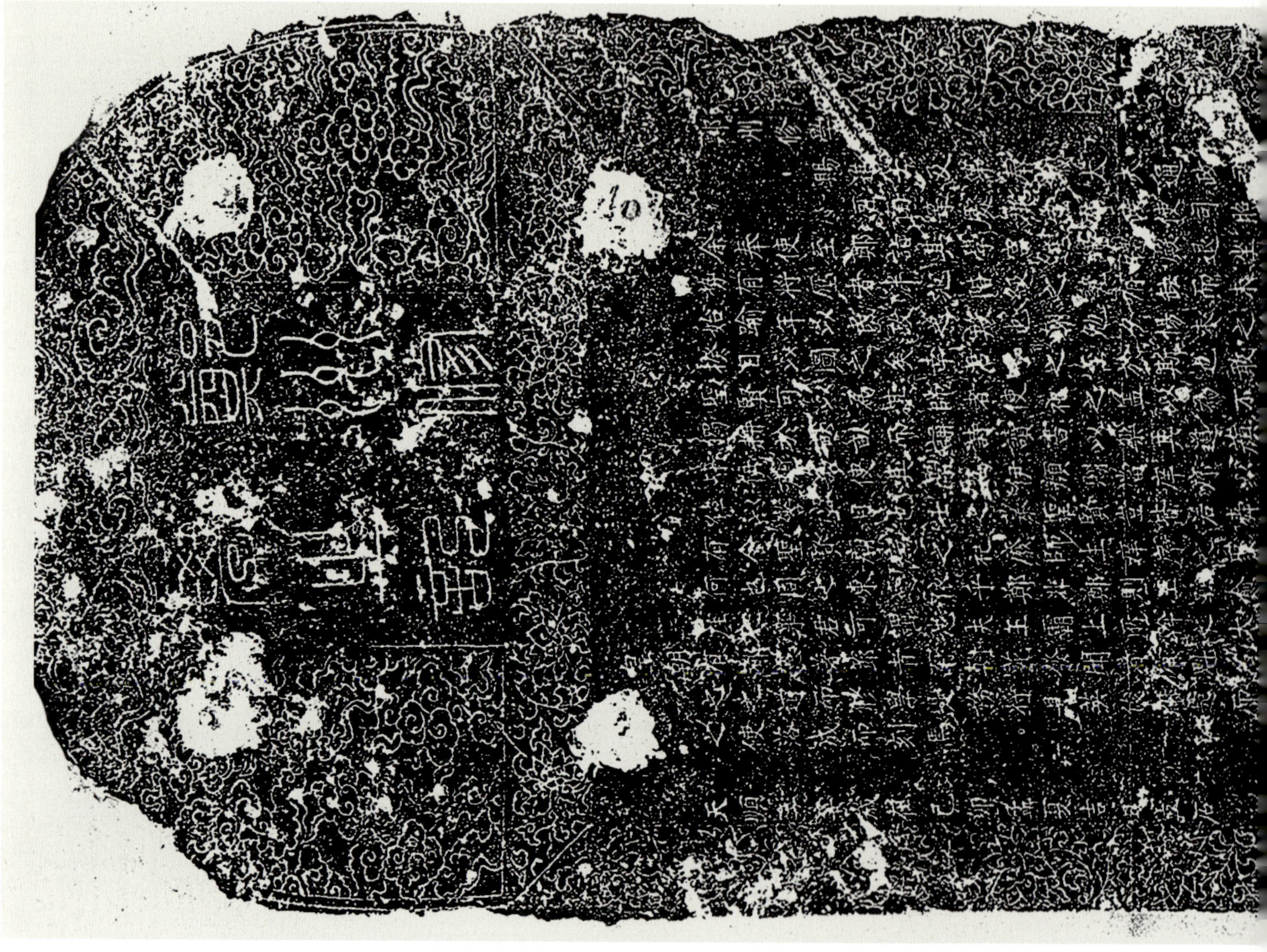

大毗卢佛水陆堂记

了能撰　福兴书　昌正篆额　天顺五年八月

碑阳

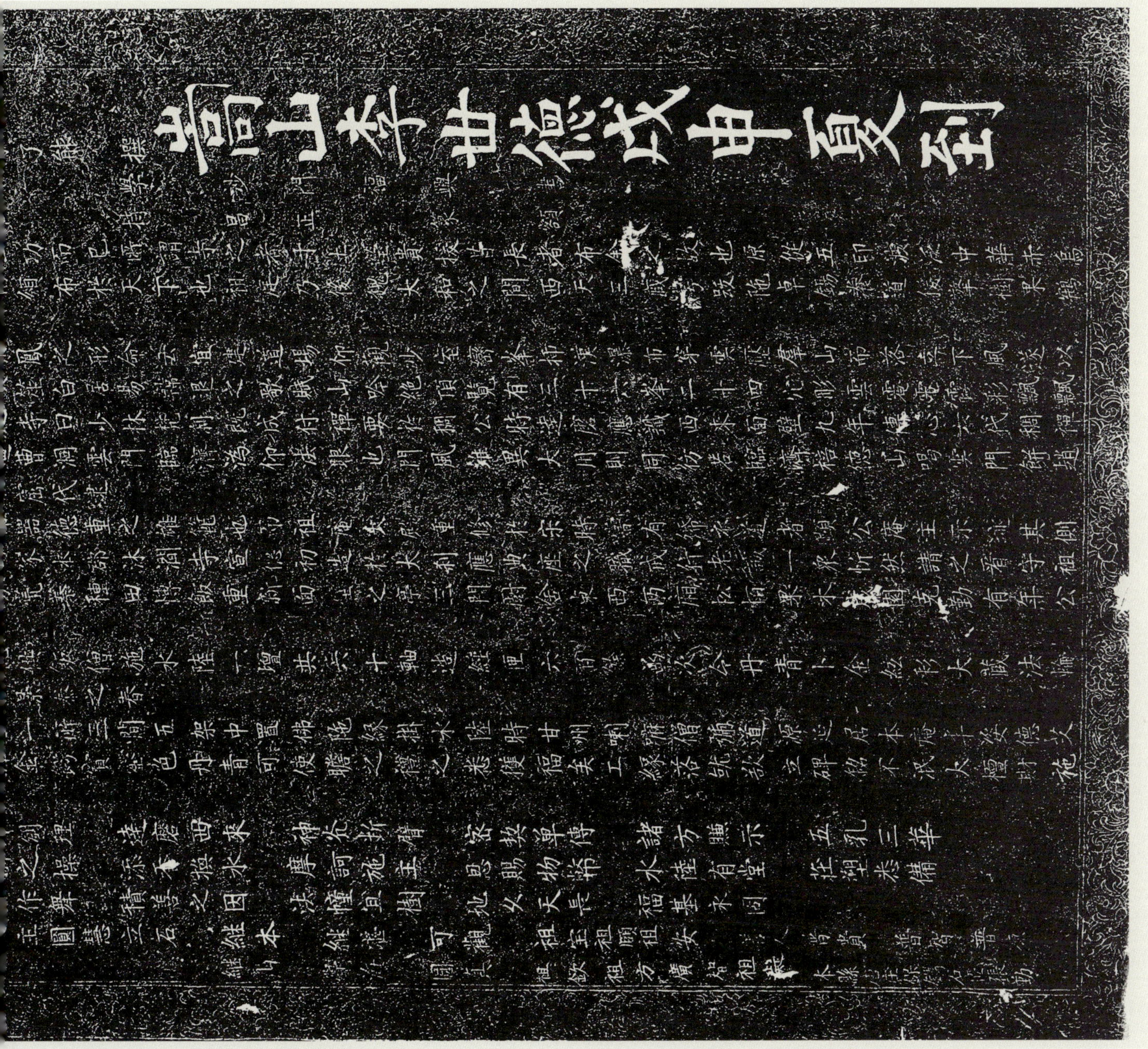

碑阴

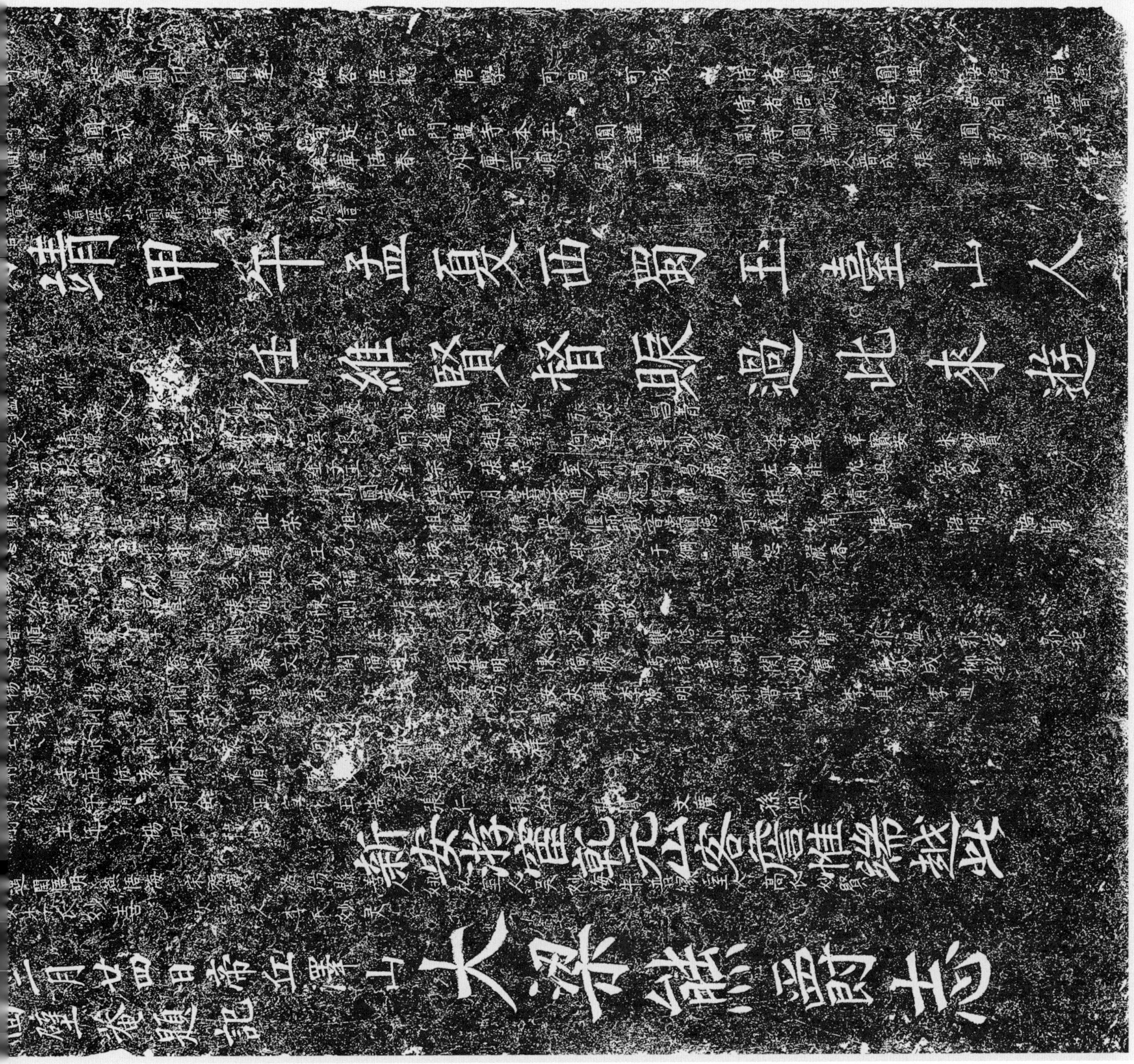

少林前堂首座灵峰寿公之塔

天顺六年二月

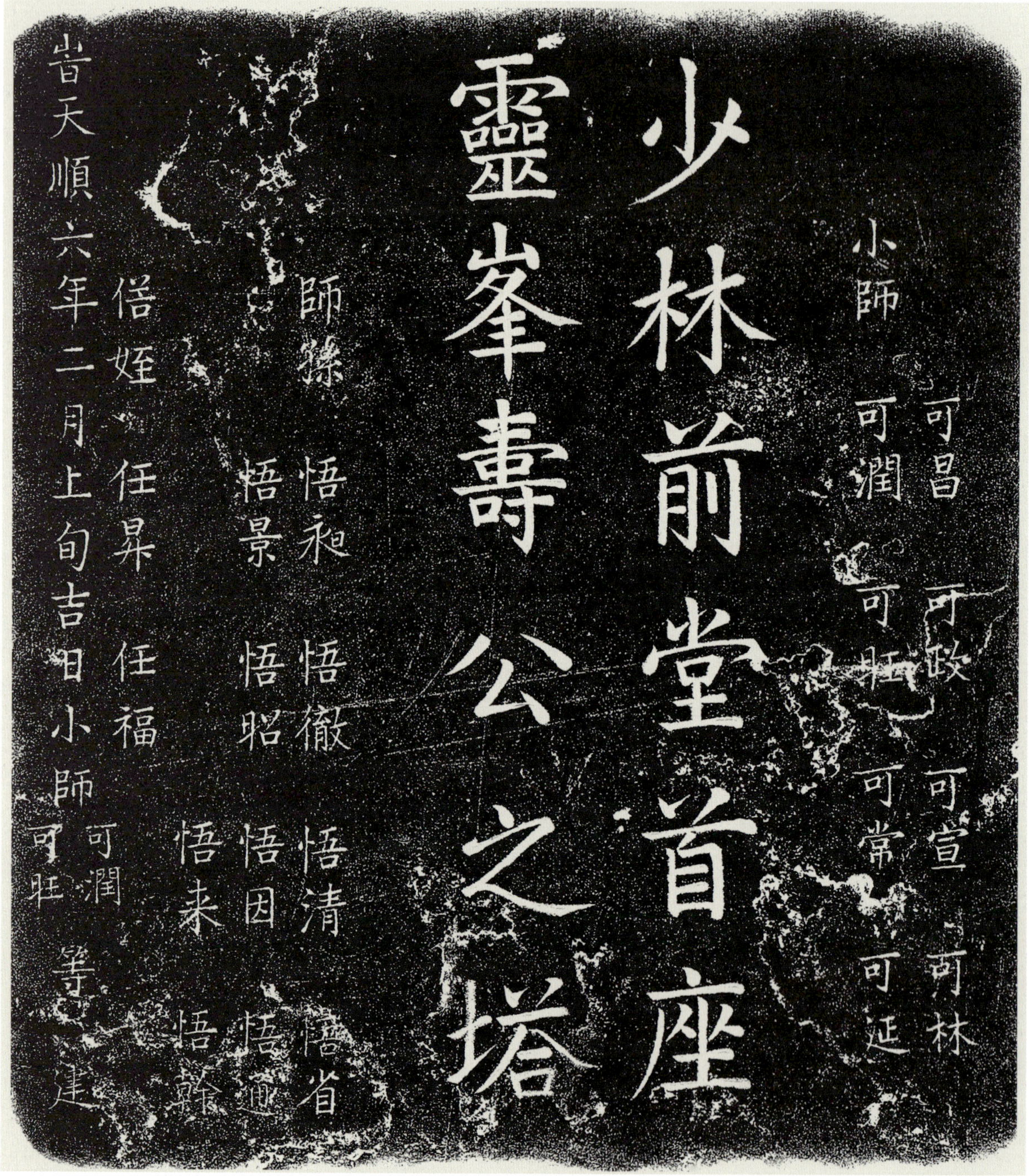

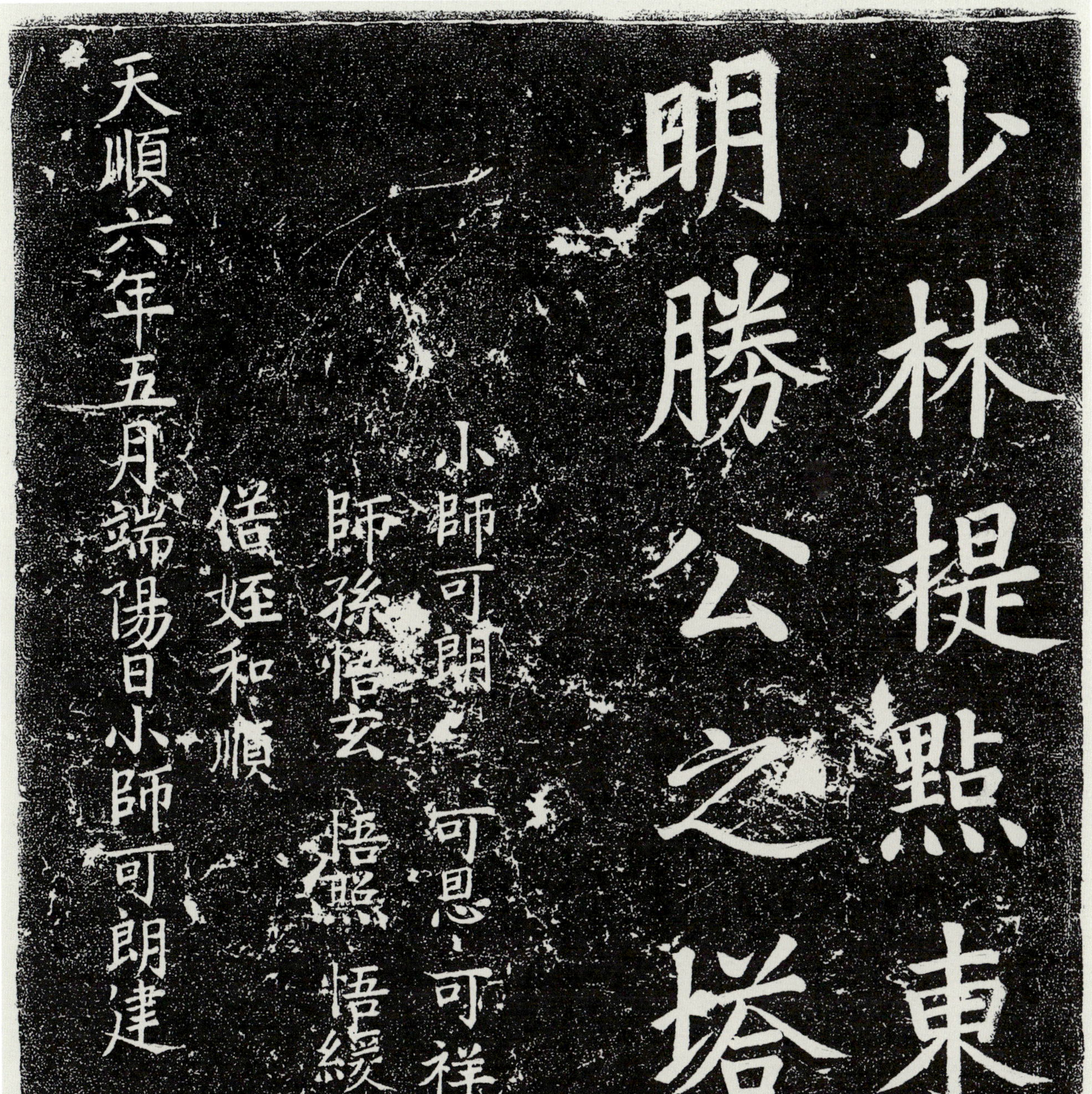
少林提點東
明勝公之塔
小師可朗 可思 可祥
師孫悟玄 悟照 悟綬
俗姪和順
天順六年五月端陽日小師可朗建

本山座元印宗能公寿塔

天顺七年八月

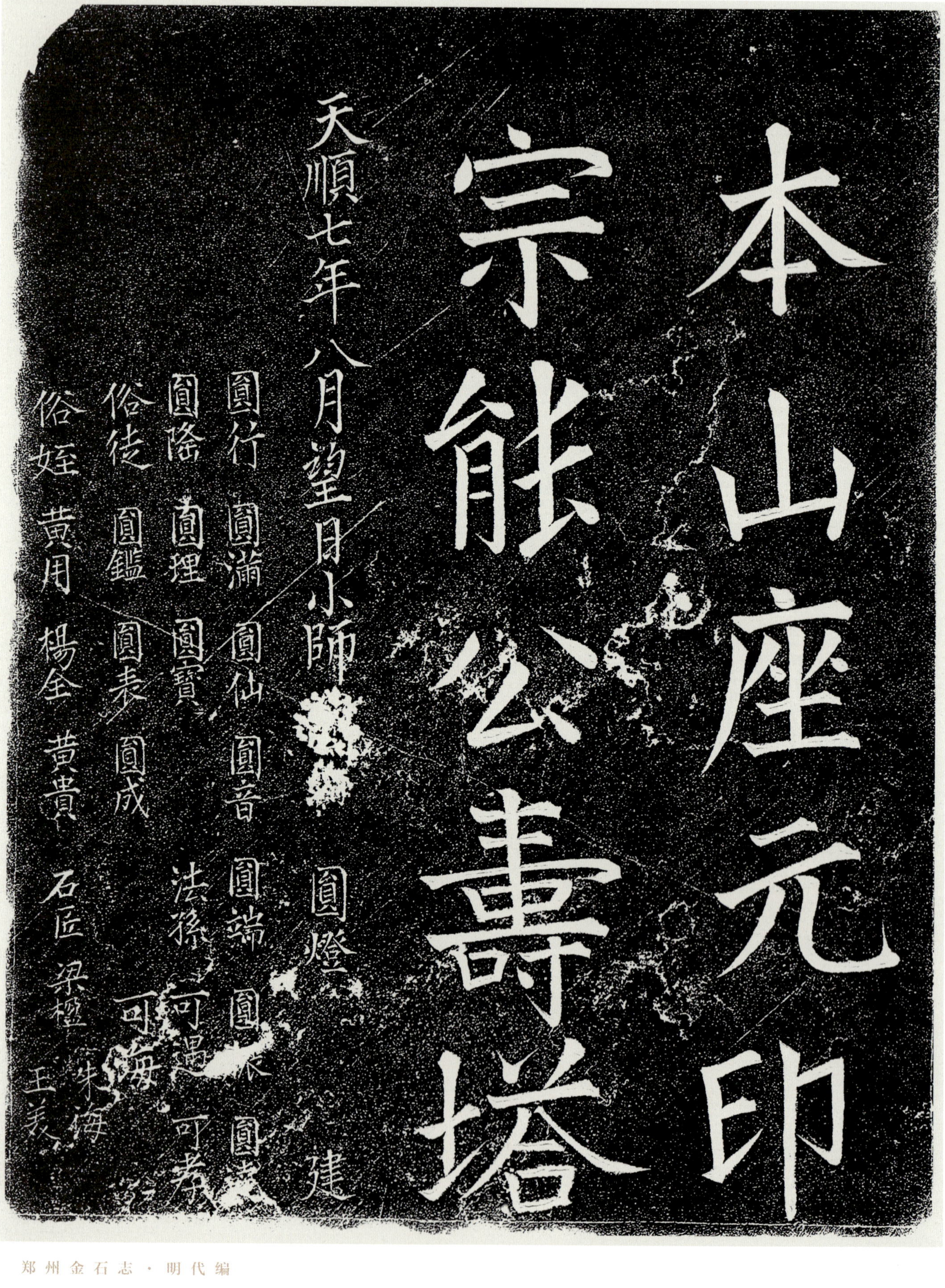

本山座元印
宗能公壽塔
天順七年八月望日小師 圓燈 建
圓行 圓滿 圓仙 圓音 圓端 圓[illegible] 圓[illegible]
圓隆 圓理 圓寶 法孫 可遇 可孝
俗徒 圓鑑 圓表 圓成 可海
俗姪 黄用 楊全 黄貴 石匠 梁榁 朱海 王義

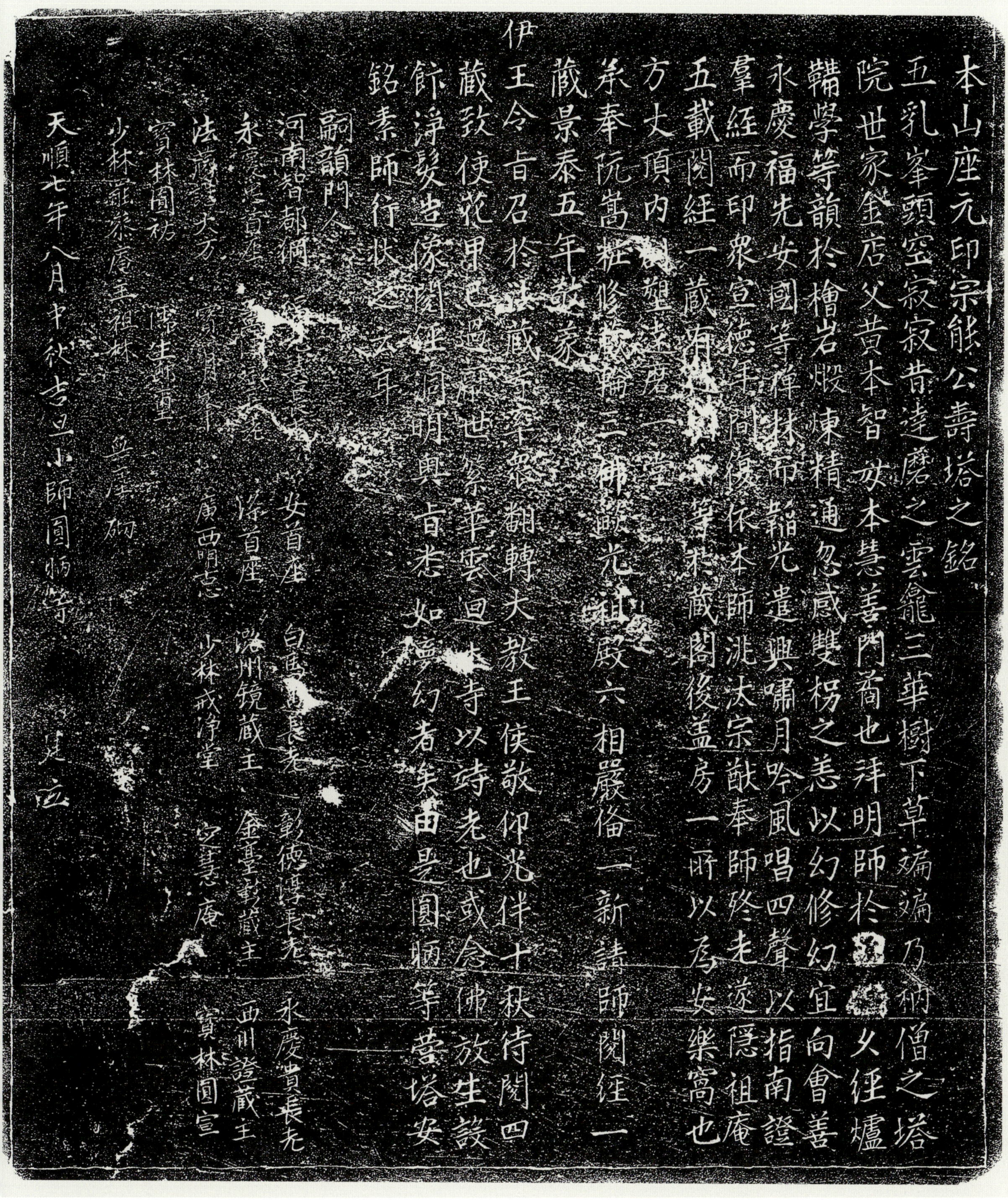
本山座元印宗能公壽塔之銘
五乳峯頭空寂寂昔達磨之雲龕三華樹下草[illegible][illegible]乃衲僧之塔
院世家金店父黄本智母本慧善門裔也拜明師於[illegible]久經爐
鞴學等韻於檜岩煅煉精通忽感雙楞之恙以幻修幻宜向會善
永慶福先安國等禪林而韜光遺興嘯月吟風唱四聲以指南證
羣經而印衆宣德年間復依本師洮太宗猷奉師終老遂隱祖庵
五載閱經一藏有[illegible][illegible]等於藏閣後蓋房一所以為安樂窩也
方丈頂內[illegible]塑達磨一堂
承奉院萬[illegible]修[illegible]輪三佛[illegible]光祖殿六相嚴備一新請師閱經一
藏景泰五年[illegible]蒙
伊
王令旨召於[illegible]藏等[illegible]翻轉大教王侯敬仰光伴十秋待閱四
藏致使花果已遇[illegible]世祭華雲迴[illegible]寺以詩老也或念佛放生設
飯淨髮造像閱經洞明與旨悉如夢幻者矣由是圓炳等營塔安
銘素師行狀之[illegible]年
嗣韻門人
河南智都綱　[illegible]安首座　白馬[illegible]長老　彰德淳長老　永慶貴長老
永慶[illegible]首座　[illegible]洛首座　潞州鏡藏主　金臺彰藏主　西川證藏主
法[illegible]大方　[illegible]廣西明志　少林戒淨堂　[illegible]慧庵　寶林圓宣
寶林圓秘　[illegible]生禪堂
少林[illegible]蒸庵主祖林　[illegible]庵[illegible]
天順七年八月中秋吉旦小師圓炳等　建立

本府安国寺首座如山行公和尚之塔

成化元年五月

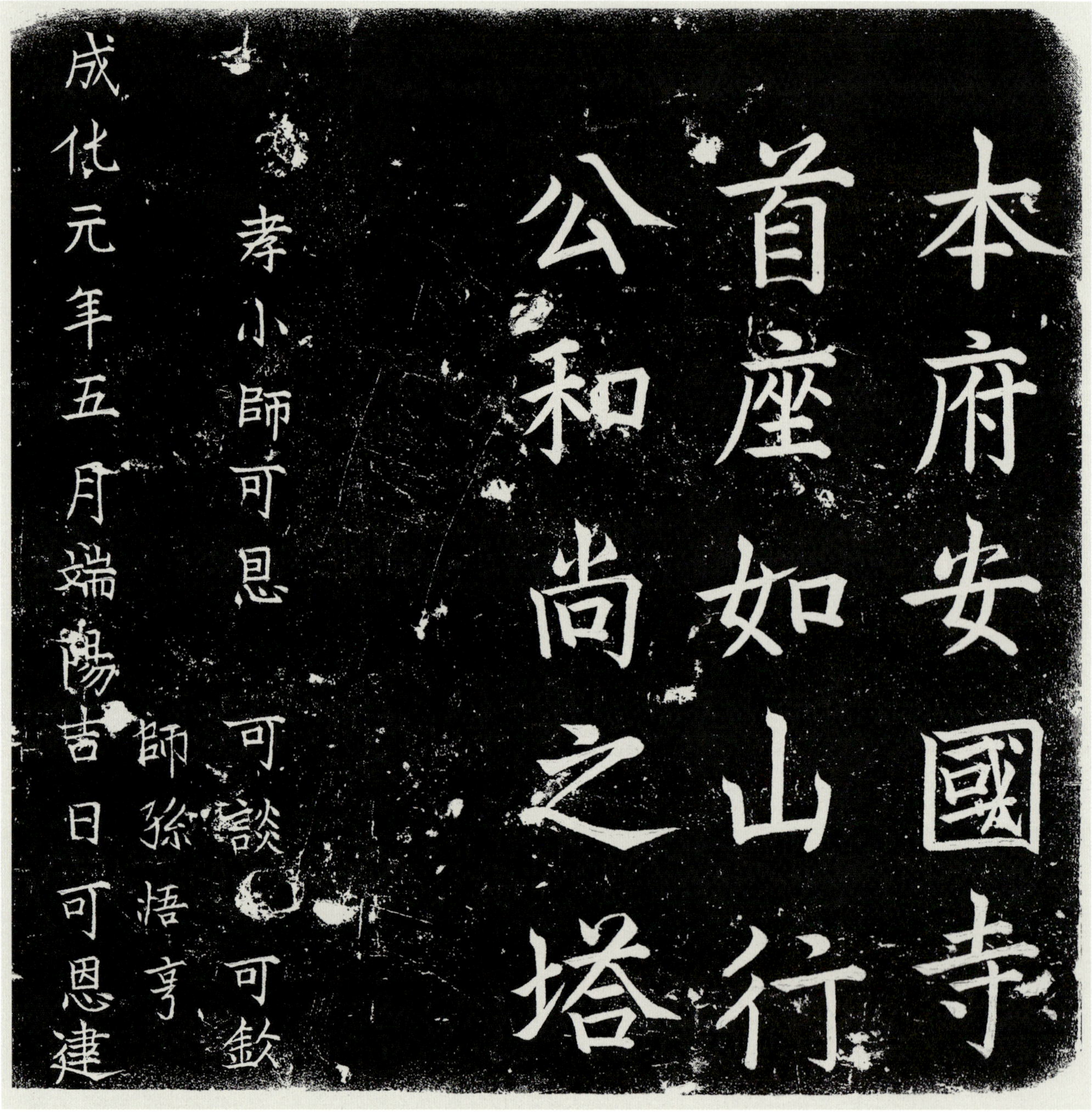

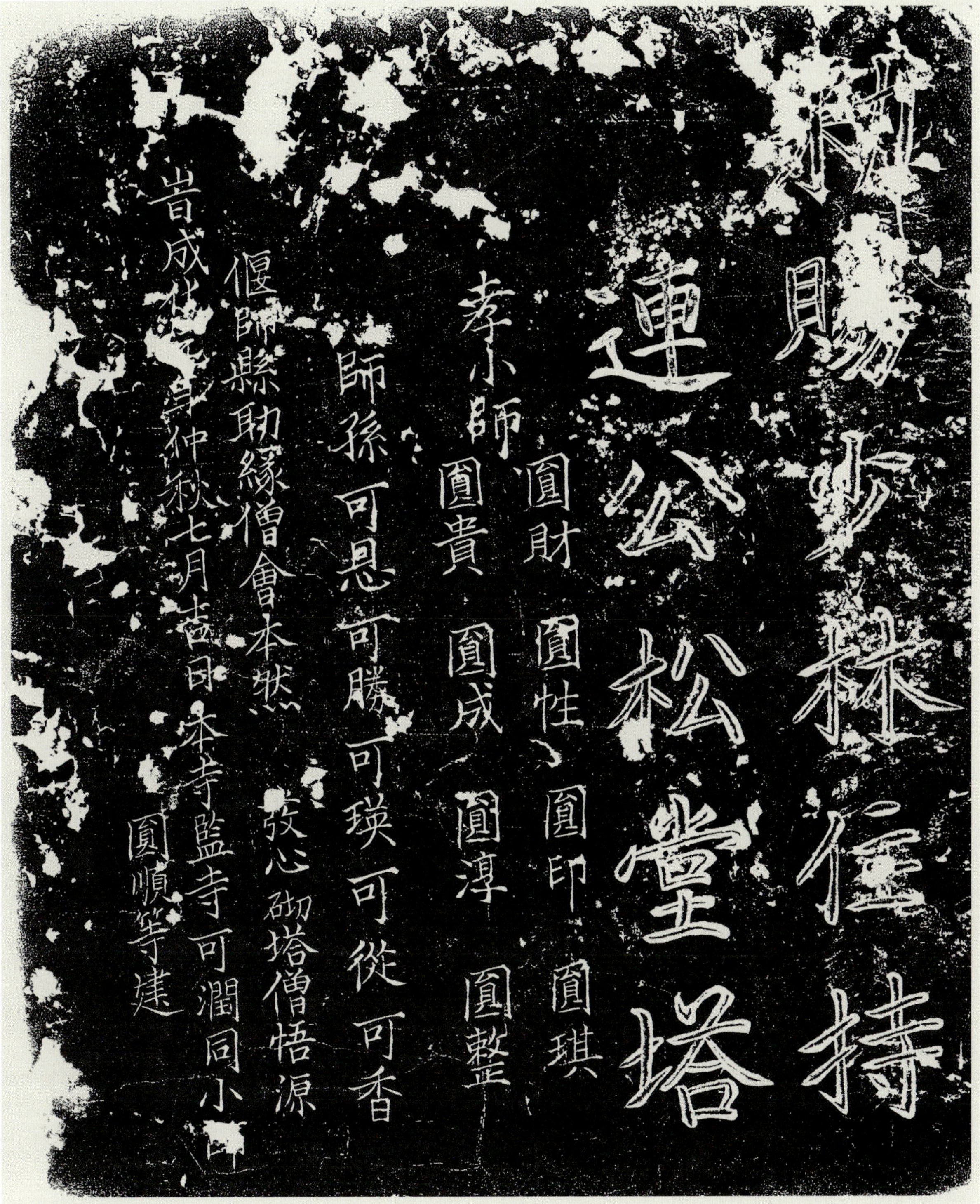
敕賜少林住持
連公松堂塔
孝小師 圓財 圓性 圓印 圓琪
圓貴 圓成 圓淳 圓整
師孫 可恳 可勝 可瑛 可從 可香
偃師縣助緣僧會本然 孜心 砌塔僧悟源
旹成化元年仲秋七月吉日 本寺監寺可潤同小師
圓順等建

佛顶尊胜陀罗呢咒之帔

成化二年三月

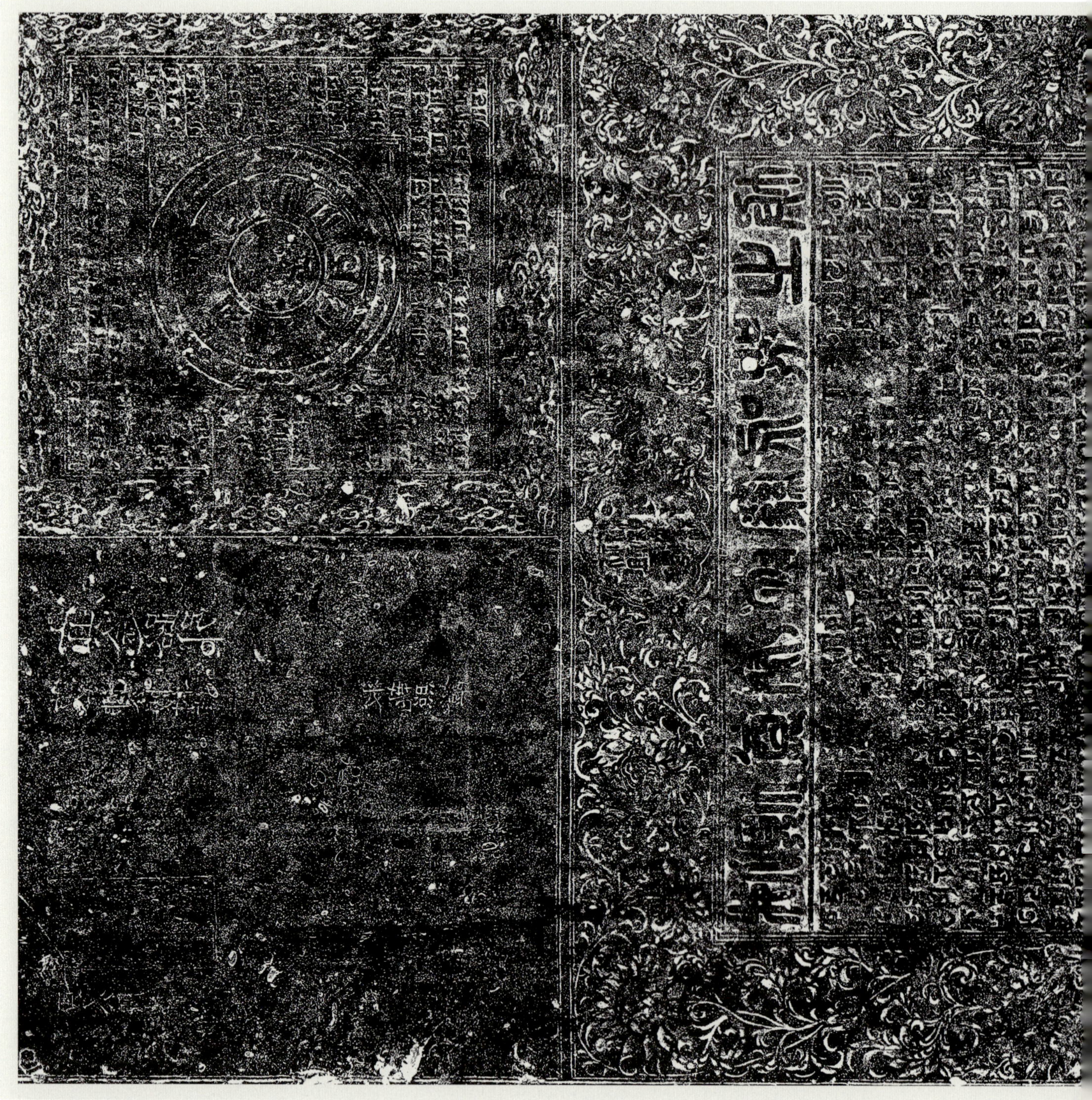

碑阳

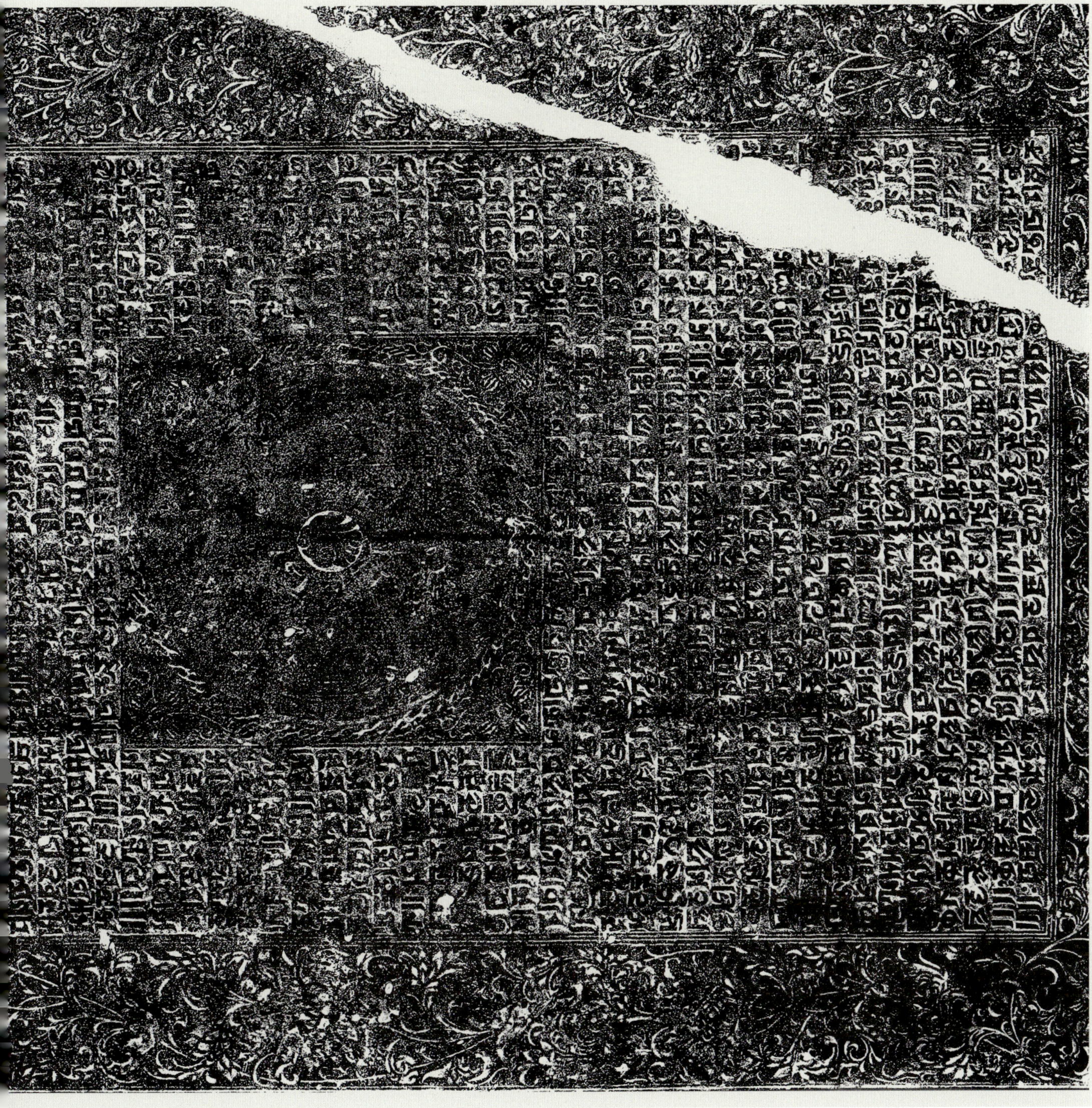

碑阴

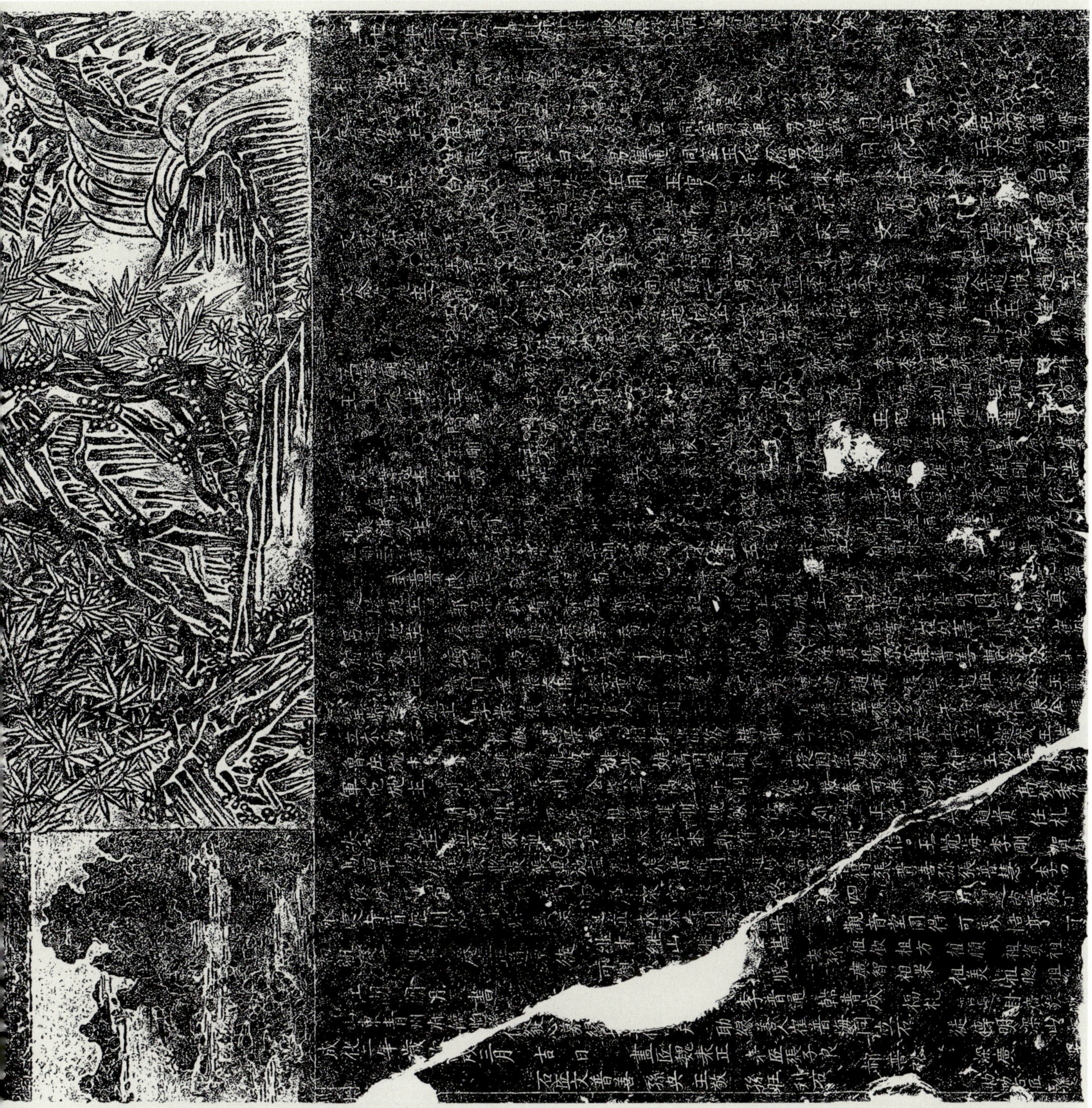

少林住持长老性公自然之塔

成化九年三月

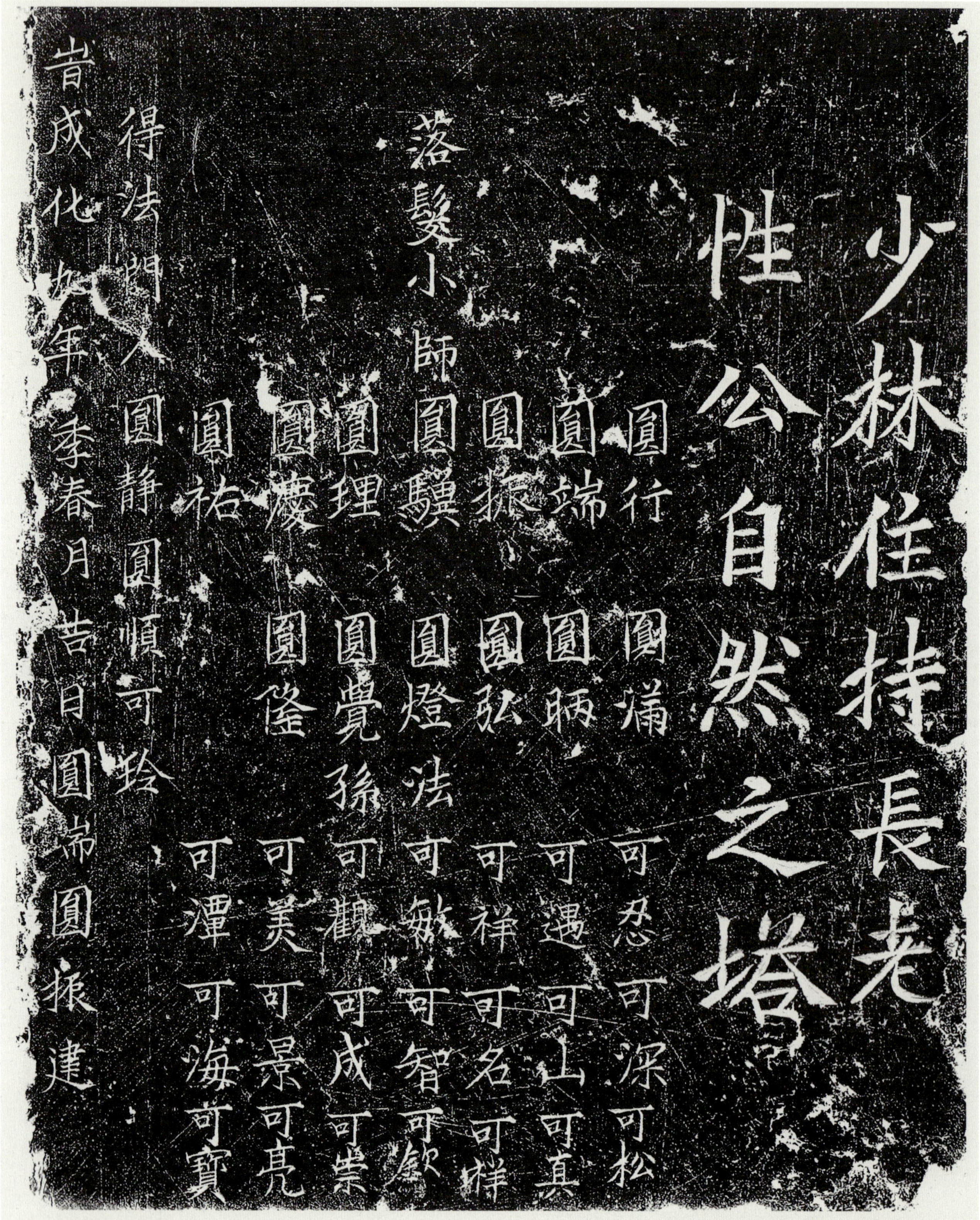

成化九年七月

初祖庵主政公道源之塔

成化九年七月

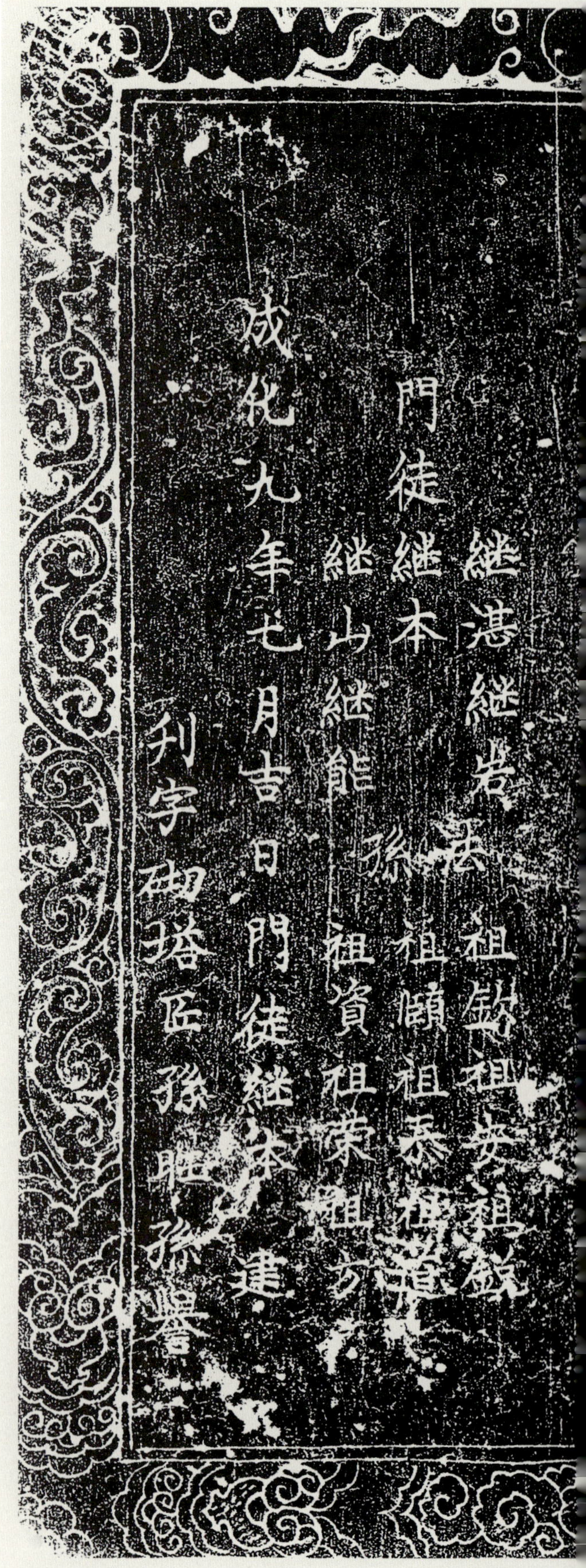

初祖庵主政
公道源之塔

重修初祖殿记

圆忠撰　孙裕书并篆　成化九年十一月

河南府僧纲司都纲成公一峰和尚之塔

成化十一年八月

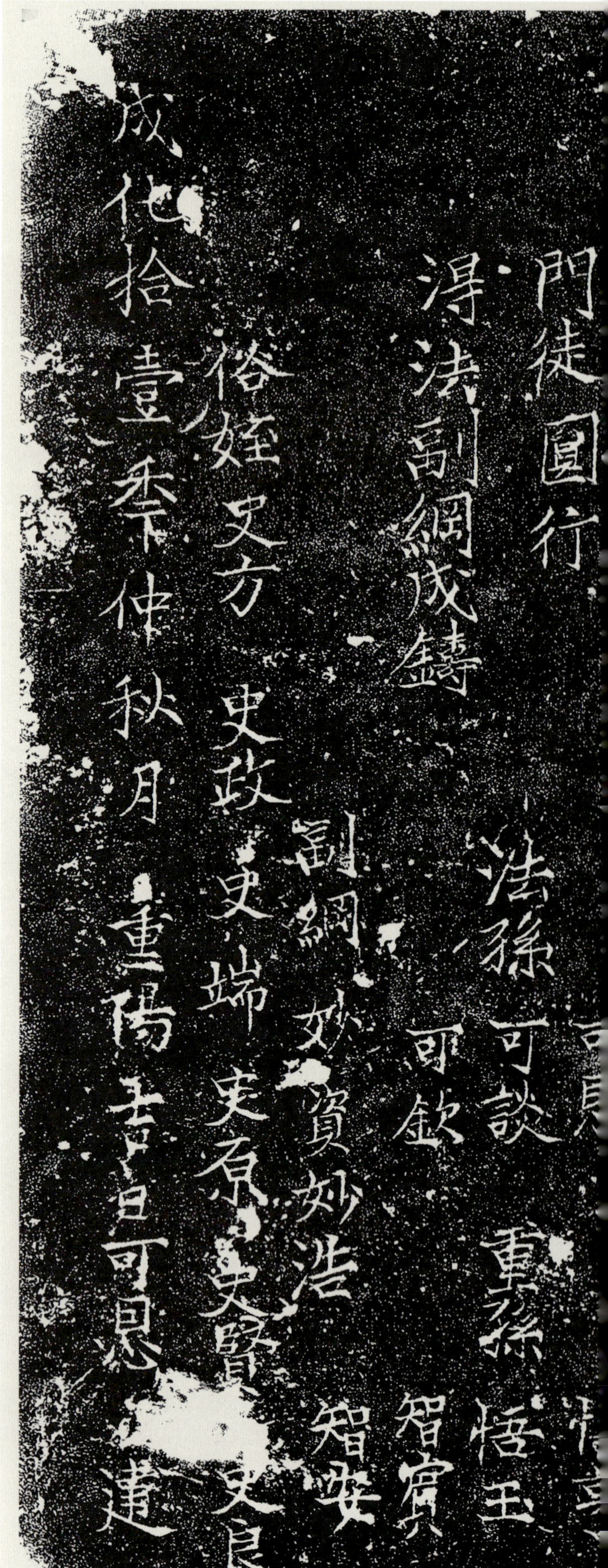

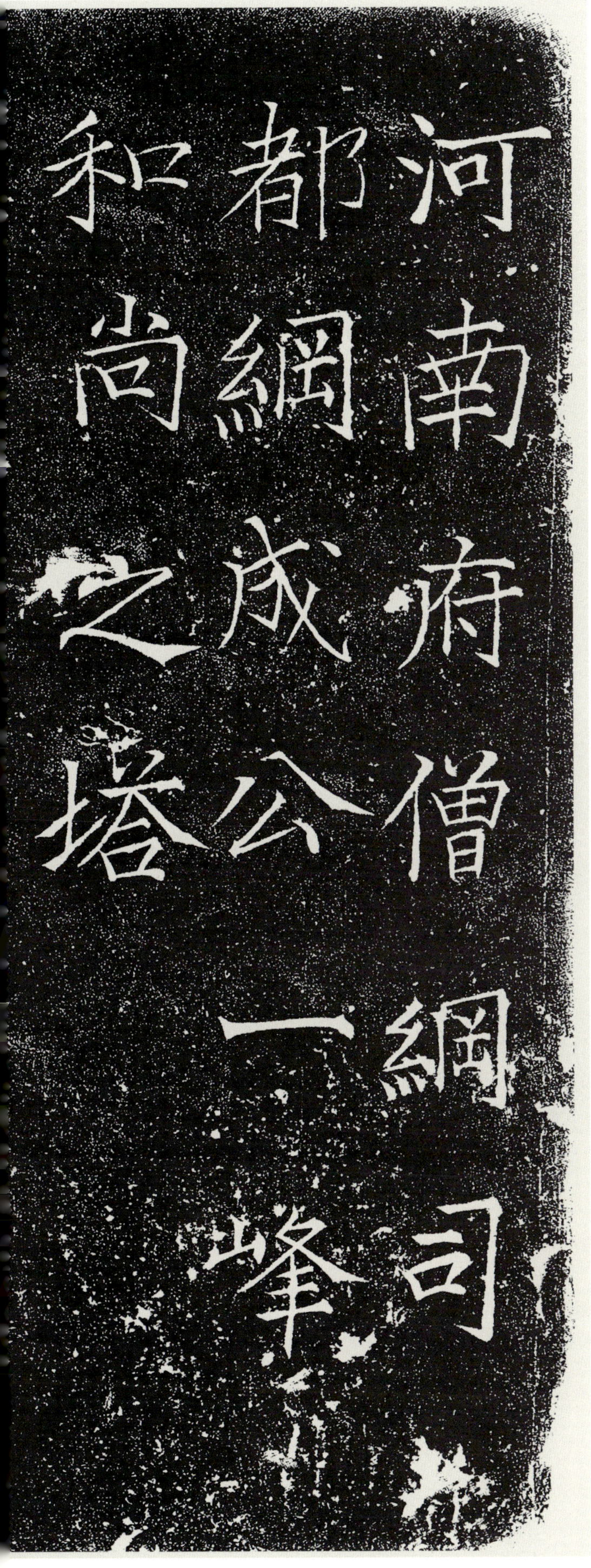
河南府僧綱司
都綱成公一峰
和尚之塔

重修灵泉禅院记

广通撰　张真篆书　成化十一年十月

少林前堂首座净堂戒公之塔

成化十二年四月

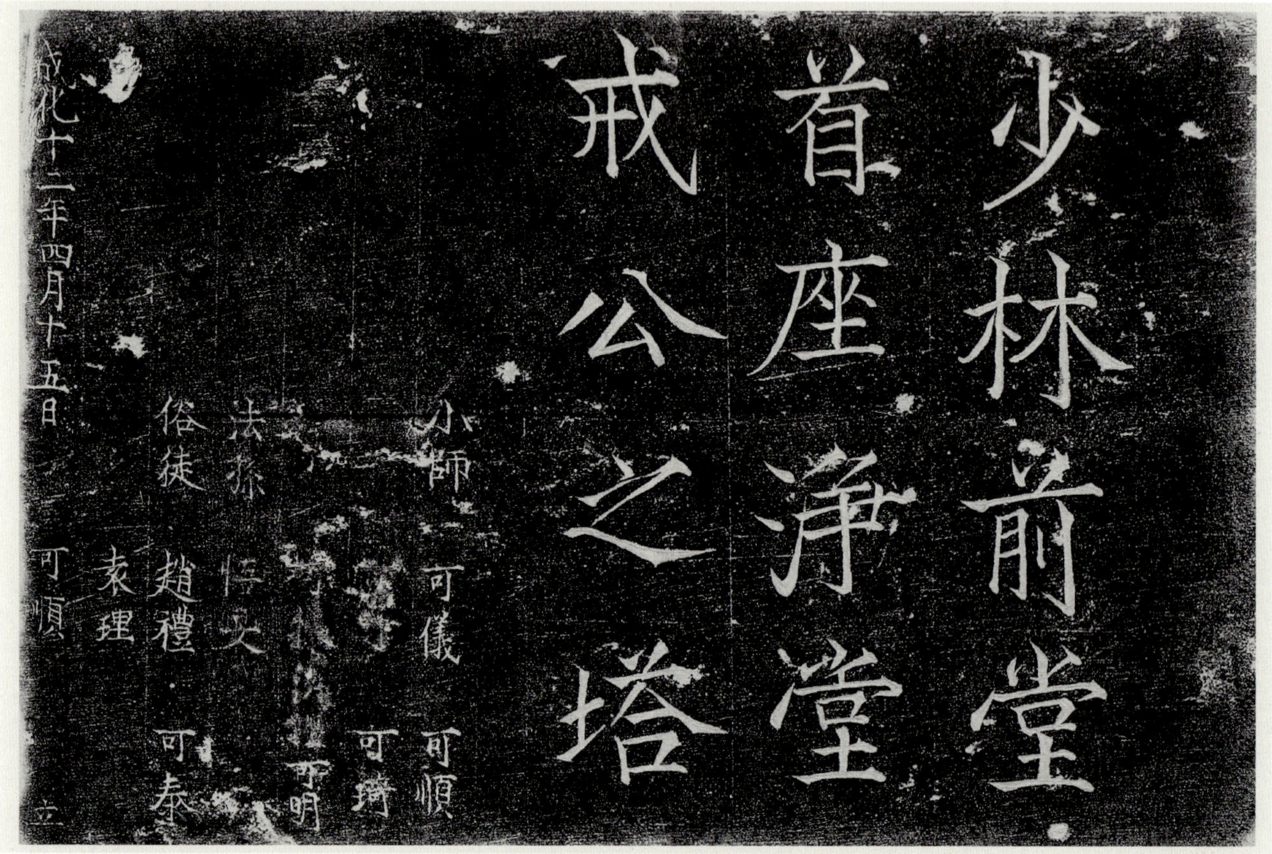

本山提点玉公翠峰之塔

成化十二年五月

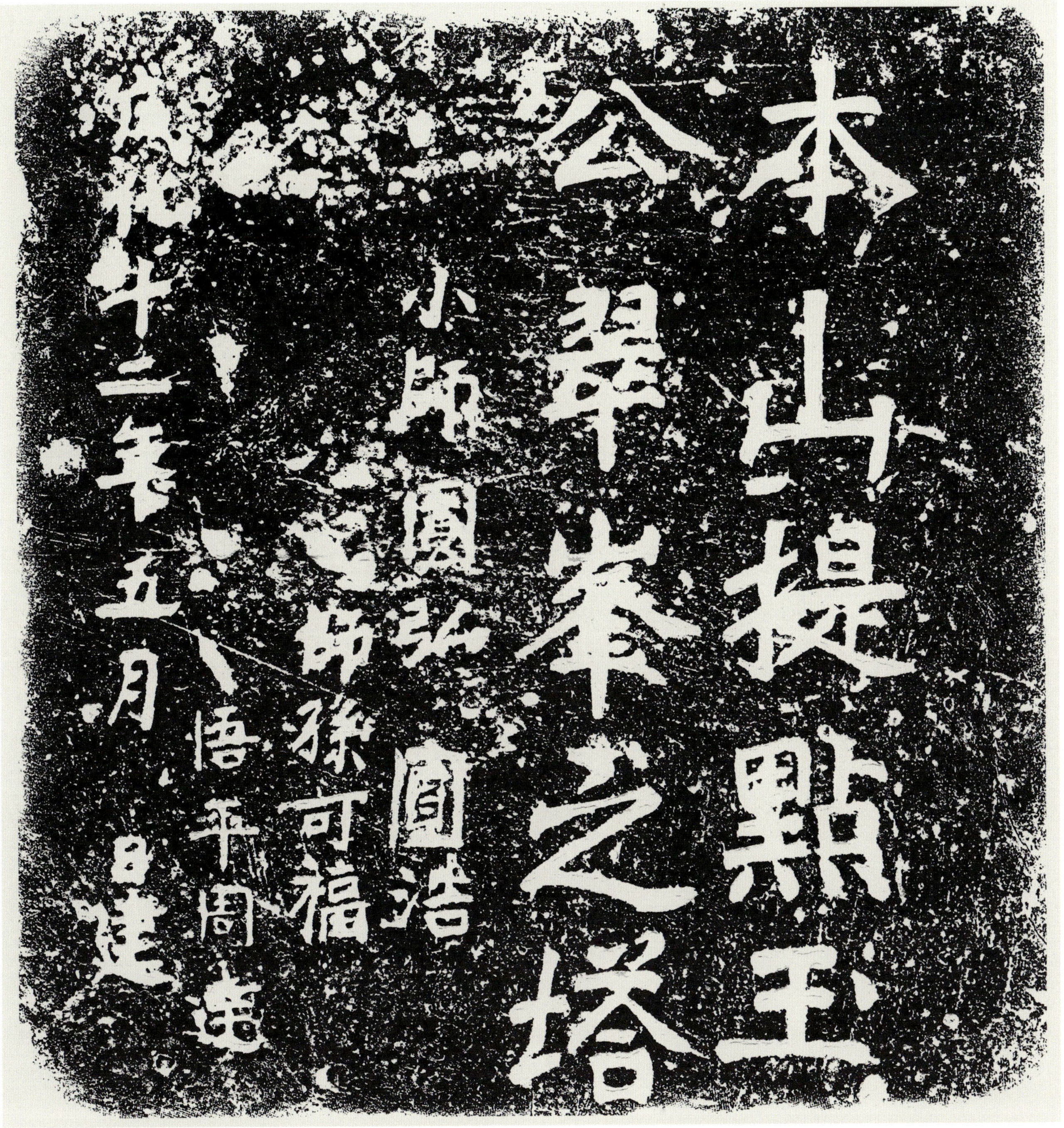

成化十二年八月

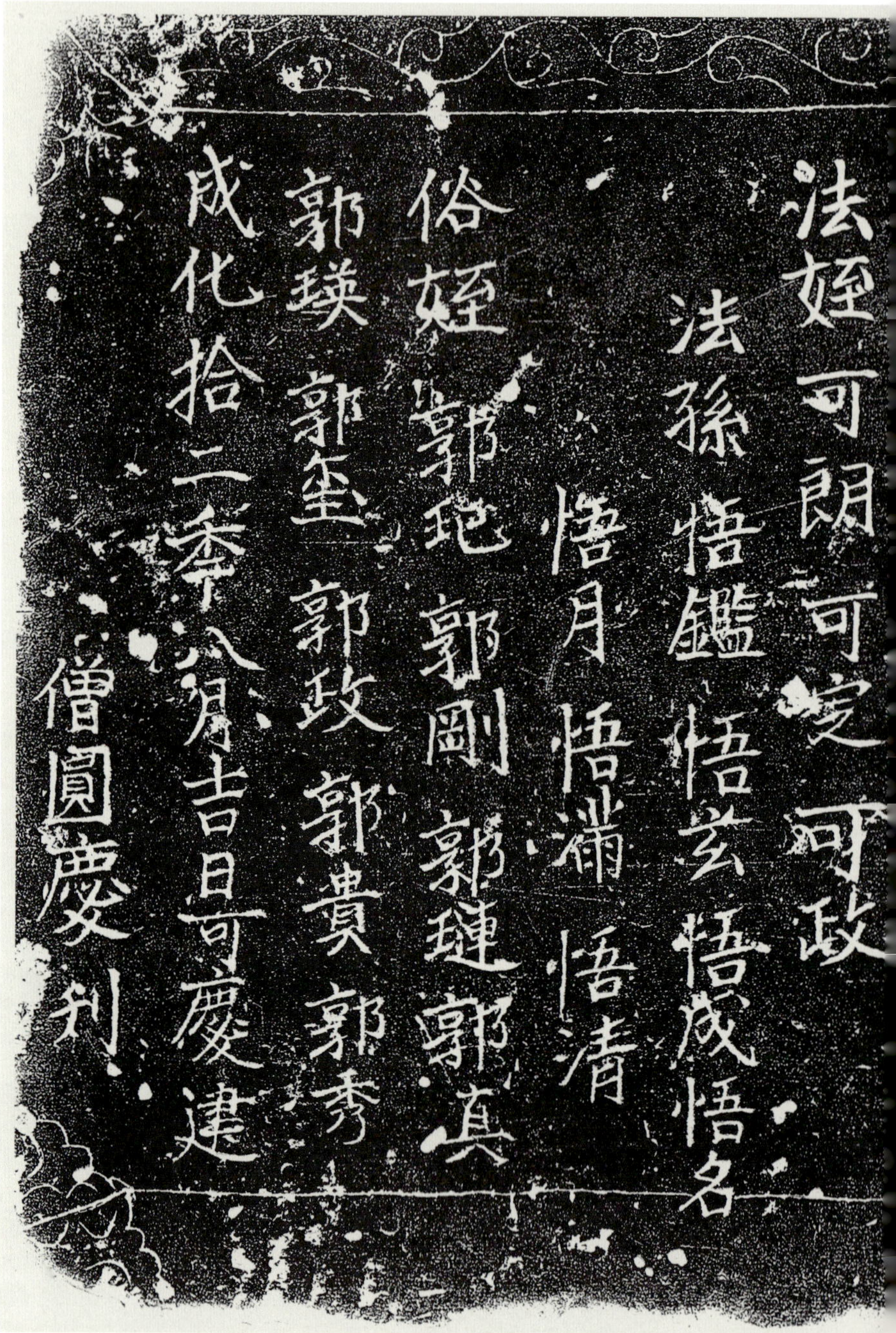
法姪可朗 可定 可政
法孫悟鑑 悟玄 悟茂 悟名
悟月 悟滿 悟清
俗姪郭玘 郭剛 郭璉 郭真
郭瑛 郭奎 郭政 郭貴 郭秀
成化拾二季八月吉日可慶建
僧圓慶刊

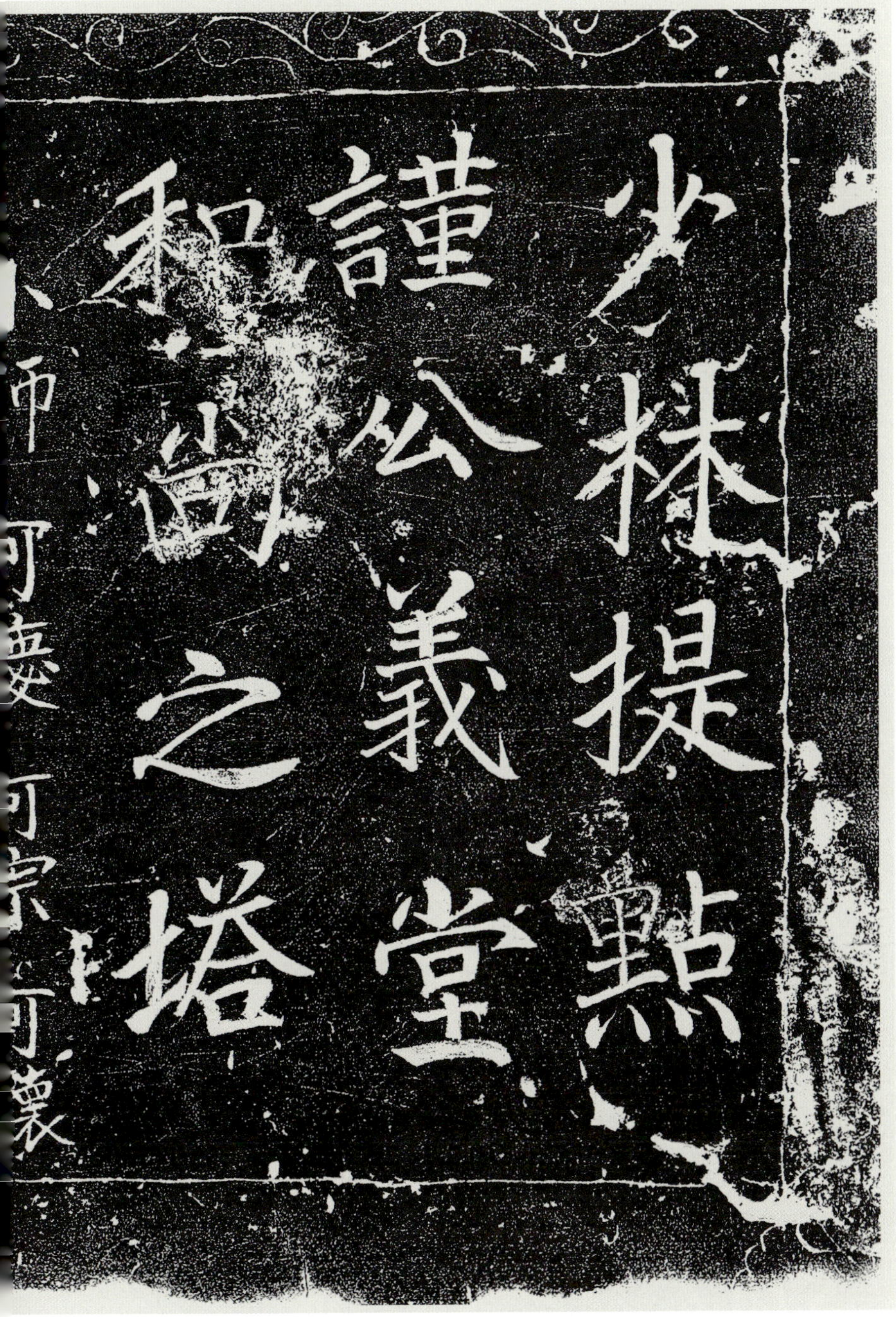
少林提點
謹公義堂
和尚之塔

永庆禅寺住持忠公敬堂之塔

成化十四年二月

永慶禪寺住持忠公敬堂之塔銘

潮平浪息，水瘦秋潦之退，火出木盡，雲斷舊山之寒。既有其生
必有其滅，此古今之通義也。師諱圓忠，號敬堂，偃師縣之訖保
裴氏之子，幼歲送緱氏永慶寺出家，禮嵩岩喜公為師，儒釋兼
備，戒行霜松。景泰初年，少室立雪庭中，參俱空長老，洞明本地。
隱於永慶，深畜厚蘊，亦有年矣。於成化四年，敦請住持永慶寺，
道行所感，僧俗千有餘眾，接納方來，鍛[illegible]學者，續佛慧命，振佛
息德，遂菩提之行，退隱清居[illegible]於禪[illegible]。於成化十一年
十九日示其微疾，告眾儼然而逝，荼毘靈骨，藏於少林塔院[illegible]
建浮圖，善始善終，寧堵告成，謹為銘曰：
實際理地，本無生滅，建化門途，乃有去來，隨緣而應，緣盡而迴。

嗣法門人　河南府副都綱可闓　長安圓達　晉陽道泰　金臺本昌
可永　可寧　可縣　可喆　可宣　可森　可顯　可経　悟存　悟惟　悟景　悟斐
落髮師　可選　可勉　可裕　法[illegible]　可還　可資　可榮　可美　法孫　悟泰　悟明　悟愷　悟招
可翔　可妙　可肅　可甬　可增　可懷　可[illegible]　悟心　悟泯　悟潭　悟思

大明成化廿四年二月吉日建。　刻字塔匠孫旺　孫譽　姪孫[illegible]

少林塔院玲公瑞峰禅师之塔

成化十四年二月

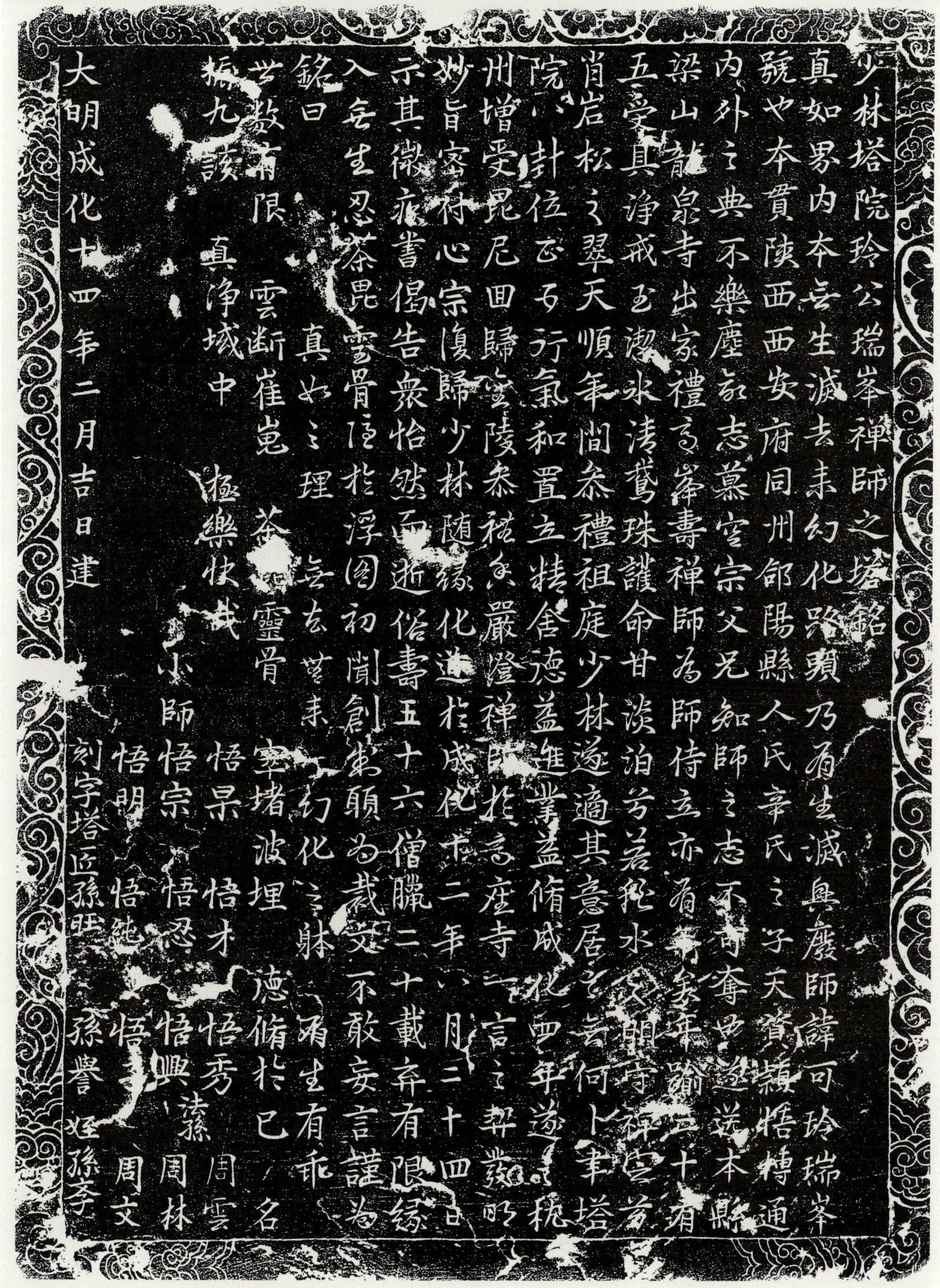
少林塔院玲公瑞峯禪師之塔銘
真如界内本無生滅去来幻化路頭乃有生滅與麼師諱可玲瑞峯
號也本貫陜西西安府同州郃陽縣人氏辛氏之子天資頴悟博通
内外之典不樂塵寰志慕空宗父兄知師之志不可奪也遂送本縣
梁山龍泉寺出家禮高峯壽禪師為師侍立亦有年矣年踰二十有
五受具淨戒至潔冰清鵞珠護命甘淡泊若飛水之朗寺禪宫若
肖岩松之翠天順年間参禮祖庭少林遂適其意居之無何卜聿塔
院之卦位丙丁行氣和置立精舍德益進業益脩成化丙年遂□稱
州增受毘尼回歸金陵参禮莊嚴登禪師於高座寺一言之契發明
妙旨密付心宗復歸少林隨緣化道於成化十二年六月二十四日
示其微疾書偈告衆怡然而逝俗壽五十六僧臘二十載奔有限緣
入無生忍荼毘靈骨匣於浮圖初開創者願為裁受不敢妄言謹為
銘曰 真如之理 無去無來 幻化之躰 有生有乖
世數有限 雲斷崔嵬 荼毘靈骨 窣堵波埋 德脩於已 名
振九垓 真淨域中 極樂快哉
悟昺 悟才 悟秀 周雲
小師 悟宗 悟忍 悟興 孫 周林
悟明 悟純 悟□ 周文
刻字塔匠孫旺 孫譽 姪孫李
大明成化十四年二月吉日建

少林达麽洞隐公东山禅师之寿塔

成化十四年八月

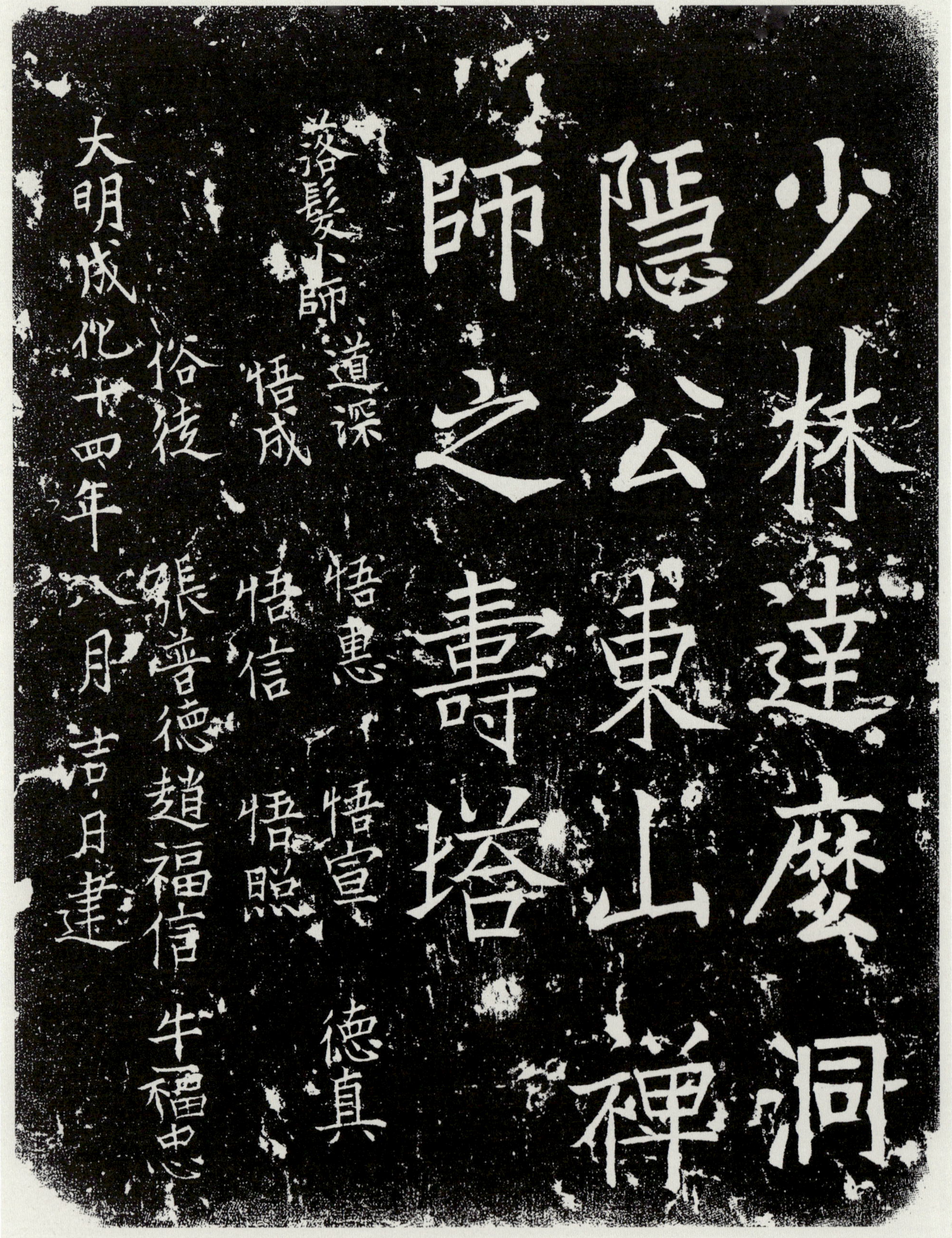

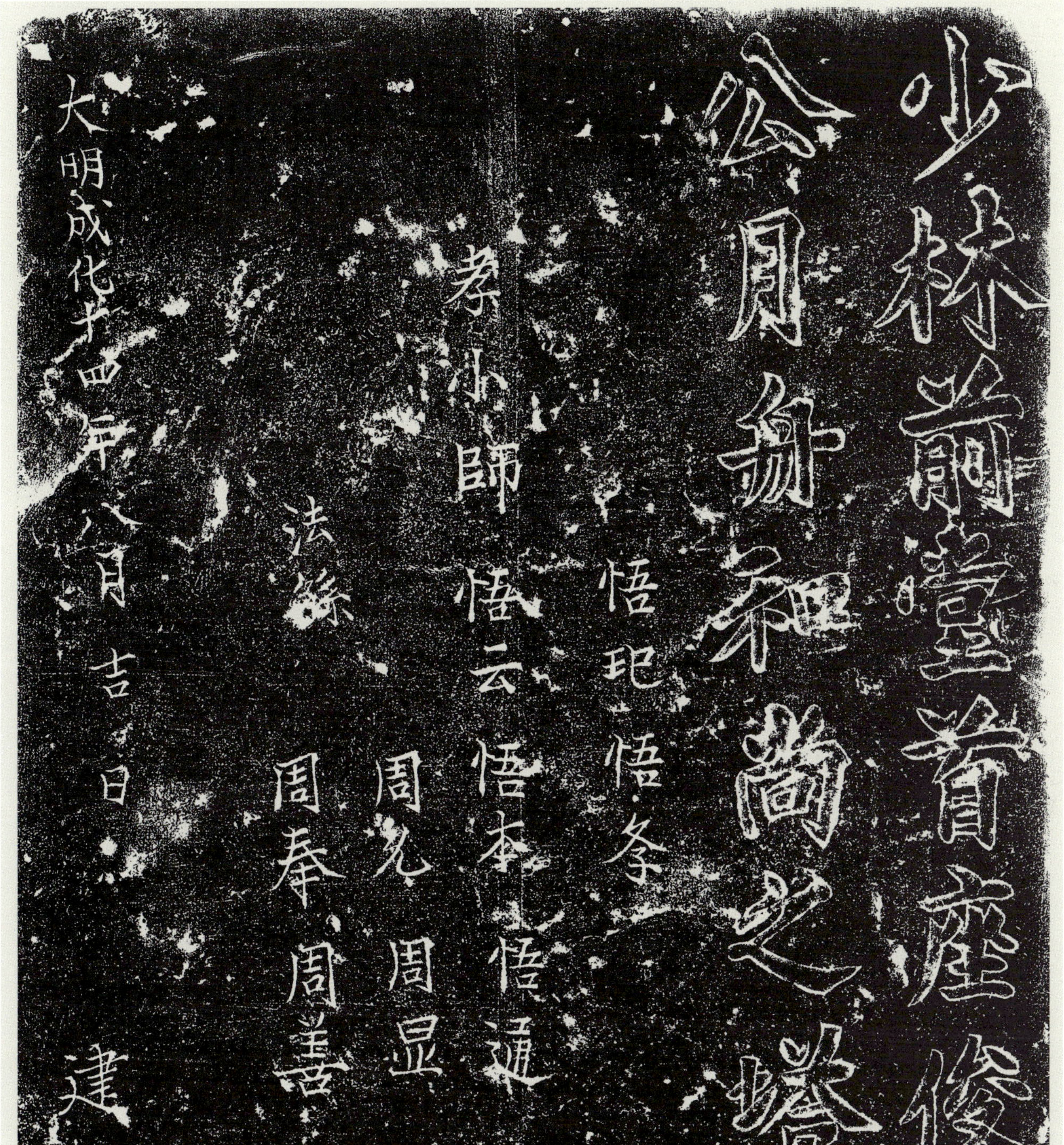
少林前堂首座俊
公月舟和尚之塔
悟玘 悟冬
孝小師 悟云 悟本 悟通
周允 周显
法孫 周奉 周善
大明成化十四年八月 吉日 建

少林前堂首座大千闾公之塔

成化十五年二月

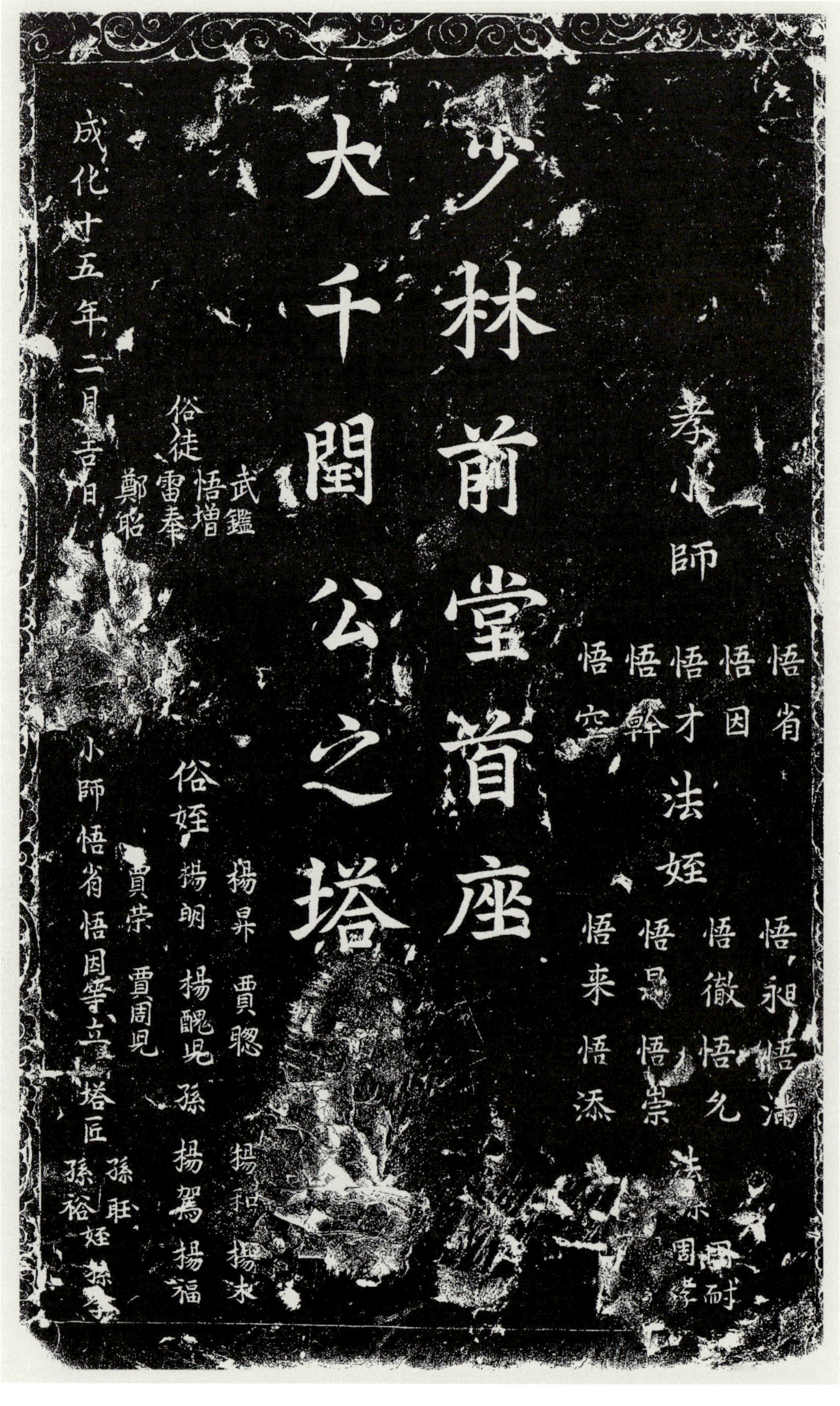

孝小師

悟省 悟因 悟才 悟幹 悟空

法姪

悟昶 悟滿 悟徹 悟允 悟昱 悟崇 悟来 悟添

法孫 周耐 周孝

少林前堂首座

大千閭公之塔

俗姪 揚昇 賈聰 揚和 揚木

揚明 揚醜兒 孫 揚駕 揚福

賈榮 賈周兒 孫旺

武鑑

俗徒 悟增 雷奉 鄭昭

小師悟省悟因等立 塔匠孫裕 姪孫季

成化十五年二月吉日

少林副寺无碍鉴公之塔

成化十五年十月

少林副寺灯公无尽之塔

成化十六年六月

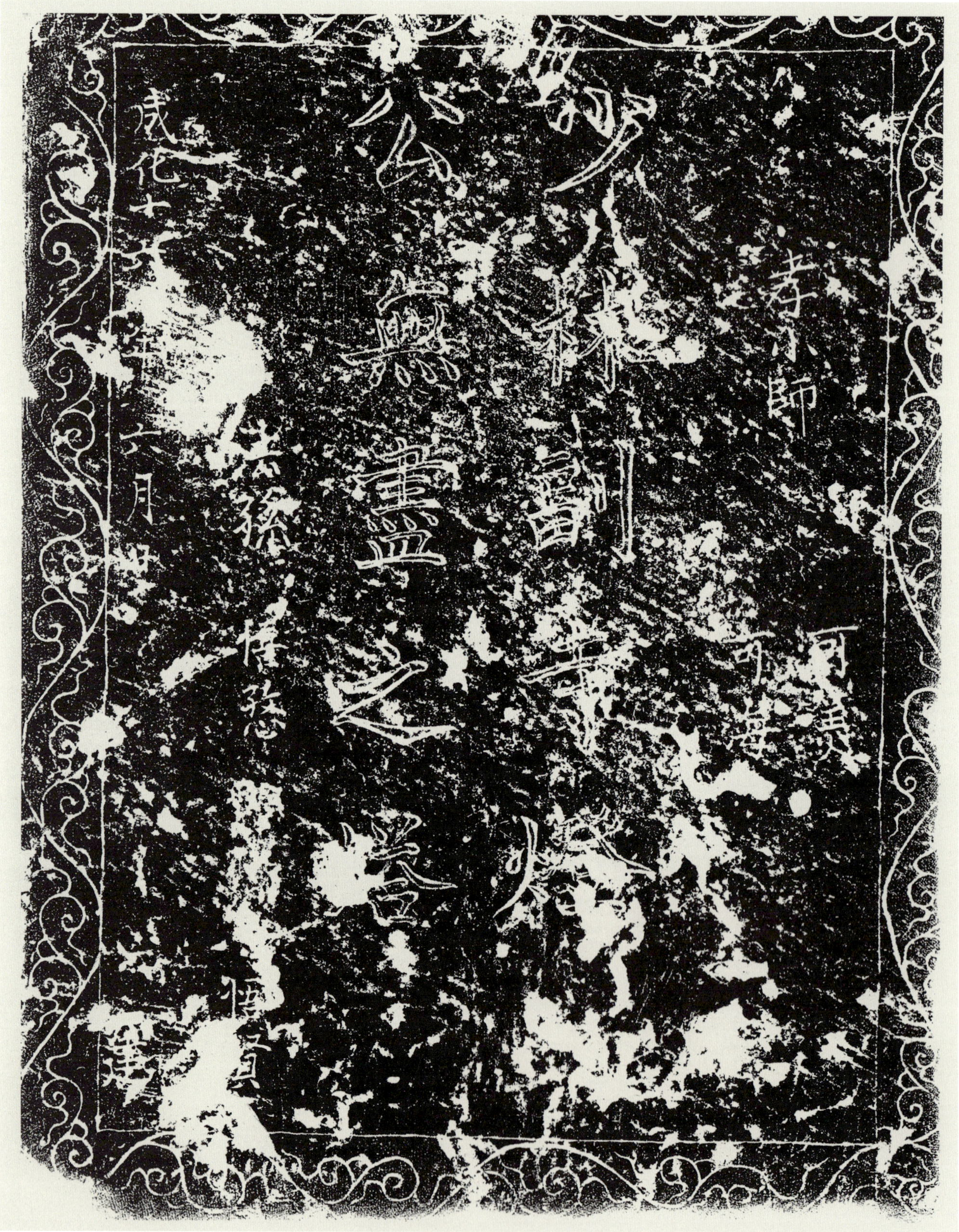

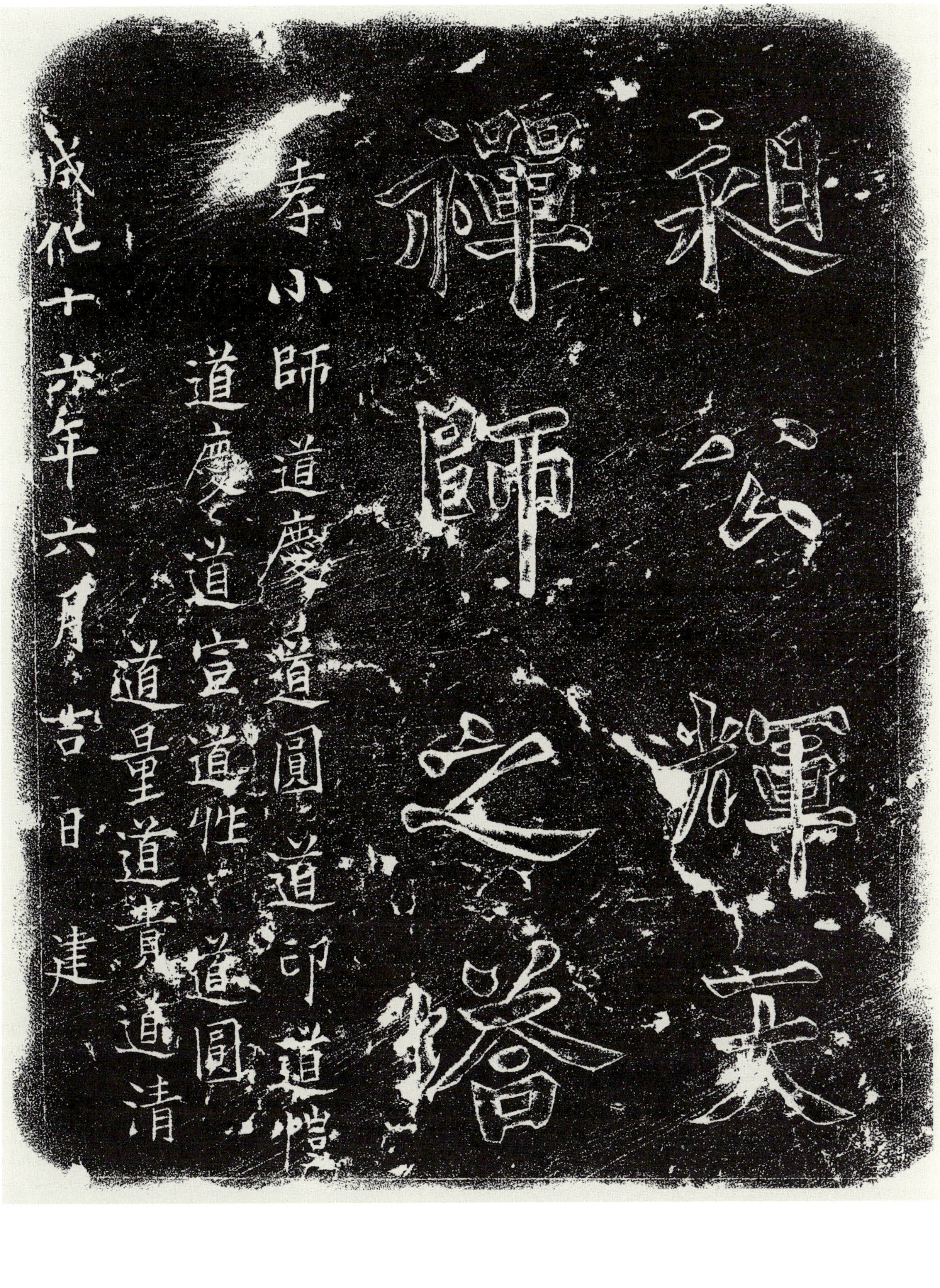
昶公輝天
禪師之塔
孝小師道慶道圓道印道愷
道慶道宣道性道圓
道量道貴道清
成化十六年六月吉日建

首座明公月潭之塔

成化十七年二月

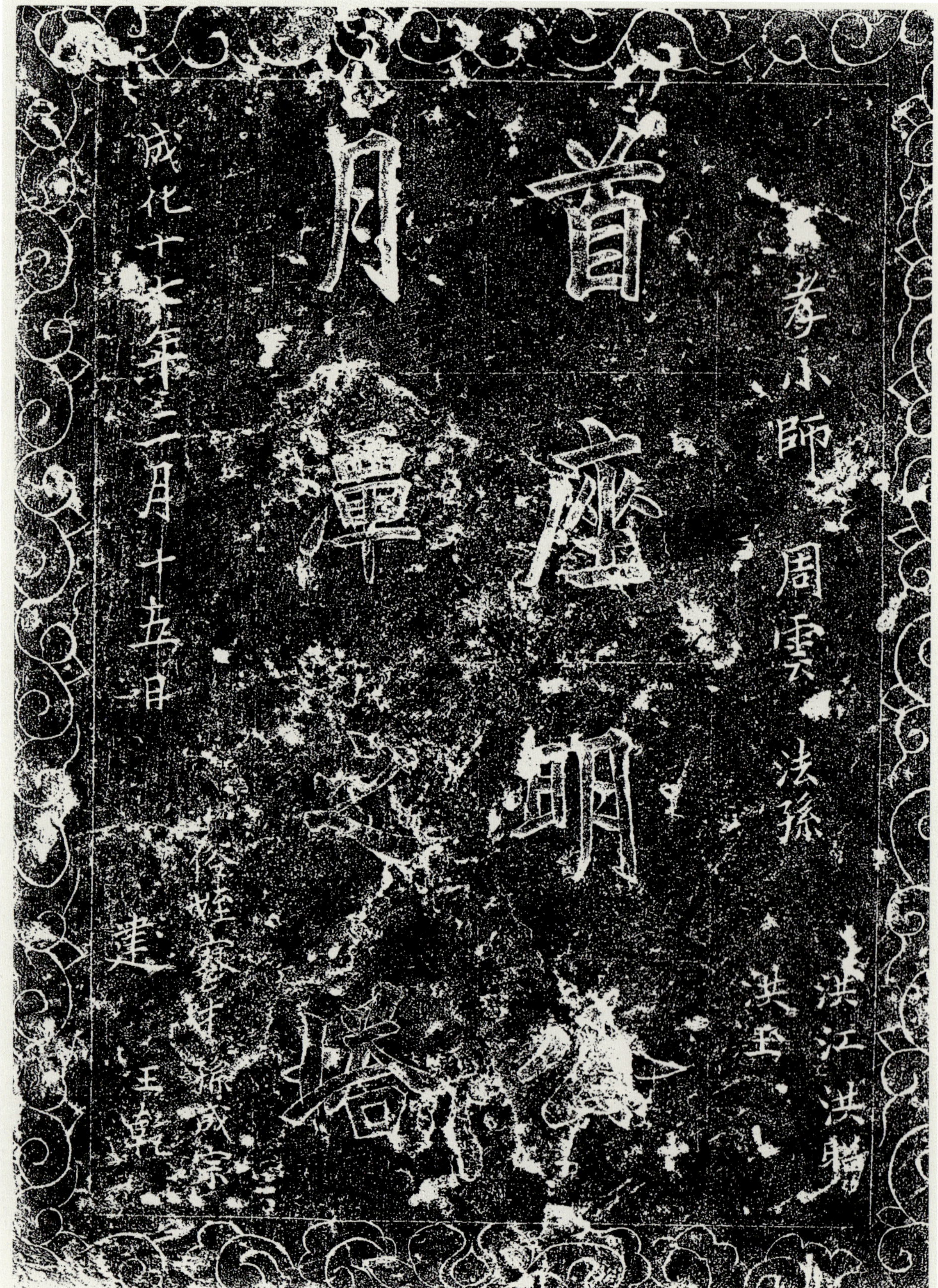

永慶住持昇
公大州之塔
成化十七年十月吉日建

本寺提点定公慧庵寿塔

成化十九年七月

本寺提點定
公慧庵壽塔
孝小師悟方 悟成 悟明 悟海 悟釗 悟蓮
悟鑑 悟美 悟亮
悟還
法姪悟月 悟照 悟灯 悟清
姪男李振 俗徒郭成 法孫周智

本寺提點定公慧菴之塔銘
本地靈明以無去來之機入天道路而有
往復之替然則人之為道始有其生終有
其滅體天地之常經古今之通義也恭惟
公諱可定字慧菴俗姓李父李三母胡氏
父母不奪其志雖染出家禮提點勤公道
庵為師自幼聰慧長以不群混俗和光處
事有則涉世緣而不異守分心而自殊勤
儉質朴脩身素恕執寺事然有法律為提
點衡有輕重宜享福享壽寧知限盡命
殞世壽六十五遺産業子孫得受作浮圖
永遠為銘為立行實故勒斯銘其銘曰生
死有期銘石常存孝小師悟方等立建
大明成化十九年七月初四日刻字張鳳

少林住持从公无方和尚塔铭

成化十九年九月

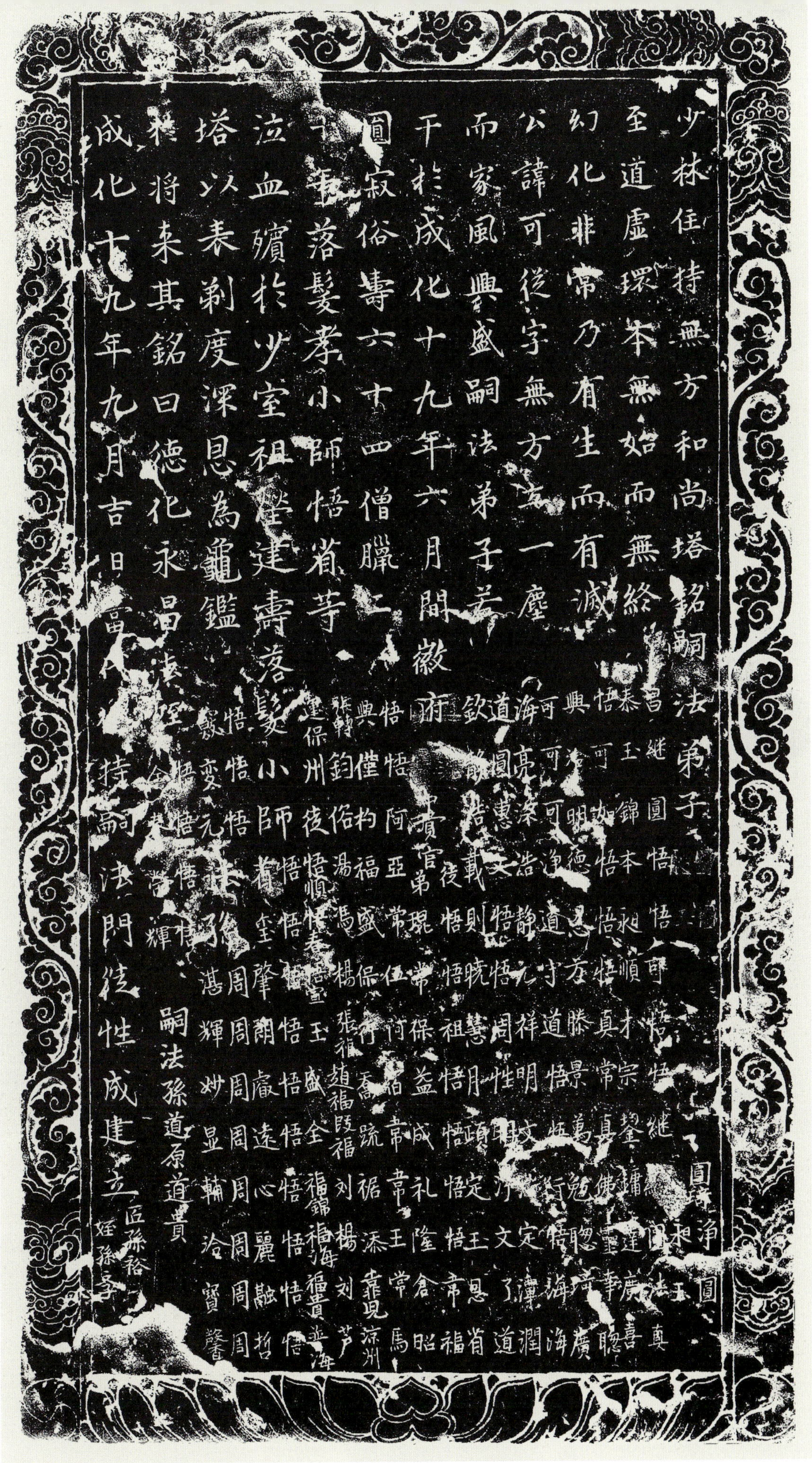
少林住持無方和尚塔銘嗣法弟子
至道虛環本無始而無終
幻化非常乃有生而有滅
公諱可從字無方乃一塵
而家風興盛嗣法弟子若
干於成化十九年六月間歛
圓寂俗壽六十四僧臘二
十手落髮孝小師悟省等
泣血殯於少室祖塋建壽落
塔以表剃度深恩為龜鑑
移將來其銘曰德化永昌法
成化十九年九月吉日當住持嗣法門徒性成建立
嗣法孫道原道貫

徽府恩赐之碑

成化二十年二月

初祖庵主本公之塔

成化二十年三月

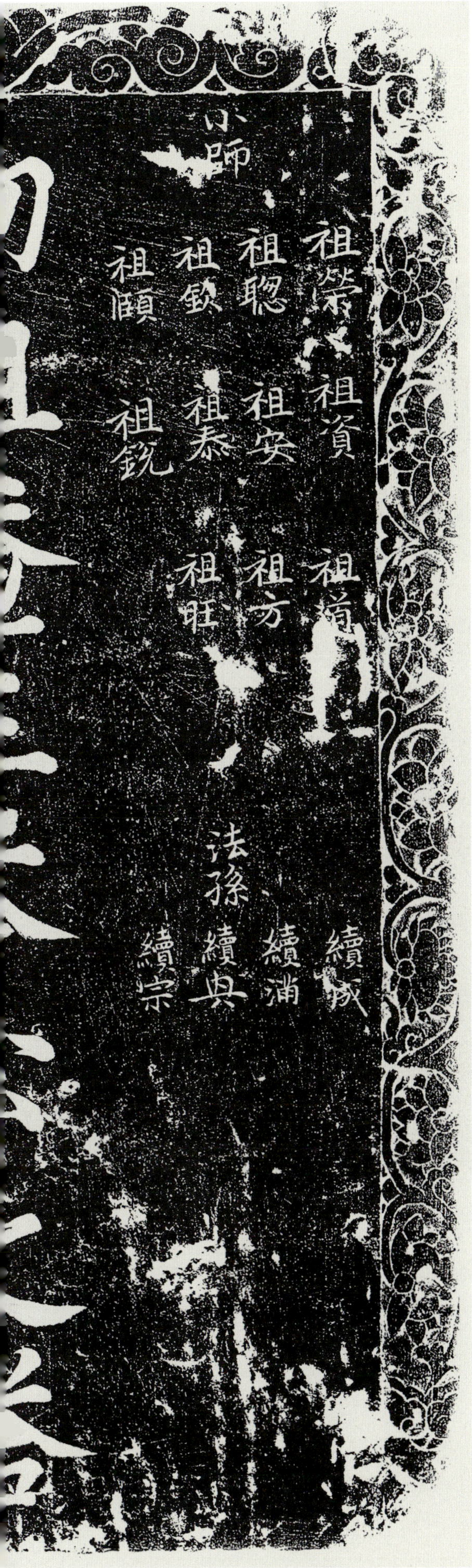

小師
祖榮
祖資
祖聰
祖安
祖方
祖欽
祖泰
祖旺
祖銳
法孫
續成
續興
續宗

从公无方功行之碑

成化二十年四月

碑阳

碑阴

铸造铜弥勒佛碑记

璘楚□撰　悟忍书额　弘治元年正月

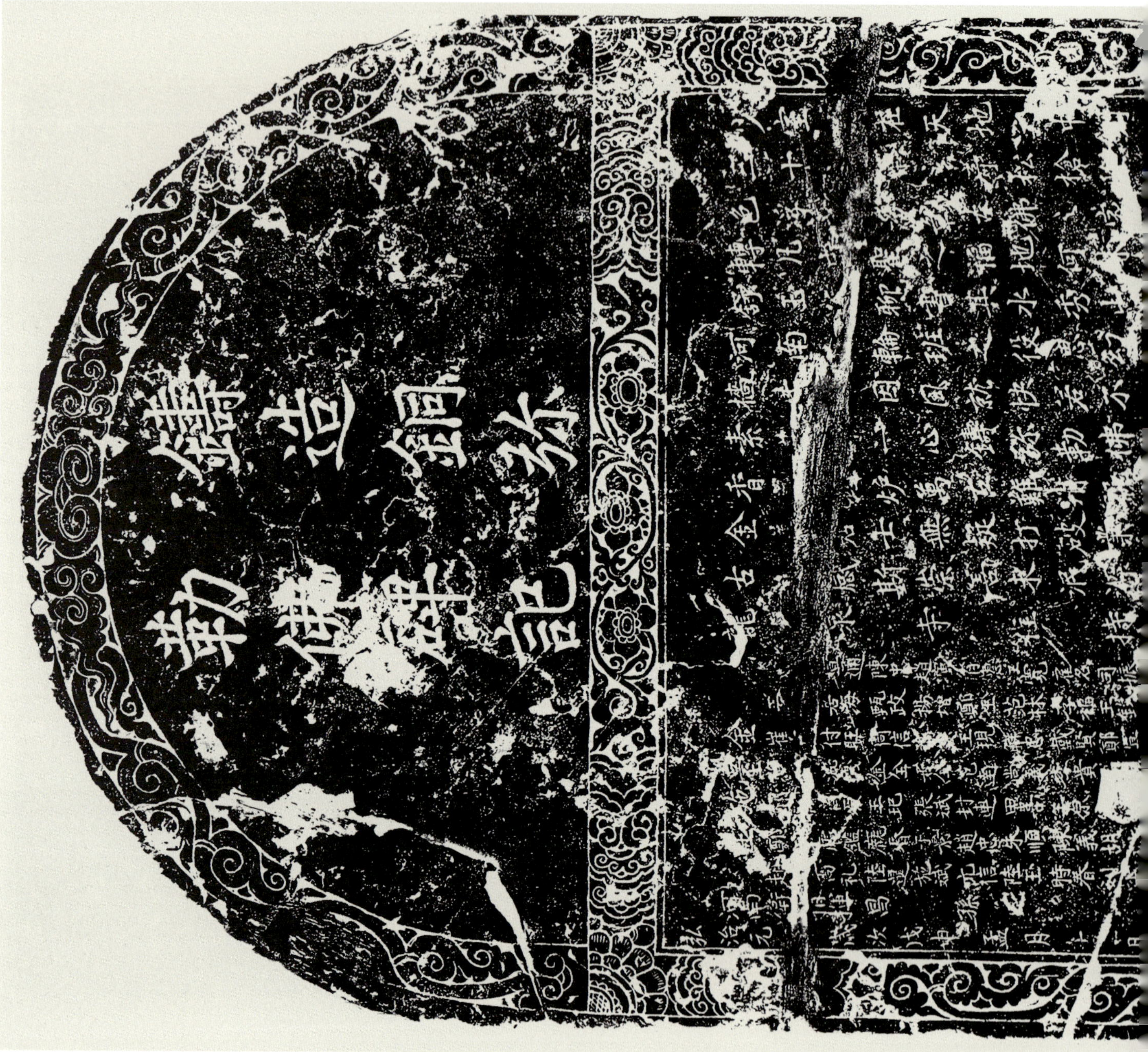

碑阳

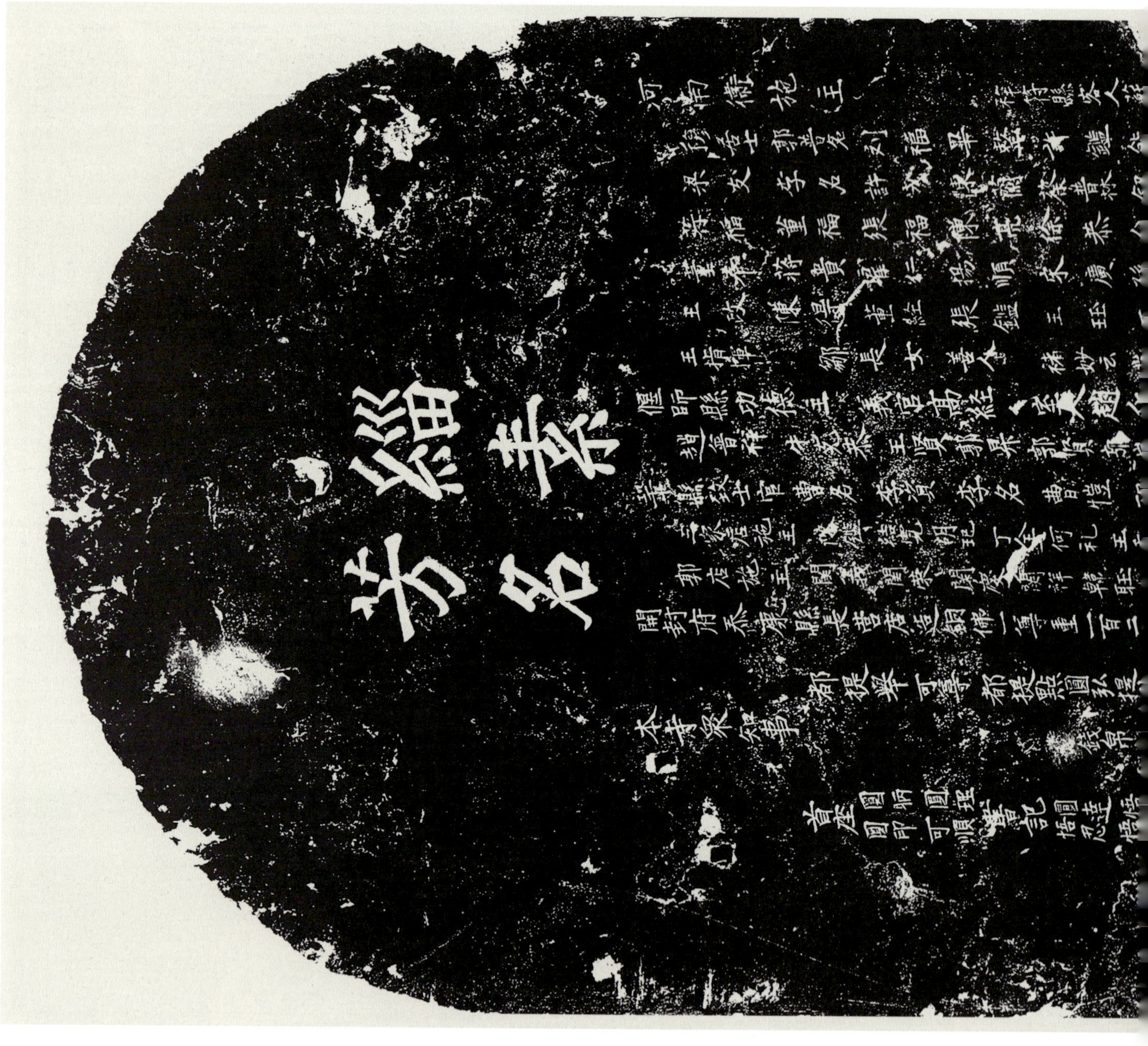

碑阴

本山提点镇公古堂之塔

弘治元年八月

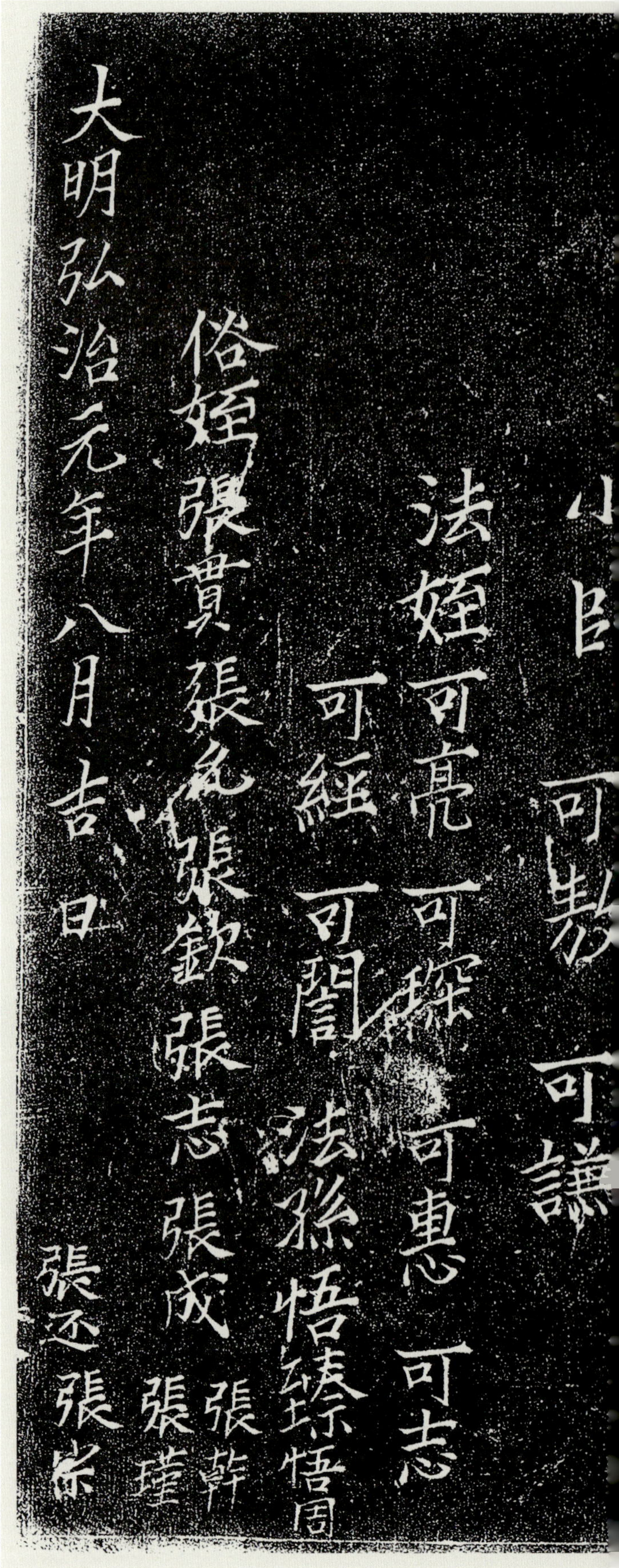

本山提點鎮公
古堂之塔
可真　可海

少室宝心敬公禅师寿塔

性成撰　悟忍书　弘治元年九月

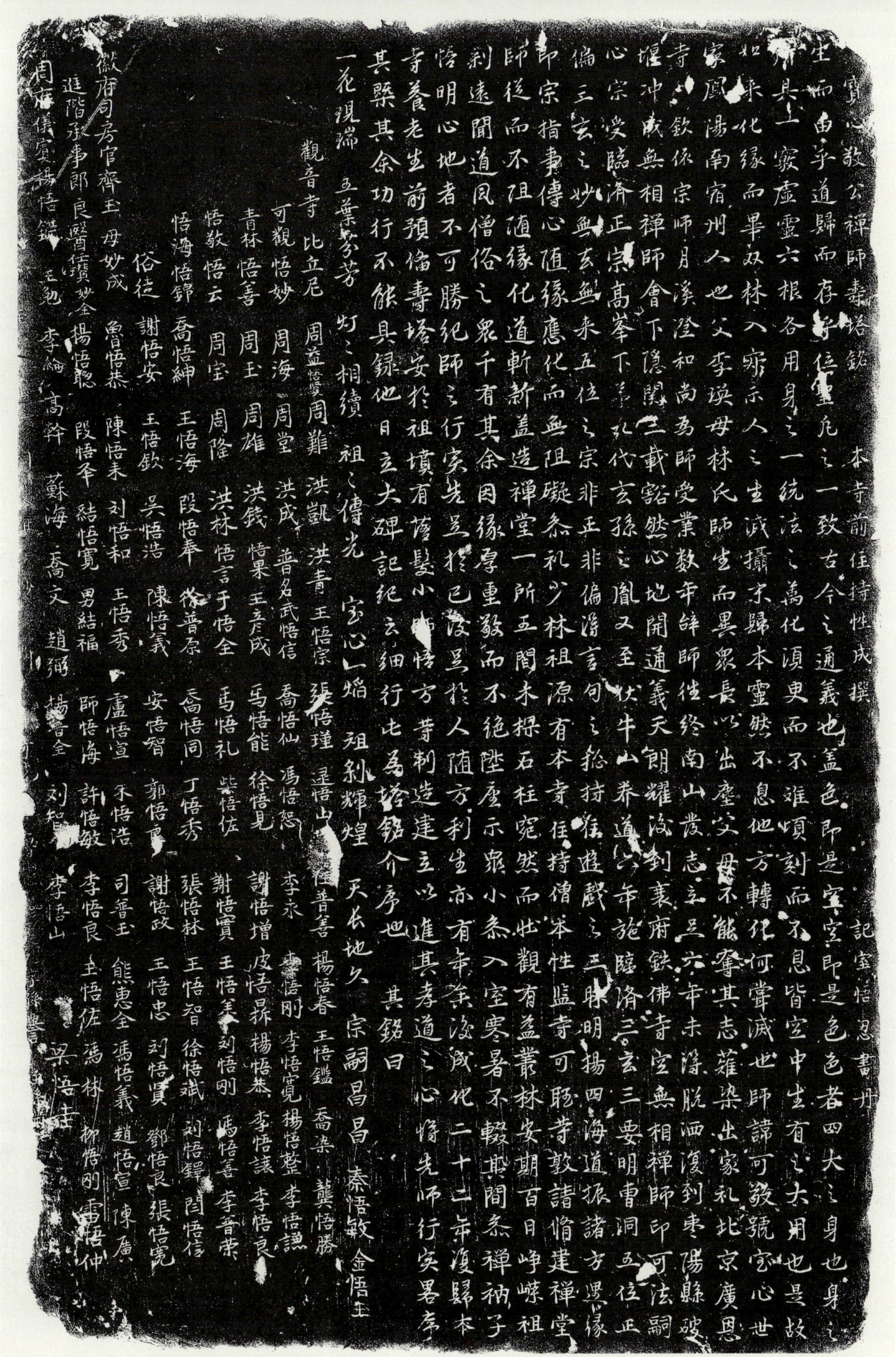

寶心教公禪師壽塔銘　本寺前住持性成撰　記室悟忠書丹

生而由乎道歸而存乎位靈光之一致古今之通義也蓋色即是空空即是色色者四大之身也身之所具六識虛靈六根各用身之一統法之萬化須臾而不離頃刻而不息皆空中生有之大用也是故如來化緣而畢雙林入寂示人之生滅攝末歸本靈然不息他方轉化何嘗滅也師諱可教號寶心世家鳳陽南宿州人也父李瑛母林氏師生而異衆長以出塵父母不能奪其志薙染出家禮北京廣恩寺欽依宗師月溪澄和尚爲師受業數年辭師往終南山發志立足六年未得脫洒復到棗陽縣破堤冲虛無相禪師會下隱閑三載豁然心地開通義天朗耀復到襄府鉄佛寺空無相禪師印可法嗣心宗受臨濟正宗高峯下第廿代玄孫之胤又至伏牛山養道六年施臨濟三玄三要明曹洞五位正偏三玄之妙無玄無來五位之宗非正非偏潛言句之機持佳遊戲之三昧明揚四海道振諸方遇緣即宗指事傳心隨緣應化而無阻礙參禮少林祖源有本寺住持僧本性監寺可聰等敦請脩建禪堂師從而不阻隨緣化道斬新蓋造禪堂一所五間木採石柱宛然而壯觀有益叢林安期百日喚嶸祖剎遠聞道風僧俗之衆千有其余因緣尊重敬而不絕陞座示衆小參入室寒暑不輟其間參禪衲子悟明心地者不可勝紀師之行實先呈於己復呈於人隨方利生亦有年矣復於成化二十二年復歸本寺養老生前預脩壽塔安於祖墳有薙髮小師悟方等制造建立以進其孝道之心將先師行實略序其槩其余功行不能具錄他日立大碑記紀云細行七爲塔銘介序也　其銘曰

一花現瑞　五葉芬芳　灯灯相續　祖祖傳光　寶心一焰　祖剎輝煌　天長地久　宗嗣昌昌　秦悟敏　金悟玉

觀音寺比丘尼　周益豐　周難　洪凱　洪青　王悟宗　張悟瑾　逯悟山　住普善　楊悟春　王悟鑑　喬染　龔悟勝

可觀　悟妙　周海　周堂　洪成　普名　武悟信　喬悟仙　馮悟恕　李永　李悟剛　李悟寬　楊悟整　李悟讓

青林　悟善　周玉　周雄　洪錢　悟果　王彥成　馬悟能　徐悟見　謝悟增　皮悟鼎　楊悟恭　李悟讓　李悟良

悟敬　悟云　周宝　周隆　洪林　悟言　于悟全　馬悟礼　柴悟佐　謝悟實　王悟美　刘悟明　馮悟善　李普荣

悟海　悟錦　喬悟紳　王悟海　段悟奉　徐普原　喬悟同　丁悟秀　張悟林　王悟智　徐悟斌　刘悟鐸　閆悟信

俗徒　謝悟安　王悟欽　吳悟浩　陳悟義　安悟智　郭悟真　謝悟政　王悟忠　刘悟貫　鄧悟良　張悟寬

魯悟恭　陳悟来　刘悟和　王悟秀　盧悟宣　宋悟浩　司晉玉　熊惠全　馮悟義　趙悟宣　陳廣

徽府司房官齊玉　毋妙成　楊悟聰　段悟舉　結悟寬　男結福　師悟海　許悟敏　李悟良　王悟佐　馮林　柳悟明　雷悟仲

進階承事郎良醫正儐妙全

周府儀賓楊悟鐸　王勉　李綸　高幹　蘇海　喬文　趙鐸　楊普全　刘智　李悟山　梁悟善

提点聪公和尚寿塔

弘治三年七月

提點聰公

重修石窟净土寺记

常镒撰　郑继宗题额　郭果书　弘治七年

普安禅寺罗汉碑记

石玠撰　周道篆　薛钦书　弘治十一年五月

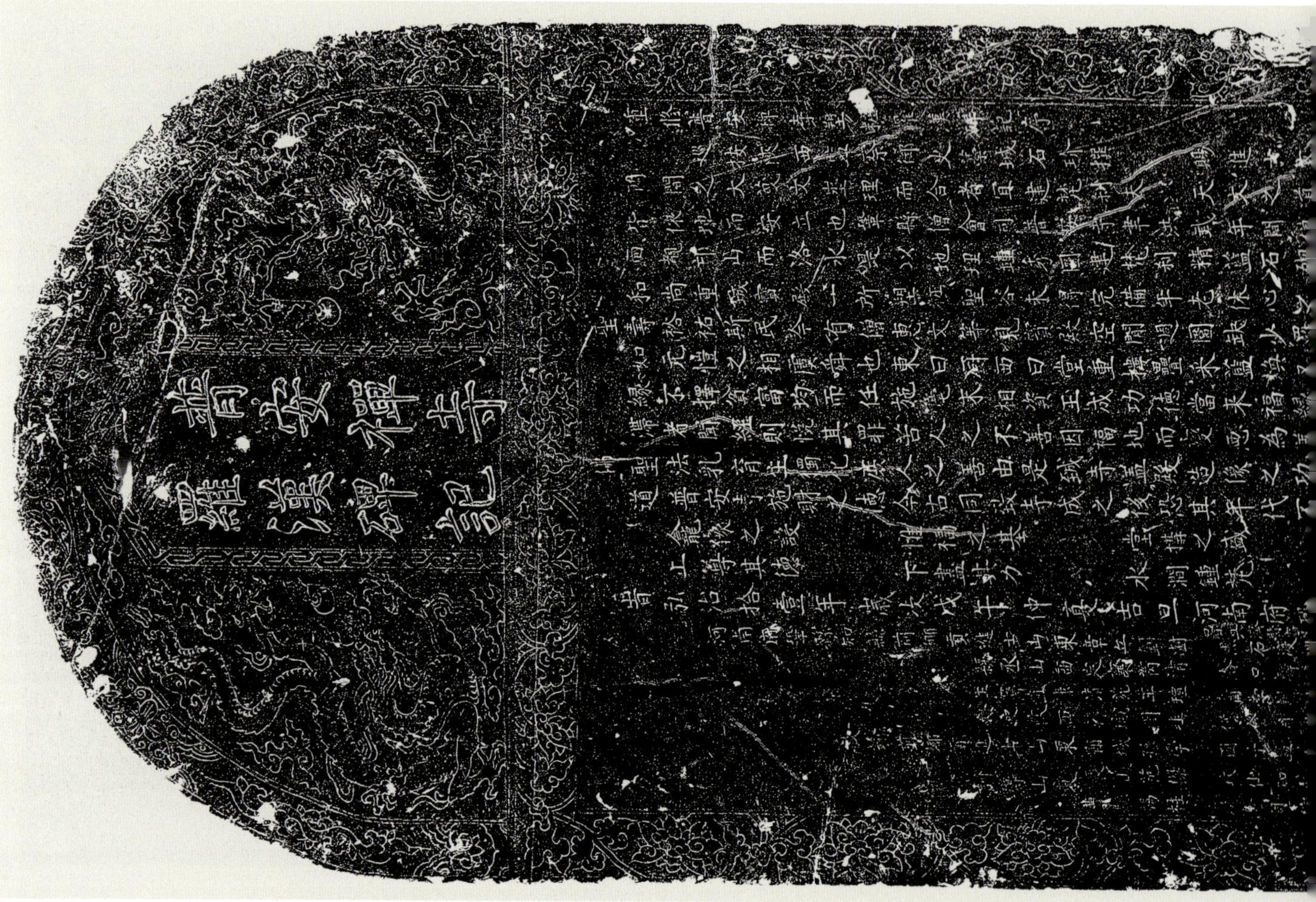

望嵩岳

李省斋作　陈宣跋　弘治十一年十一月

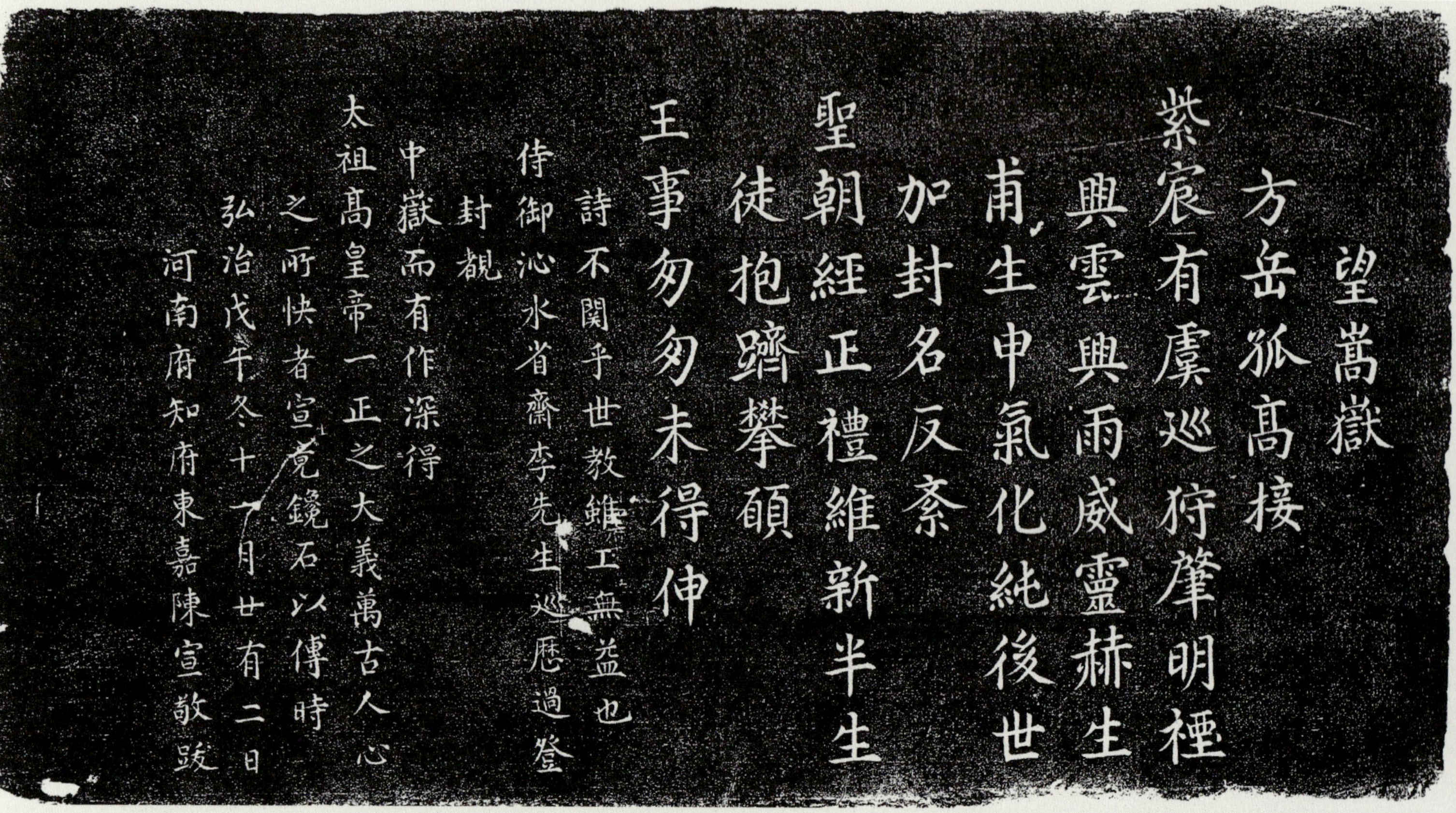
望嵩嶽
方岳孤高接
紫宸有虞巡狩肇明禋
興雲興雨威靈赫生
甫生申氣化純後世
加封名反柰
聖朝經正禮維新半生
徒抱躋攀願
王事匆匆未得伸
詩不關乎世教雖工無益也
侍御沁水省齋李先生巡歷過登
封覩
中嶽而有作深得
太祖高皇帝一正之大義萬古人心
之所快者宣竟鑱石以傳時
弘治戊午冬十一月廿有二日
河南府知府東嘉陳宣敬跋

弘治十三年三月

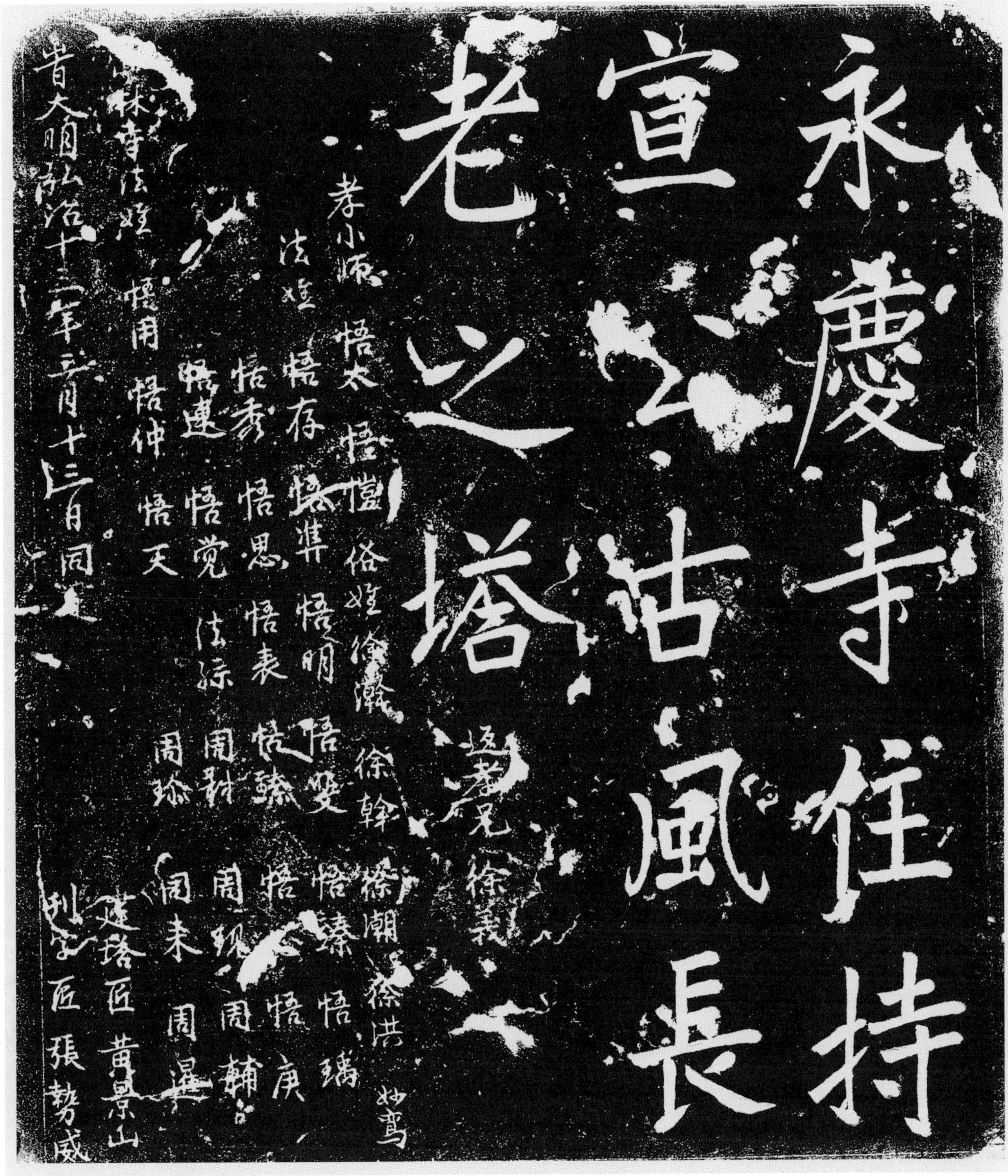

少林住持传法嗣祖归源顺公和尚之塔

性成撰　本聪书　弘治十三年三月

少林前住持性成撰　嗣法門徒京兆本聰書

勑賜少林禪寺住持傳法沙門順公歸源和尚覺靈塔銘

覺靈之道先天地而有生々而無始後天地而有覔々而無終靈智之性常覔不住應四緣而世生隨五行而造化數壽有限法性難留六根解脫一性圓明俗諦已休真諦靈存是知聖人杲世夢奠於兩楹如來涅槃圓寂於雙林輪迴大事聖凡難逭也先師諱可順字歸源乃洛陽喬氏之善族自幼不塵冰志空門父母難留捨送於少林寺礼园戒為師清淨三業洞明四諦未了教外之機參室雪庭傳法嗣祖沙門從公無方和尚立業工夫金石之固真積力久將有所得心領神悟發明寶鏡三昧明於本性獨而不孫無根永固密知教外別傳之旨親授曹洞法印深畜厚隱毳衣蔬食淡薄有年道隆德顯罔象珠光自現本縣大尹安公保本寺傳法住持亦有不乏繼嗣世數有限大限難逃隨順世緣因病圓寂終於弘治拾貳年三月初四日世受五十六僧臘三十載于有孝小師悟林等脩於鴈塔安葬覔靈浮圖有級非同馬鬣之封受塔落成先師行实勒名於石表孝小師之誠心為當来之龜鑒其銘曰

覺靈真道无去无来四大幻渠有生有灰根塵脫落靈智不迷覔靈寄塔春秋祭儀圖顯於世名響於雷事終結果不朽靈臺小師致奠嗚呼哀哉

嗣法門人　海雲覚志永真義曉祖逢周大本聰得聚祖来　俗徒馮居士

悟詷可鳶常泉悟欽洪方周森祖澂园觉通文　綱鐘李銳

従孝　兄喬松喬英喬崇喬洪喬鐸喬洪　姪男喬銳喬雷喬雲喬羽喬情

大明弘治拾叁年三月初十日同建　窯匠侯鳶　刊字匠張勤威

游少林寺二首步文潞公韵

王弘撰　弘治十三年五月

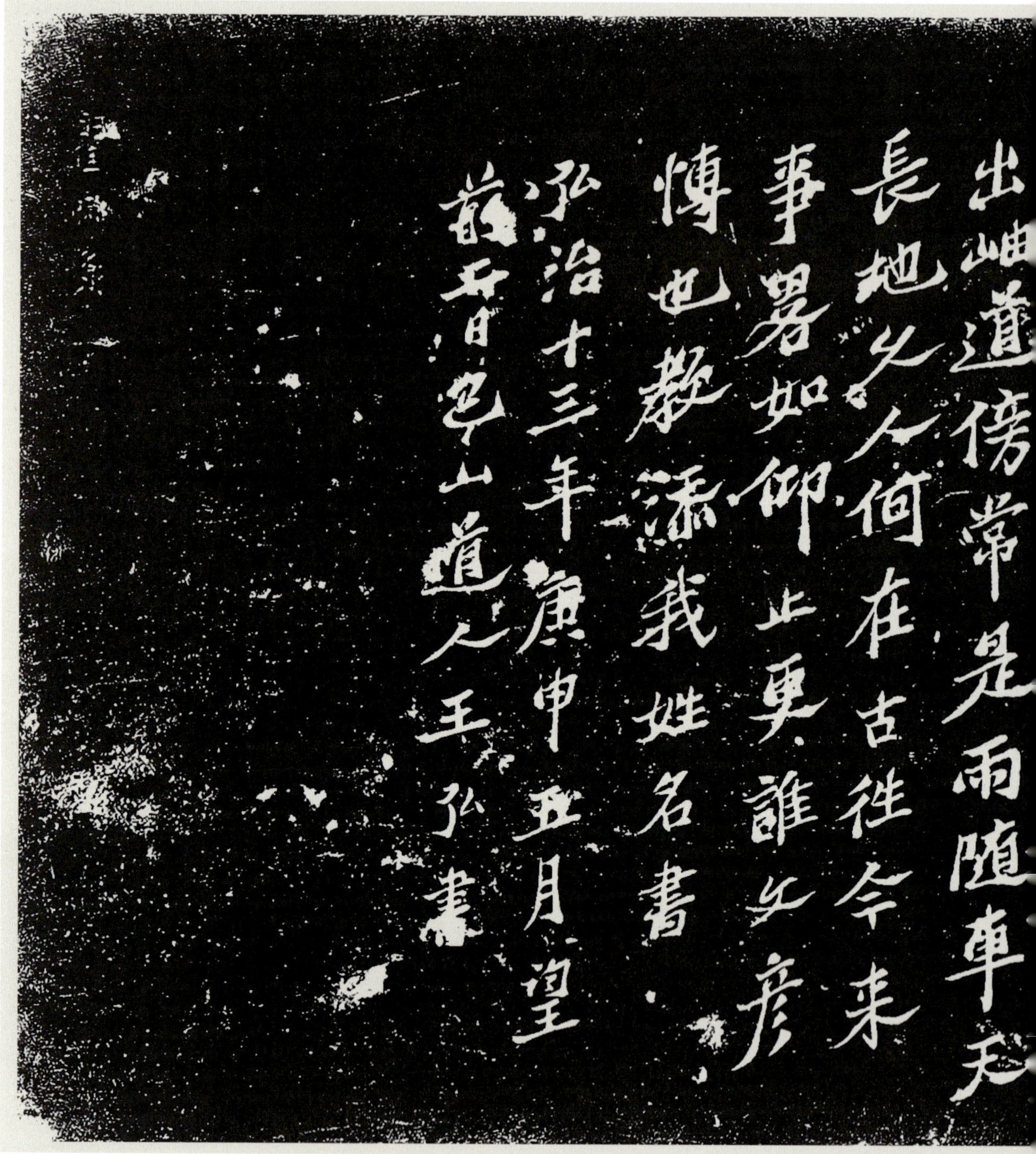

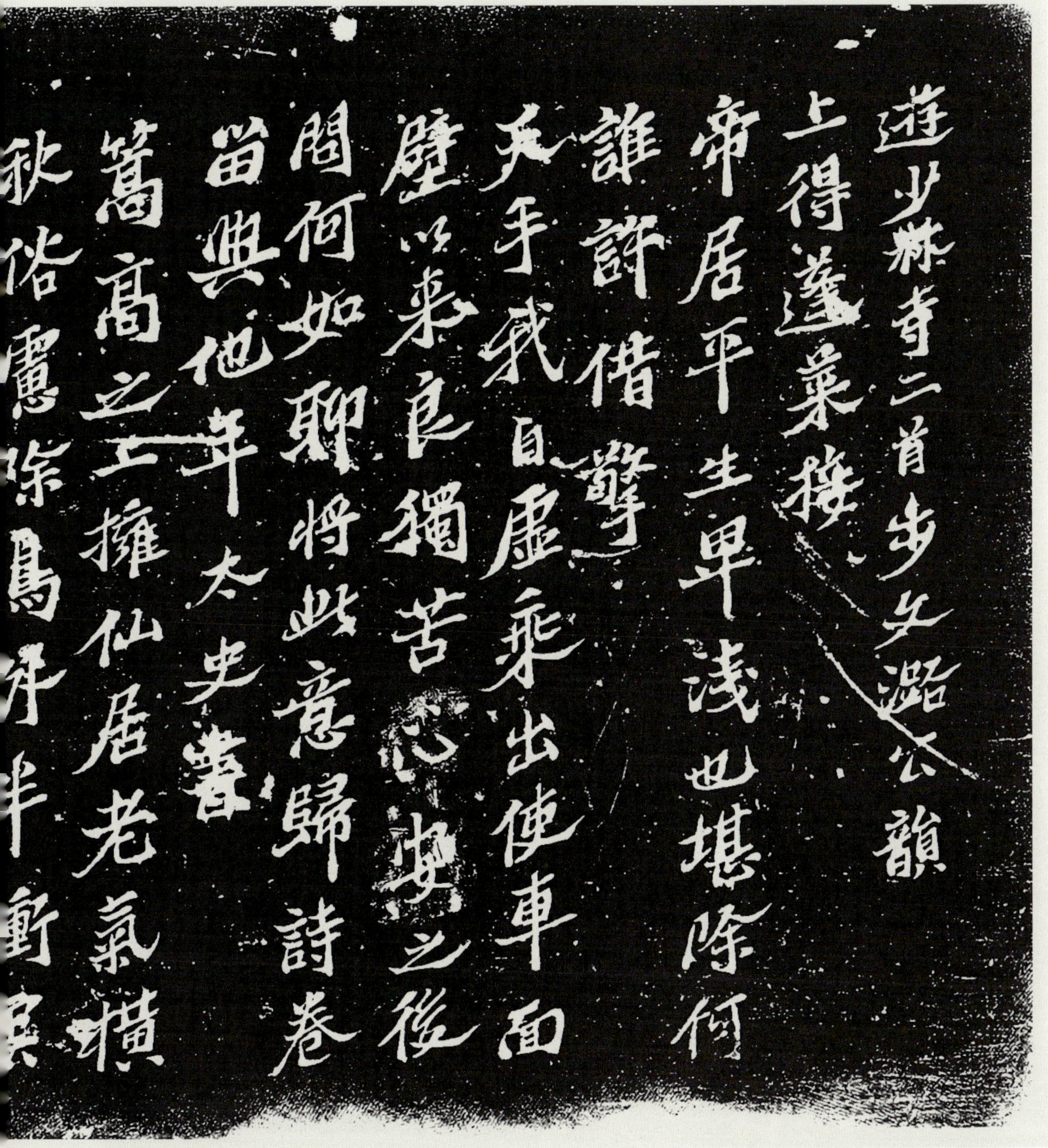
遊少林寺二首步文谿公韻
上得蓬萊梯
帝居平生早淺也堪除何
誰許借聲
天手我自虛乘出使車面
壁以來良獨苦心安之後
閤何如聊將此意歸詩卷
留與他年太史書
篙高之上擁仙居老氣橫
秋俗慮除鳥行半虧

少林成公拙庵长老和尚之塔

空本撰　弘治十四年闰七月

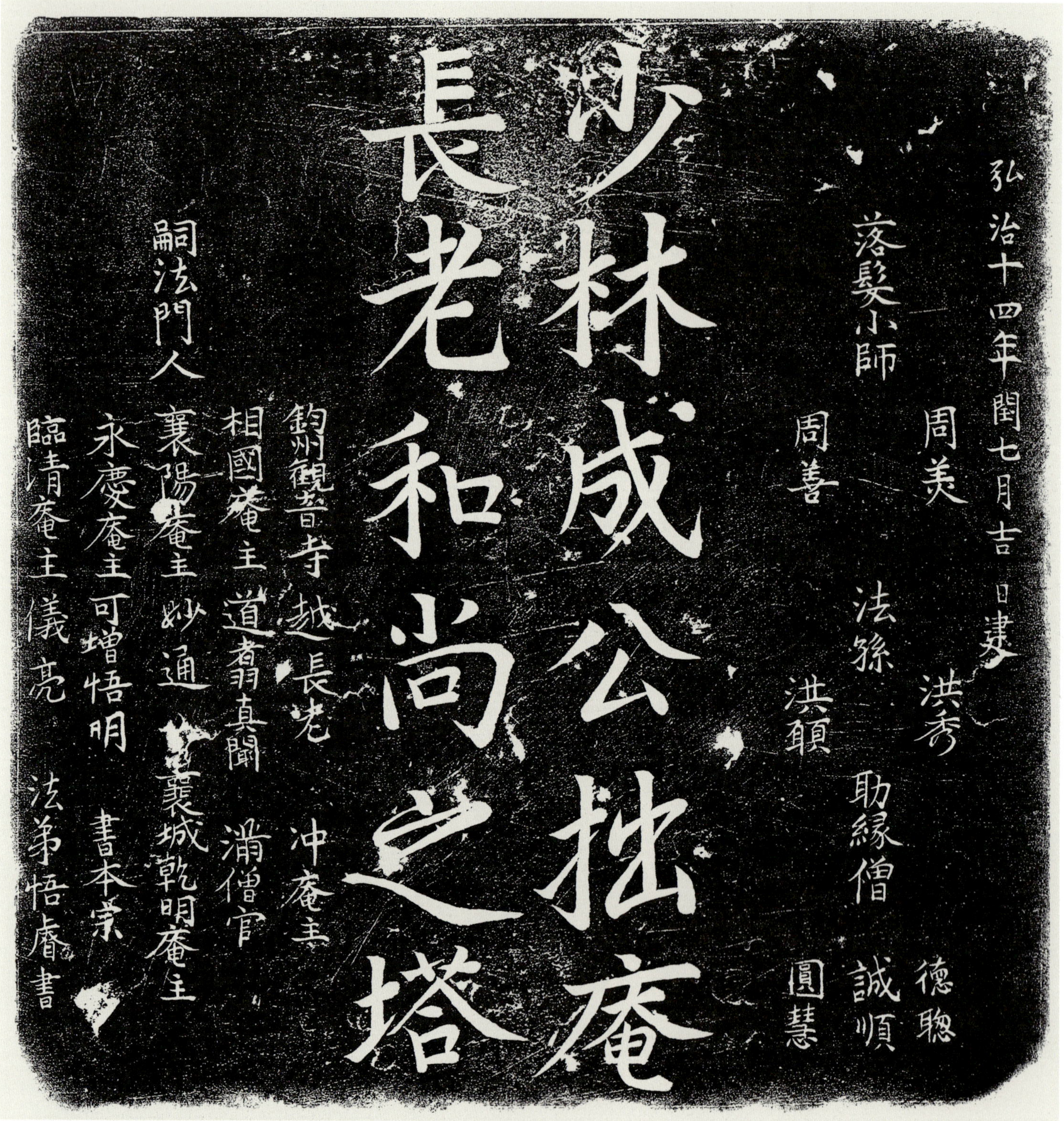

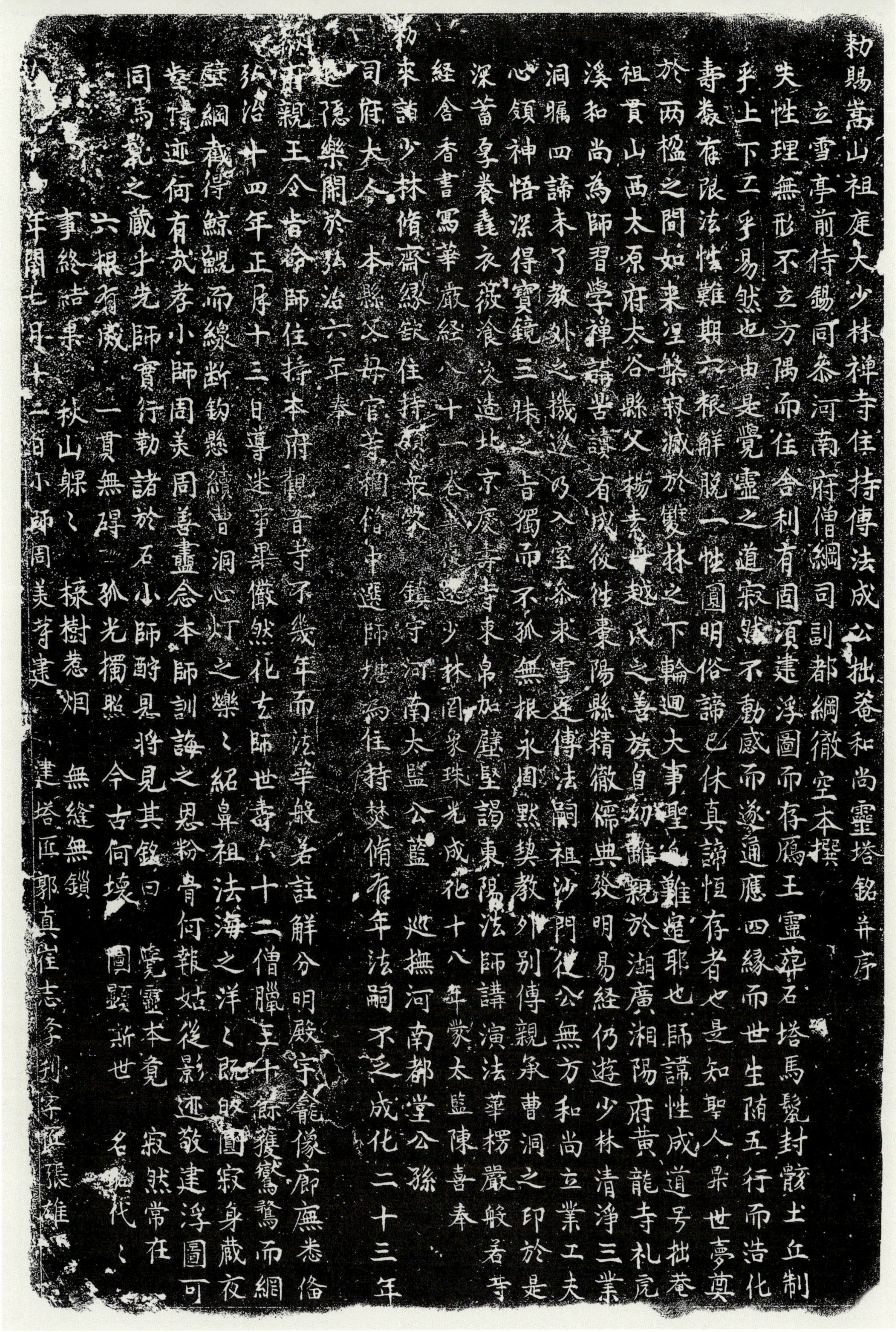

勅賜嵩山祖庭大少林禅寺住持傳法成公拙菴和尚靈塔銘并序
立雪亭前侍錫同叅河南府僧綱司副都綱徹空本撰
失性理無形不立方隅而住舍利有固須建浮圖而存厲王靈葬石塔馬鬣封骸土丘制
乎上下二乎易然也由是覺靈之道寂然不動感而遂通應四緣而世生隨五行而造化
壽夭有限法性難期六根解脫一性圓明俗諦已休真諦恒存者也是知聖人鼎世夢奠
於兩楹之間如来涅槃寂滅於雙林之下輪迴大事聖[illegible]難逭耶也師諱性成道号拙菴
祖貫山西太原府太谷縣父楊素[illegible]越氏之善族自幼離親於湖廣湘陽府黄龍寺礼虎
溪和尚為師習學禅誦苦讀有成後往棗陽縣精徹儒典發明易經仍遊少林清淨三業
洞曉四諦未了教外之機遂乃入室叅求雪庭傳法嗣祖沙門從公無方和尚立業工夫
心領神悟深得寶鏡三昧之旨獨而不孤無根永固默契教外別傳親承曹洞之印於是
深蓄享養義衣鉢食爰造北京慶壽寺東帛加璧堅謁東陽法師講演法華楞嚴般若等
經含香書寫華嚴經八十一卷[illegible]遂少林圓象珠光成化十八年蒙太監陳喜奉
勅來諸少林脩齋緣欲住持領衆鎮守河南太監公藍　巡撫河南都堂公孫
司府大人本縣父母官等僧俗中選師堪為住持焚脩有年法嗣不乏成化二十三年
退隱樂閑於弘治六年奉
欽賜親王令旨命師住持本府觀音寺不幾年而法華般若註解分明殿宇龕像廊廡悉備
弘治十四年正月十三日導迷事畢儼然化去師世壽六十二僧臘五十餘獲鸞鵞而綱
壁綱蔵得鯨鯢而線斷鈞懸續曹洞心灯之爍爍紹鼻祖法海之洋洋既歸圓寂身蔵夜
臺情迹何有哉孝小師周美周善盡念本師訓誨之恩粉骨何報姑從影迹敬建浮圖可
同馬鬣之藏乎先師實行勒諸於石小師酌恩將見其銘曰　覺靈本覓　寂然常在
六根有滅　一貫無碍　孤光獨照　今古何壞　圓顯斯世　名播代代
事終結果　秋山躲躲　椽樹惹烟　無縫無鎖
[illegible]年閏七月十二日小師周美等建　建塔匠郭真　崔志　李刊字匠張雄

少林罷参庵主德公崇仁和尚之塔

弘治十□年七月

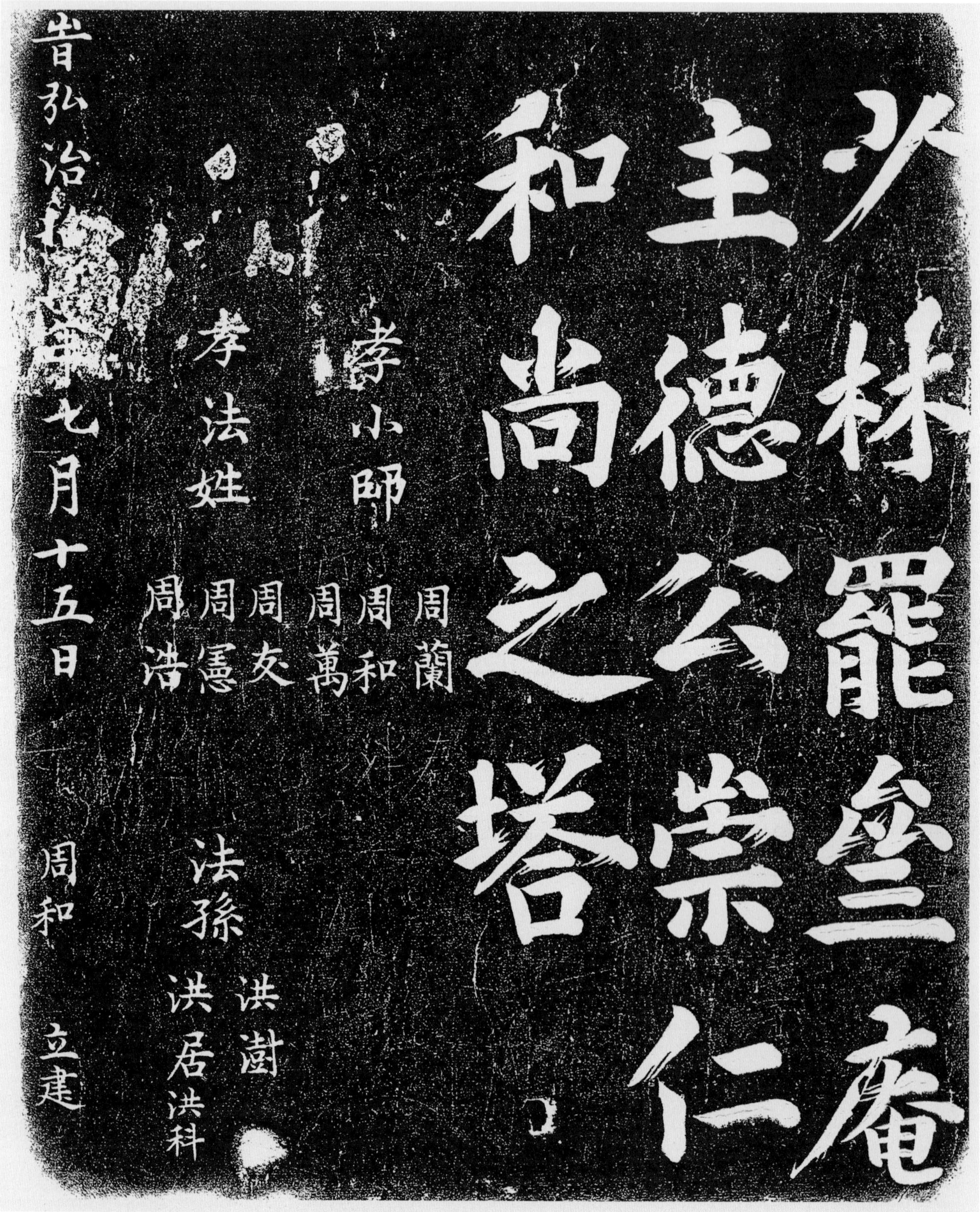

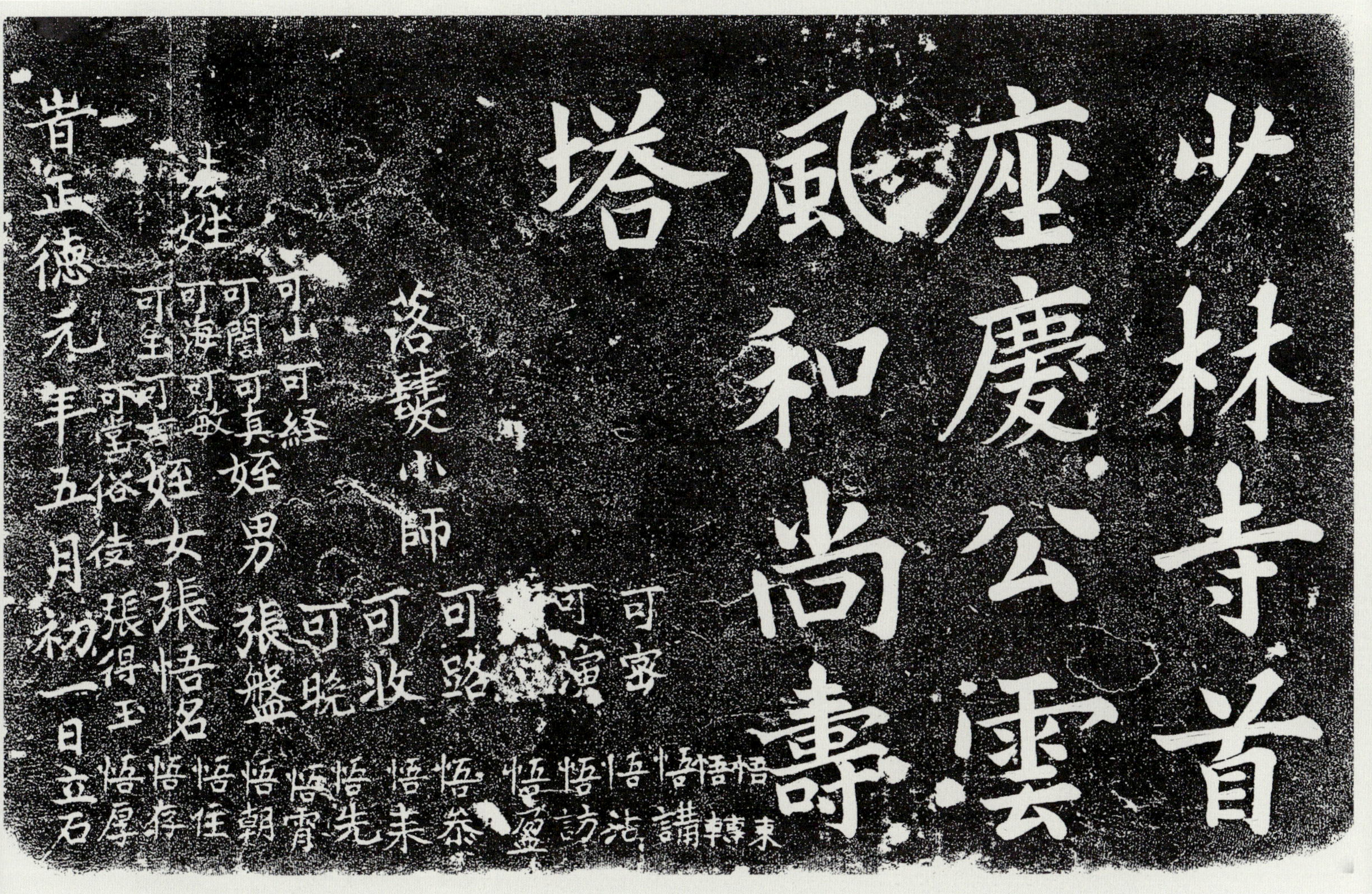
少林寺首座慶公雲風和尚壽塔
正德元年五月初一日立石

少林寺首座昞公南洲之塔

正德元年十月

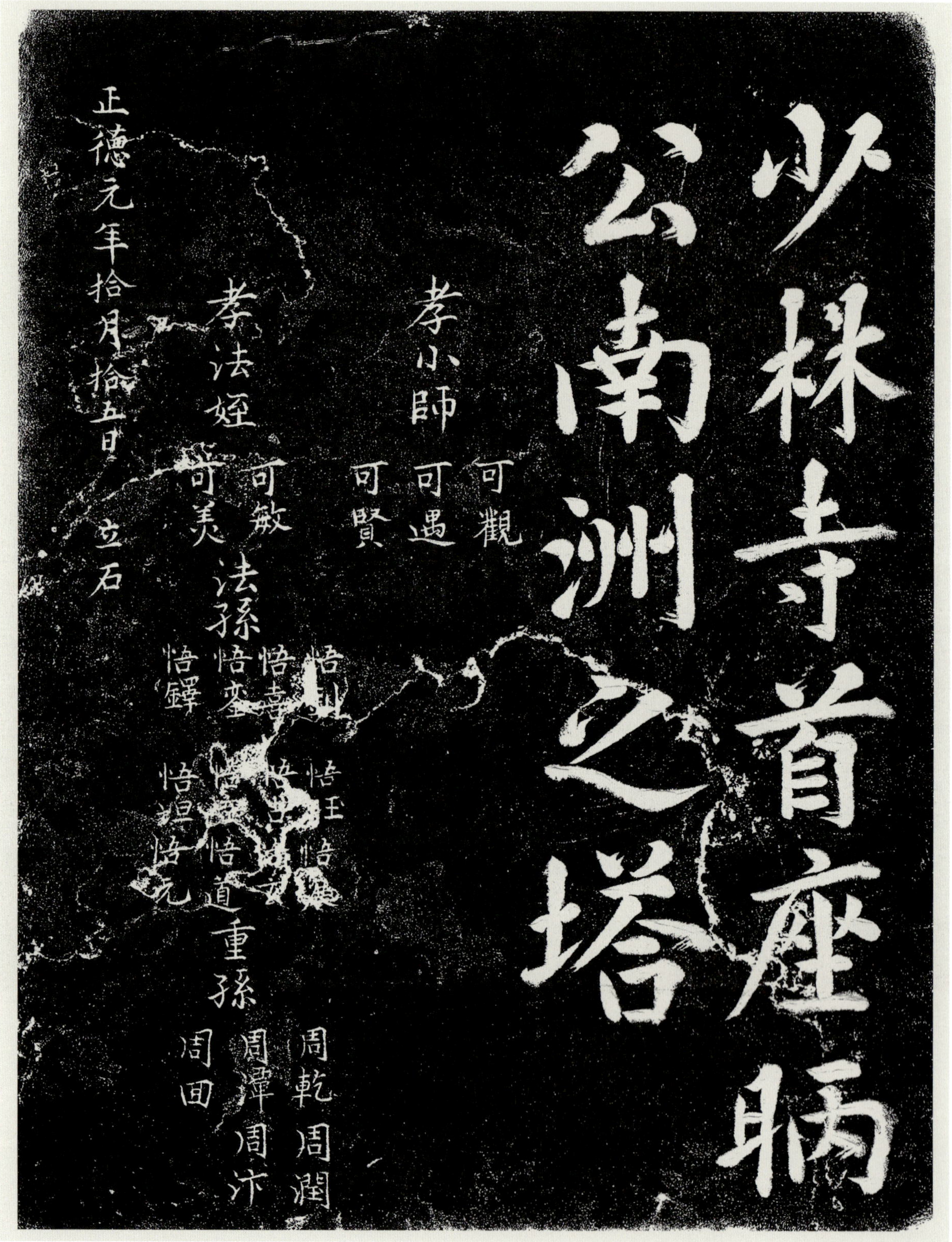

少林寺首座昞
公南洲之塔
孝小師
可觀
可遇
可賢
孝法姪
可敏
可美
法孫
悟道重孫
周乾
周潤
周澤
周汴
周田
正德元年拾月拾五日
立石

访少室

何天衢撰　正德七年闰五月

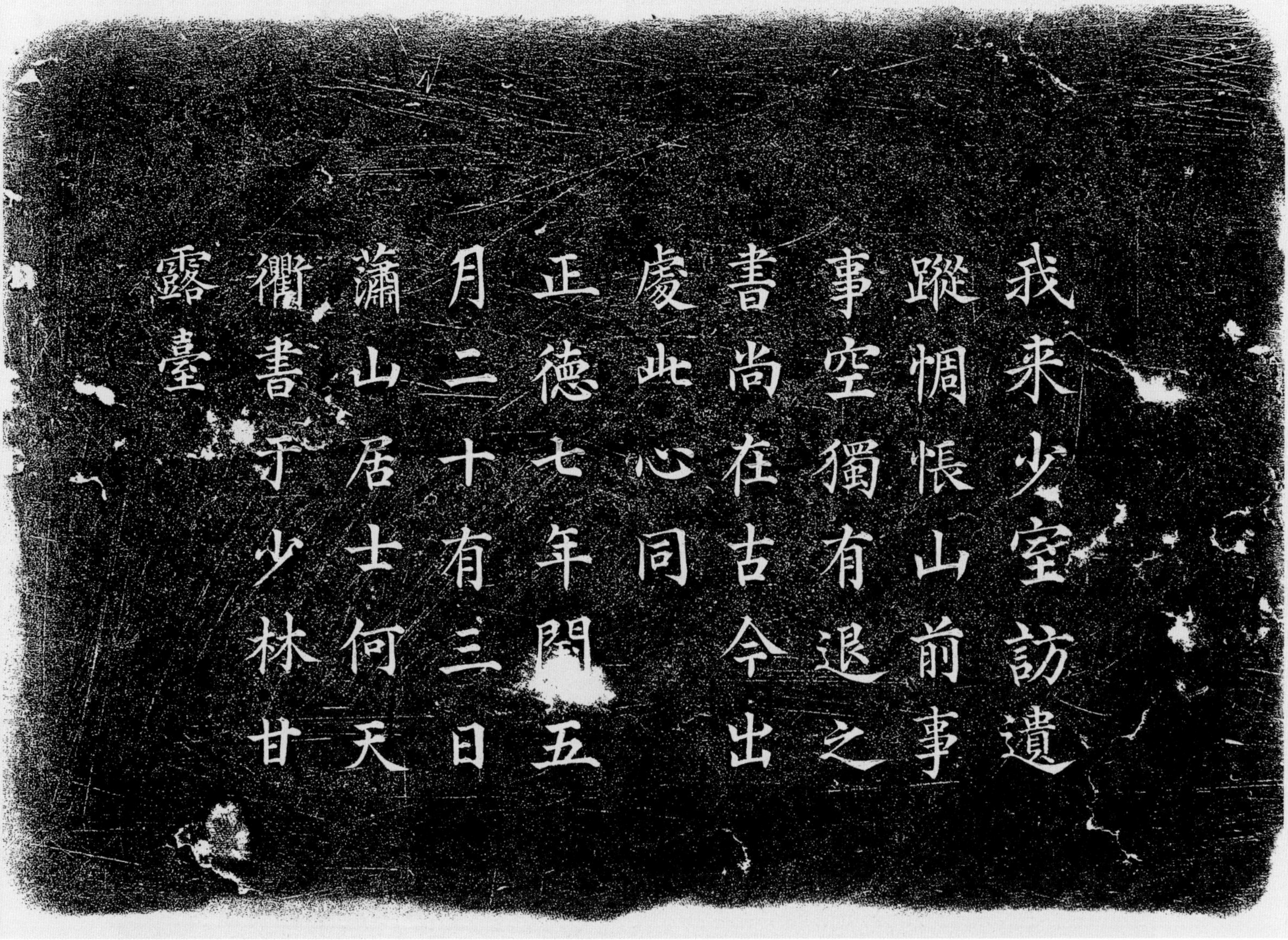

正德七年八月

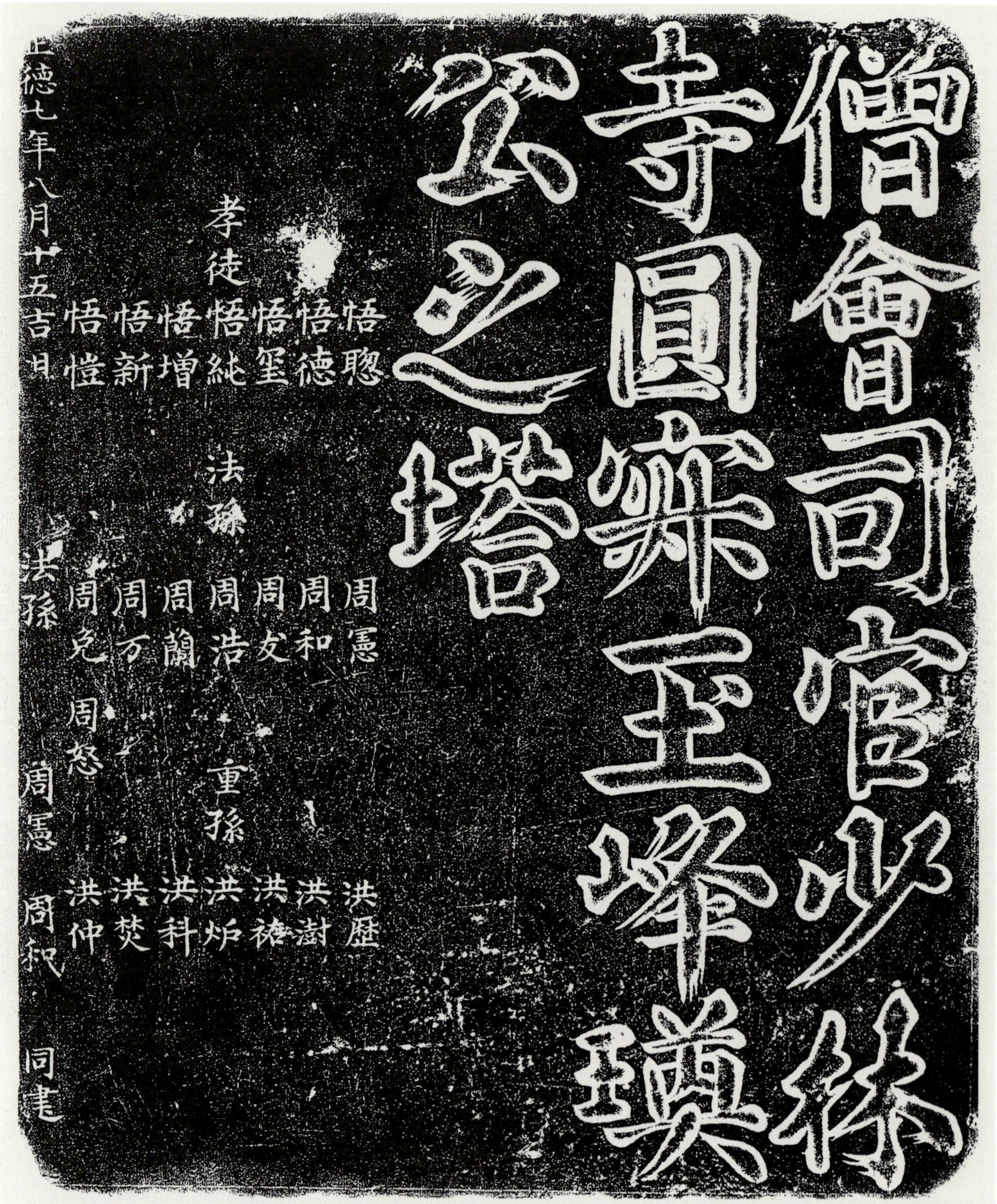

僧會司官少林
寺圓寂玉峰瑛
公之塔

孝徒
悟聰
悟德
悟璽
悟純
悟增
悟新
悟愷

法孫
周憲
周和
周友
周浩
周蘭
周万
周兑
周恕

重孫
洪歷
洪澍
洪禱
洪炉
洪科
洪焚
洪仲

正德七年八月十五吉日
法孫 周憲 周积 同建

月舟撰　正德七年八月

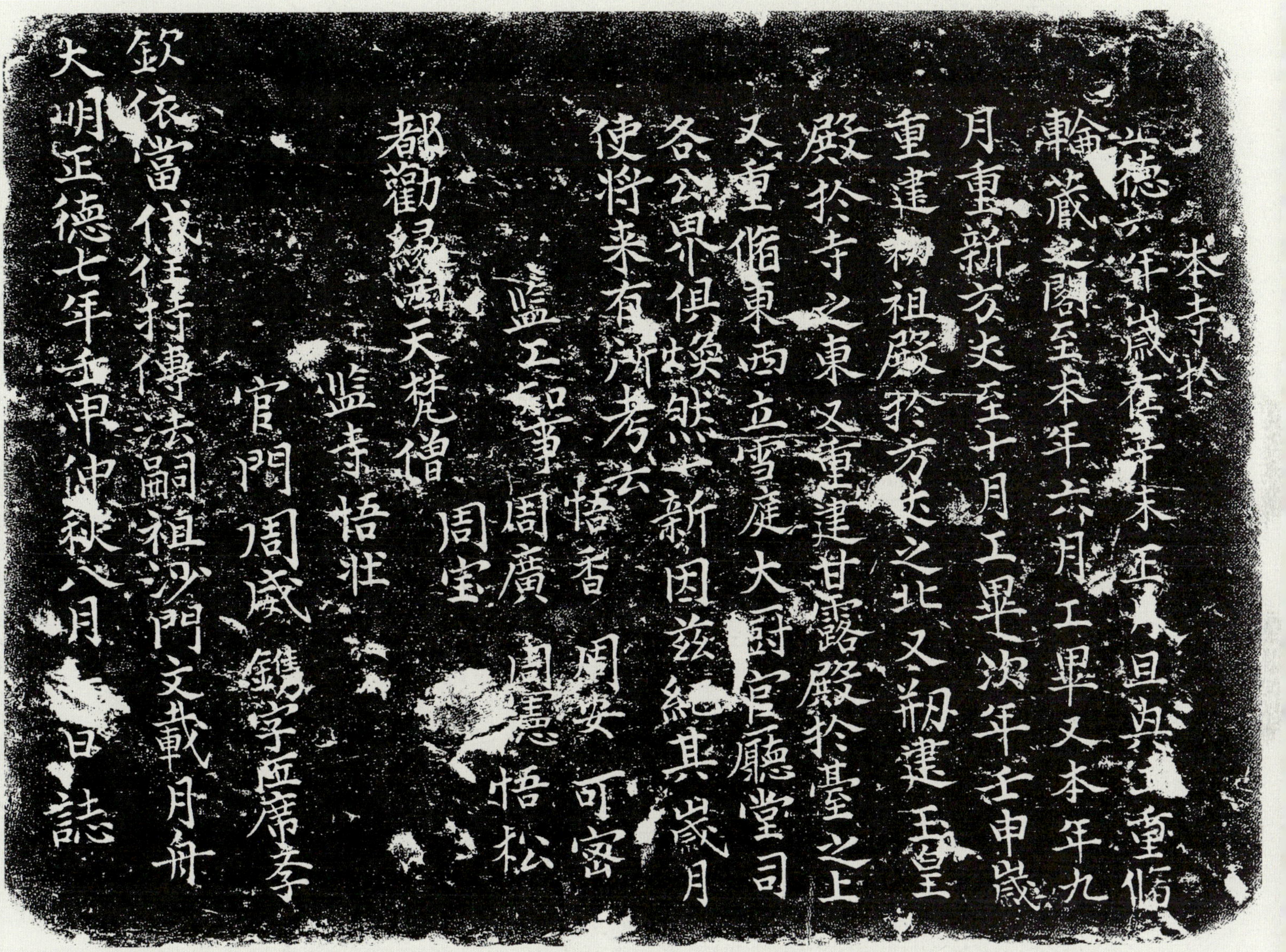
本寺於
正德六年歲在辛未正月旦興工重修
輪藏之閣至本年六月工畢又本年九
月重新方丈至十月工畢次年壬申歲
重建初祖殿於方丈之北又新建玉皇
殿於寺之東又重建甘露殿於臺之上
又重修東西立雪庭大尉官廳堂司
各公界俱煥然一新因茲紀其歲月
使將来有所考云
監工知事　悟香　周安　可密
周廣　周憲　悟松
都勸緣副天梵僧　周宝
監寺　悟壯
官門　周咸　鐫字匠席孝
欽依當代住持傳法嗣祖沙門文載月舟
大明正德七年壬申仲秋八月　日誌

续曹洞正宗嗣祖传法沙门奉钦除僧纲司官彻空本公和尚寿塔庙记

正德七年九月

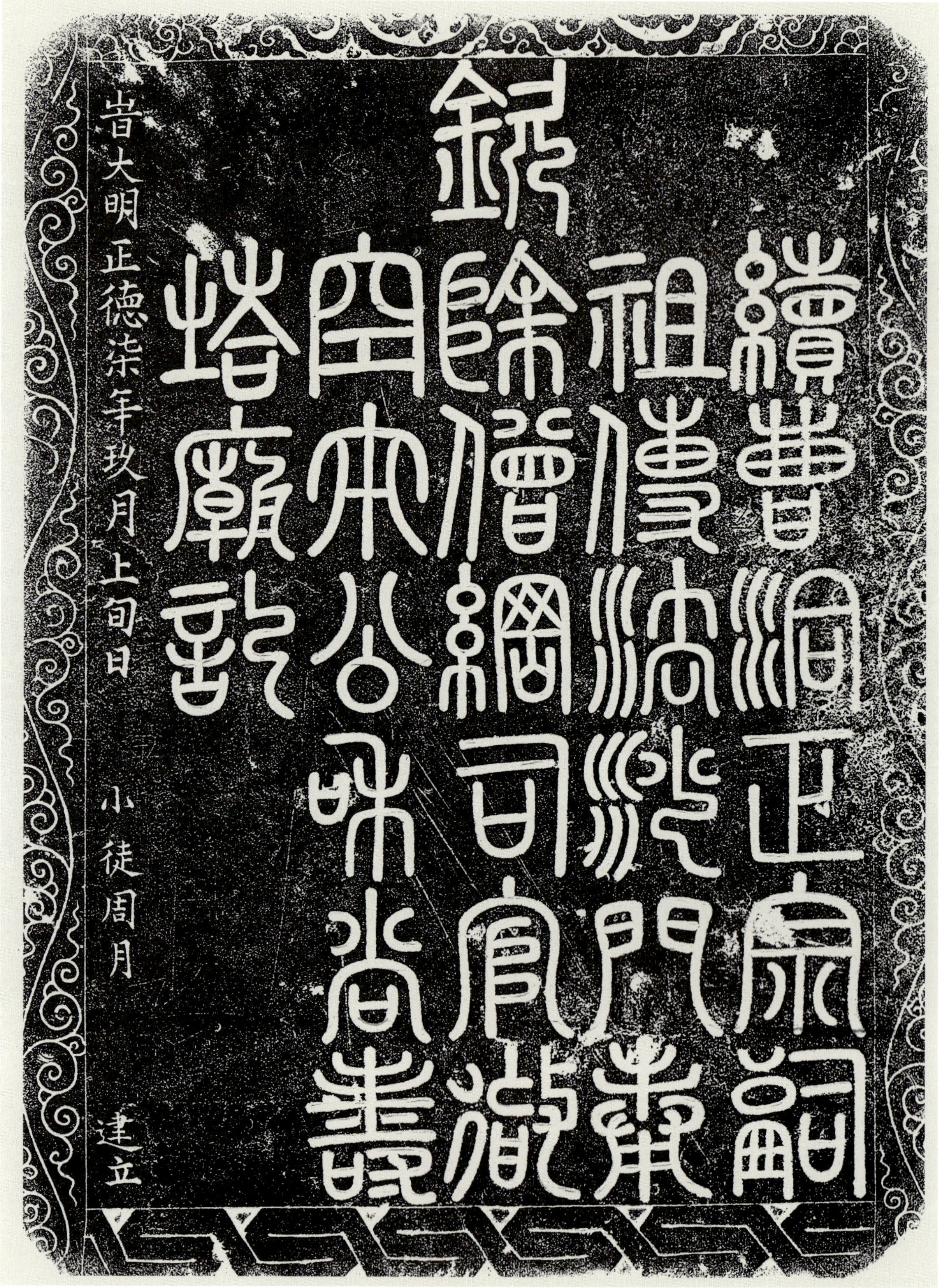

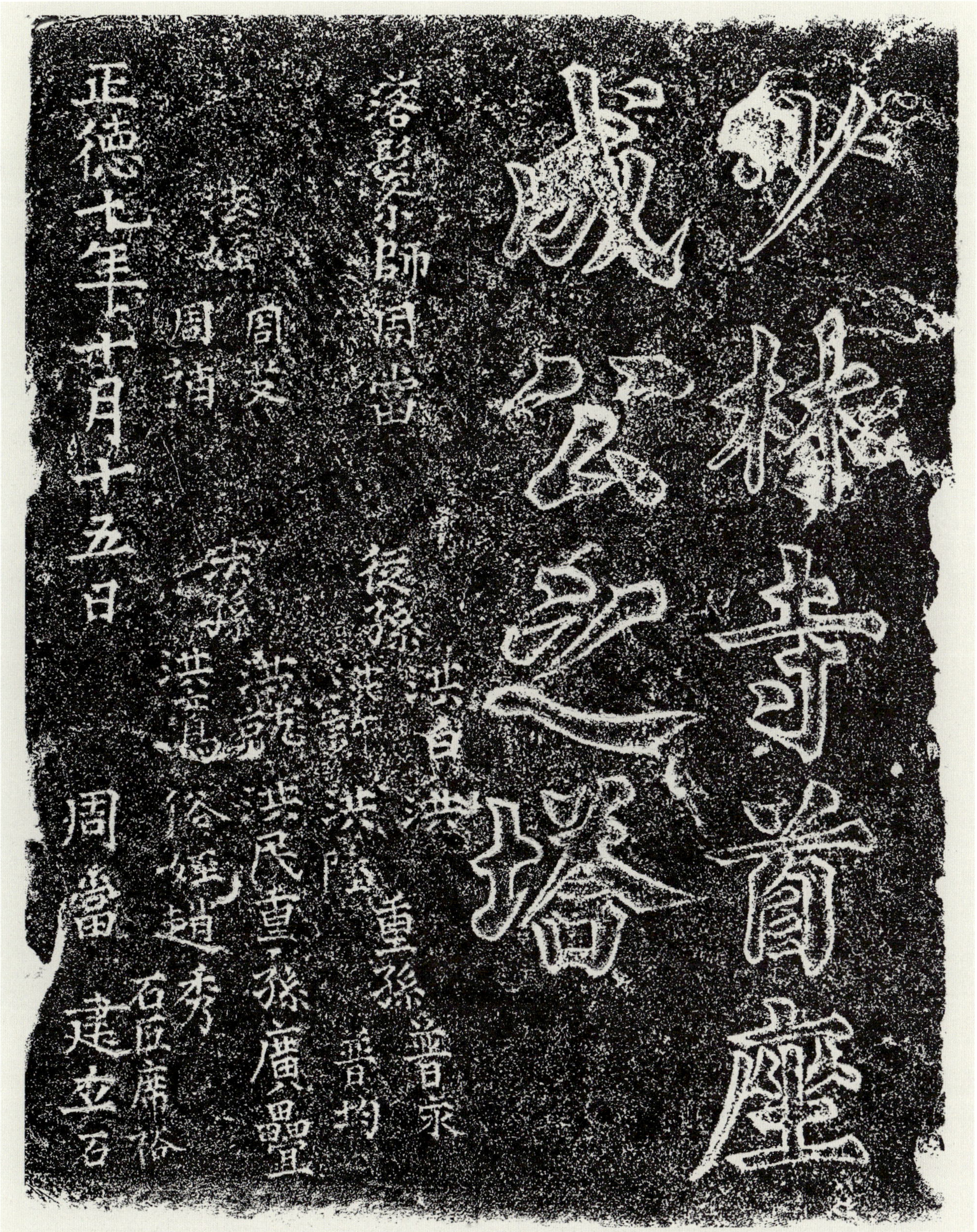
少林寺首座
成公之塔
正德七年十月十五日

仙公道行之碑

悟本撰　周森书并篆额　正德八年八月

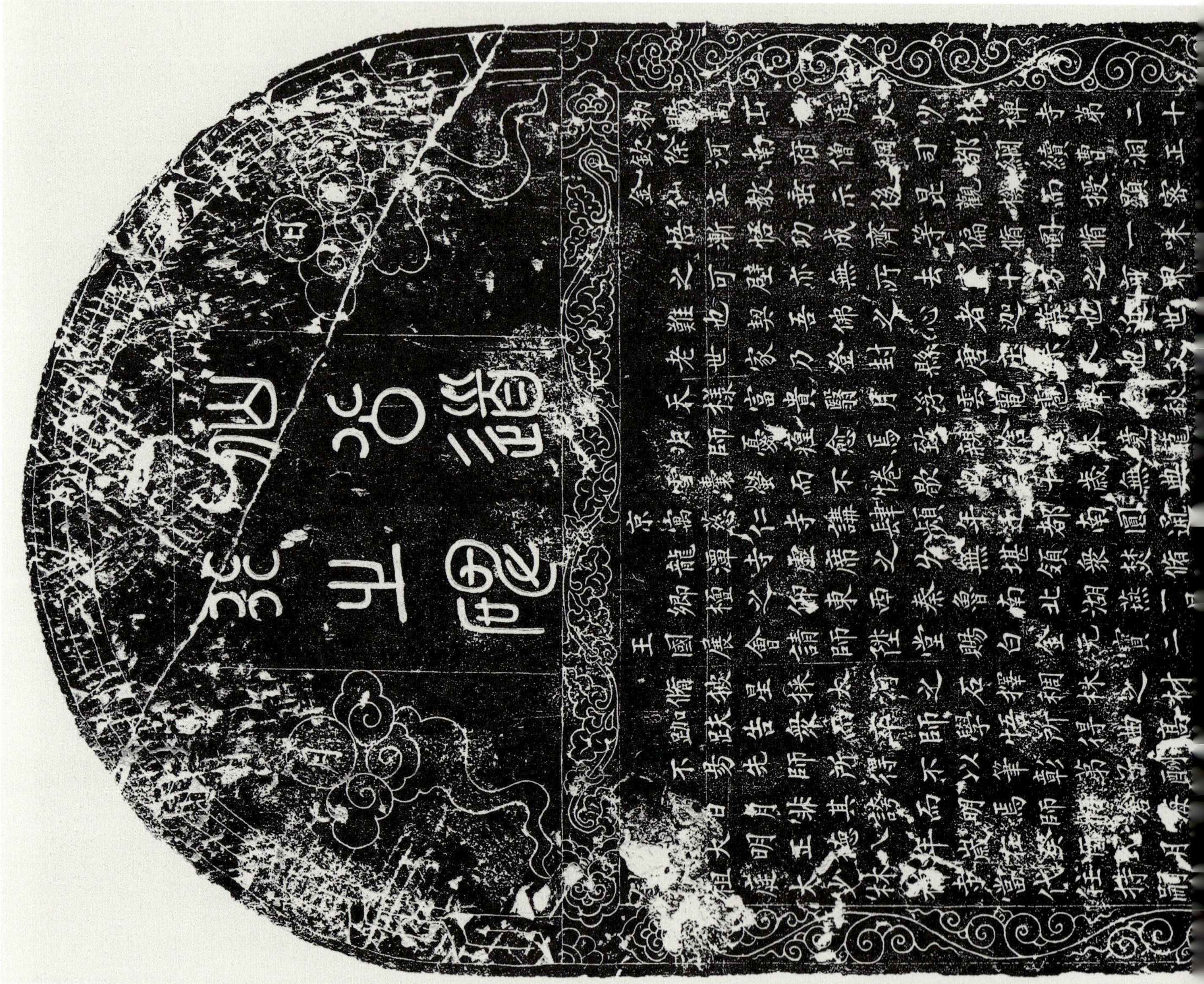

碑阳

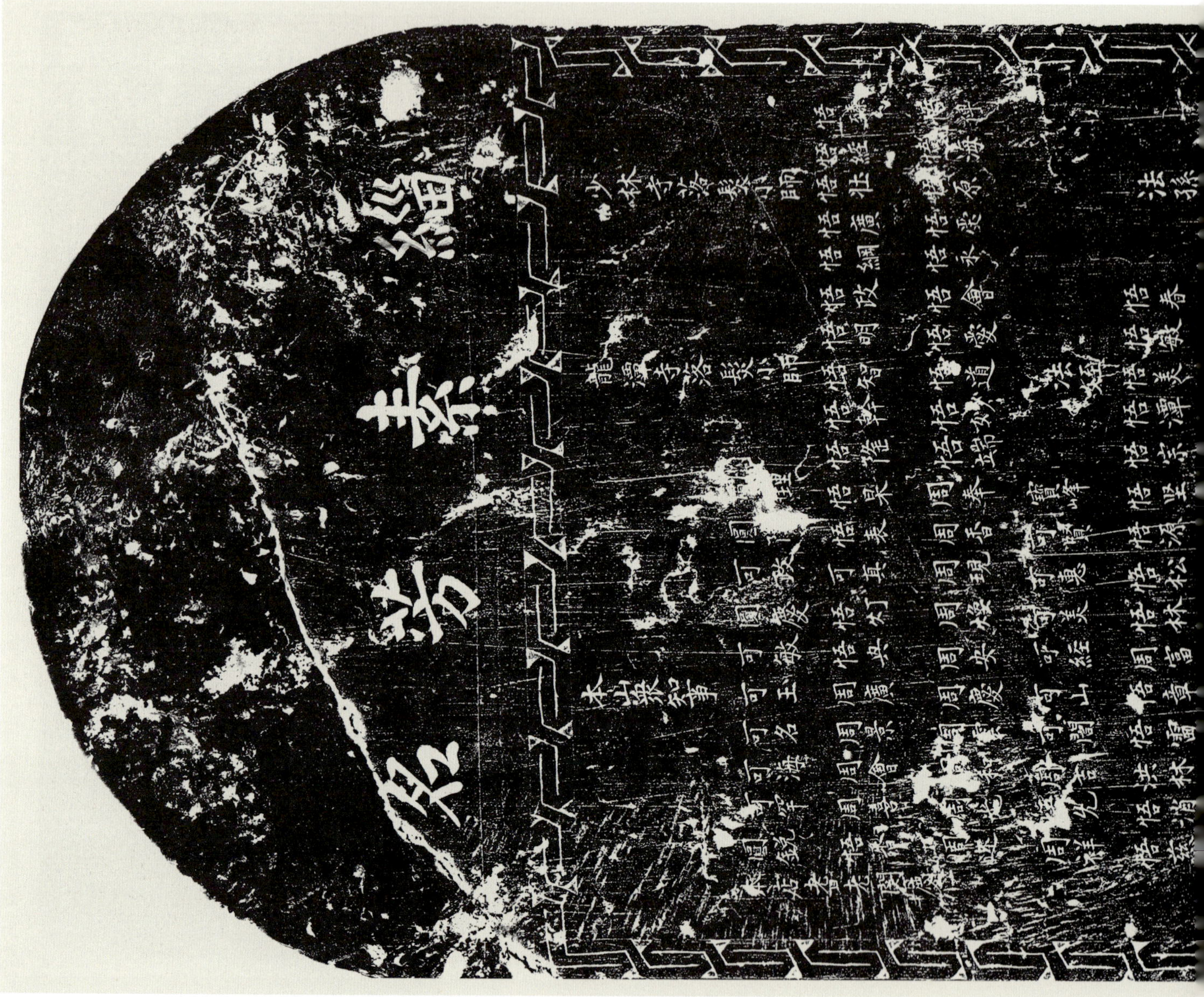

碑阴

洪琦书　正德八年九月

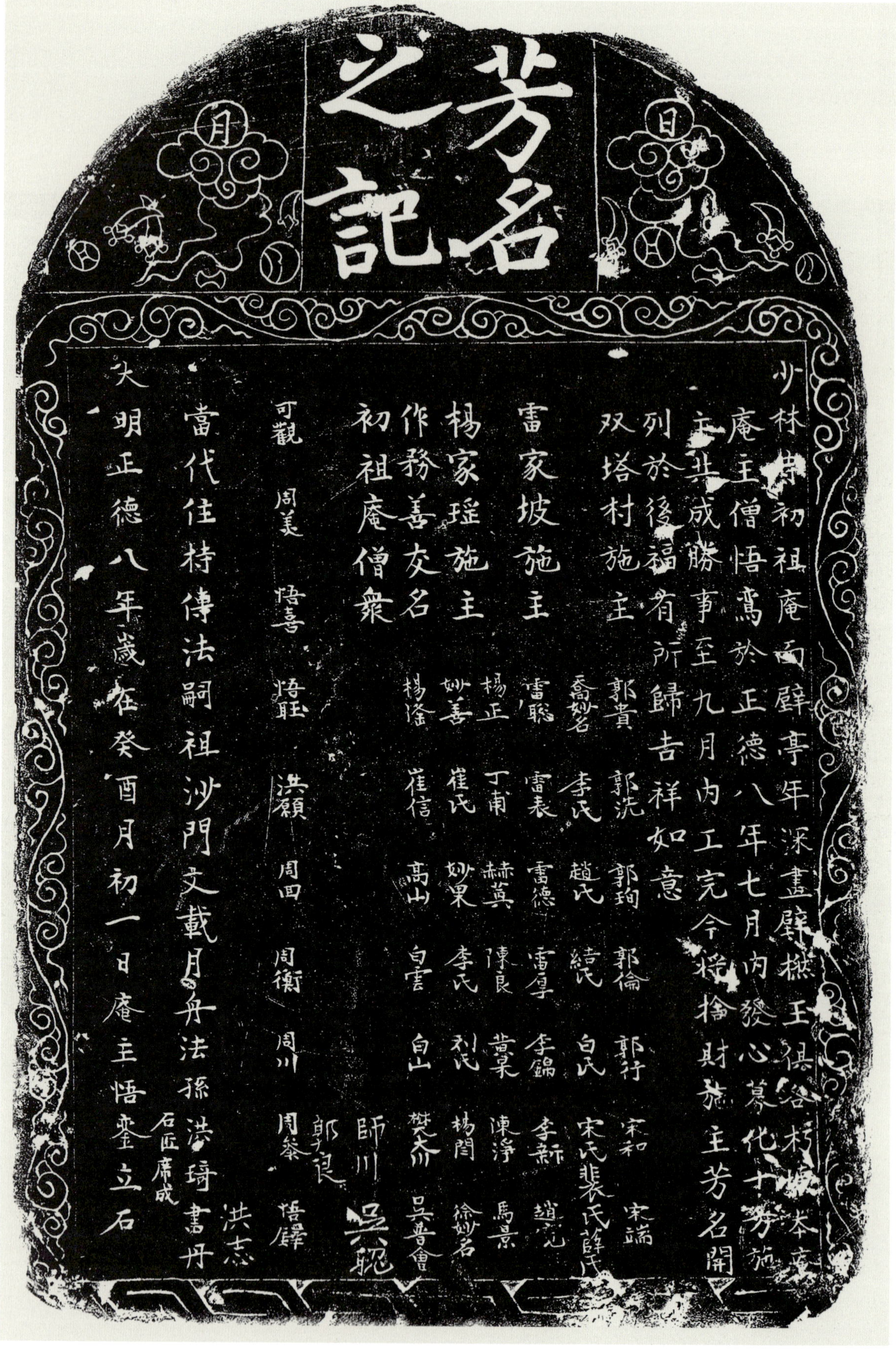
芳名之記
少林寺初祖庵面壁亭年深盡壁
庵主僧悟鸞於正德八年七月内發心募化十方施一
主共成勝事至九月内工完今將捨財施主芳名開
列於後福有所歸吉祥如意
双塔村施主 郭貴 郭洗 郭珣 郭倫 郭行 宋和 宋端
喬妙名 李氏 趙氏 白氏 宋氏 裴氏 薛氏
雷家坡施主 雷聰 雷表 雷德 雷亨 李錦 李新 趙亮
楊家瑶施主 楊正 丁甫 陳良 陳淨 馬景
妙善 崔氏 妙果 李氏 楊閏 徐妙名
作務善友名 楊滐 崔信 高山 白雲 自山 吴普會
初祖庵僧衆 師川 吴驰
可觀 周美 悟喜 洪顏 周田 周衡 周川 周參 悟辟 洪志
當代住持傳法嗣祖沙門文載月舟法孫洪琦書丹
石匠 席成
大明正德八年歲在癸酉月初一日庵主悟鸞立石

正德八年十月

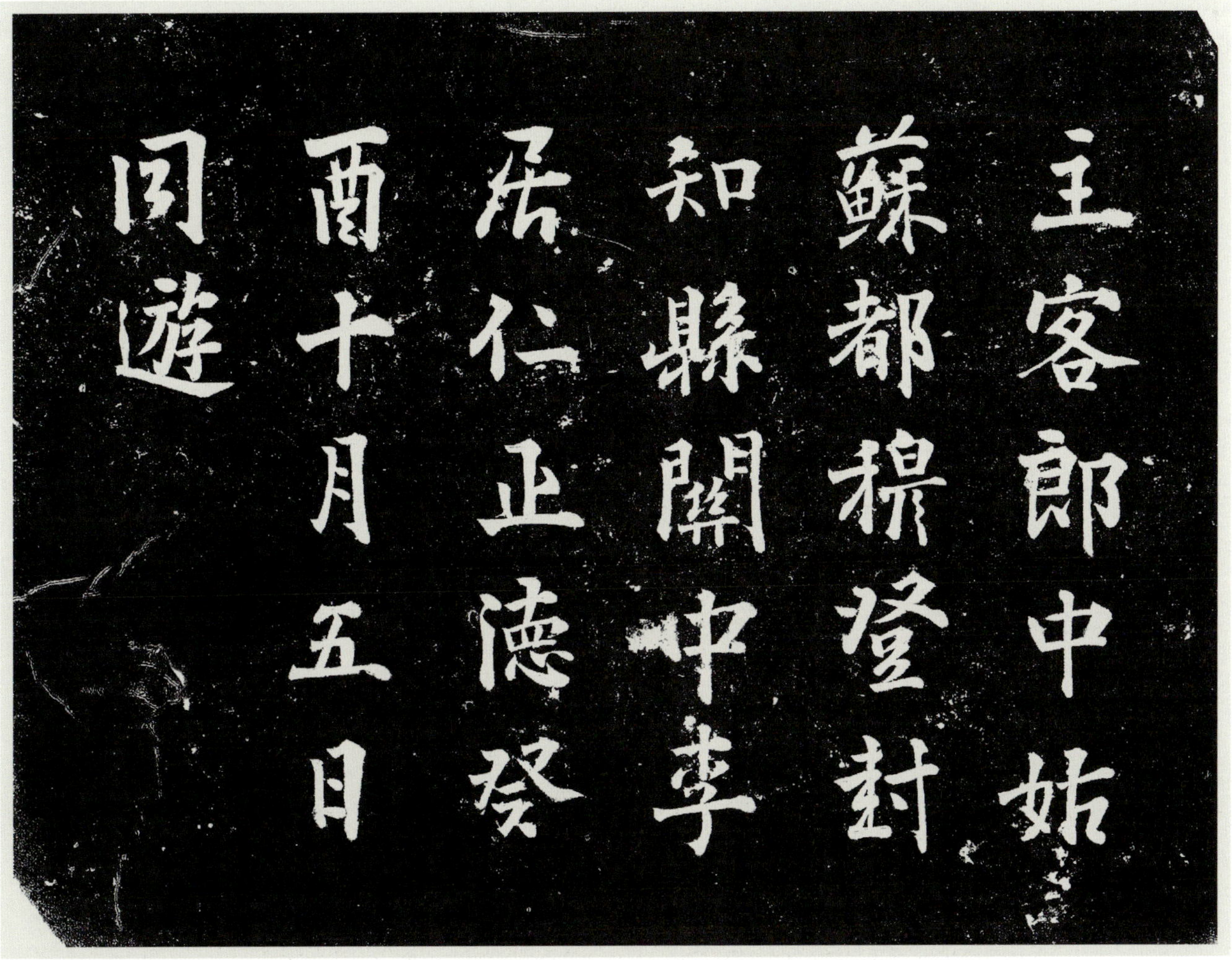
主客郎中姑
蘇都穆登封
知縣闕中李
居仁正德癸
酉十月五日
同遊

伽蓝示迹之碑

月舟撰　周森篆额并书　正德十二年正月

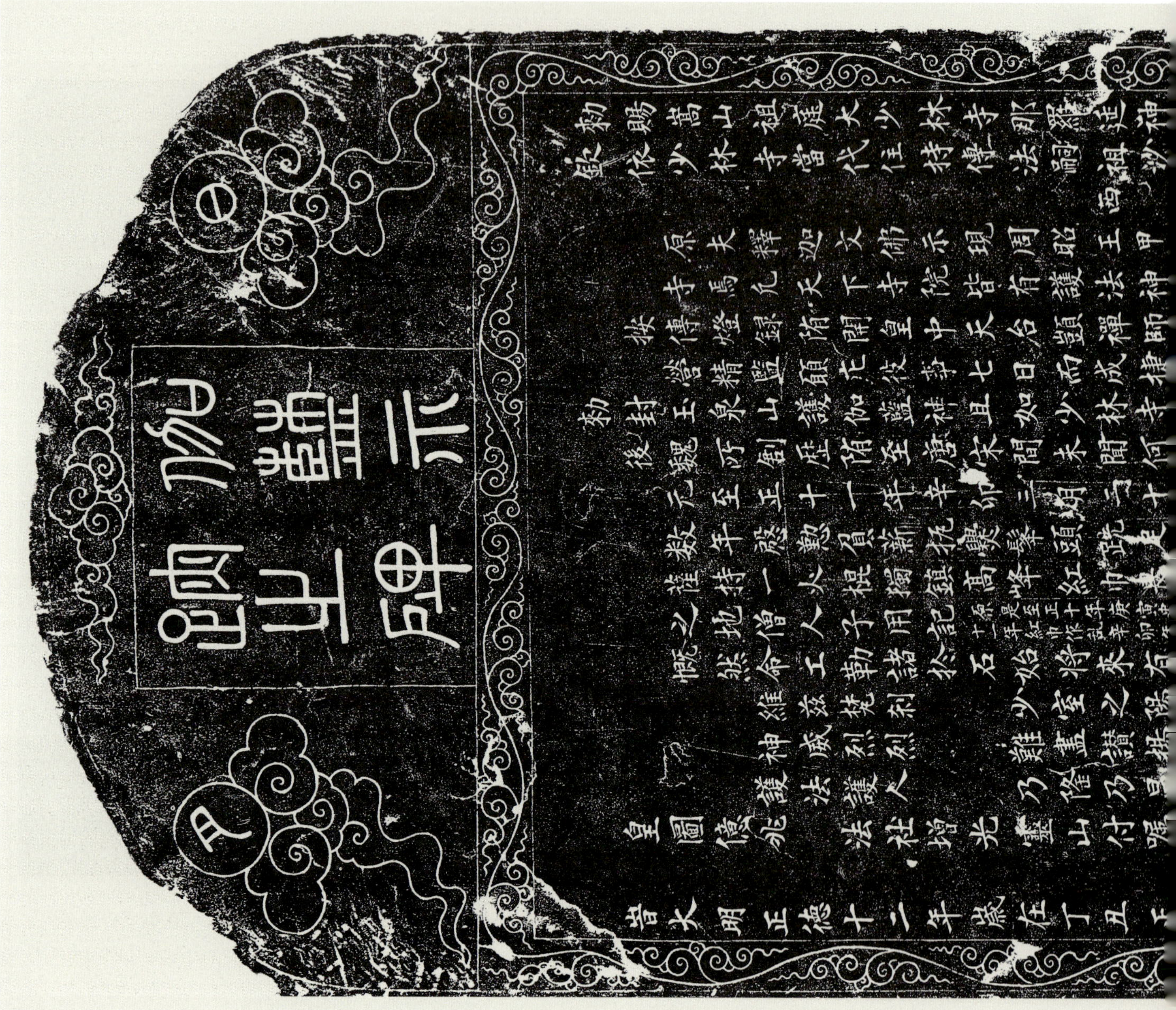

碑阳

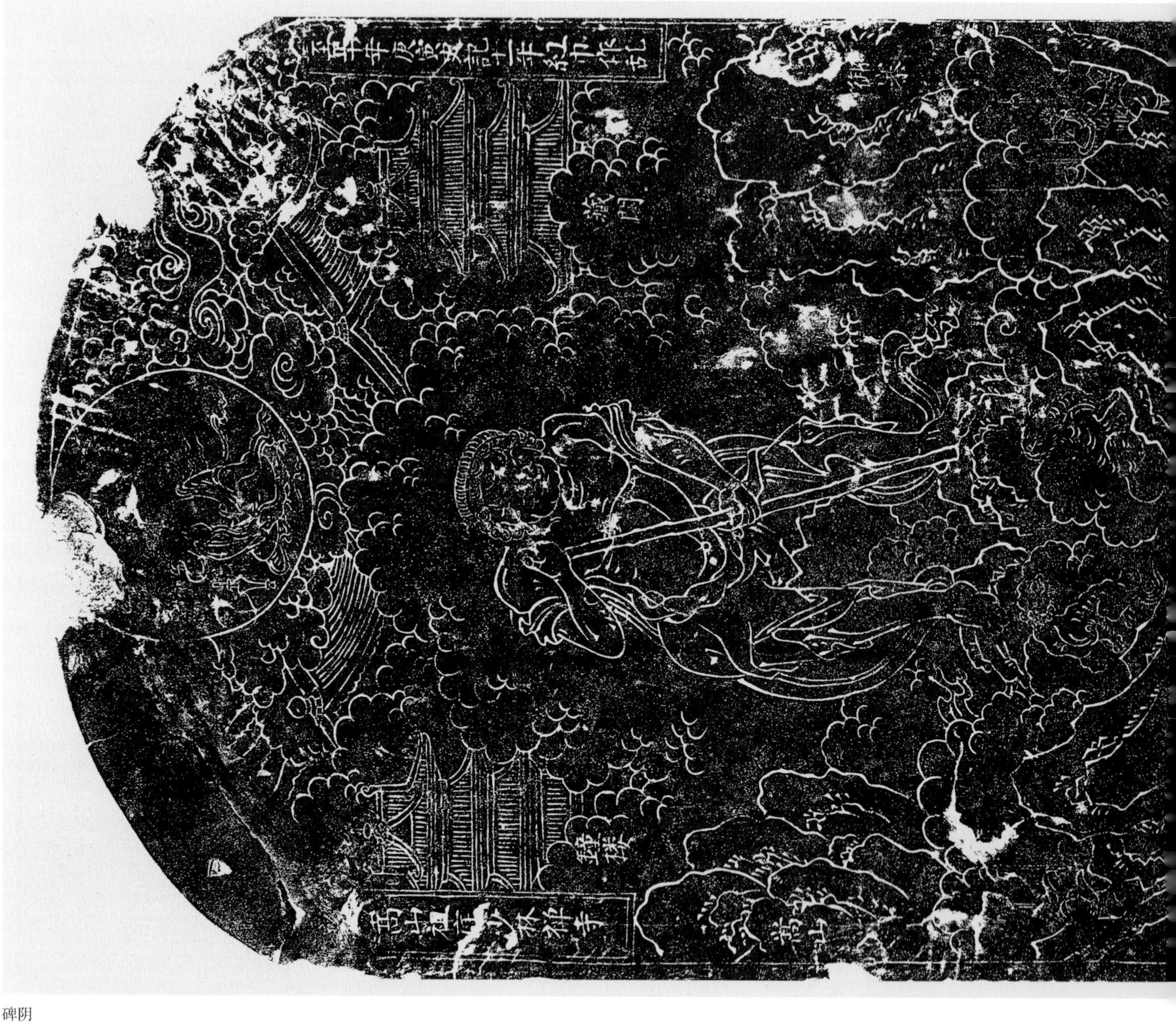

碑阴

少林圓寂首座禎公益庵和尚之塔

正德十二年三月

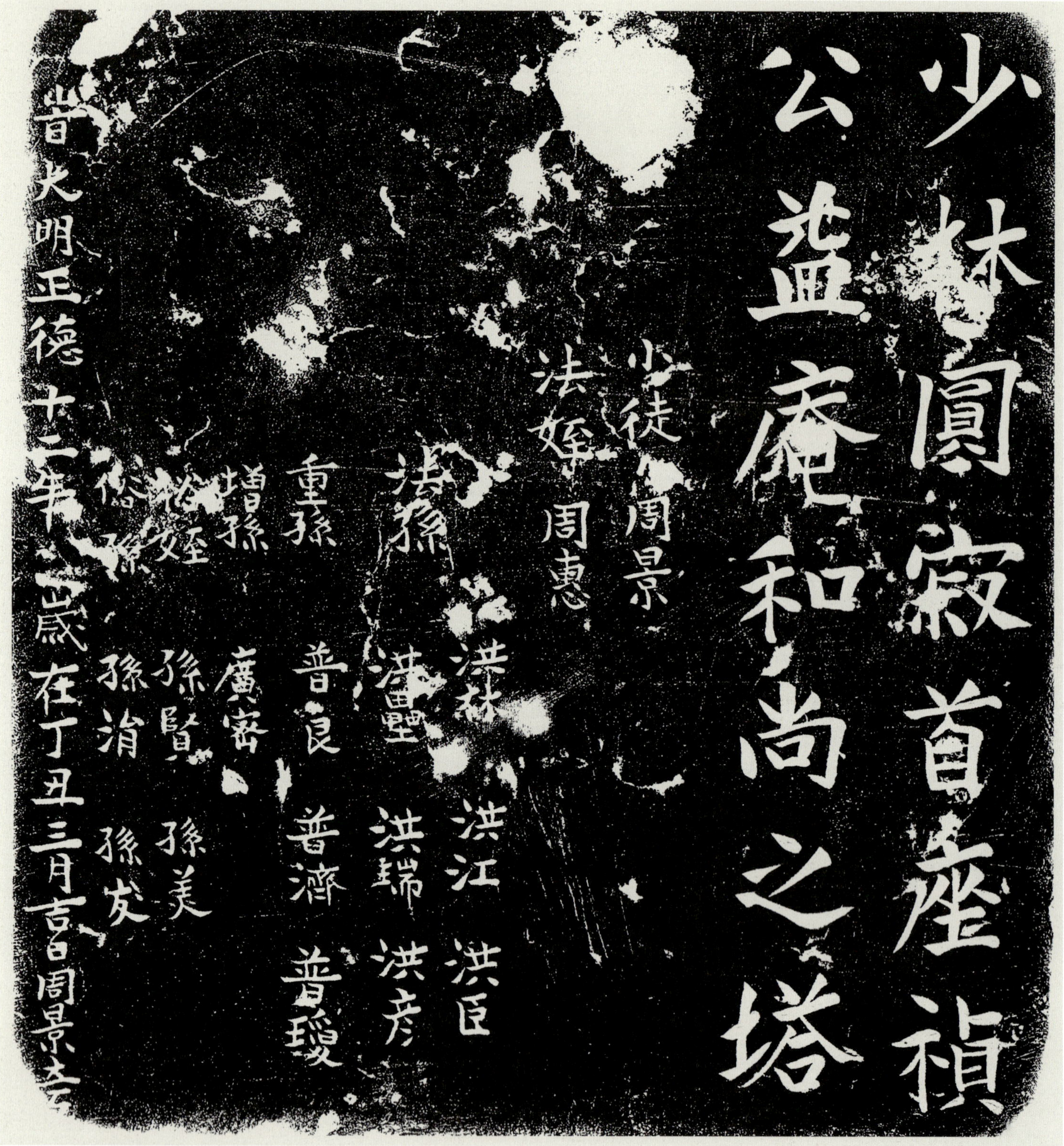

法训撰　正德十二年四月

少林寺住持嗣祖傳法第二拾九代古梅庭公塔銘并序　叅學門人[illegible]法訓撰
師諱祖庭號古梅祖貫大明府滑縣父李名聡母張氏七日巳[illegible]歲[illegible]父在母旧息養甫
四歲讀文字五歲入學鄉人知己為賢精熟詩書頗知人事誓心以方[illegible]之學不苟名譽不
茹葷當於弱冠歆緇袍以六親之別脫塵遠事以甫十八方是其願礼[illegible]東滄為師始
授瑜伽之學師天資雅質如素誦焉課而有成朝夕不怠似不假勉為也[illegible]庚子春惜曰
凡為釋子以生死大事為重務餘則可也一旦憤然托錫長往初抵伏牛[illegible]首叅古鑑禪伯
請益因緣為務志似冰霜心如木石惟道拳拳越二載稍有發明一日偶覩一書云雖然五
宗都奇独推洞上一宗不惟悟理精明且喜文花應於世典遂直造少林拜謁千江老師告
香入室叅學公案[illegible]廢寢忘食經歷数載發明寶鏡之三昧透徹偏正之玄微一一
印證了決大事師資道合如古鑑[illegible]輝澄潭印月宛轉神機如王女拋梭妙盡玄微若木人
之雅唱無傳而傳無授而授師遂將衣法而付之弘治乙卯臘八日開堂示衆果於尋常不
同羅叅隱於駝駝岩双窒庵草衣木食以無應世之心弘治壬子秋道行遠播王侯欽慕
徵藩[illegible]認入府昇堂大闡宗猷弘治丁巳有本縣旧令安公請住方丈凡過客抵少林者皆停
驗駐節興之接談迭和賡酧多知名於士大夫師厭人事繁冗休隱伊陽峴山[illegible]治辛酉春任
丘鄘公授知登封致事黄堂杜均儒學姜左[illegible]技又因訪少林法還久虛祖庭弗振遍觀
緇流中得人以充之不曾辰星之落落特荐師無異辭遣執事可王苹持帖專疏抵峴山礼
請師弗辭而來九月九日昇堂自此宗風[illegible]振祖道光揚者範繩規雲水色閣不下半千朝
暮列徒只将本分鉗鎚夜叅晝請鍛鍊逼迹整肅叢林檢飭僧衆衆懾其心從其志而服師
馬院中古有單傳一堂名存跡泯地空經年師不忍坐[illegible]成敗閣西天梵僧行高服衆走請
助緣募財鳩工越五載而工完雖無輪奐盡美亦可以壯觀瞻而鎮法基也於其施利錢粮
悉未經手出納所附執事與師秋毫無犯事既有成身斯可退考鍾集衆即将大紅紵絲禪
衣羅緞紗褊衫袈裟共六件悉交常住[illegible]偈曰休休休處更休休方事從今一筆勾誓與
青山為故識頗同綠水作良儔人間好事如春夢世上浮名若水漚一任海枯松石爛此心
終不混常流大衆告留師敬不從之曳杖退去於寺之左結屋爰居額曰休心堂閑居独處
一榻脩然有古人風焉世壽五十僧臘二十九嗣法今若干度弟子周增周節等正德已巳
秋黄巢寺安禅請生方丈臘八昇堂四衆尊之翕然來歸不下千餘正德庚午[illegible]寺仲春上
旦日告疾而臧茶毘送終骨葬祖塋有徒[illegible]增造塔刻銘壯師之[illegible]歲[illegible]云銘曰
大道無聞發輝有向盈[illegible]兩儀包含萬象隱隱莫測[illegible]者[illegible]重西傳少室
曹溪發芳洞上一宗千古光揚始至我師發揮紀綱刊銘于石萬代永昌
大明正德十二年歲次丁丑孟夏上[illegible]日　周增　周節　立石　建塔匠[illegible]焦和
嗣法　明遇　福林　明際　[illegible]理　祖[illegible]
國[illegible]　[illegible]門　與淨　岩宗　林園　通[illegible]
施主　孫祥　梁友　梁記　徐泰
孫亮　梁名　張堂　袁琴　[illegible]

过少林寺二首

毛伯温撰　正德十二年四月

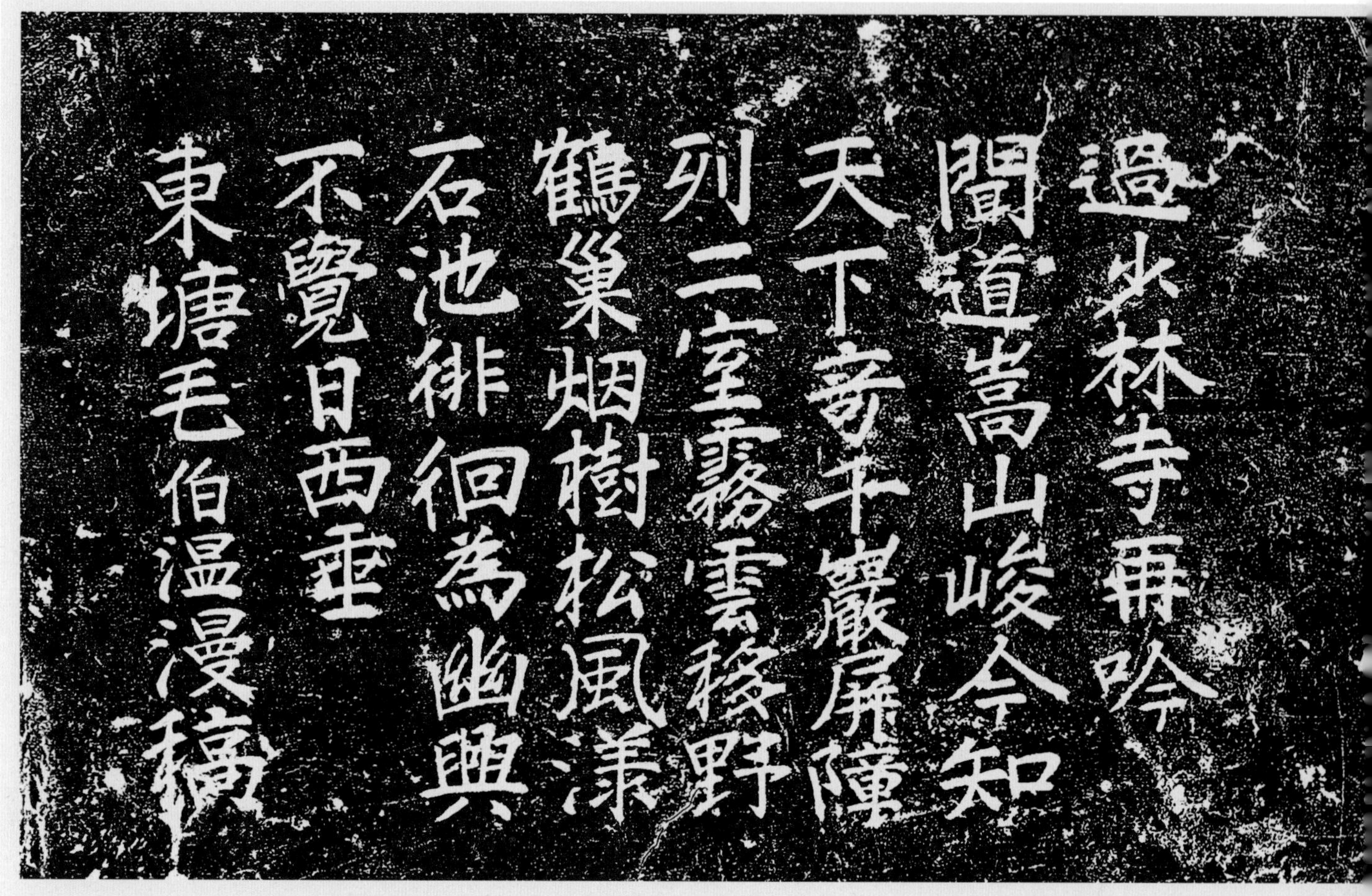
過少林寺再吟
聞道嵩山峻今知
天下奇千巖屏障
列二室霧雲移野
鶴巢烟樹松風漾
石池徘徊爲幽興
不覺日西垂
東塘毛伯温漫稿

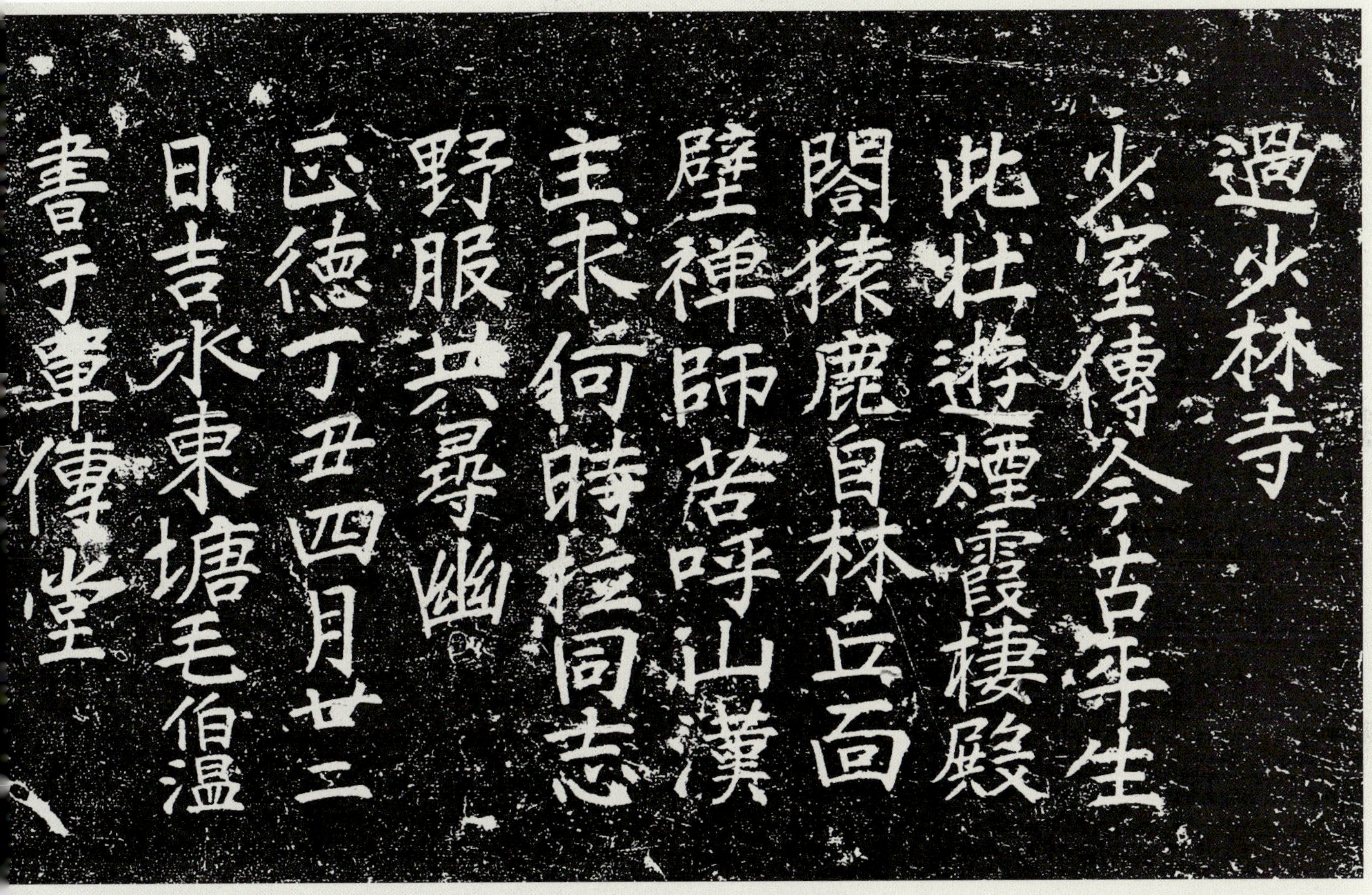
過少林寺
少室傳今古平生
此地遊煙霞樓殿
閣麋鹿自林丘面
壁禪師苦呼山漢
主求何時拉同志
野服共尋幽
正德丁丑四月廿三
日吉水東塘毛伯溫
書于韋傳堂

钦依祖庭少林禅寺住持嗣祖曹洞正宗第二十三世月舟禅师载公之寿塔

正德十六年四月

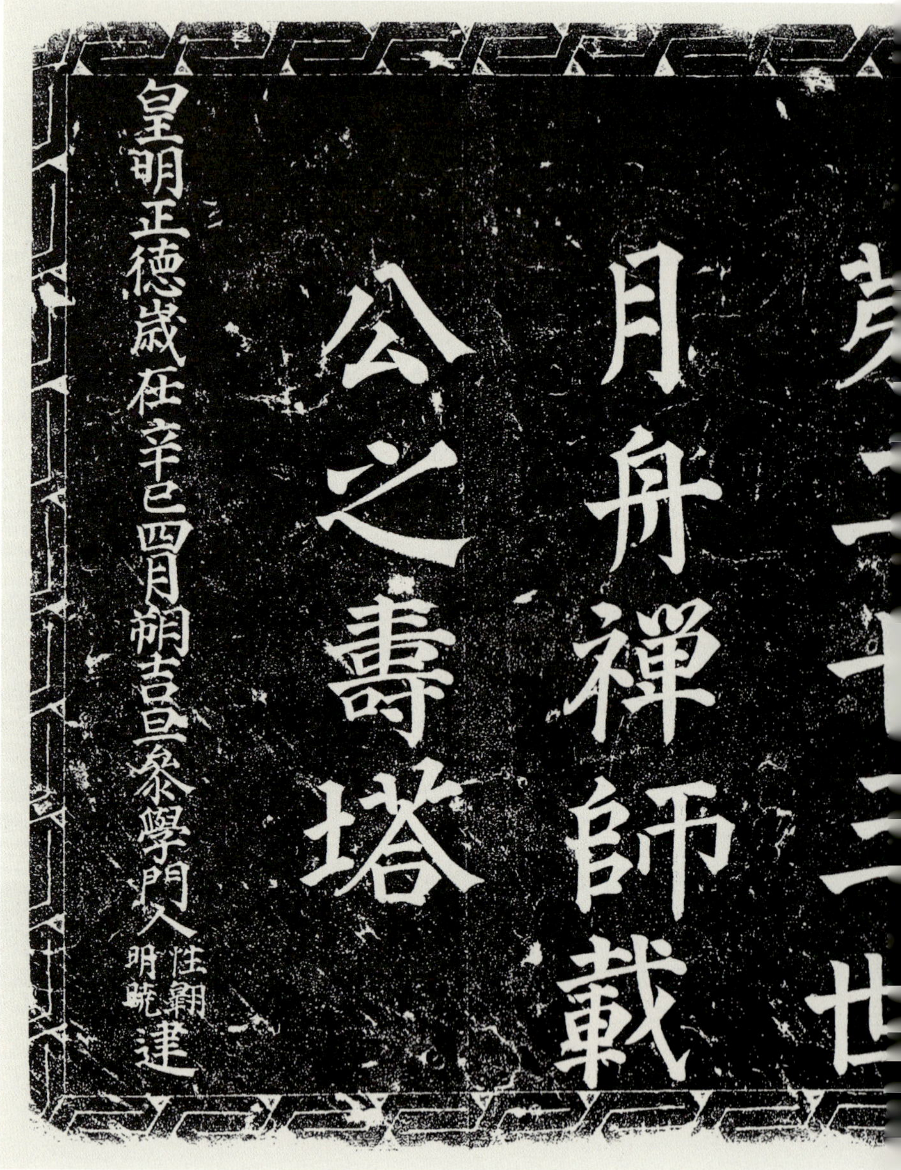

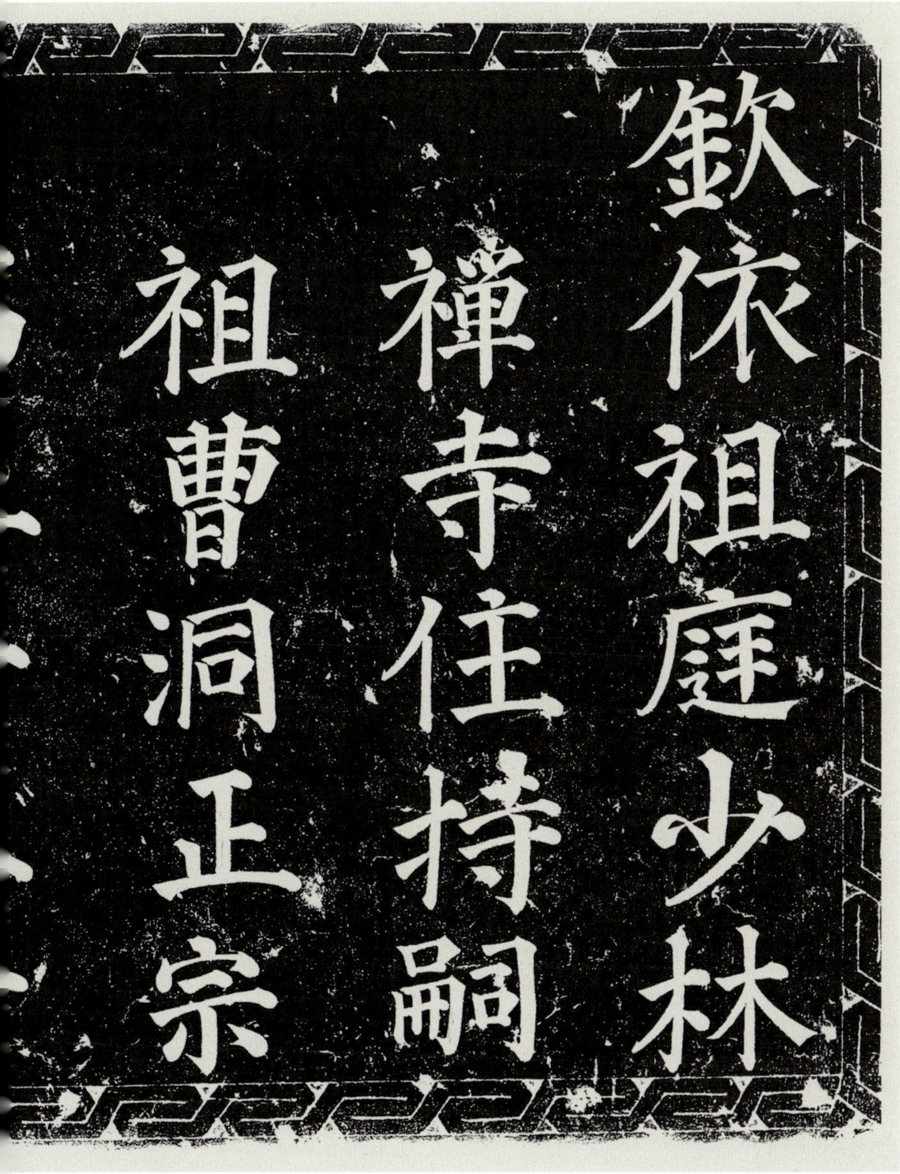
欽依祖庭少林
禪寺住持嗣
祖曹洞正宗

游嵩岳诗

陈凤梧撰　正德十六年六月　附刘魁诗两首

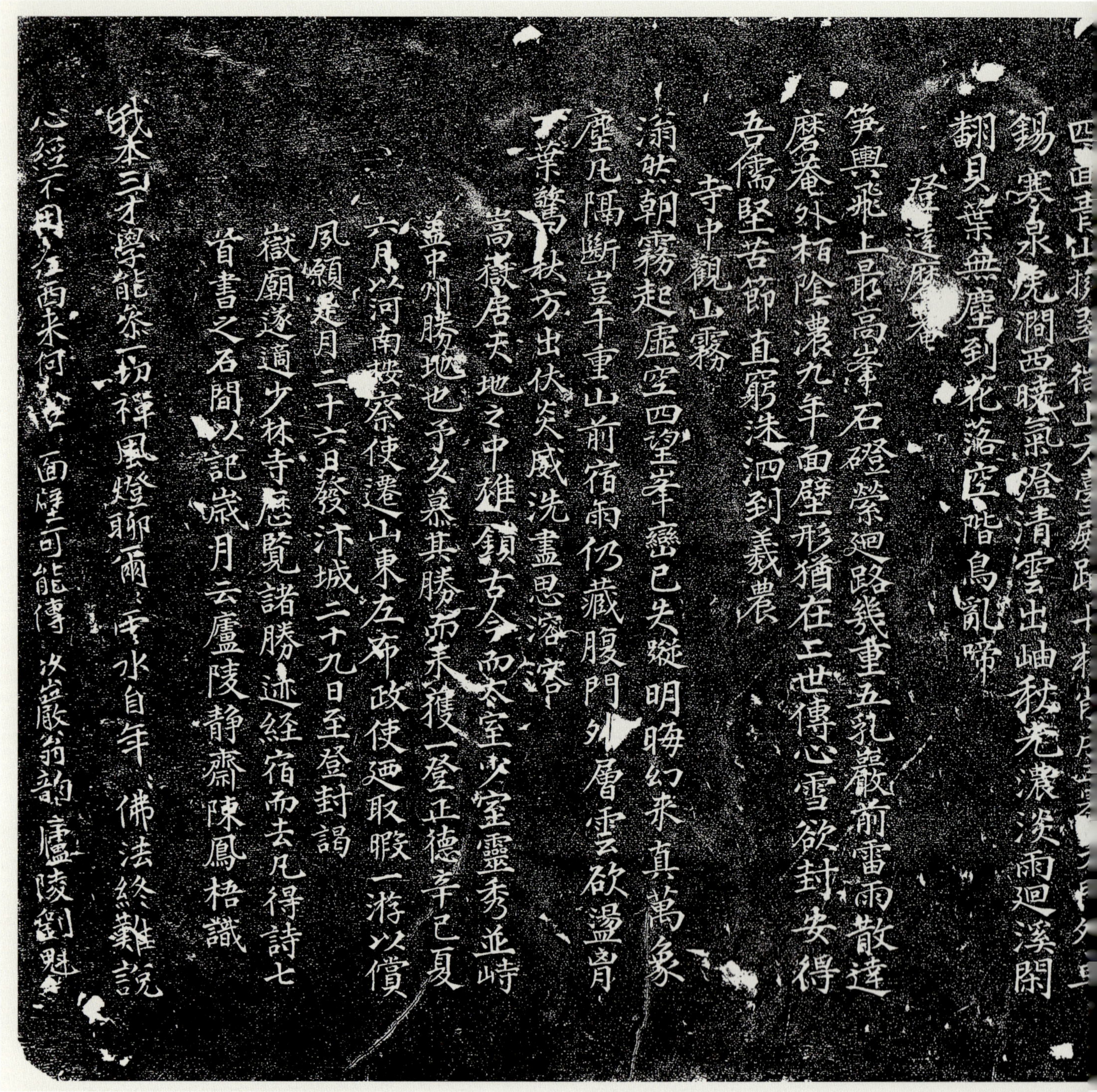

四面青山[illegible]
錫寒泉虎澗西曉氣澄清雲出岫秋光濃淡雨迴溪閣
翻貝葉無塵到花落空階鳥亂啼
登達摩菴
笋輿飛上最高峰石磴縈迴路幾重五乳巖前雷雨散達
磨菴外栢陰濃九年面壁形猶在二世傳心雪欲封安得
吾儒堅苦節直窮洙泗到羲農
寺中觀山霧
渰然朝霧起虛空四望峯巒已失蹤明晦幻來真萬象
塵凡隔斷豈千重山前宿雨仍藏腹門外層雲欲盪胸
一葉驚秋方出伏炎威洗盡思溶溶
嵩嶽居天地之中雄鎮古今而太室少室靈秀並峙
蓋中州勝地也予久慕其勝而未獲一登正德辛巳夏
六月以河南按察使遷山東左布政使迴取暇一游以償
夙願是月二十六日發汴城二十九日至登封謁
嶽廟遂適少林寺歷覧諸勝迹經宿而去凡得詩七
首書之石閒以記歲月云廬陵靜齋陳鳳梧識
我本三才學能參一切禪風燈聊爾爾雲水自年年佛法終難說
心經不用[illegible]西來何[illegible]面壁可能傳　次嵩巖翁韻　廬陵劉魁

登嵩游望洛一首 又
洛水千年潤嵩山萬仞高此山還此水今古幾人豪 晴川劉魁填空
自汴城出游嵩山天參李春山有詩見贈次韻答之
嵩高奇絶勝蓬萊登覽平生更幾回東望滄溟連岱
嶽南瞻楚越近天台新秋雨霽詩脾爽少室雲晴俗眼開
前輩風流今遠矣登高作賦愧非才
密縣道中望嵩山有作
暫辭中臺按事權闗來嵩嶽訪神仙山靈遥望魂飛動
澗道斜穿谷變遷覽勝不辭三伏暑乘涼還愛五更天
古今碑刻知多少未敢題詩继昔賢
早行望嵩山偶成
夜來微雨浥塵踪曉起看山分外濃翠黛裝成雲錦帳
金天洗出玉芙蓉老龍穴杳風生洞乳鶴巢危露滴松
古栢參天真萬狀嶽神祠外數聲鐘
游少林寺
白雲深處闢禪闗占斷南河第一山甘露臺懸鐘磬外古槐
影落殿庭間一方明月中宵静半榻清風白晝閑霖雨蒼
生方渴望九龍潭上聽潺湲
又

敕赐祖庭少林禅寺嗣祖曹洞正宗第二十三代传法住持月舟和尚寿塔记

悟榻撰　□成题额　宗宝书　嘉靖元年四月

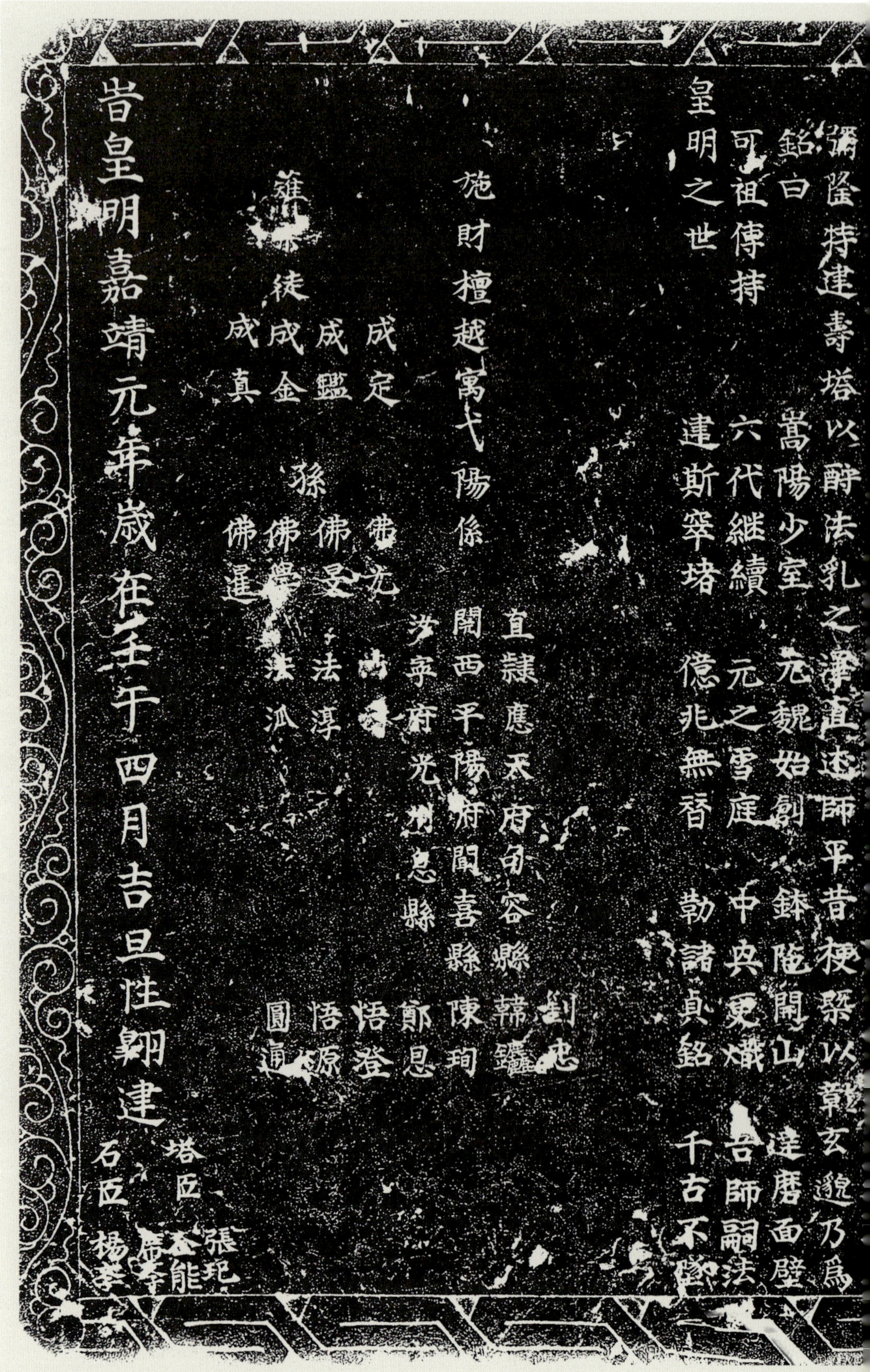
講隆持建壽塔以酧法乳之澤直述師平昔梗槩以彰玄遊乃爲

銘曰　嵩陽少室　元魏始創　鉢隨開山　達磨面壁

可祖傳持　六代繼續　元之雪庭　中興更熾　吾師嗣法

皇明之世　建斯窣堵　億兆無替　勒諸貞銘　千古不墜

施財檀越萬弋陽係

直隸應天府句容縣劉忠　韓鑾

関西平陽府聞喜縣陳珣

汝寧府光州息縣鄭恩

嫡徒　成定　佛光　[illegible]　悟登

成鑑　佛受　法淳　悟源

成金　孫　佛學　[illegible]泒　圓通

成真　佛暹

峕皇明嘉靖元年歲在壬午四月吉旦住翔建

塔匠　張玘　呂能

石匠　楊李

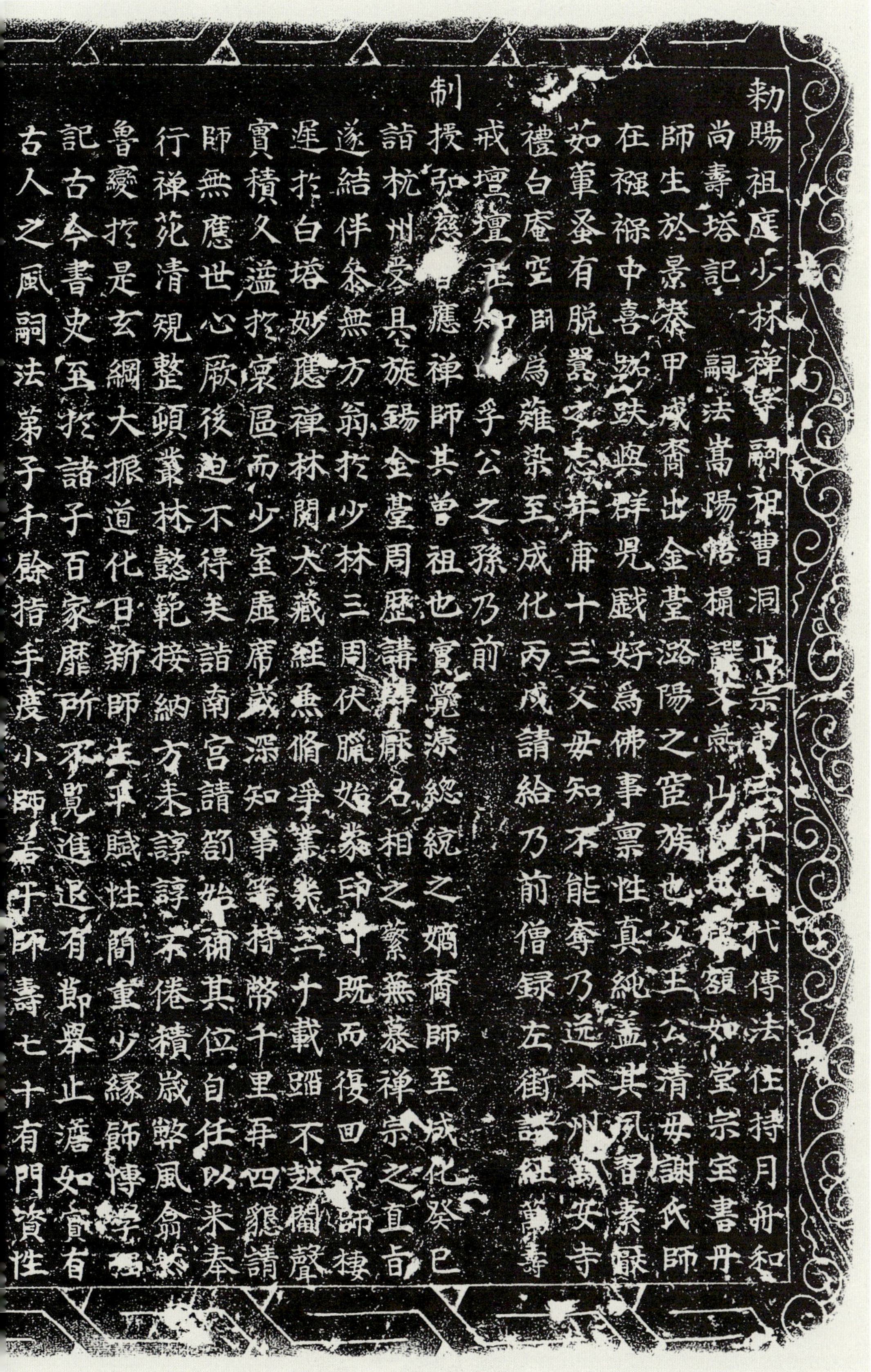
勅賜祖庭少林禪寺嗣祖曹洞正宗第二十八代傳法住持月舟和
尚壽塔記　嗣法嵩陽□桐譔文　嵩山□□額　如堂宗玺書丹
師生於景泰甲戌裔出金臺潞陽之宦族也父王公清母謝氏師
在襁褓中喜跏趺與群兒戲好為佛事稟性真純蓋其夙習素厭
茹葷蚤有脫灑之志年甫十三父母知不能奪乃送本州萬安寺
禮白庵空師為薙染至成化丙戌請給乃前僧録左街講經兼萬壽
戒壇壇主知□孚公之孫乃前
制授弘慈普應禪師其曾祖也實覺源總統之嫡裔師至成化癸巳
詣杭州受具旋錫金臺周歷講肆厭名相之纍慕禪宗之直旨
遂結伴參無方翁於少林三周伏臘始蒙印可既而復回京師棲
遲於白塔妙應禪林閱大藏經兼脩淨業三十載蹈不越閫聲
實積久溢於寰區而少室虚席歲深知事等持幣千里再四懇請
師無應世心厭後迫不得矣詣南宮請劄始補其位自任以来奉
行禪苑清規整頓叢林懿範接納方來諄諄不倦積歲弊風翕然
魯變於是玄綱大振道化日新師生平賦性簡重少緣飾博學強
記古今書史至於諸子百家靡所不覽進退有節舉止濟如實有
古人之風嗣法弟子千餘指手度小師若干師壽七十有門資性

敕赐少林禅寺都提举政公德心和尚之灵塔

月舟撰　嘉靖二年九月

敕賜祖庭少林禪寺都提舉德心政公和尚靈塔記　有銘

師諱可政字德心　河南府偃師縣仙君保喬氏父諱義母郭氏師生於
宣德三年戊申七月初一日髫年捨本寺嵩峰壽師雉染乃先嗣祖曹
洞正宗傳法住持凝然改禪師嫡孫寔
國朝開設教門河南府僧綱司都綱松庭嚴翁之玄孫也師自入寺之
後習學經典之暇而巾缾侍立其師而進執焉於本寺每職無不涖
也至成化丙申無方先師領箚住持師亦克監寺督其寺事而遵
節淬礪調和大衆無不折衷而晚年日課金剛般若經而不輟以
為常課享世壽七十九歲老疾而終焉於正德戊寅年諸雉髮第三
悟香等感師其剃度之恩各捐衣資鳩工毘建浮圖以彰慎終追
遠之義焉乞銘於予故述其梗槩云耳乃為銘曰

祖庭少室　元魏肇創　鉢䞘開基　嗣禪繼續　隋唐宋元
禪宗鼎峙　代不乏賢　十方常住　元朝雪庭　歸於洞派
傳法住持　住寺輔弼　師是其人　護惜常住　緝理廢墜
一代偉器　而為拔萃　歸寂三終　建塔勒石　以圖不朽
傳於後世　泣血丐銘　報師之德　慎終已矣

闡孝　丁能　喬道　喬衍　喬自強　外生高鐸
俗徒　喬体　何深　俗姪　喬恒　喬自寬

皇明嘉靖二年歲在癸未九月季秋上旬住山嗣祖沙門金堂文載明舟誌

卢岩寺香亭题记

嘉靖四年五月

本縣曲河里用工施捨石匠楊學打造
香亭一座
佛前永遠供獻
嘉靖四年歲次乙酉五月初一日立
徐注 張仁

重修重阳观记

白钢撰　尹世荣书篆　嘉靖四年十一月

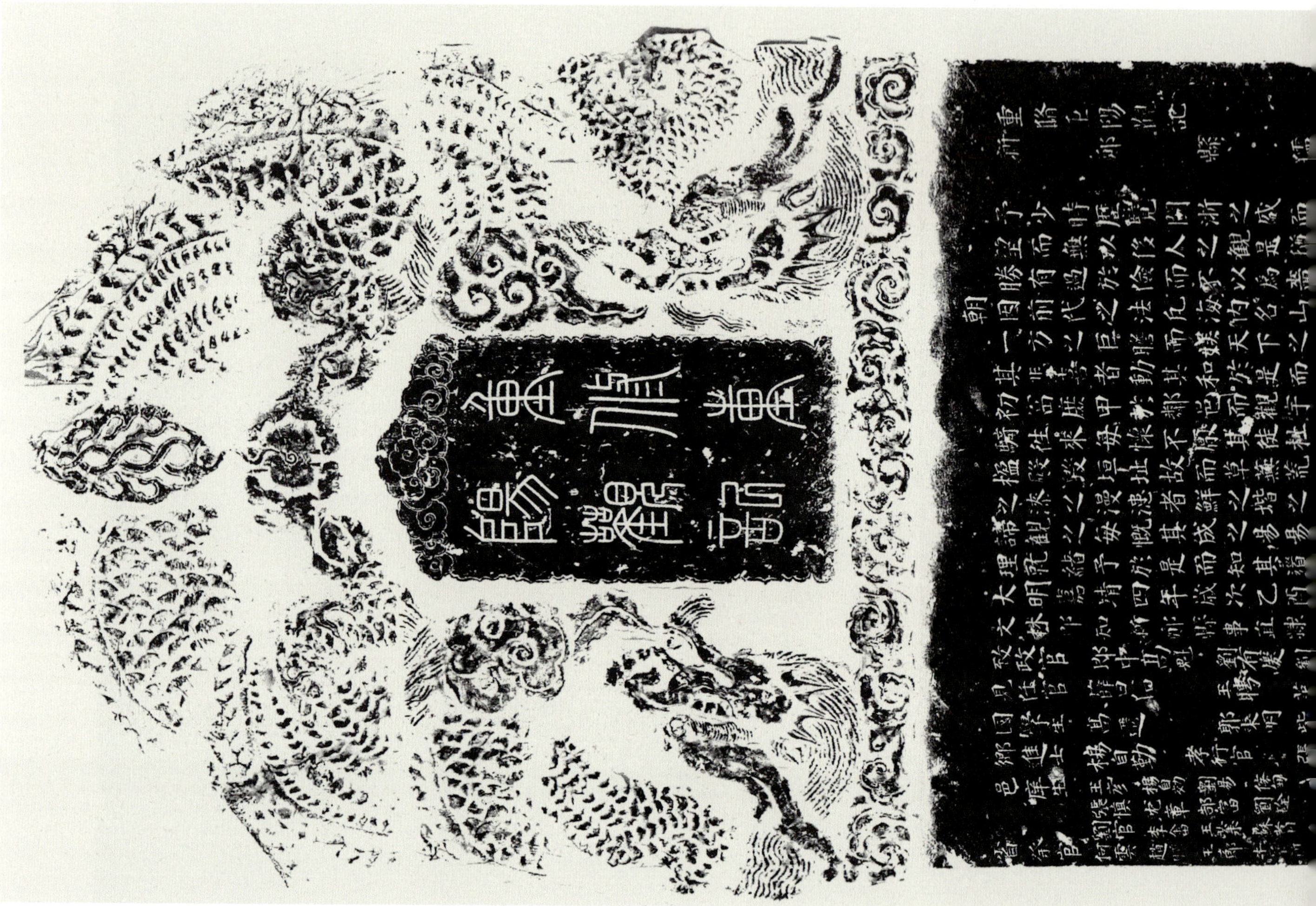

敕赐祖庭少林寺初祖庵庵主观公大千之灵塔

月舟撰　洪轮书　嘉靖五年

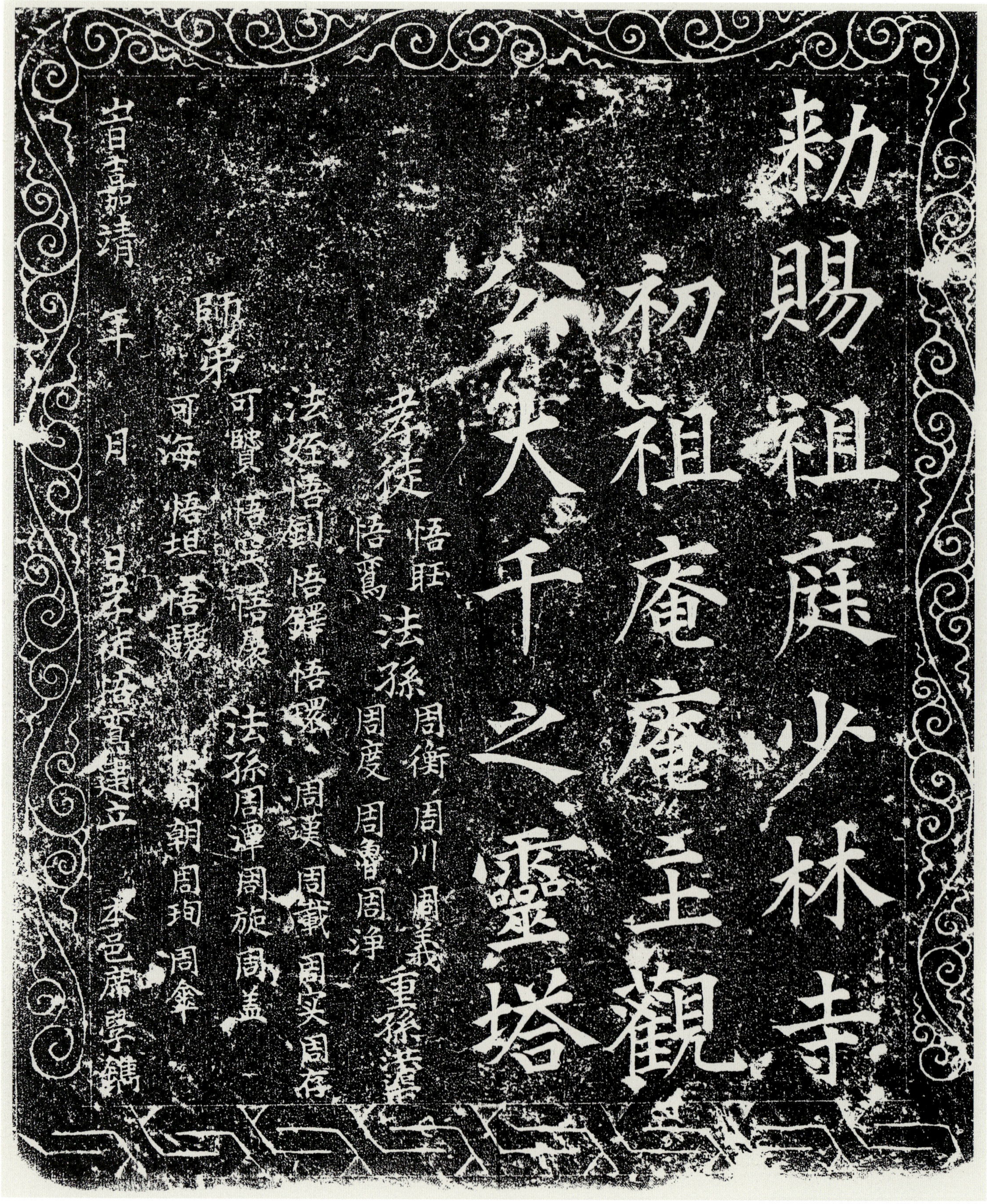

皇明正德拾陸年少林寺初祖庵主大千觀禪師師
卒於本年五月二十三日葬於寺之塔院附本師
南舟塔左至今嘉靖丙戌弟子悟鸞持師行實於
雪庭丈室辤之至再弗獲用其原來行實乃述之
云師諱可觀號其大千也乃鞏邑蘇村里楊氏之
子天順改元禮本寺南舟昺公為師出家侍立有
年後於祖庵乃耕火種以充衣飲而已復能晨昏
夕發梵唄喧轟鐘鼓鐃鈸如常者集有年矣尔後
目鼓者二十餘年而常誦金剛經課佛不輟焉壽
及七十有九示微痒数日而卧化於本庵其徒悟
鸞龕斂七日作諸佛事闍維葬之今其建塔故乞
銘乃為銘曰　師諱可觀　乃號大千　蚤年出家
禮昺為師　克勤立志　而匪他遊　一住祖庵
晨鐘暮誦　四十餘稔　圓寂五年　弟子悟鸞
啟建窣堵　丐銘丈室　表以旌之
本寺參學法孫洪倫書　姪男楊□
旹嘉靖　年歲在　月　日住山金臺月舟誌

敕赐祖庭少林禅寺沙弥白斋琼公童行之灵塔

嘉靖六年五月

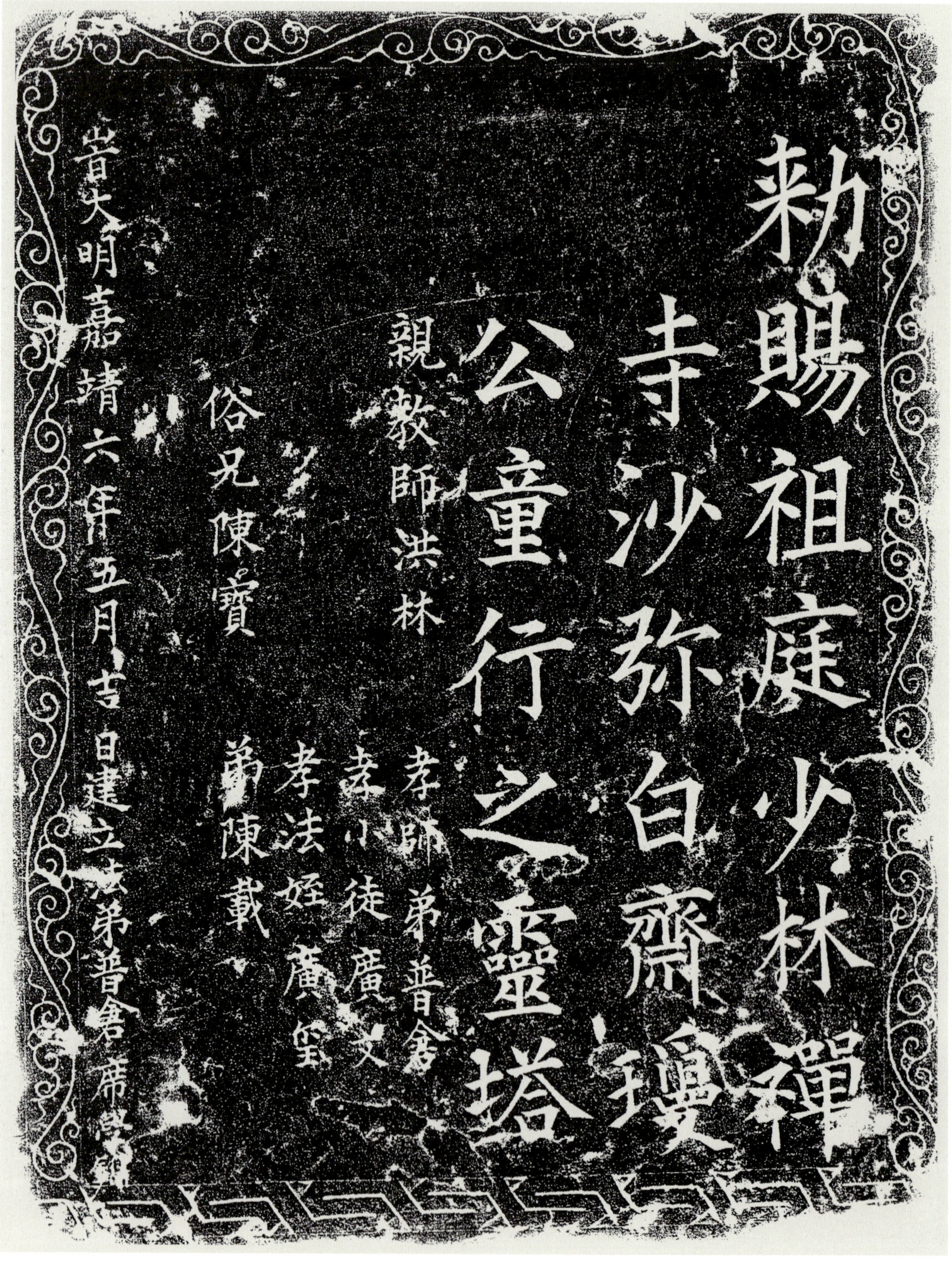

宿少林

陶谐撰　嘉靖六年六月

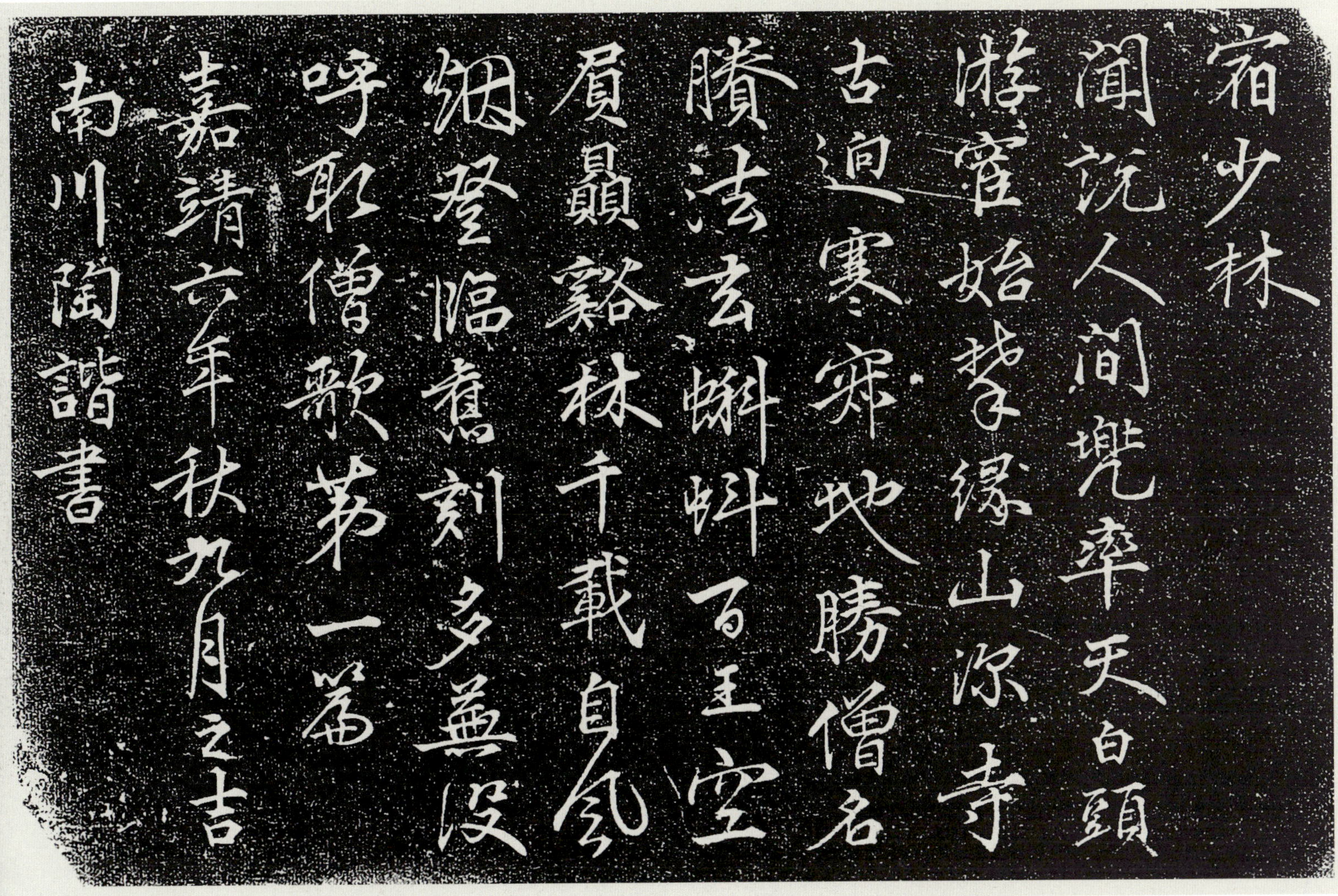

嘉靖辛卯季春二十一日安成晚生伍全敬谒宋太师欧阳文忠公墓下感而有作

伍全撰　嘉靖十年三月

敕赐祖庭少林禅寺淳公素庵首座和尚之塔

嘉靖十年四月

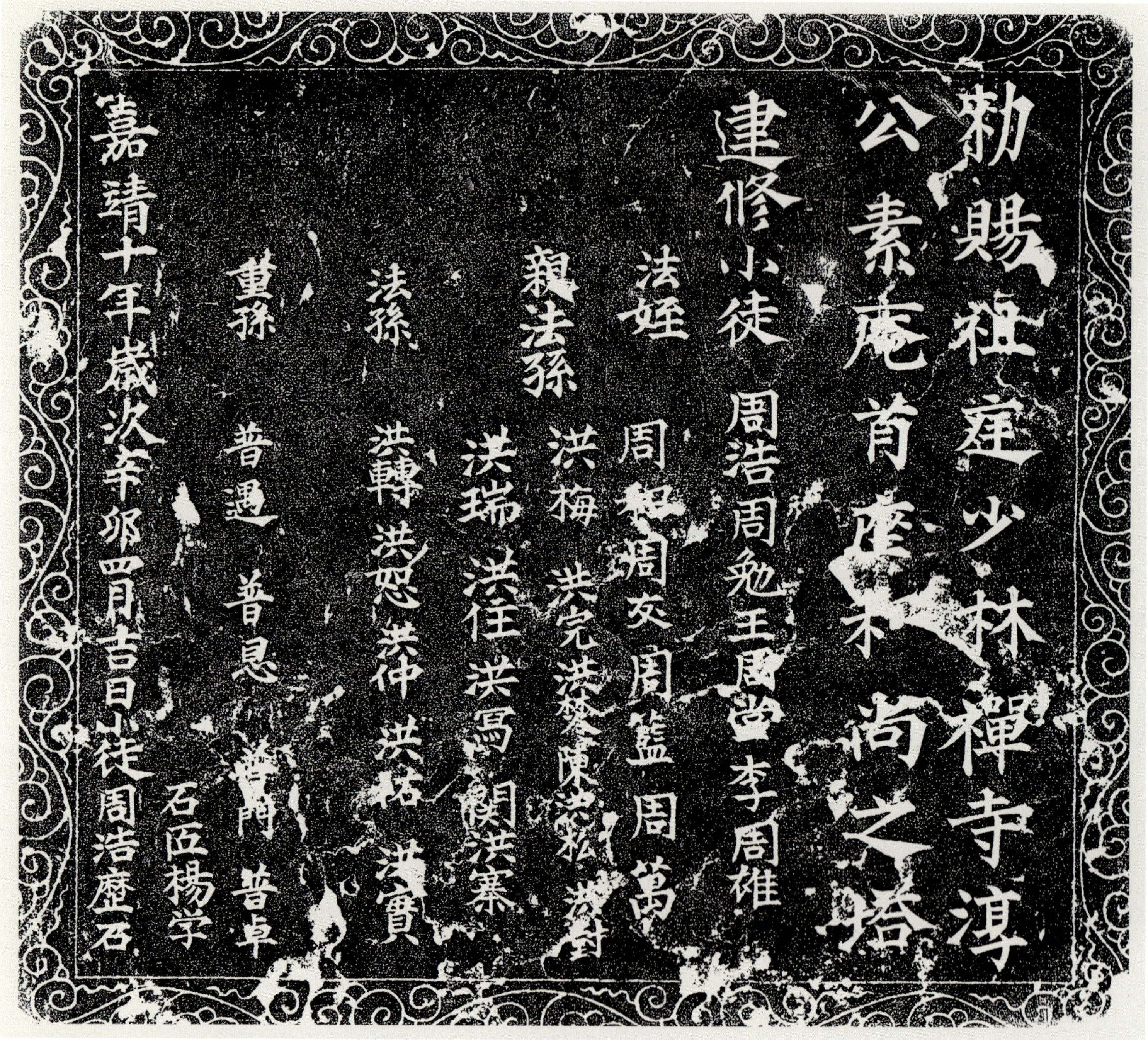

勑賜祖庭少林禪寺淳
公素庵首座和尚之塔
建
修小徒　周浩　周勉　王居當　李周稚
法姪　周[illegible]　周友　周監　周萬
親法孫　洪梅　洪完　洪梵　陳　洪松　洪封
洪瑞　洪住　洪寫　閔　洪寨
法孫　洪轉　洪恕　洪仲　洪祐　洪實
重孫　普遇　普息　普門　普卓
石匠楊学
嘉靖十年歲次辛卯四月吉日小徒周浩歷石

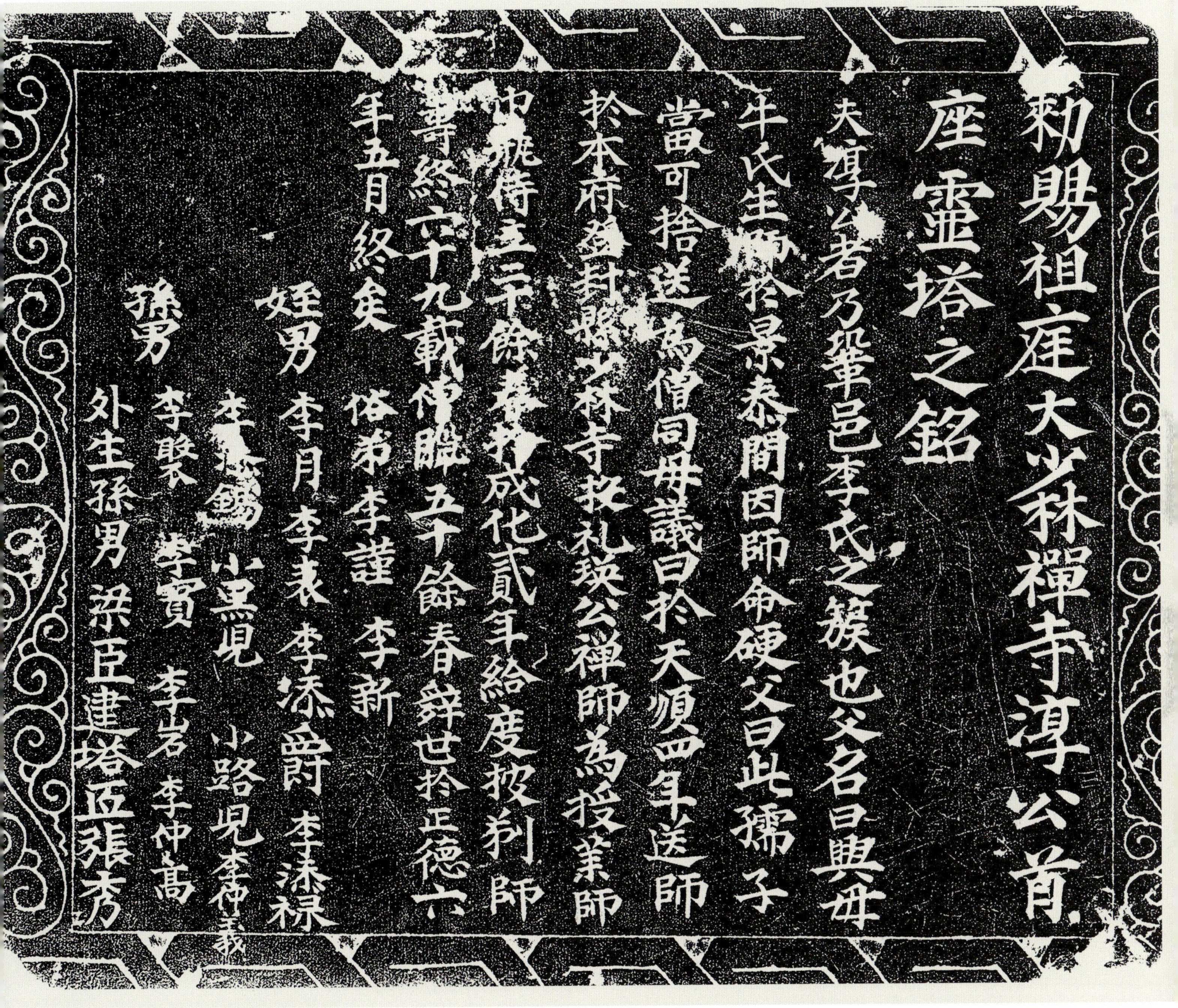

勑賜祖庭大少林禪寺淳公首
座靈塔之銘
夫淳公者乃鞏邑李氏之族也父名曰興母
牛氏生師於景泰間因師命硬父曰此孺子
當可捨送為僧同母議曰於天順四年送師
於本府登封縣少林寺投礼琰公禪師為授業師
中歲得三十餘春於成化貳年給度披剃師
壽終六十九載僧臘五十餘春辭世於正德六
年五月終矣 俗弟李謹 李新
姪男 李月 李表 李添爵 李添祿
李添錫 小黑兒 小路兒 李仲義
孫男 李聚 李實 李岩 李仲高
外生孫男 梁臣建塔匠張秀

嘉靖十年四月

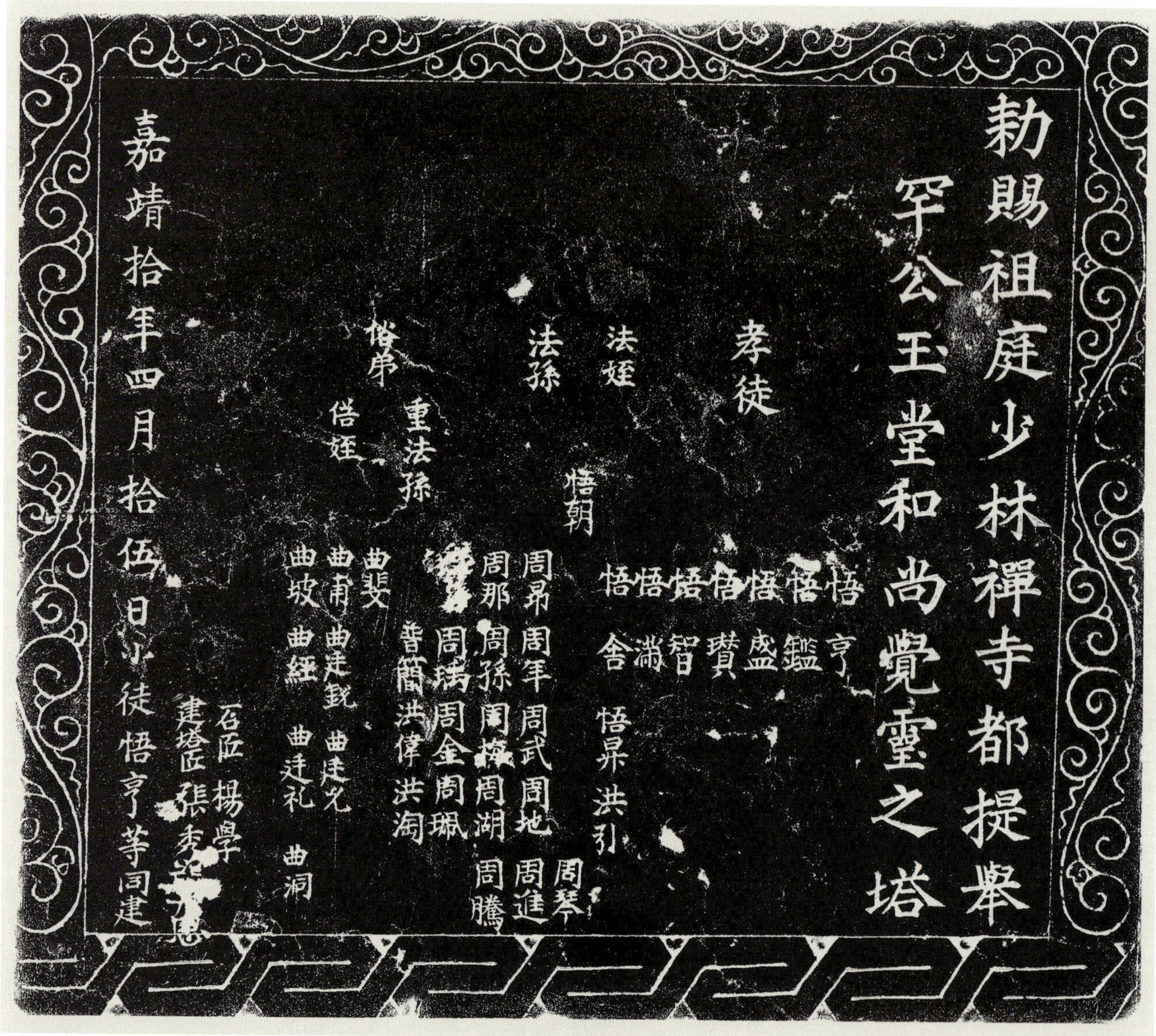
勅賜祖庭少林禪寺都提舉
罕公玉堂和尚覺靈之塔
孝徒 悟亨 悟鑑 悟盛 悟賛 悟智 悟満 悟舍 悟昇 洪引
法姪 悟朝
法孫 周昂 周年 周武 周地 周琴 周那 周孫 周[illegible] 周湖 周進 [illegible] 周瑞 周全 周珮 周騰
重法孫 普簡 洪偉 洪淘
俗弟 曲斐
俗姪 曲甫 曲建銳 曲建光 曲坡 曲經 曲廷礼 曲洞
石匠 楊學
建塔匠 張秀[illegible]
嘉靖拾年四月拾伍日小徒悟亨等同建

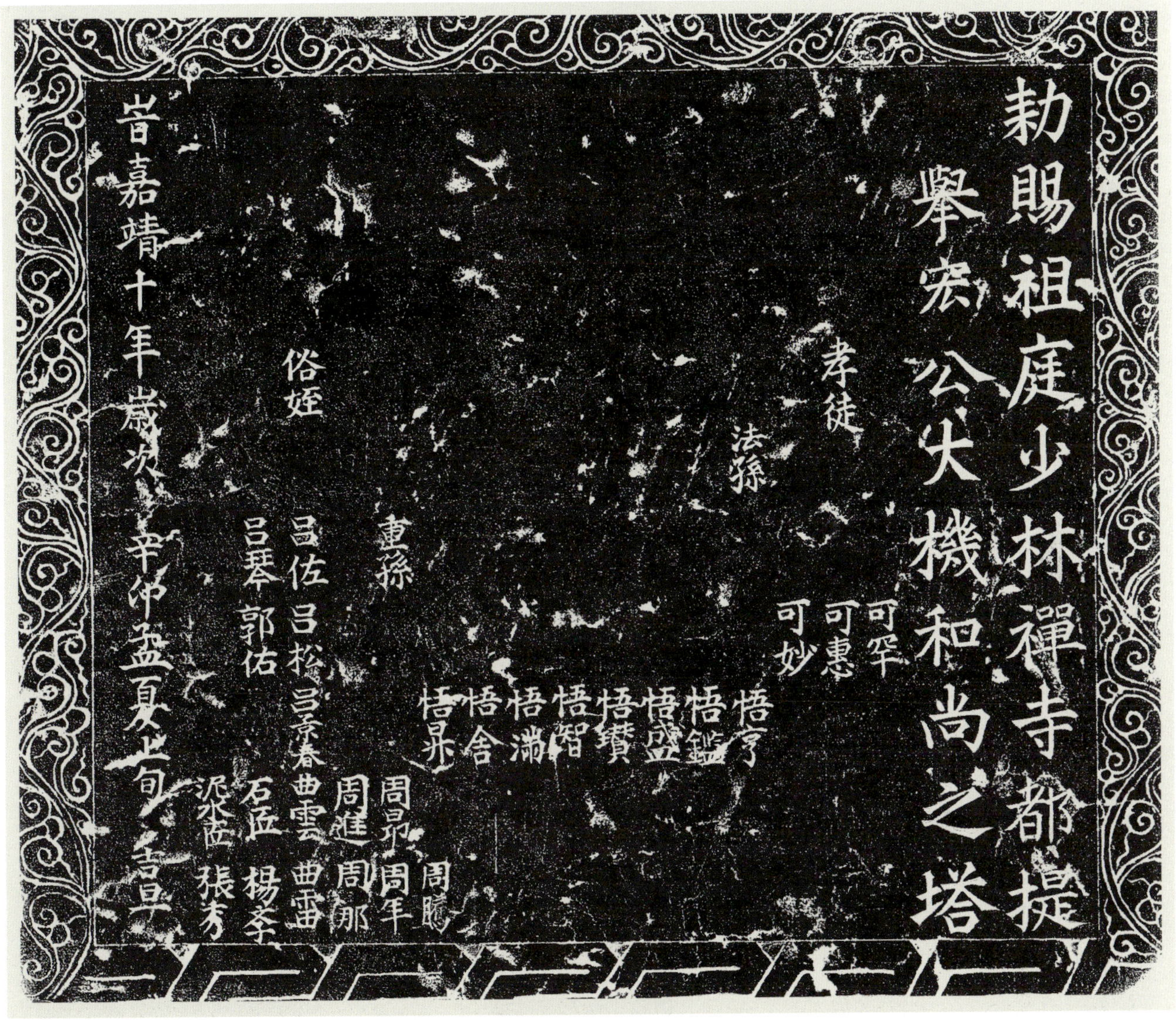
勅賜祖庭少林禪寺都提
舉宏公大機和尚之塔
孝徒
可罕
可惠
可妙
法孫
俗姪
嘉靖十年歲次辛卯孟夏上旬吉旦

千崖万壑

张钦书　许成名题　嘉靖十五年五月

嘉靖丙申夏五月之吉
萬壑

敕赐少林禅寺首座会公和尚灵塔

嘉靖十五年十月

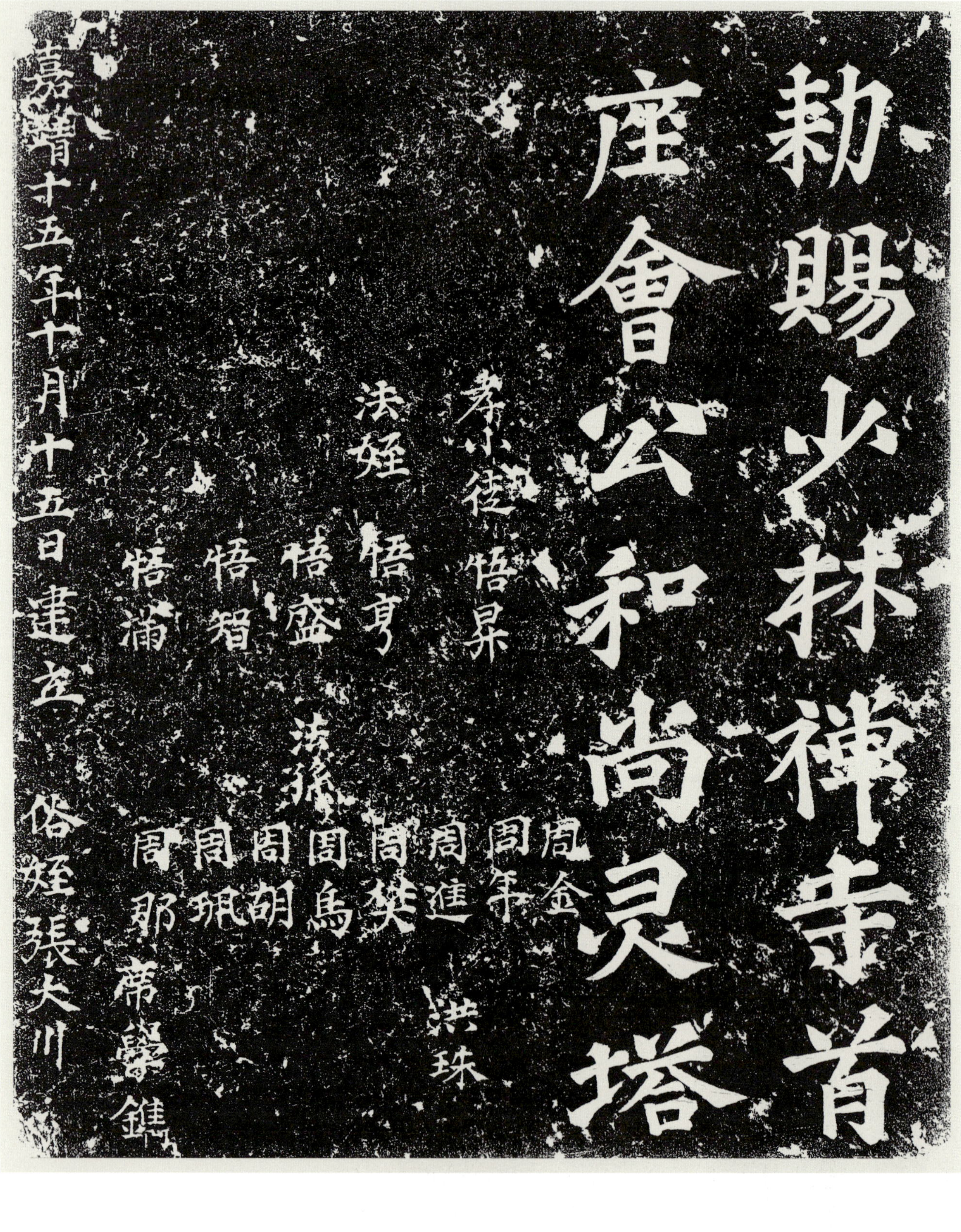

重修梅子沟石桥记

周㮚撰　张永亨书　王崇化题额　嘉靖十七年三月

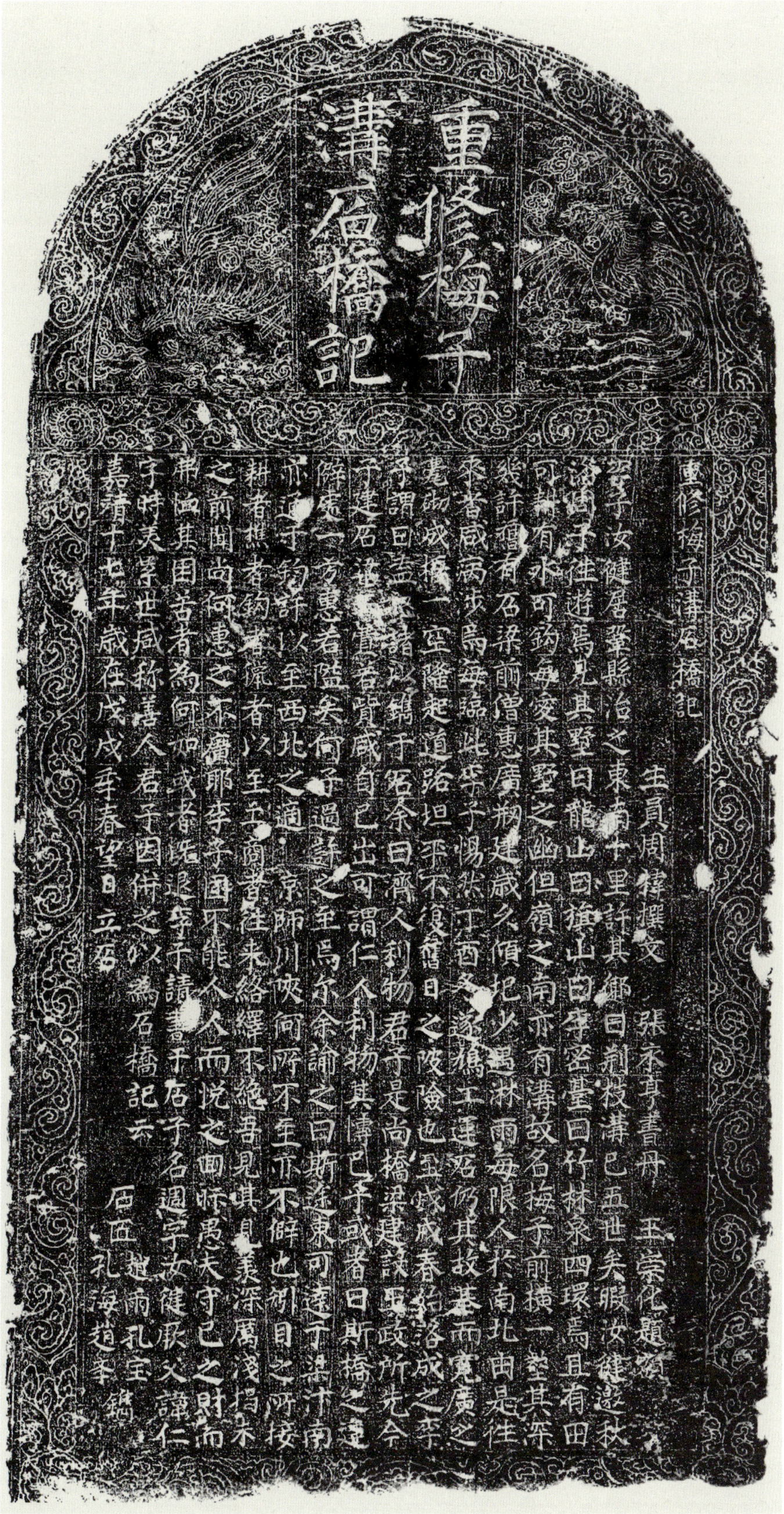

庄严圆寂住持宗琳玉堂禅师灵塔

悟万撰　周腾书　嘉靖十七年四月

勅賜嵩山祖庭少林禪寺第二十四世嗣祖沙門住持宗琳玉堂禪師塔
當代嗣祖沙門傳法住持西亳竺東一宗悟萬 撰
伊洛三聖寺晩叅周騰 書丹
切以少室嵩前春光嫵媚無史界内道果飄香一花現瑞五葉聯芳法[illegible][illegible][illegible]
而慈航溥濟心燈續焰而悲智玄明宗談直指五派分流曹洞一宗獨[illegible][illegible]少室
至二十三世我月舟大和尚以主少林單傳堂拈提公孝立雪亭瑞草翻成二[illegible]
十年鐘鼓分明八萬門関鍵豁落室中印証高下投機蒲團蘊養悟入在人玄
者玉堂和尚河南臨潁王氏鉅族也年甫總角厭俗投緇秉命[illegible]羨汝陽吾
孚寺師禮廷達和尚剃染為僧以戒律身操存本業年二十[illegible]四[illegible]海上之[illegible]
風慕叢林之宗匠於是芒鞋拄杖徧叩名刹初謁少室古[illegible]長老[illegible]下随衆入
室閲四載古梅厭世歸寂後造月舟師室中叅究本宗[illegible]三載豁然開悟頓捨
筌第然後水邊林下市肆煙霞涵養聖胎居塵不染詣許昌閱[illegible][illegible][illegible]旋錫本
州禁足三年遷城南隱閑十載蘊養有素道德弥彰遠近檀越高其操履湖海
禪衲欽聆聲價適嘉靖丁酉少林虛席有耆舊悟源悟林悟省等會通大衆命
主厥席老幼忻然合寺欽從薦諸府縣允重道風耆紹文劇跪幣三請而就從
一載示微恙而終依荼毘禮瘞諸祖庭塔院兹有[illegible][illegible]方蓮洪喜等罄捐衣資
營備磚石敬造浮圖以彰道德於後世使一代之名[illegible]而不泯焉於是蓮等
懷香致礼需諸言而銘諸石以紀迺師之行實固[illegible]弗[illegible]免强應諾就[illegible]援毫
聊述大槩以告云耳
嘉靖十七年四月 佛誕令辰 小師 方蓮 洪孫 廣信等一同建造
普德 [illegible]水[illegible]庫 造
洪喜
普和 石匠趙景[illegible]鐫

敕赐大少林禅寺都提点安公守心和尚寿塔

嘉靖十八年三月

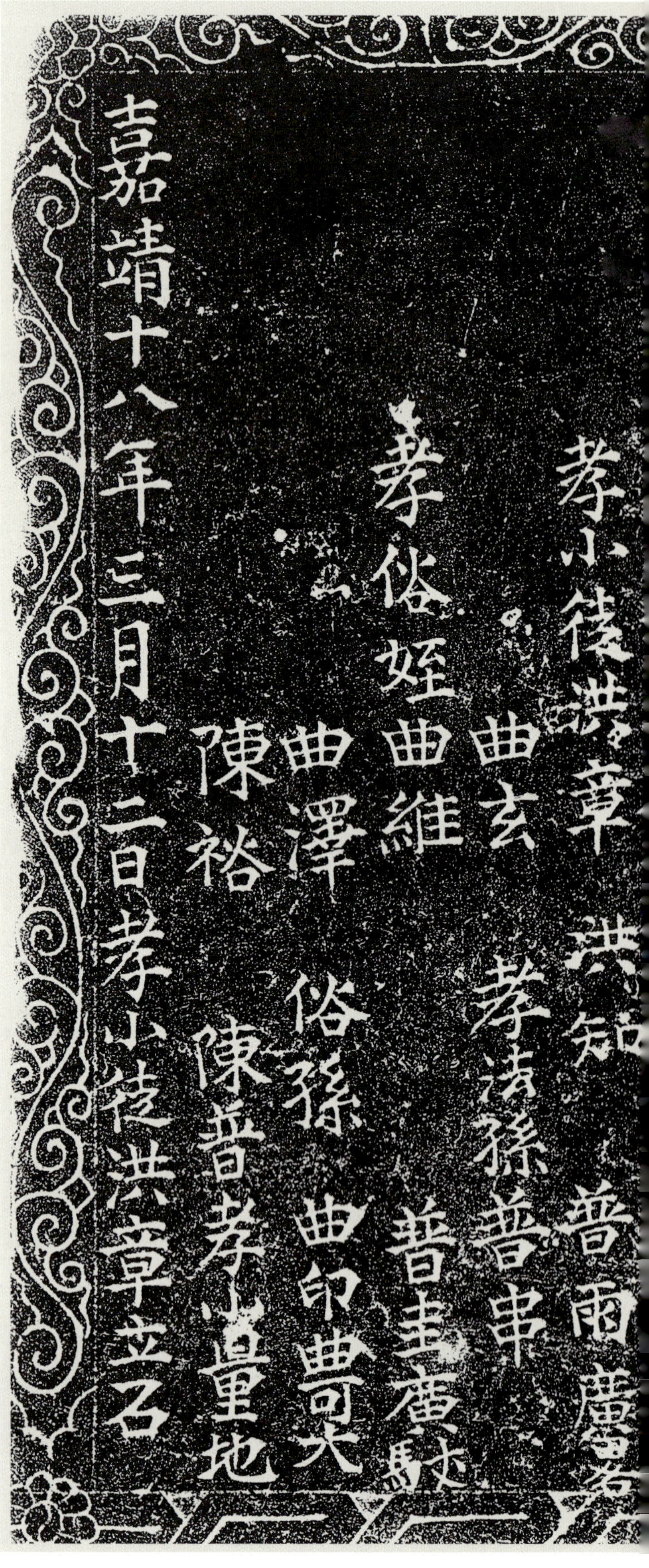

敕賜大少林禪寺
都提點安公守心
和尚壽塔
洪隱
洪訓

游嵩岳诗

陈棐撰　嘉靖十九年四月

游嵩岳诗

王尧弼撰　嘉靖十九年夏

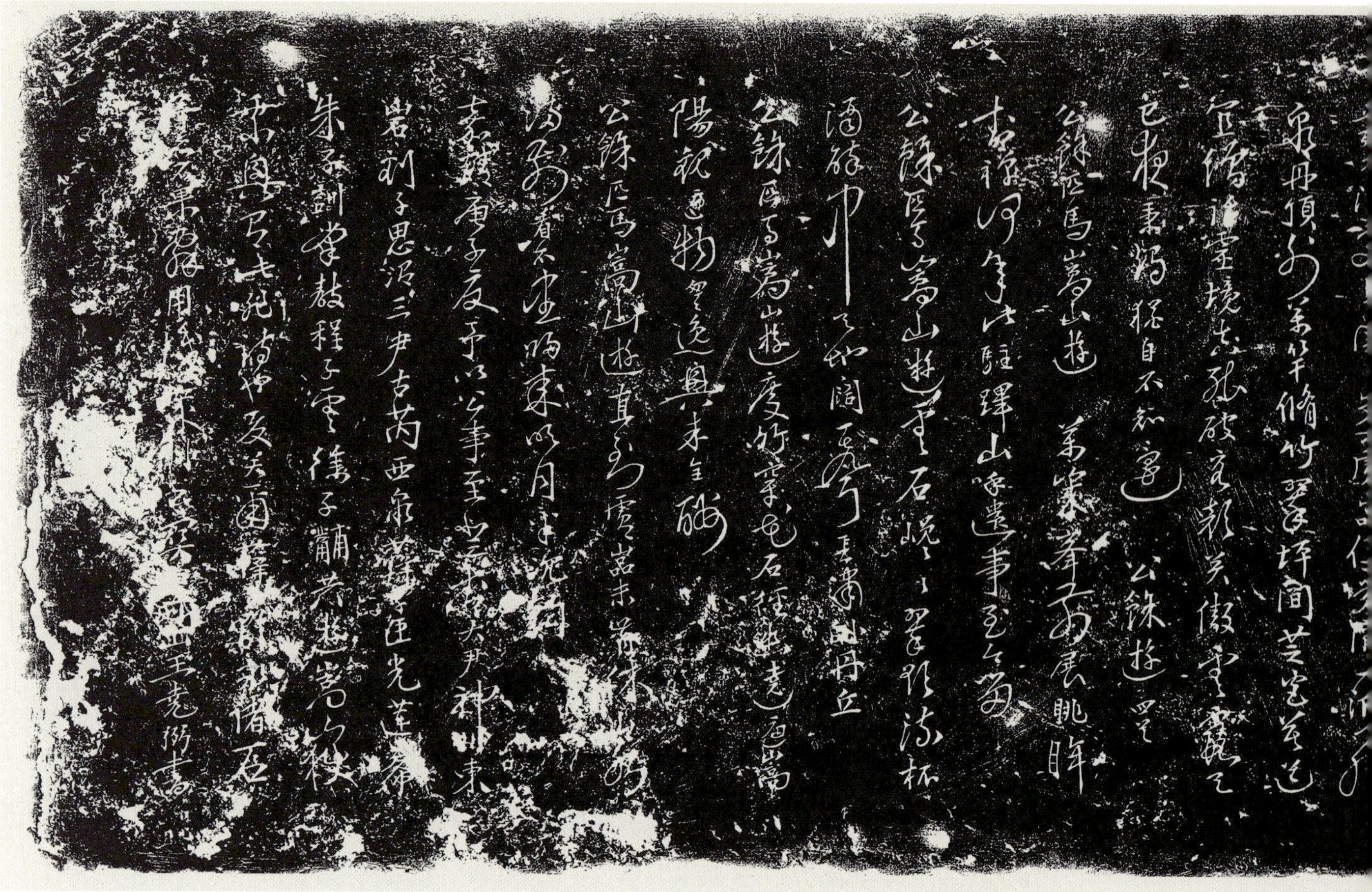

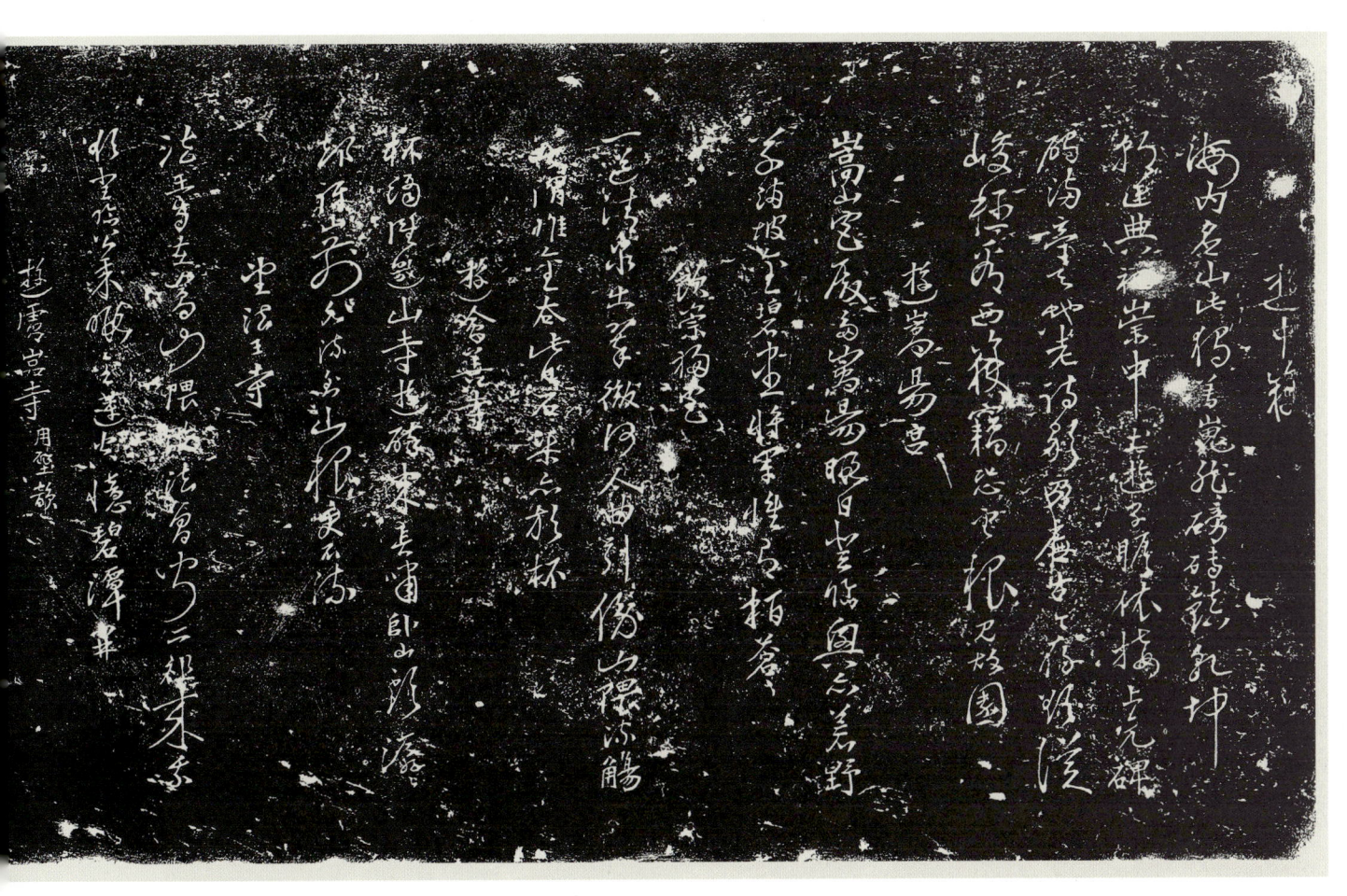

大明周府鄢陵端僖王圹志铭

李士允撰　曹嘉书　熊爵隶　嘉靖十九年十一月

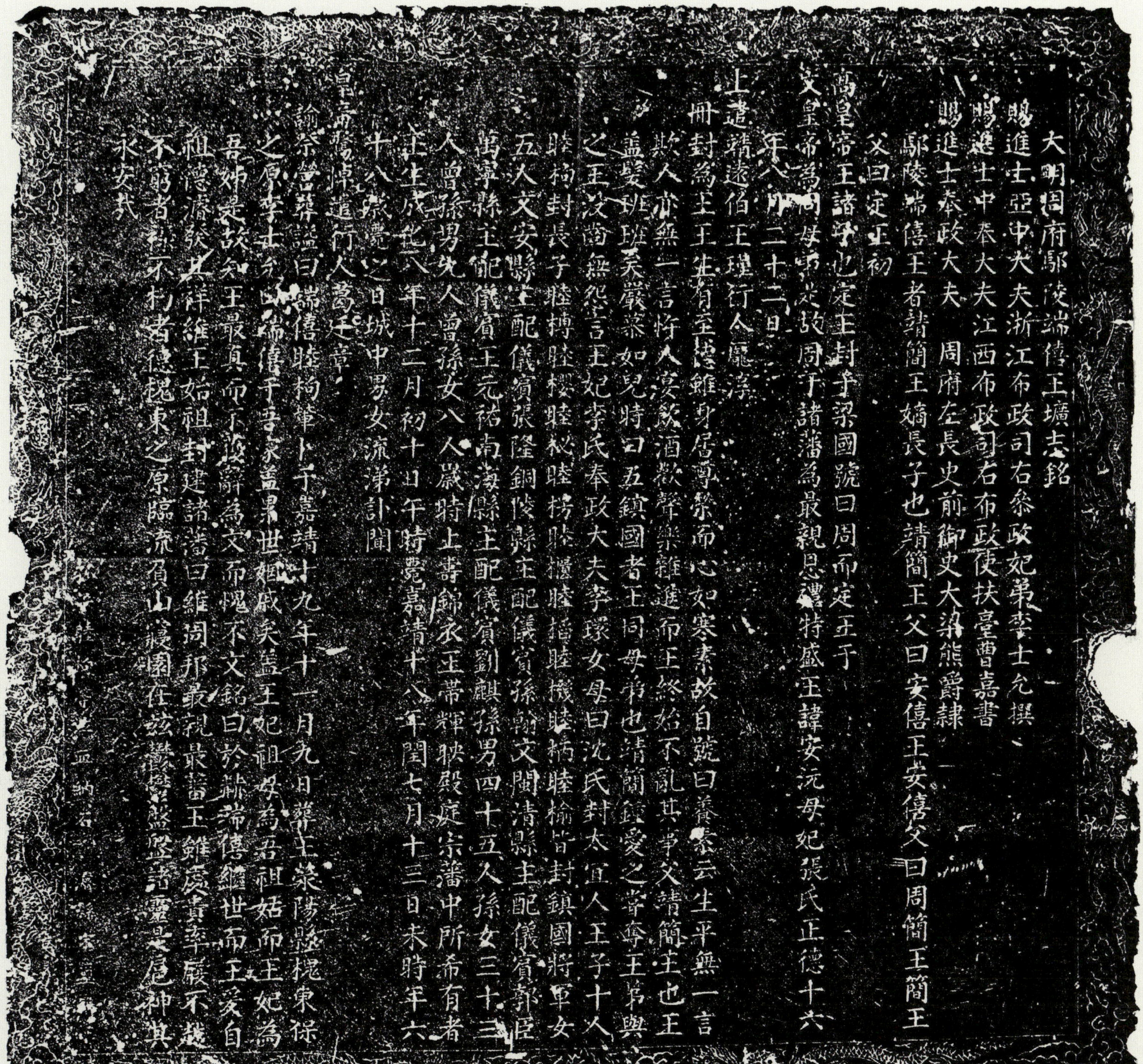

大明周府鄢陵端僖王壙志銘

賜進士亞中大夫浙江布政司右叅政妃弟李士允撰

賜進士中奉大夫江西布政司右布政使扶臺曹嘉書

賜進士奉政大夫　周府左長史前御史大梁熊爵隸

鄢陵端僖王者靖簡王嫡長子也靖簡王父曰安僖王安僖父曰周簡王簡王父曰定王初

高皇帝王諸子也定王封于梁國號曰周而定王于

文皇帝為同母弟是故周于諸藩為最親恩禮特盛王諱安沅母妃張氏正德十六年八月二十二日

上遣靖遠伯王瑾行人龐濂

冊封為王王生有至德雖身居尊榮而心如寒素故自號曰養素云生平無一言欺人亦無一言忤人宴飲酒歡聲樂雜進而王終始不亂其事父靖簡王也王蓋鬢斑斑矣嚴恭如兒時曰五鎮國者王同母弟也靖簡鍾愛之嘗奪王爵與之王泛然無怨言王妃李氏奉政大夫李璟女母曰沈氏封太宜人王子十人睦栒封長子睦樽睦櫻睦柲睦榜睦擺睦播睦機睦楠睦榆皆封鎮國將軍女五人文安縣主配儀賓張隆銅陵縣主配儀賓孫翰文聞清縣主配儀賓郭臣萬寧縣主配儀賓王元禧南海縣主配儀賓劉麒孫男四十五人孫女三十三人曾孫男九人曾孫女八人歲時上壽錦衣玉帶輝映殿庭宗藩中所希有者王生成化八年十二月初十日午時薨嘉靖十八年閏七月十三日未時年六十八以疾薨之日城中男女流涕訃聞

皇帝震悼遣行人蔦廷章

諭祭營葬謚曰端僖睦栒等卜于嘉靖十九年十一月九日葬王滎陽縣槐東保之原李士允以端僖于吾家蓋累世姻戚矣蓋王妃祖母為吾祖姑而王妃為吾姊是故知王最真而不獲辭為文而愧不文銘曰於穆端僖纘世而王爰自祖德濬發其祥維王始祖封建諸藩曰維周邦最親最蕃王雖處貴華履不越不窮者祿不朽者德槐東之原臨流負山寢園在茲鬱鬱盤盤諸靈是扈神其永安哉

少林禅寺选公和尚灵塔

嘉靖二十年三月

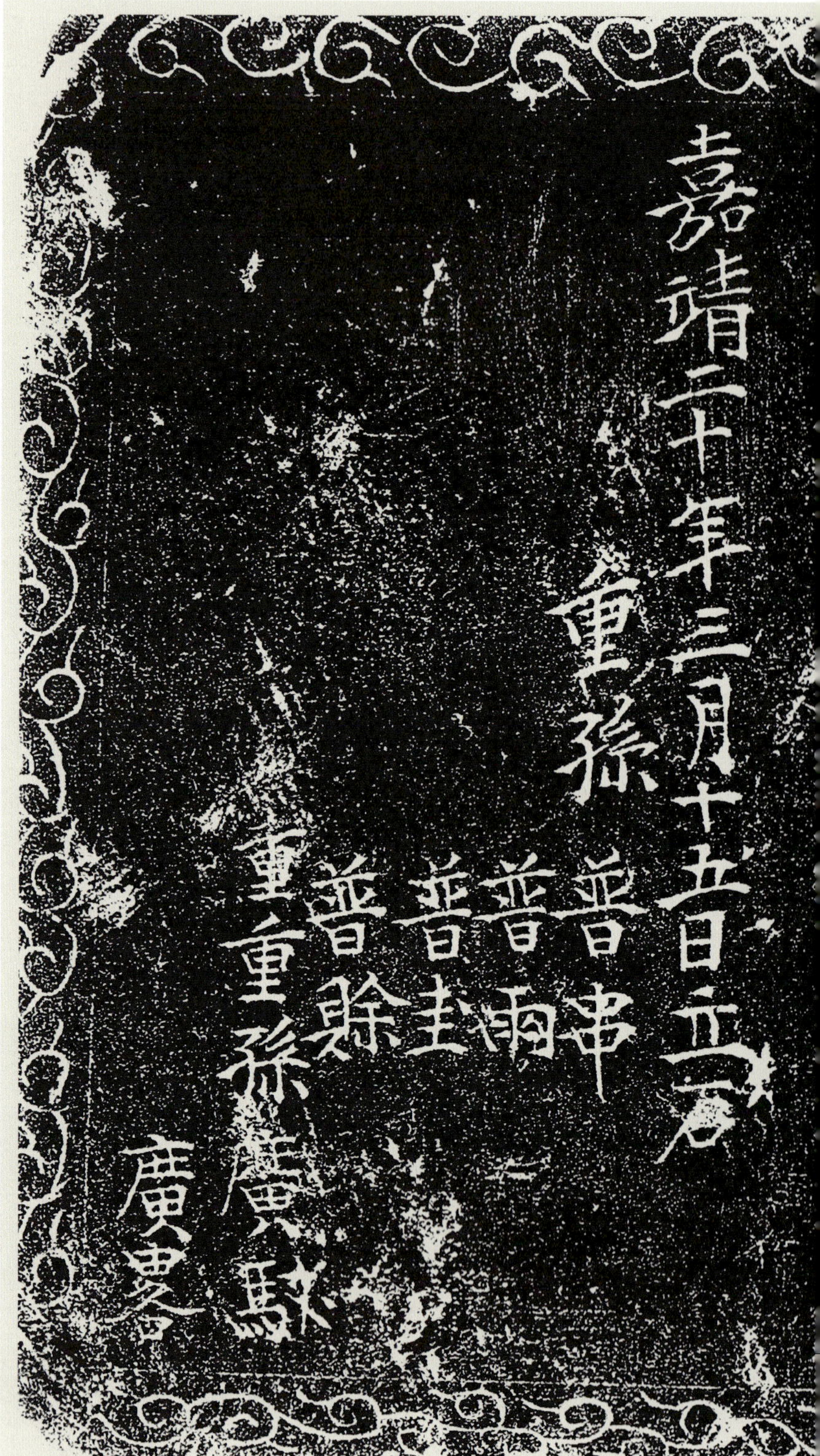

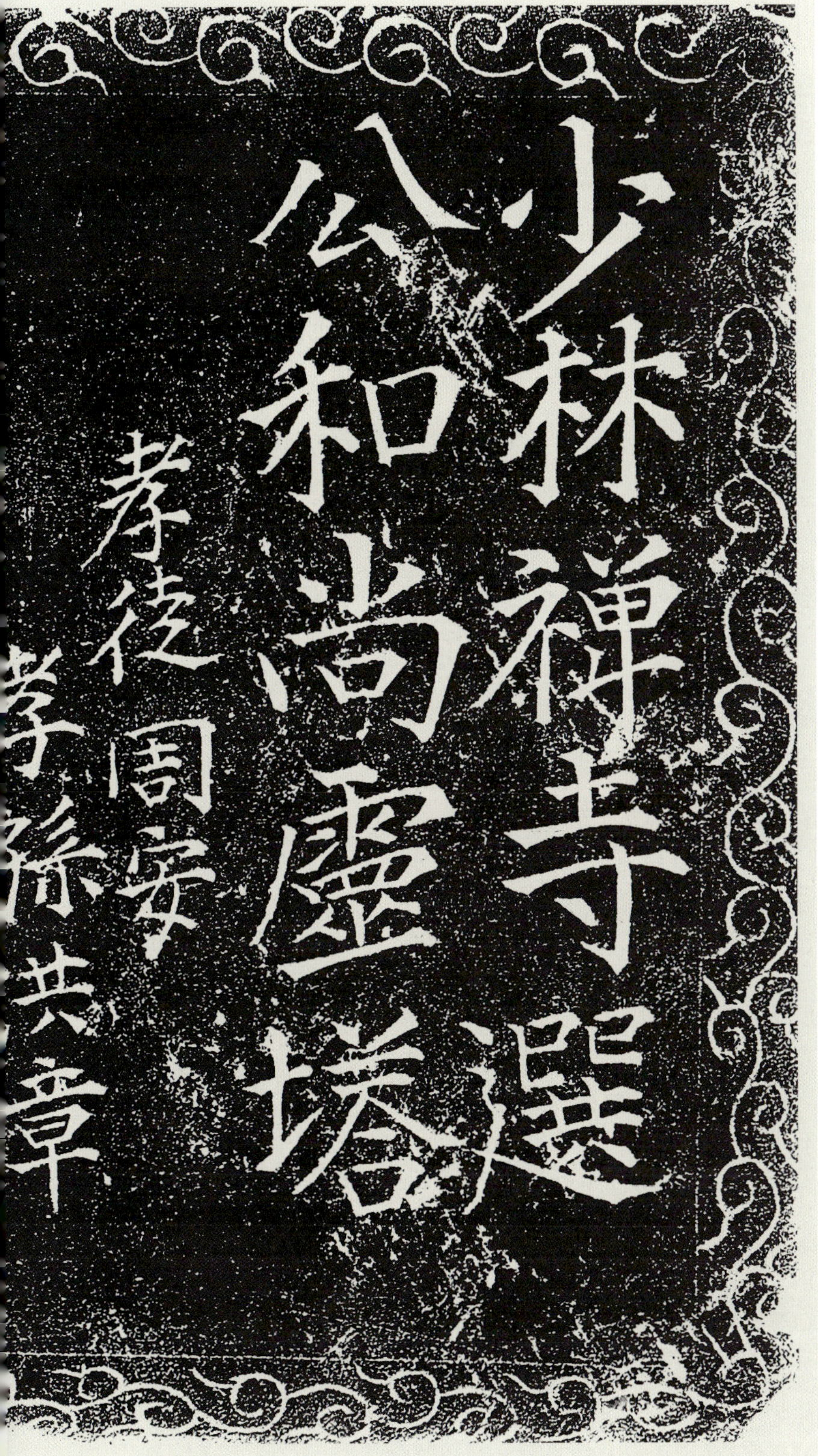
少林禪寺選
公和尚靈塔
孝徒同安
孝孫共章

敕赐大少林禅寺监寺章公印宗和尚之塔

嘉靖二十年三月

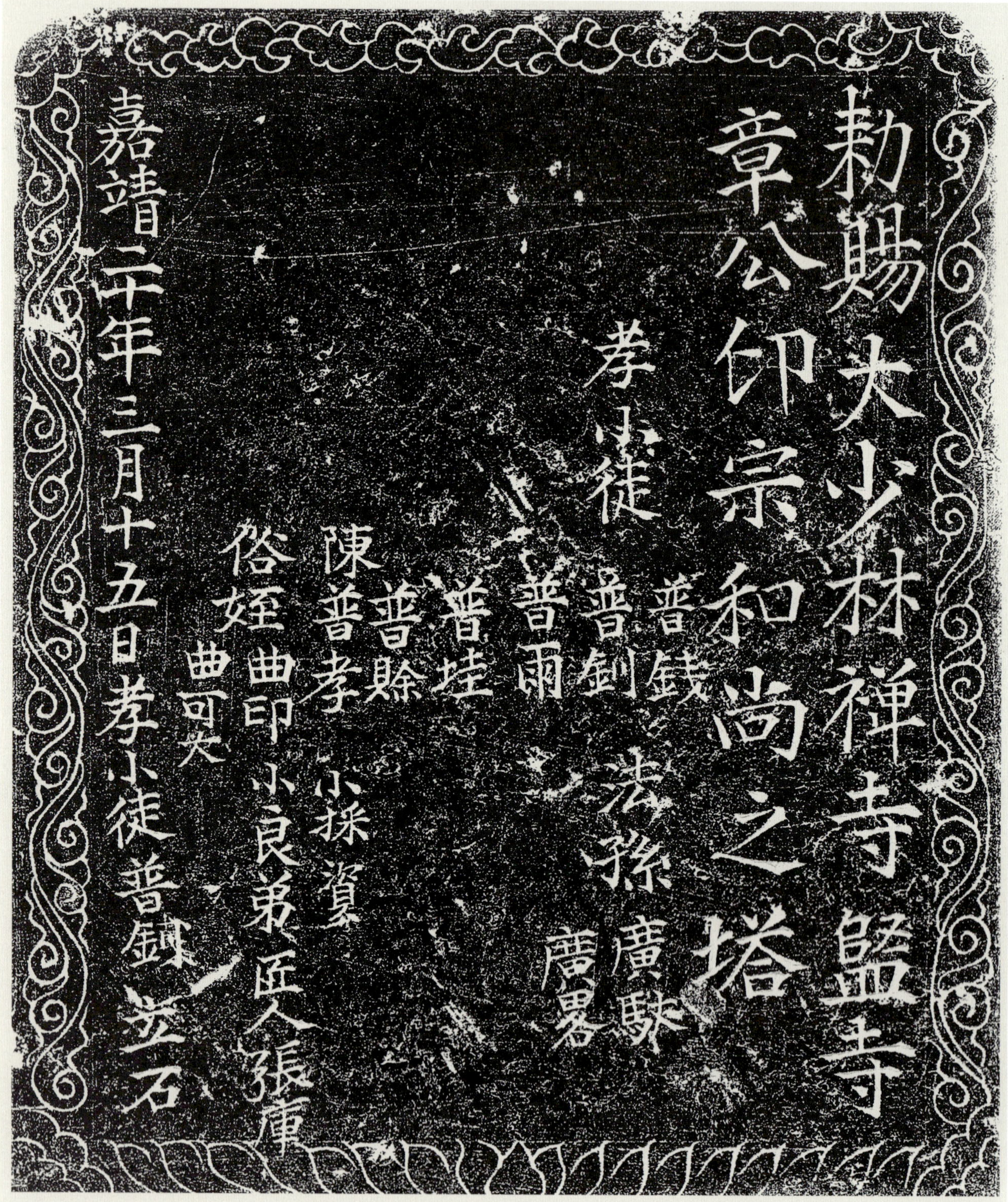
勅賜大少林禪寺監寺
章公印宗和尚之塔
孝小徒
普錢 法孫 廣駛
普劍 廣畧
普雨
普娃
普賒
陳普孝 小孫資
俗姪曲印 小良 弟 匠人張庫
曲可大
嘉靖二十年三月十五日孝小徒普鋪立石

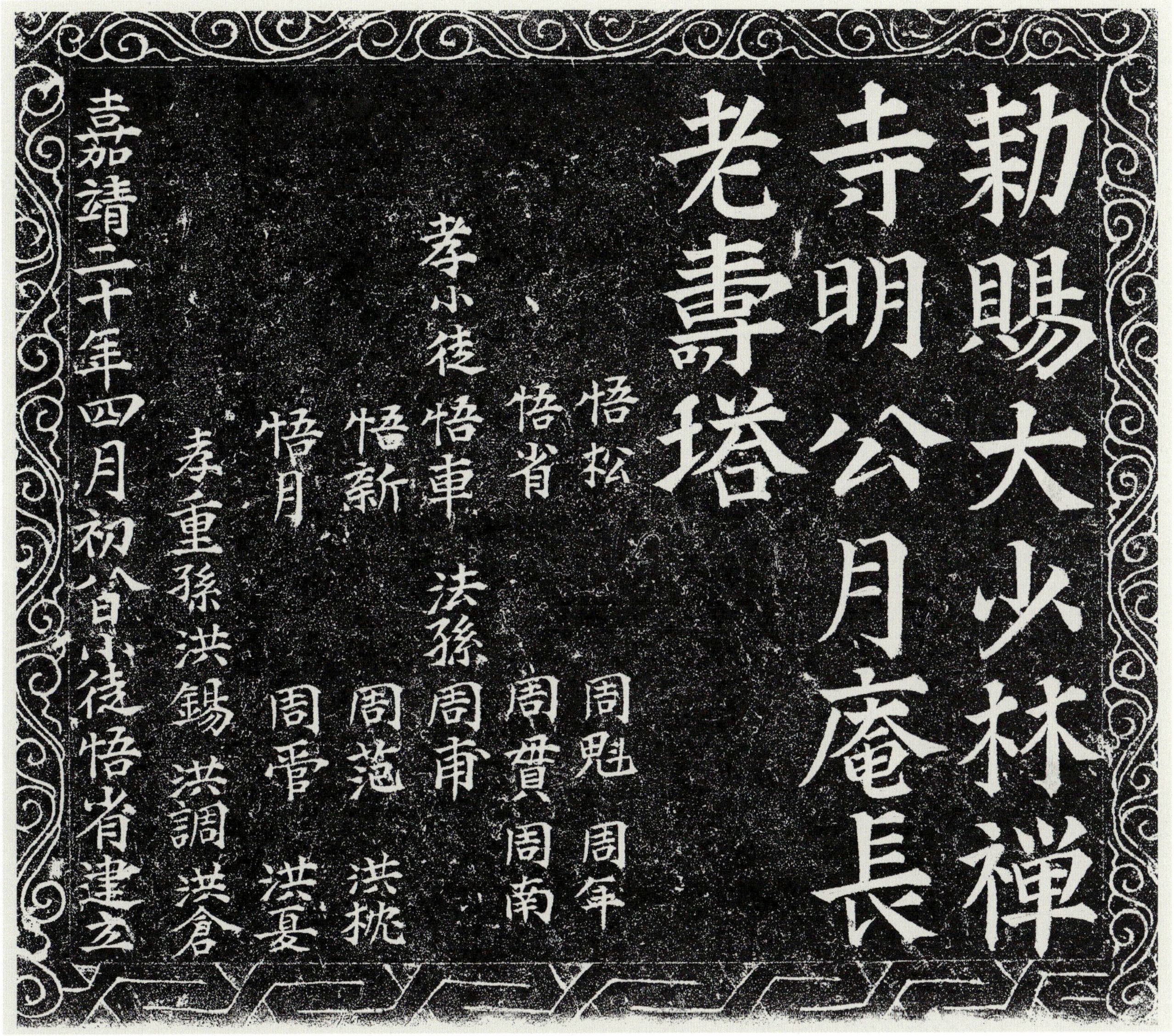
勅賜大少林禪
寺明公月庵長
老壽塔
悟松　周魁　周年
悟省　周貫　周南
孝小徒悟車　法孫周甫
悟新　周蔻　洪桄
悟月　周霄　洪宴
孝重孫洪錫　洪調　洪倉
嘉靖二十年四月初八日小徒悟省建立

达磨折苇渡江图

冲壁题　嘉靖二十二年二月

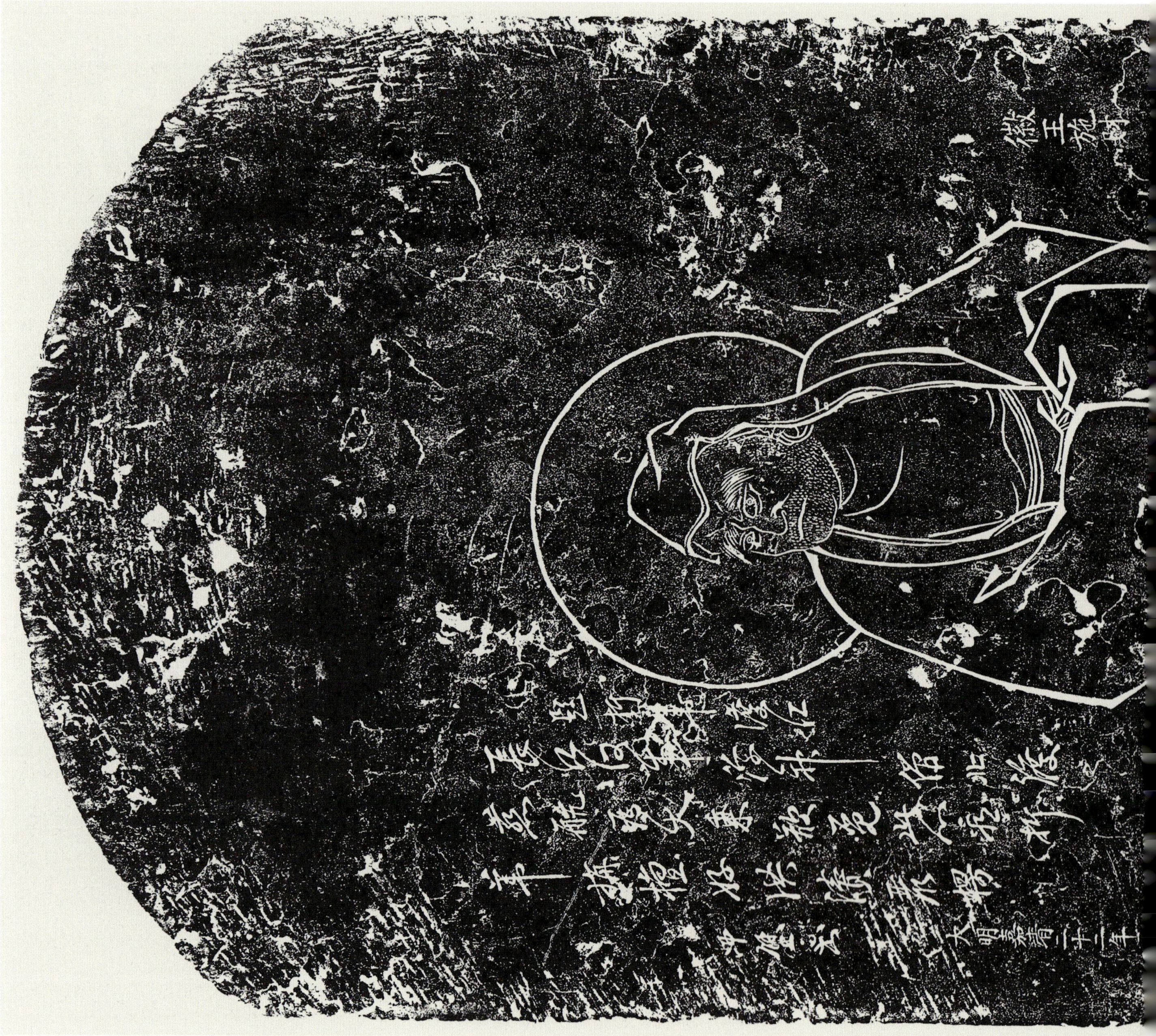

游少林寺

刘钦顺撰　嘉靖二十二年四月

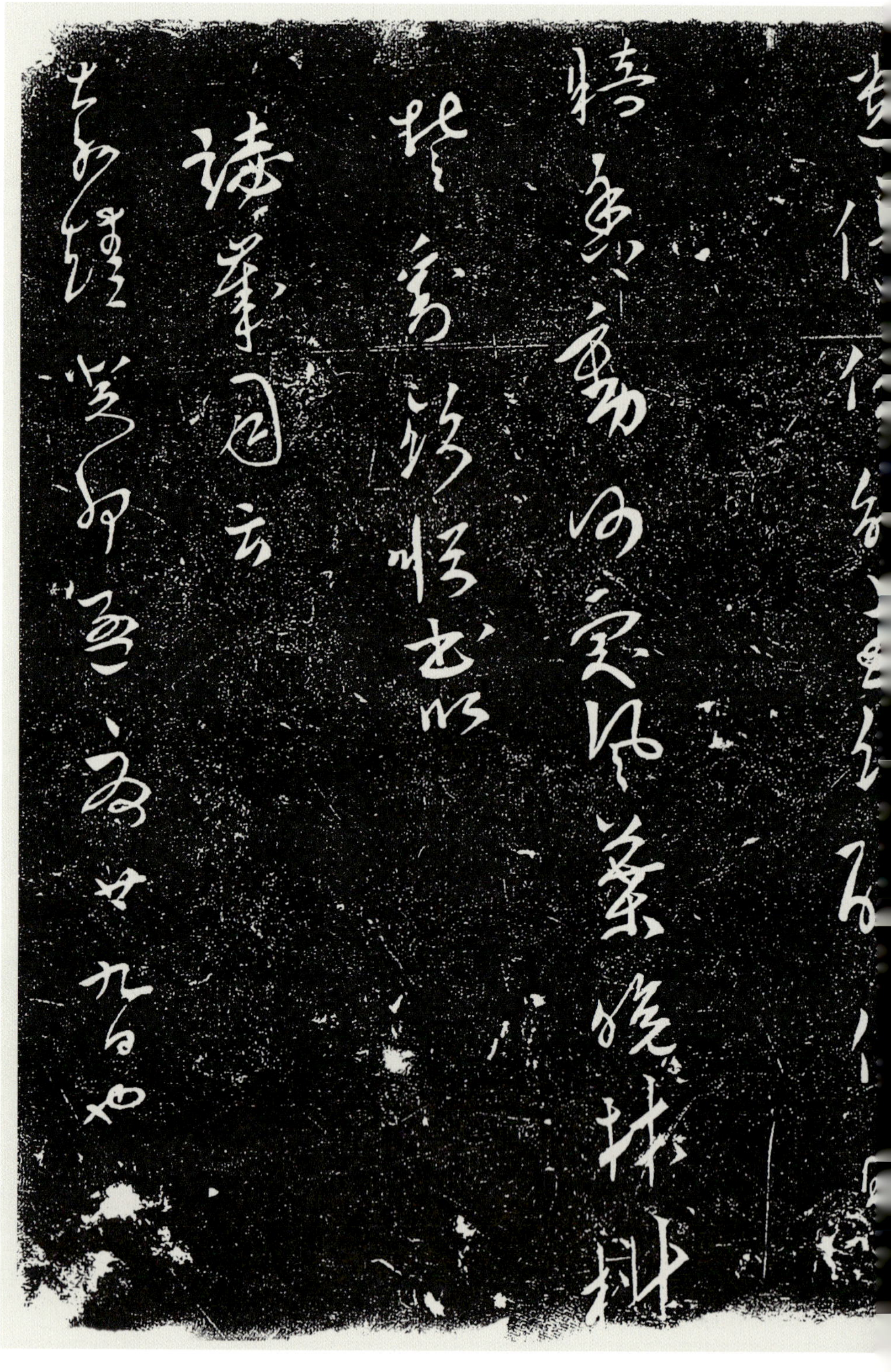

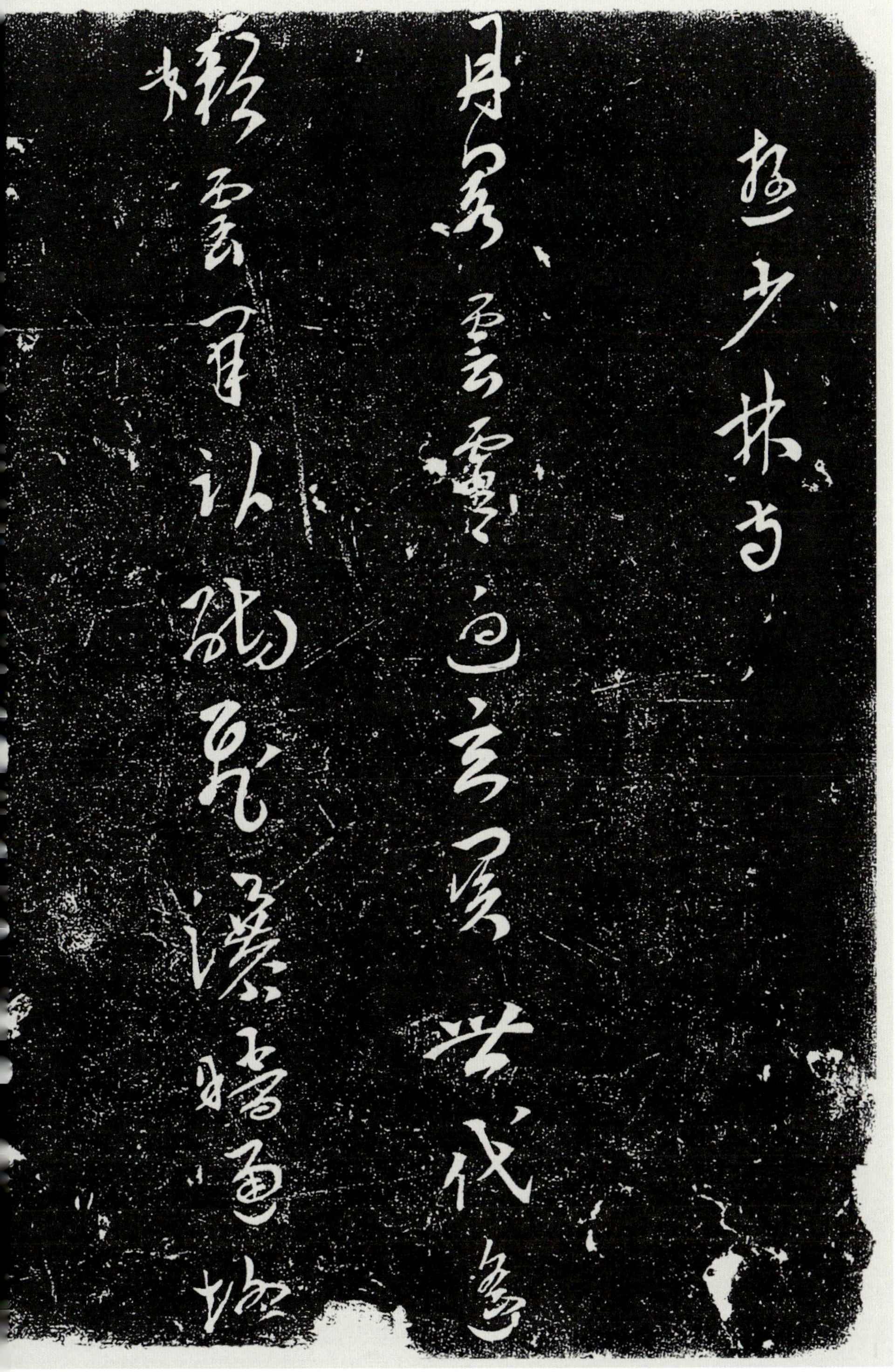

施茶碑记

洪洽撰并书　嘉靖二十五年八月

敕赐大少林禅寺故都提点僧会署印天长续公大和尚之塔

嘉靖二十六年四月

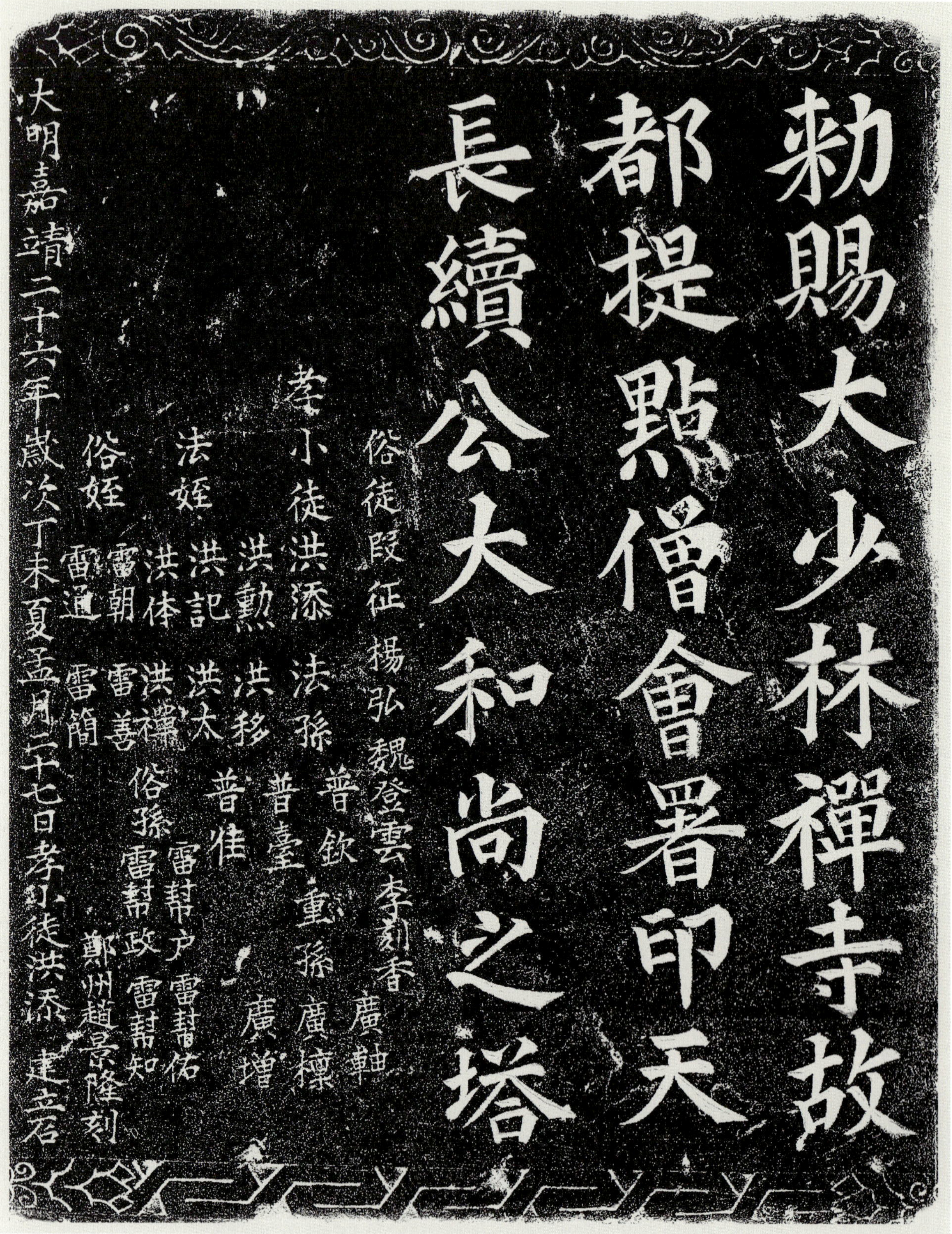
勑賜大少林禪寺故
都提點僧會署印天
長續公大和尚之塔
俗徒段征 楊弘 魏登雲 李刻香 廣軸
孝小徒洪添 法孫 普欽 重孫 廣標
洪勲 洪移 普臺 廣增
法姪 洪記 洪太 普佳
洪体 洪禳 俗孫 雷幇户 雷幇佑
俗姪 雷朝 雷善 雷幇政 雷幇知
雷通 雷簡
鄭州趙景隆刻
大明嘉靖二十六年歲次丁未夏孟月二十七日孝小徒洪添 建立石

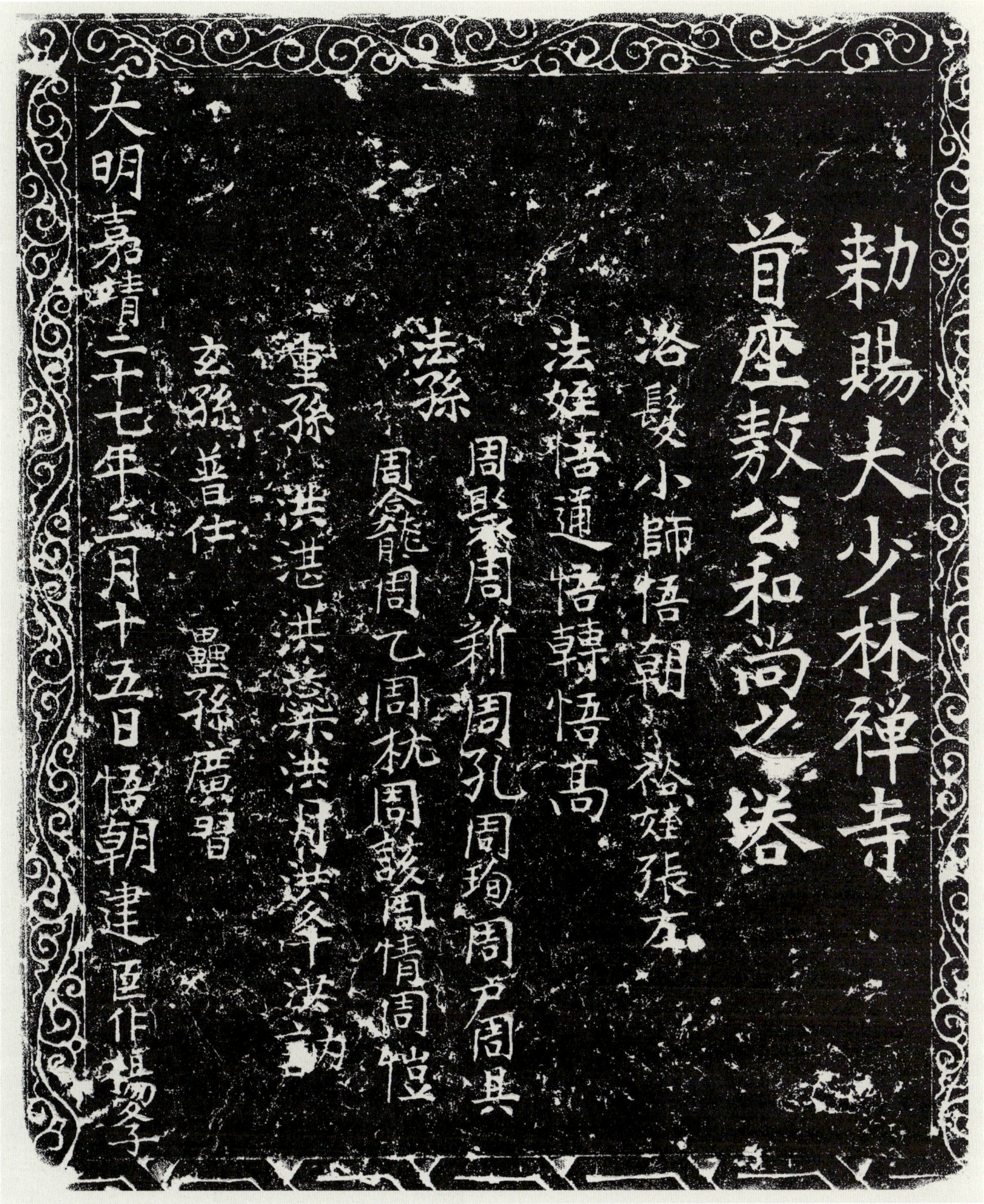
勑賜大少林禪寺
首座敖公和尚之塔
法姪悟通悟轉悟嵩悟高
法孫
重孫
玄孫
大明嘉靖二十七年三月十五日悟朝建

敕赐大少林禅寺敕名天下对手教会武僧正德年间蒙钦取宣调镇守山陕等布政边京御封都提调总言统征云南烈兵扣官赏友公三奇和尚之寿塔

嘉靖二十七年六月

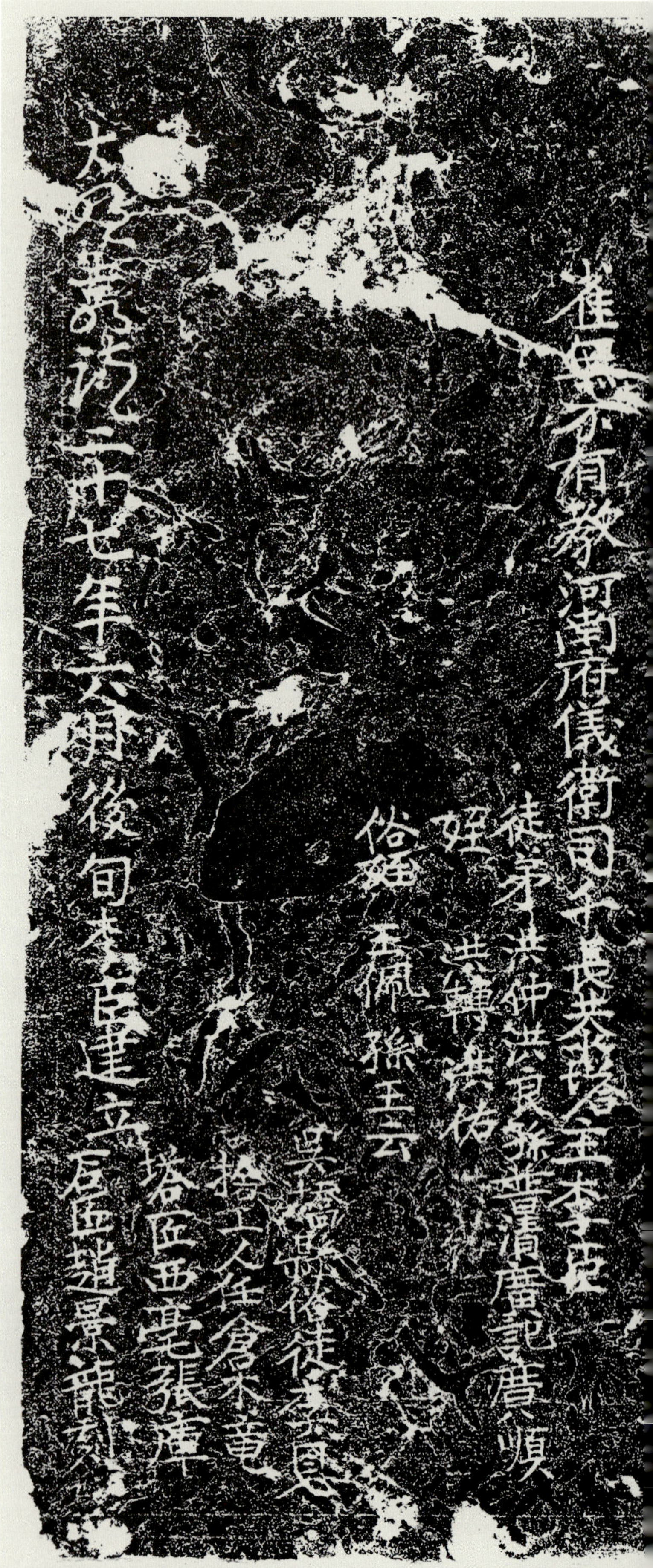
[illegible]有教河南府儀衛司千長[illegible]
徒弟洪伸 洪良 孫普清 普慶 普順
姪 洪轉 洪佑
俗姪 王佩 孫王云
吳橋縣後徒李[illegible]
捨工人任倉 李章
塔匠 西亳 張庫
大明嘉靖二十七年六月後旬本寺建立 石匠趙景龍刻

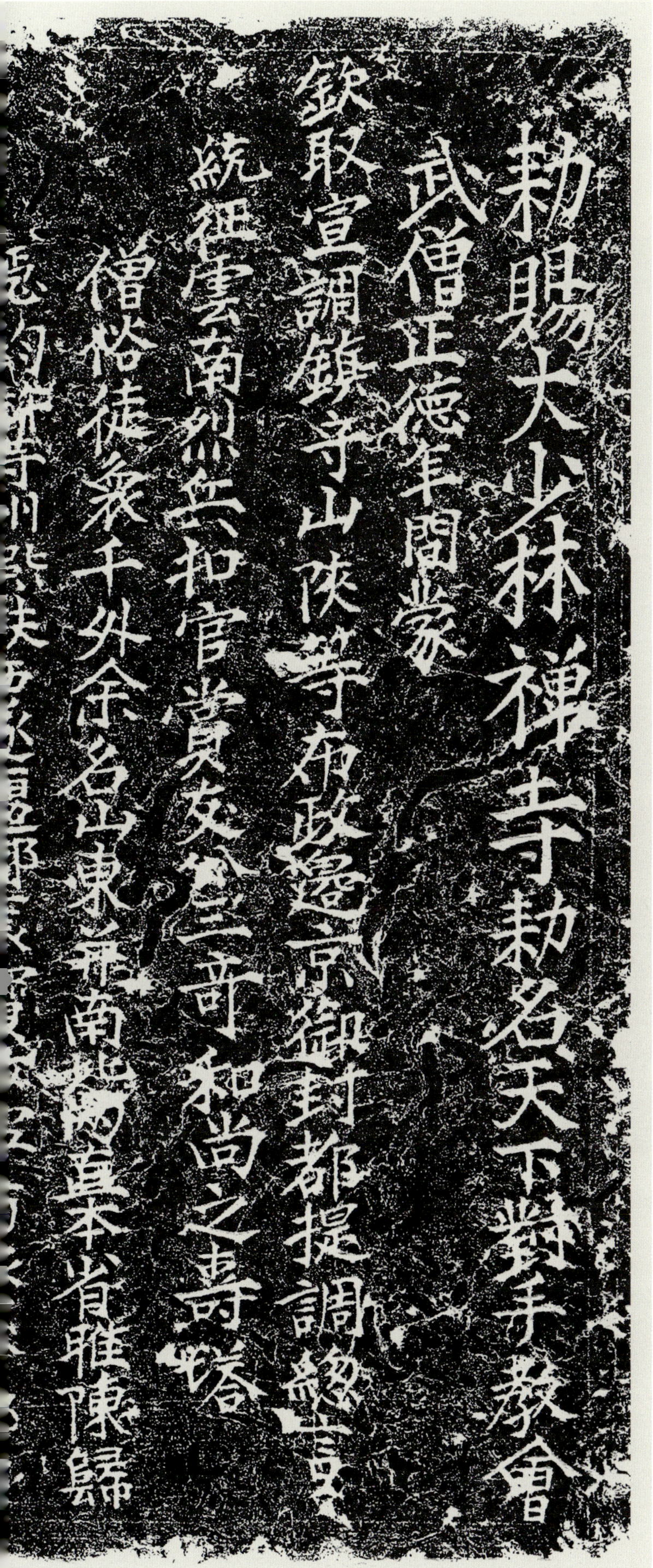
勑賜大少林禪寺勑名天下對手教會
武僧正德年間蒙
欽取宣調鎮守山陝等府政邊京御封都提調總兵
統征雲南烈無和官賞友三哥和尚之壽塔
僧俗徒衆千外余名山東河南北直隸本省雅陳歸

藩王周王世叙并旨谕荥阳县洞林寺碑

嘉靖二十七年十月

碑阳

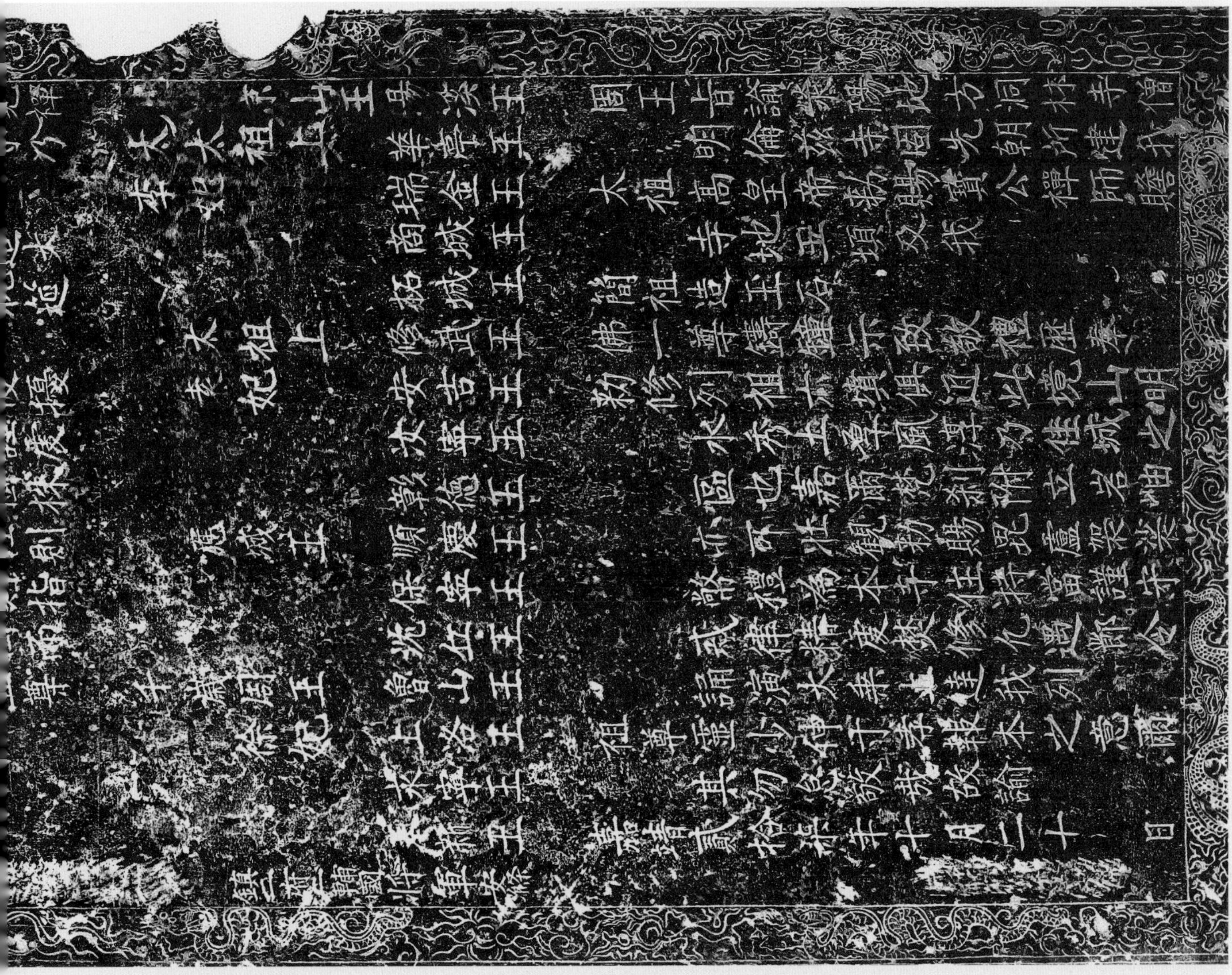

碑阴

碑侧

敕赐洞林大觉禅寺历代序

明滋撰并篆　真霄书　嘉靖二十七年十月

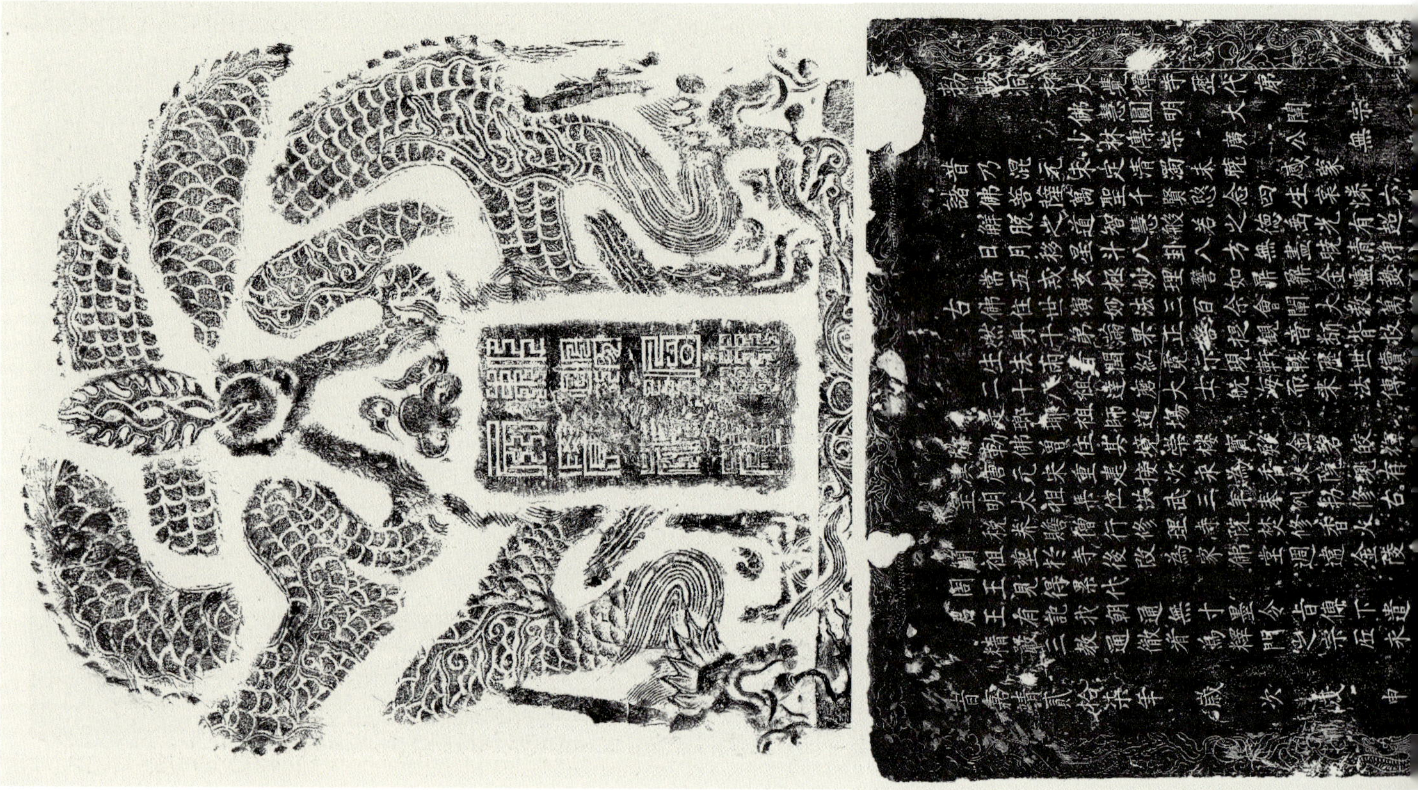

碑阳

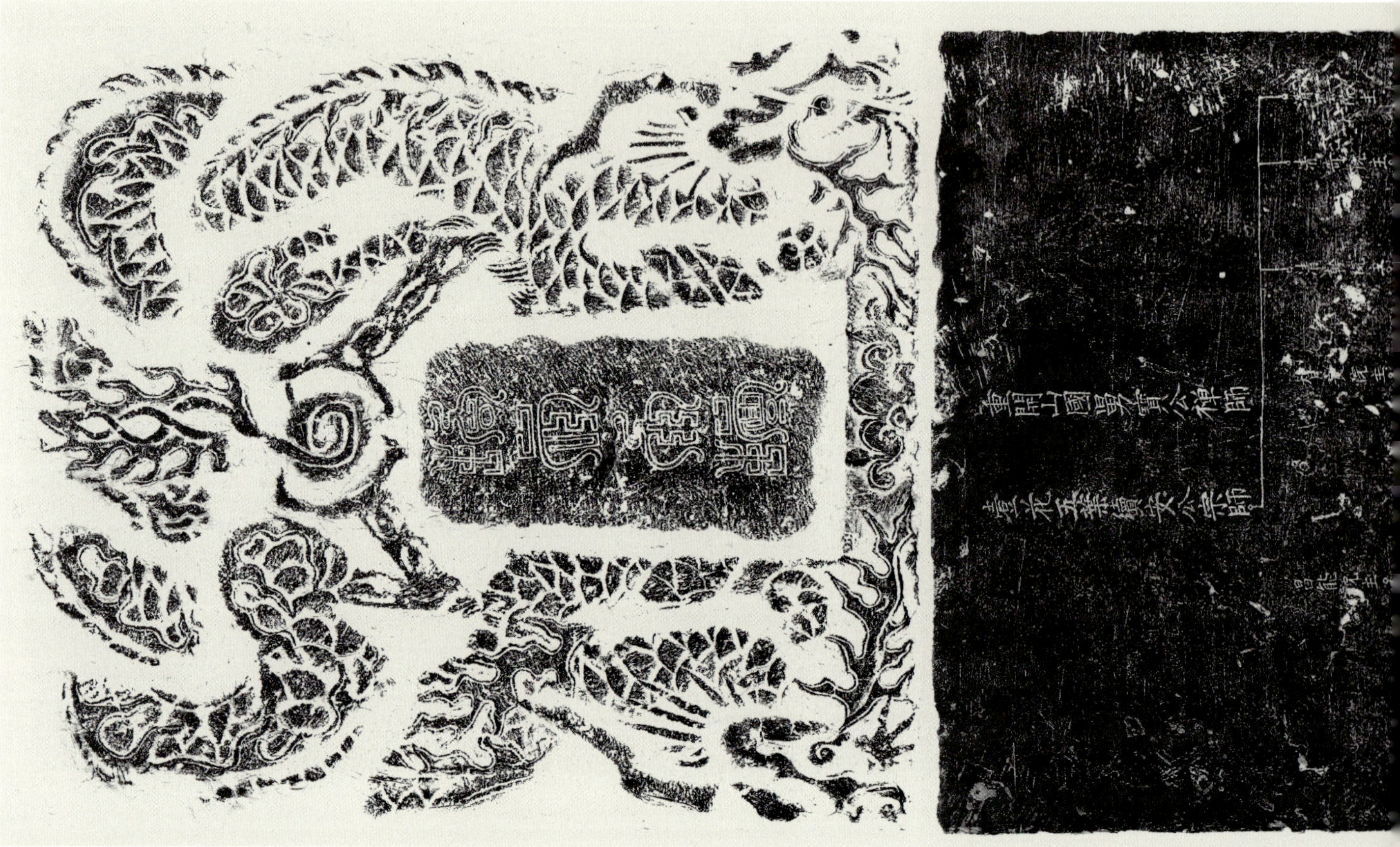

碑阴

敕赐祖庭少林禅寺住持嗣祖曹洞正宗第二十四世静庵榻公灵塔

嘉靖三十一年二月

少林住持㮮公塔銘并叙

邑人當陽野夫希尭范聞　撰文

少林天下名刹禅衲之薮澤也住持海内高人宗教之法印也余於住持為友顏敢悉而誌之公諱悟㮮字静菴號緑筠軒邑大姓父王瓚母錢氏生公第三子幼穎異承庭訓習舉業忽覩遺書至儒者有下學而無上達喟然曰安可以超生死哉懇求出家二親允之投梵師發明大事後禮少林禅伯月舟公案入室得其骨髓而後出遊童手名鄉鉅儒聞風而必叩其玄也公亦以弘道化人為己任出處脩然優游大塊嘉靖乙未少參任公一見奇之事白撫按令主少林緇素化之沛如時雨頃為徽王聘住香火院欲其大展才猷副所望也内筵坐講恩寵最渥久而榮送復主少林宗風大振方外學者雲集講道傳法殆無虚日咸謂祖道之中興焉至於遷化於戲休哉報壽四十有九徒子周庭継遊子在回何敢死之意從孫洪美洪盛感激陶鑄嘉靖壬子聳建浮圖光先德也以舊交求余銘余公莫逆交義不可辭公之著績休聲猶海寶之居京帝自有定價野人得而貴賤耶公天資高敏無書不讀雄文佳句載筠軒集中峰覺範流也其睦族親賢周人好義種種難状特緒餘尔為之銘曰

嵩頼之氣　挺生斯人　不顧膏腴　㪣厭樊塵　恢宗継教　應物持身　所過者化　所存者神　藴之事業　擬古絶倫　發為辭藻　玉潤金純　大梵一覺　集在緑筠　千秋萬歲　示此貞珉

石工趙景隆建塔　王虎　刘朝

施主　高邑郭登　李時濟　高鳳　郭邦　王朝宗　光圓　園融　真珀　悟倉

許州丁極　董思稜　□□　陳旺　郭郘　王朝鳳　李圓一　宗林　明晃　□□

法孫　周斌　周合　周替　周科　周書　周須　法孫洪鎮　洪來　洪亮　重孫普免　普敬

敕赐祖庭少林禅寺提点富公寿安和尚灵塔

嘉靖三十一年三月

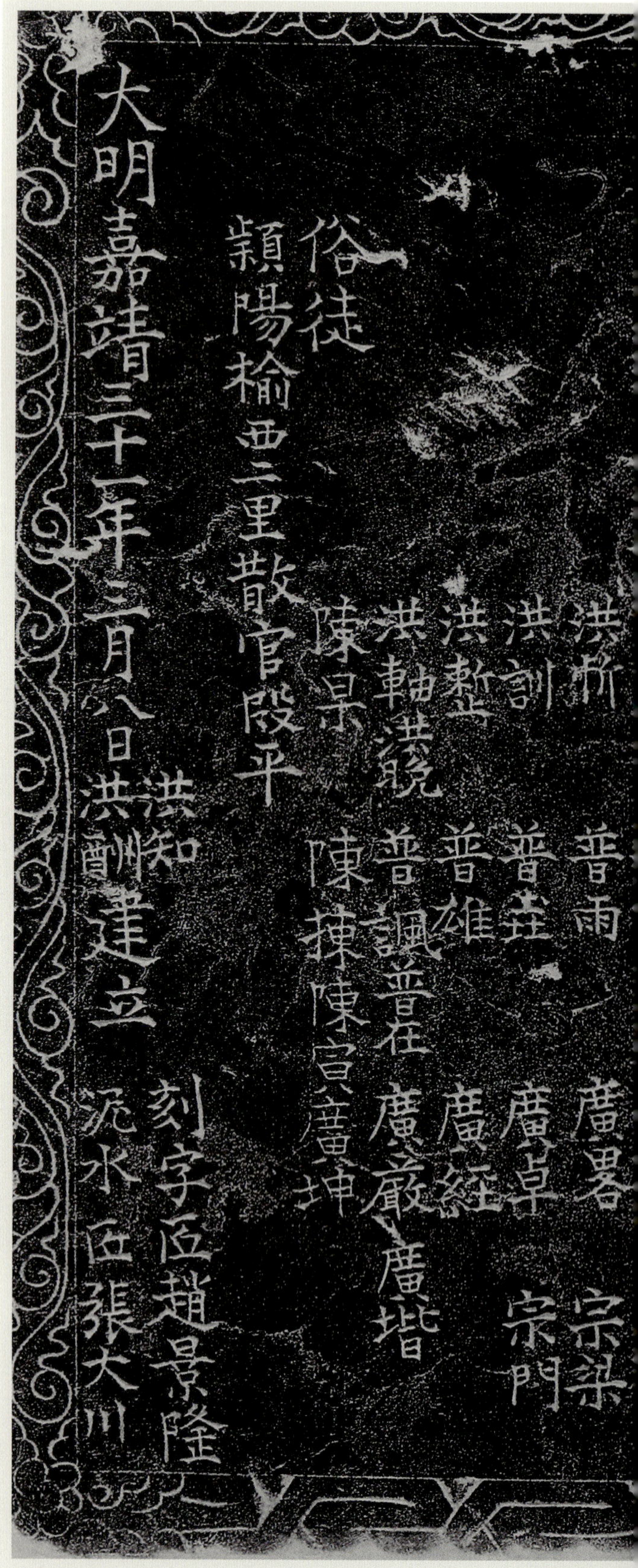

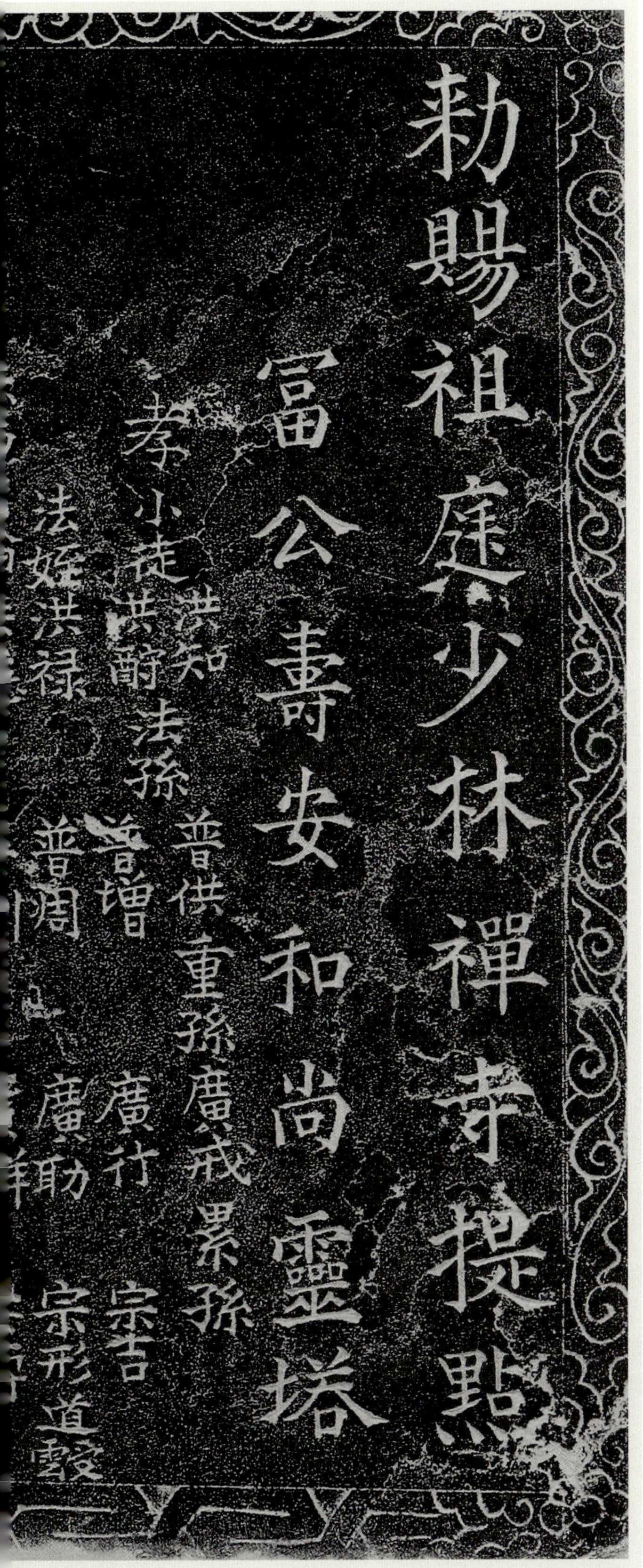
勅賜祖庭少林禪寺提點
冨公壽安和尚靈塔
孝小徒 洪知 洪爵
法孫 普供 普增
重孫 廣戒 廣衍
累孫 宗吉
法姪 洪禄
普周
廣勛
宗彤

重修少林寺记

明藩徽王首阳子书　嘉靖三十二年正月

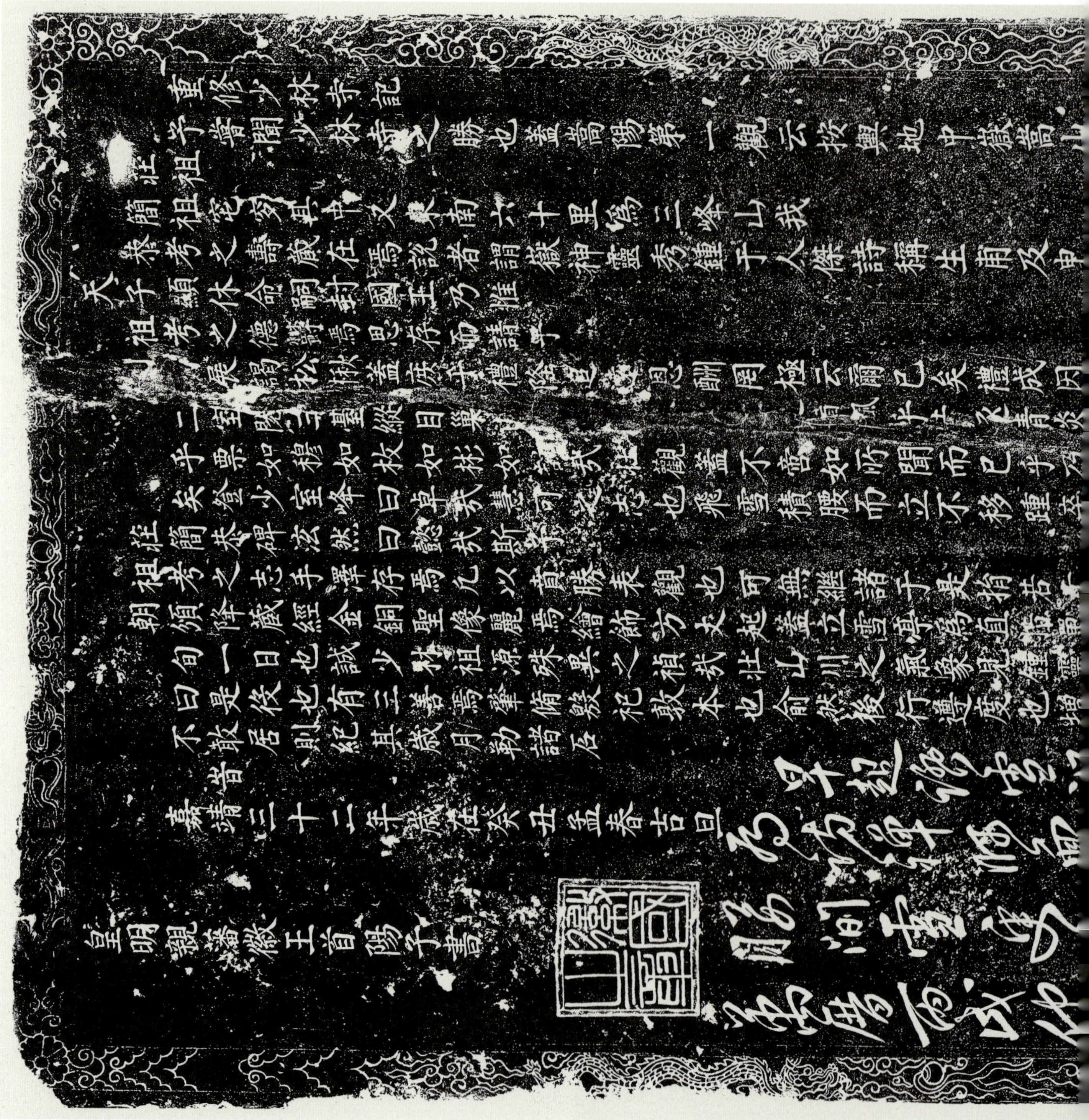

重修十王殿记

杨应魁书　嘉靖三十五年三月

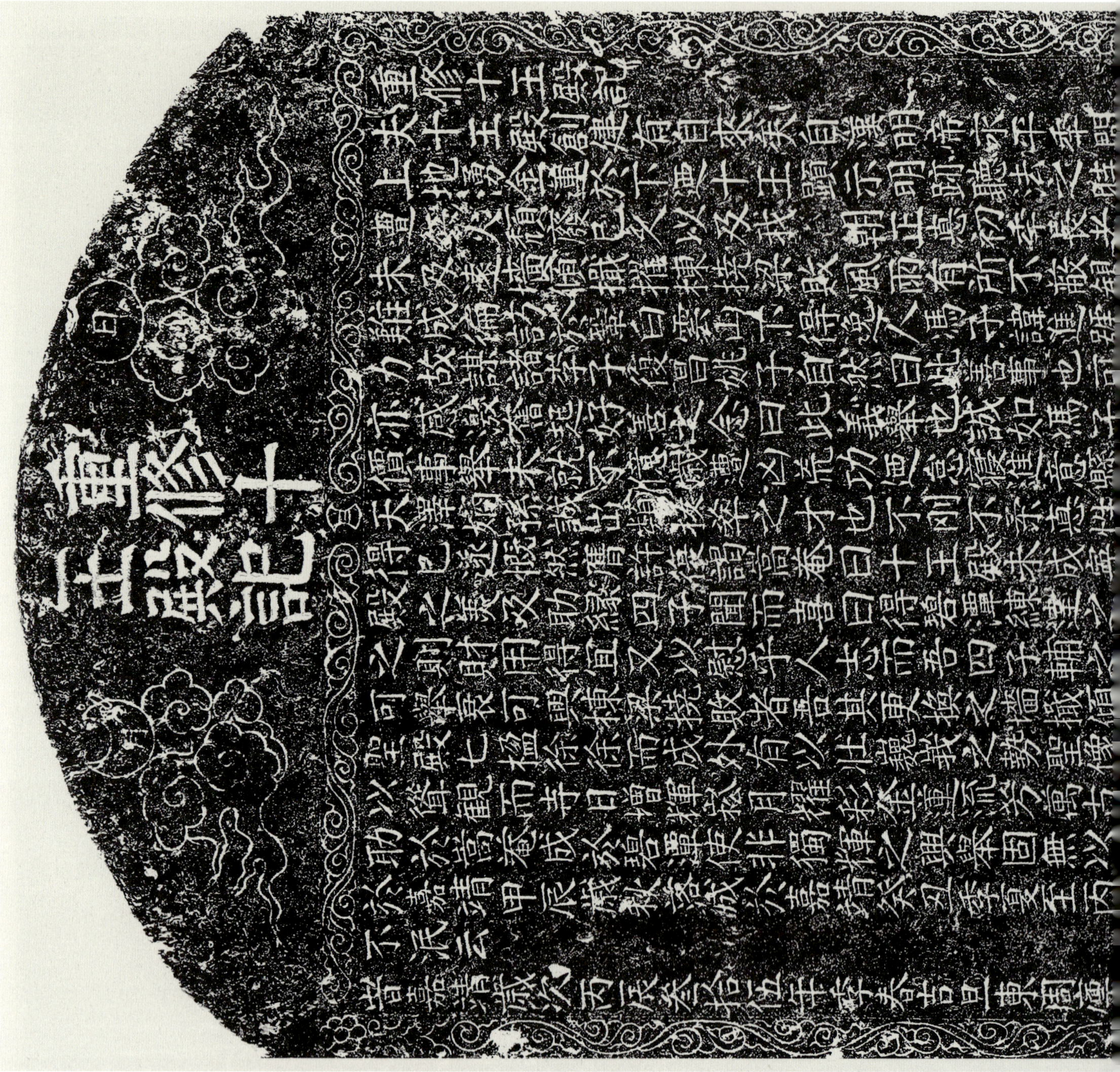

入中國之始三祖擇此形勝之地以爲演法之所故天光徘徊
寺名殿宇于是立焉至晉魏隋唐宋元之際雖不乏人修理然[illegible]
祖恩號天澤復重修時或失於工匠不得其人調度不得其法季
莫予嗟嘆天澤門徒繼[illegible]獨輝別號目睹廢墜欲加興補奈力薄
嵩庵廬而好善家致礼請見商議久之進始奮然發志以許助緣之
修爲一二乎曰善哉信如獨輝之舉也時則遇揚子有昌惠子曰文
謀於是相協勸化登偃箪邑鄉耆士大夫之家隨施所有以濟工
寤寐不寧邑人士夫長嘆不息僉推住持長老諱宗清號碧潭[illegible]
優整理百廢綽有餘裕況修十王殿七楹之廢墜者乎碧潭辭不
爲游觀之嗟嘆者幾希進曰吾意如此願以復碧潭之言以成聖
以董治之則簿有所託既不失於之人有嵩庵廣畏之心以贊相
之以成其美二子欣然答曰吾得四子樂於運財樂於給工則廢
者吾其補葺之木石磚瓦調度之有節工役匠人程能之有期則
塑煥然維新內有以嚴神明之威不惟遠近玩景遊樂斯地者可
斯噎嘻後先相繼重修十王殿之功成者乎是功之成舉於獨輝
嵩庵之助緣非嵩庵之助緣又何以遂碧潭之大功也哉故經營
春三月甲戌馮子嵩庵恐没人善屬予爲文刻石彰善以記歲月

生楊應魁書併撰

石作匠趙景隆鐫

少林寺重建初祖殿记碑

罗洪先撰　朱衡书　吕时中篆额　嘉靖三十九年七月

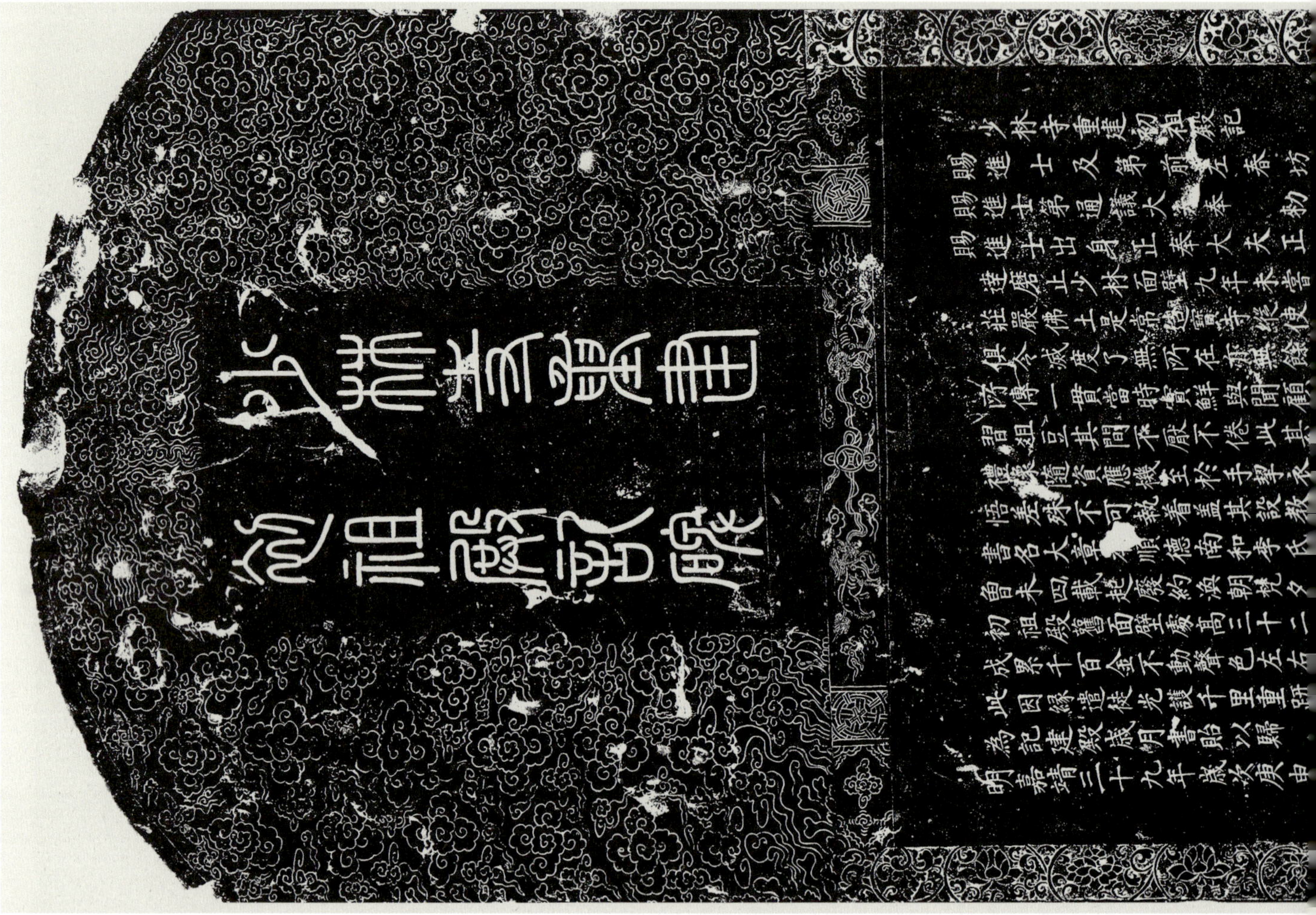

敕赐祖庭大少林禅寺首座智公和尚之塔

嘉靖四十三年正月

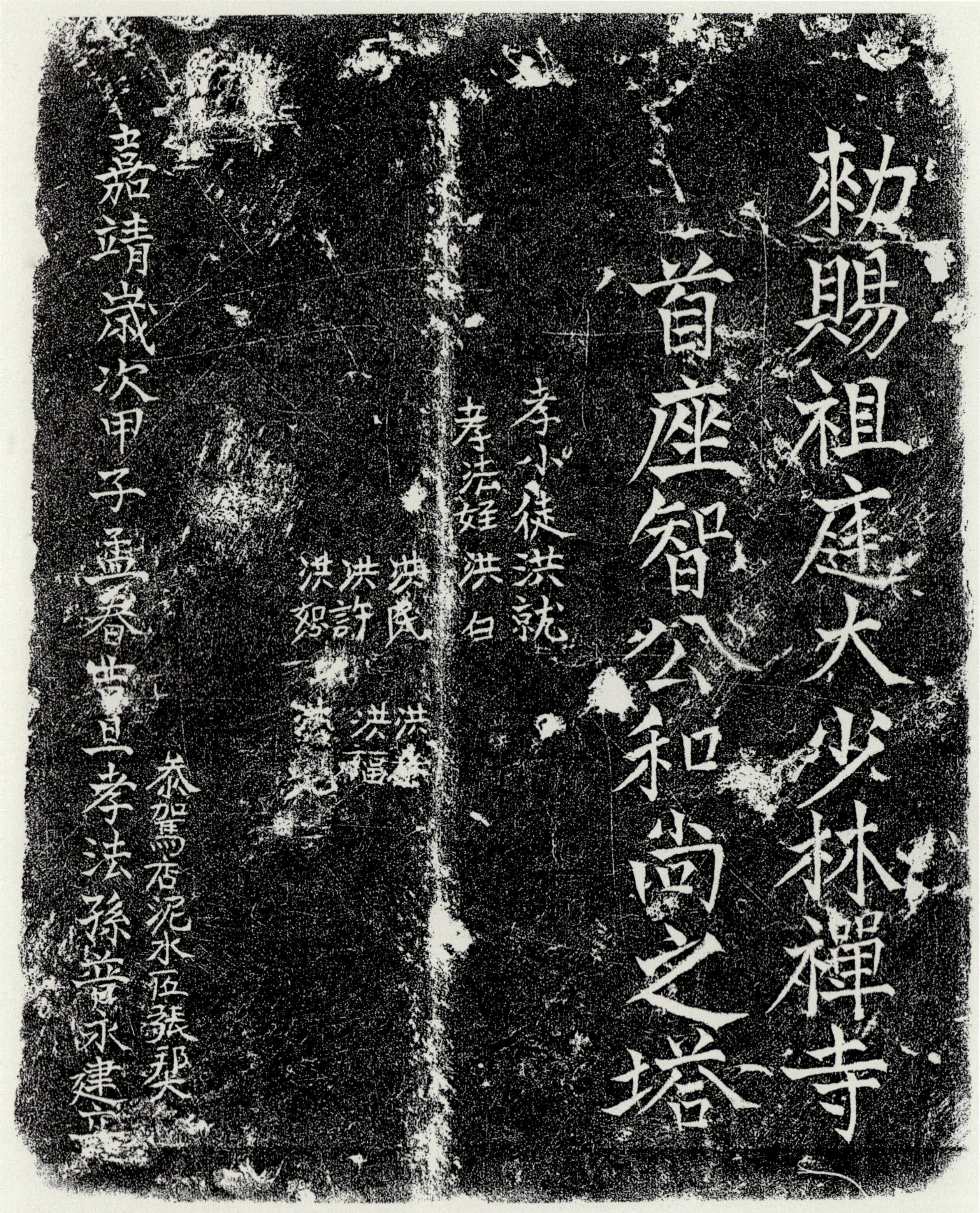

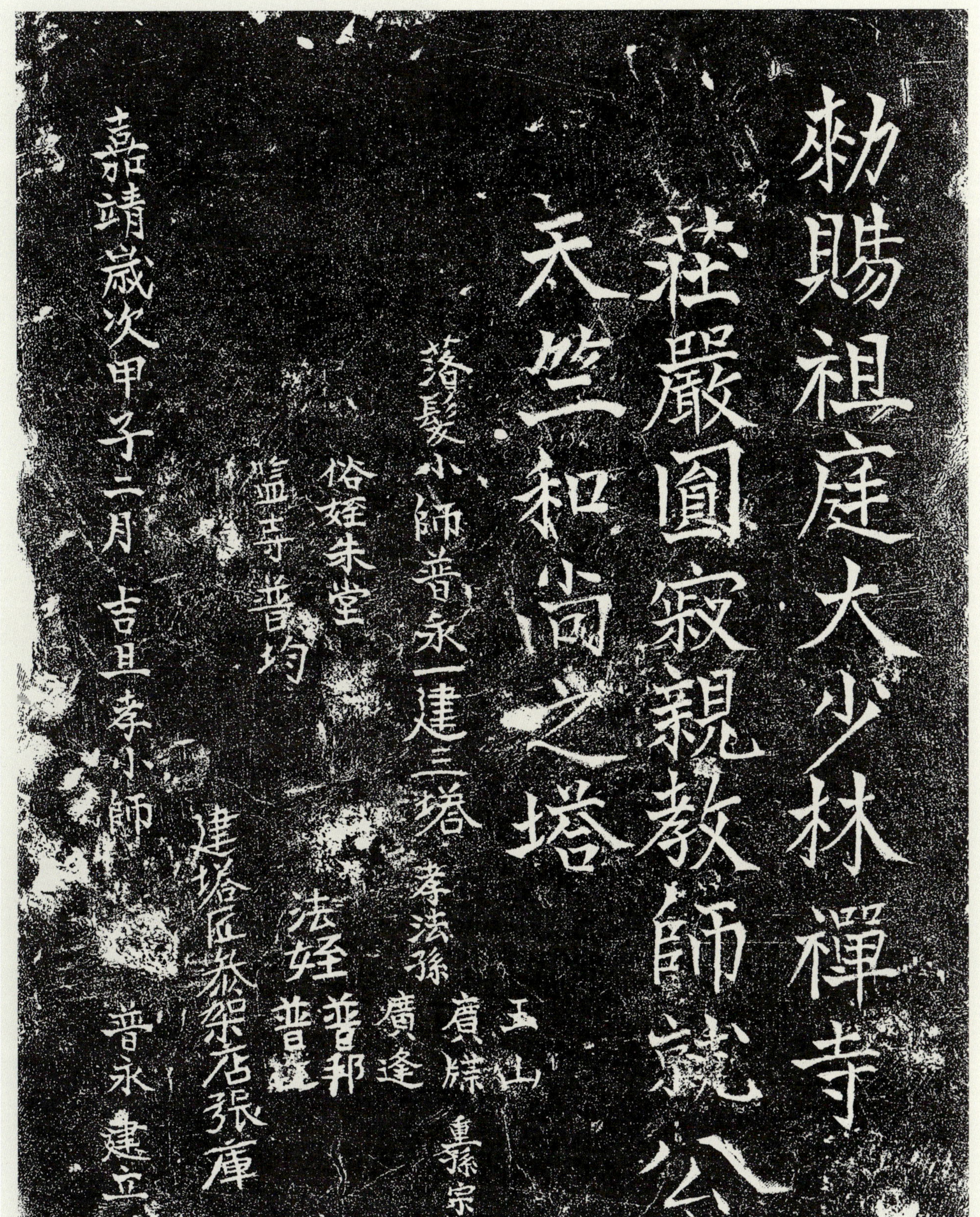
勅賜祖庭大少林禪寺
莊嚴圓寂親教師就公
天竺和尚之塔
玉山
廣[illegible] 重孫宗繩
孝法孫 廣逢
落髮小師普永建三塔
法姪 普邦
普[illegible]
俗姪朱堂
監寺普均
建塔匠[illegible]張庫
嘉靖歲次甲子二月 吉旦孝小師
普永 建立

敕赐祖庭大少林禅寺都提点本县僧会司署印永公大节和尚寿塔

嘉靖四十三年二月

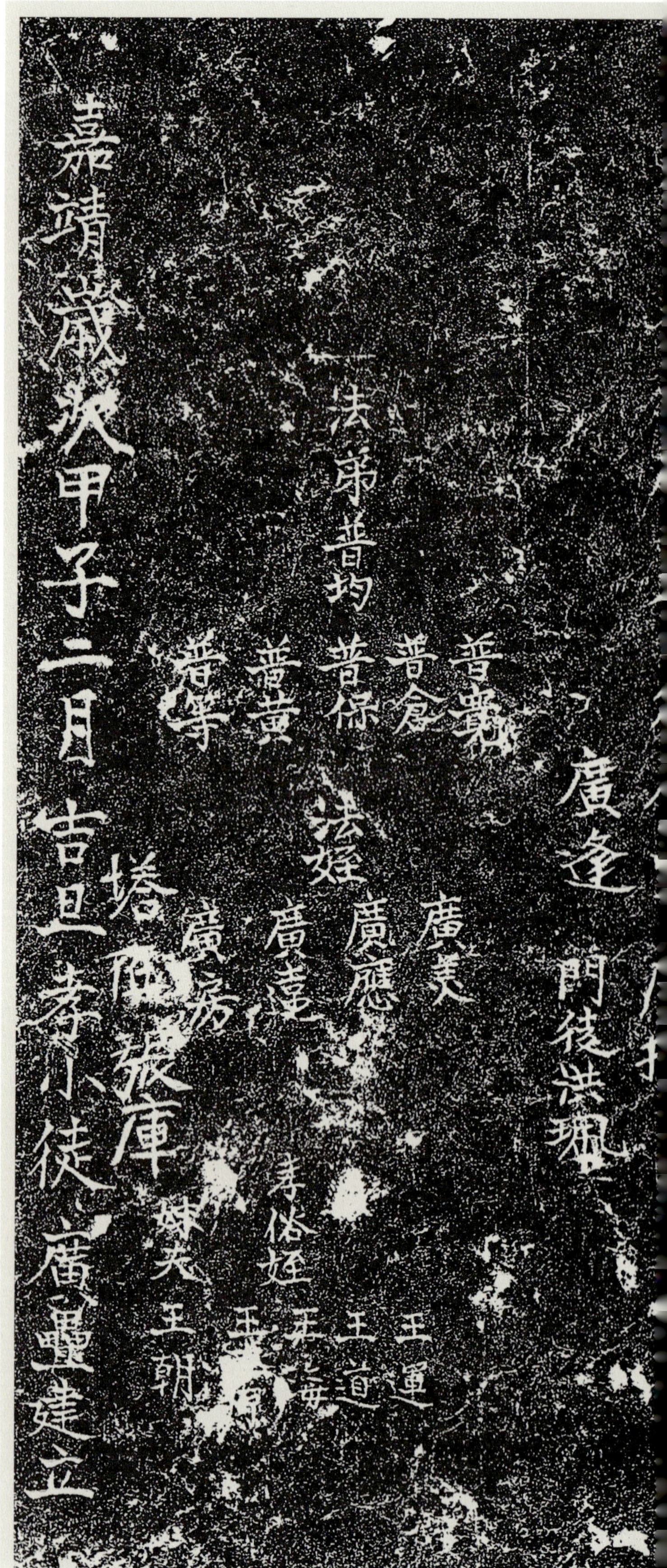

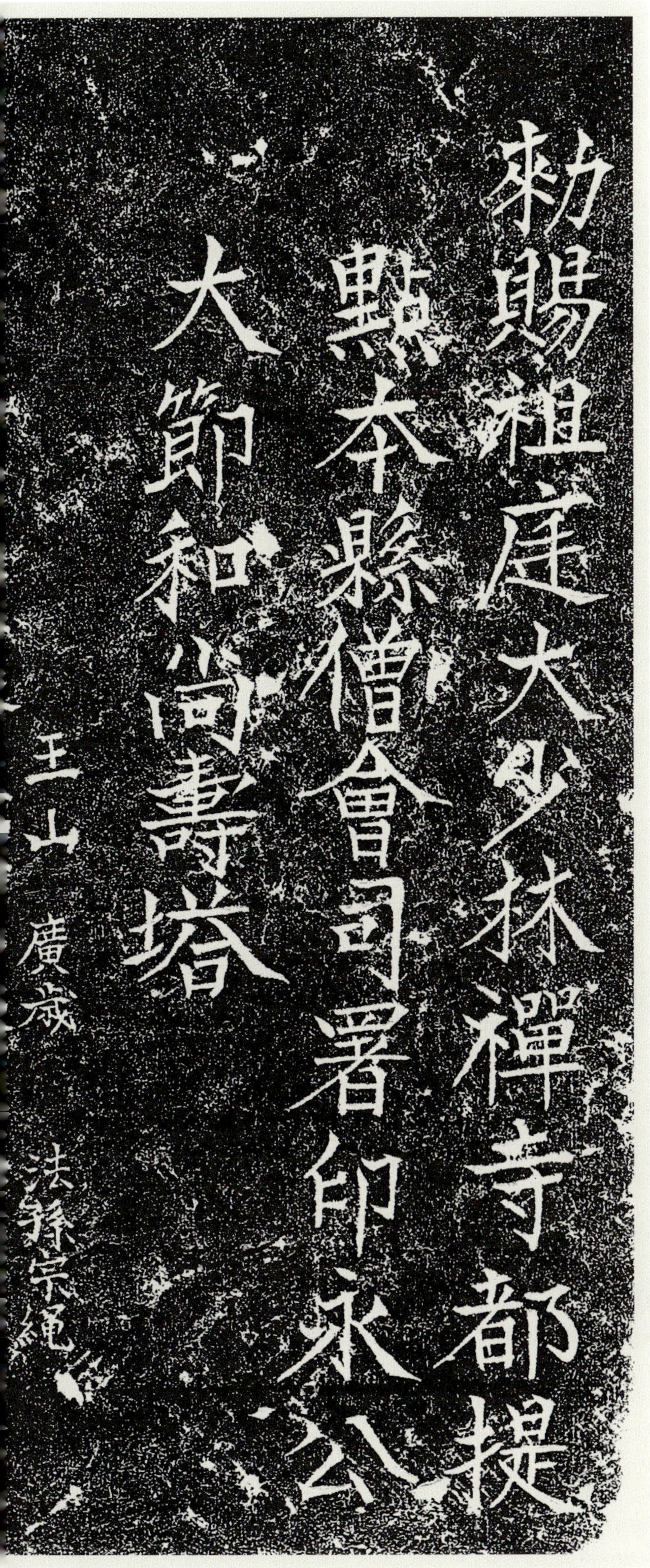
勅賜祖庭大少林禪寺都提
點本縣僧會司署印永公
大節和尚壽塔
王山 廣歲 法孫宗繩

混元三教九流图赞

朱载堉　嘉靖四十四年三月

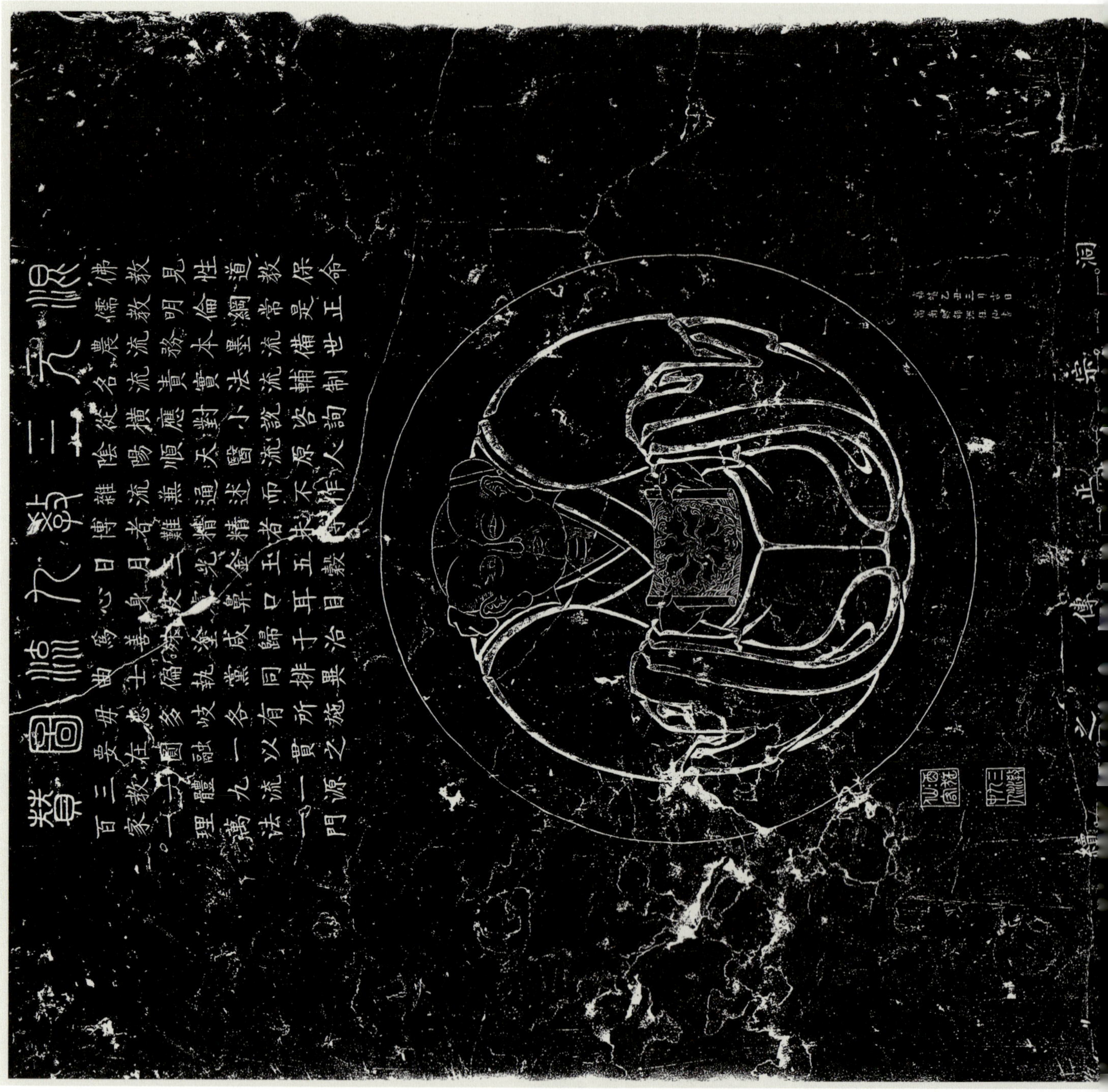

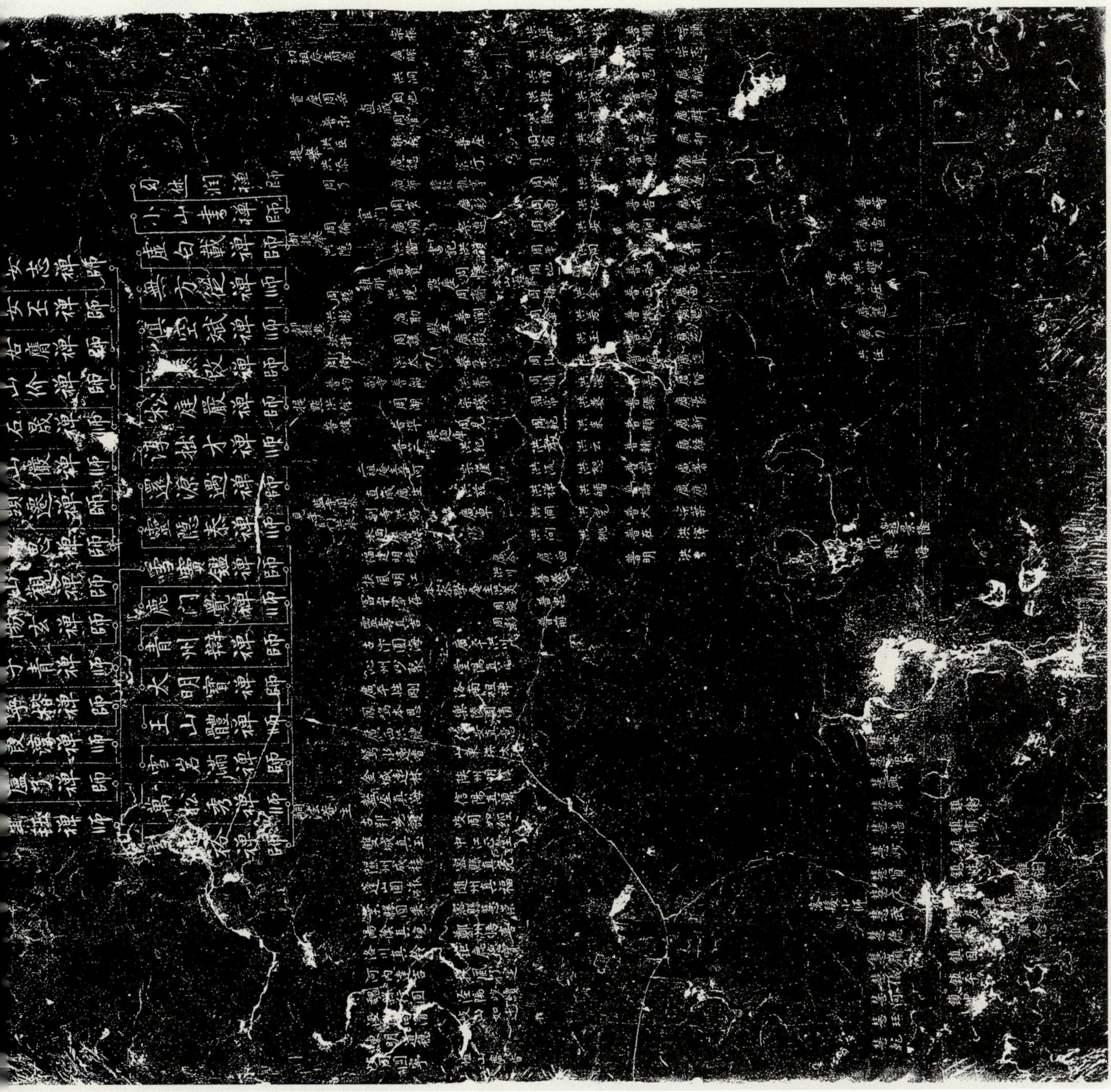

敕赐少林寺提举署僧会司印乳峰三空了公和尚寿塔

陈瀚撰并书　嘉靖四十四年四月

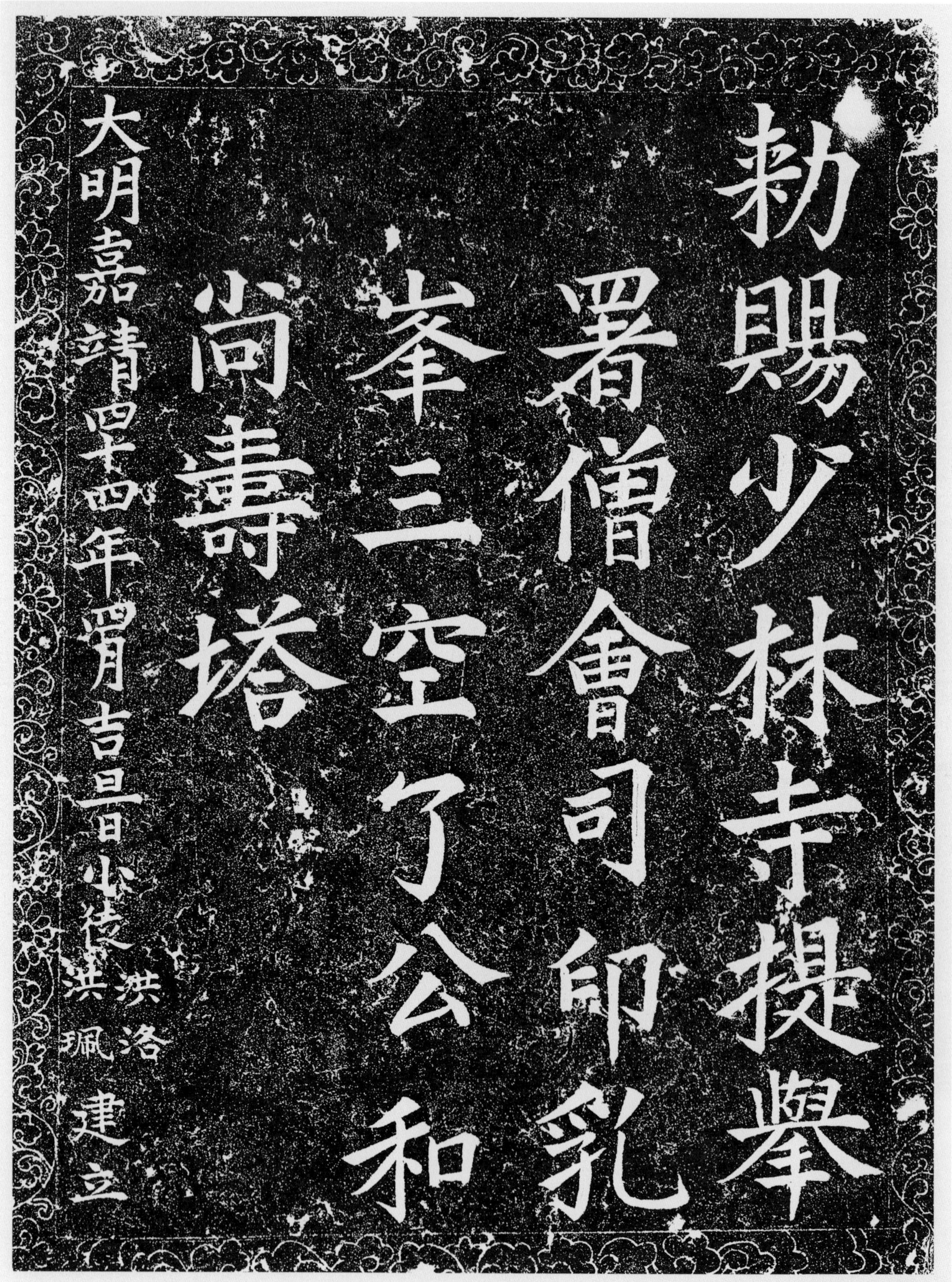

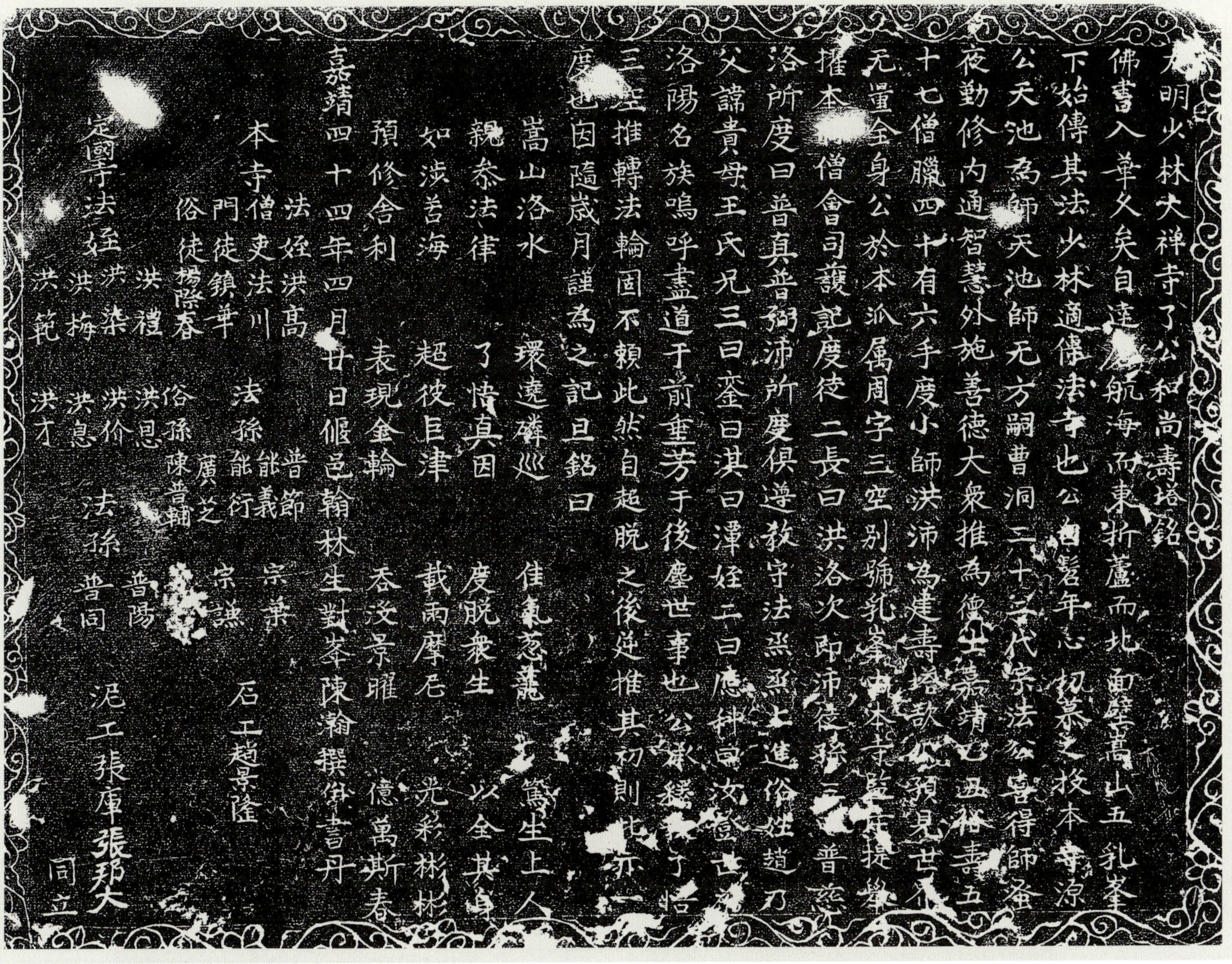
大明少林大禅寺了公和尚壽塔銘
佛書入華久矣自達磨航海而東折蘆而北面壁嵩山五乳峯
下始傳其法少林適傳法寺也公自髫年心切慕之投本寺淳
公天池為師天池師无方嗣曹洞二十六代宗法公喜得師蚤
夜勤修内通智慧外施善德大衆推為僧士嘉靖乙丑稱壽五
十七僧臘四十有六手度小師洪沛為建壽塔歆公預見世不
无量全身公於本派属周字三空别號乳峯而本寺監寺提舉
權本僧會司護記度徒二長曰洪洛次即沛徒孫二普慈
洛所度曰普真普獬沛所度俱遵教守法烝烝上進俗姓趙乃
洛陽名族嗚呼盡道于前垂芳于後塵世事也公繼不了恬
父諱貴母王氏兄三曰鑾曰淇曰潭姪二曰應科曰汝登古
三空推轉法輪固不賴此然自超脫之後延推其初則此亦一
度也因隨歲月謹為之記且銘曰
嵩山洛水　環遶磷巡　佳氣葱蘢　篤生上人
親參法律　了悟真因　度脫衆生　以全其身
如渋苦海　超彼巨津　載雨摩尼　光彩彬彬
預修舍利　表現金輪　香沒景曜　億萬斯春
嘉靖四十四年四月廿日偃邑翰林生對峯陳瀚撰併書丹
法姪洪高　普節　宗業
本寺僧吏法川　法孫能義　能衍　宗誐　石工趙景隆
門徒鎮華　廣之
俗徒楊際春　俗孫陳普輔
定國寺法姪洪禮　洪恩
洪染　洪价　法孫普陽
洪梅　洪息　普同　泥工張庫　張邦大
洪範　洪才　同立

⿰口乾没哪塔扁國和尚灵塔

嘉靖四十四年八月

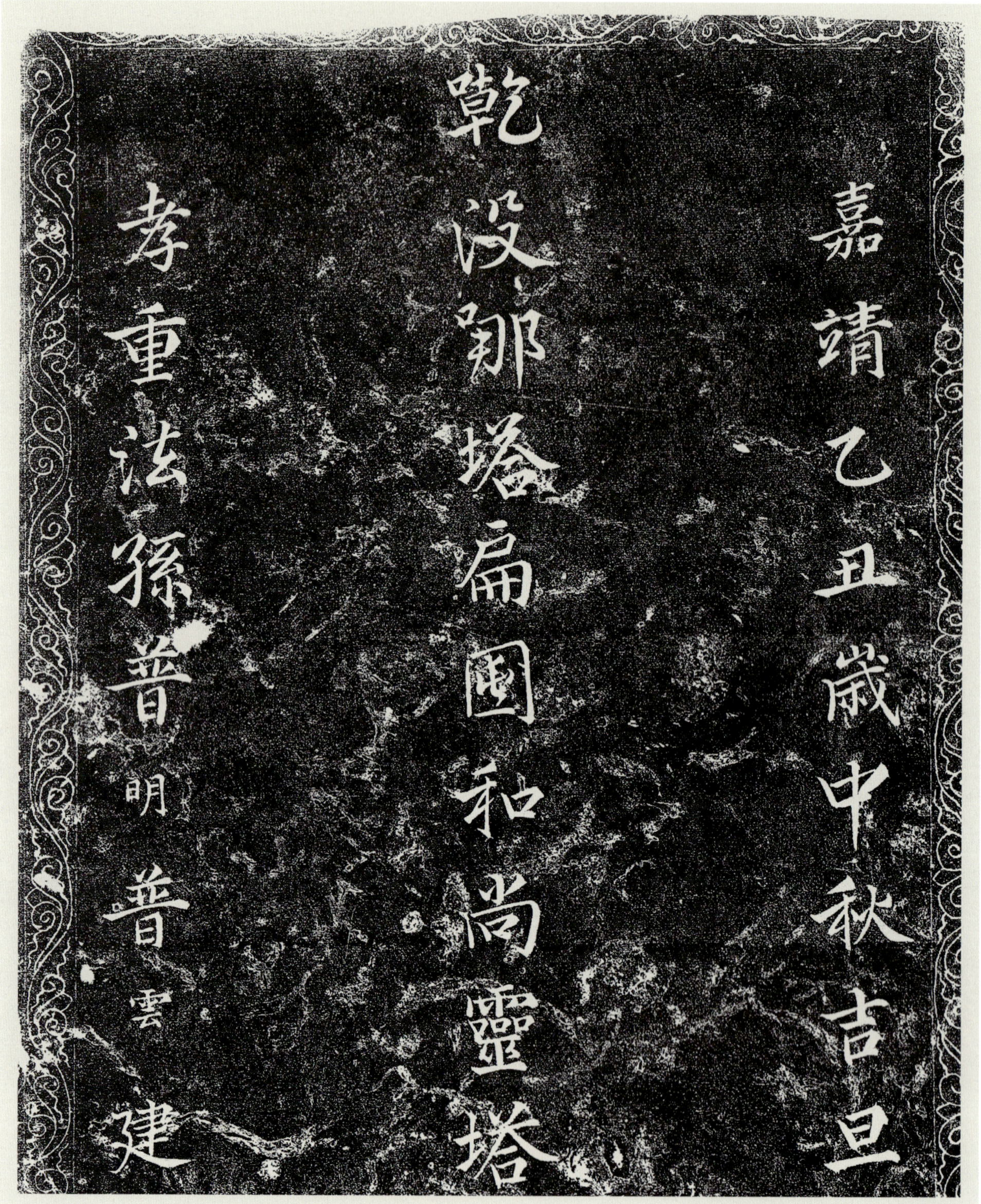

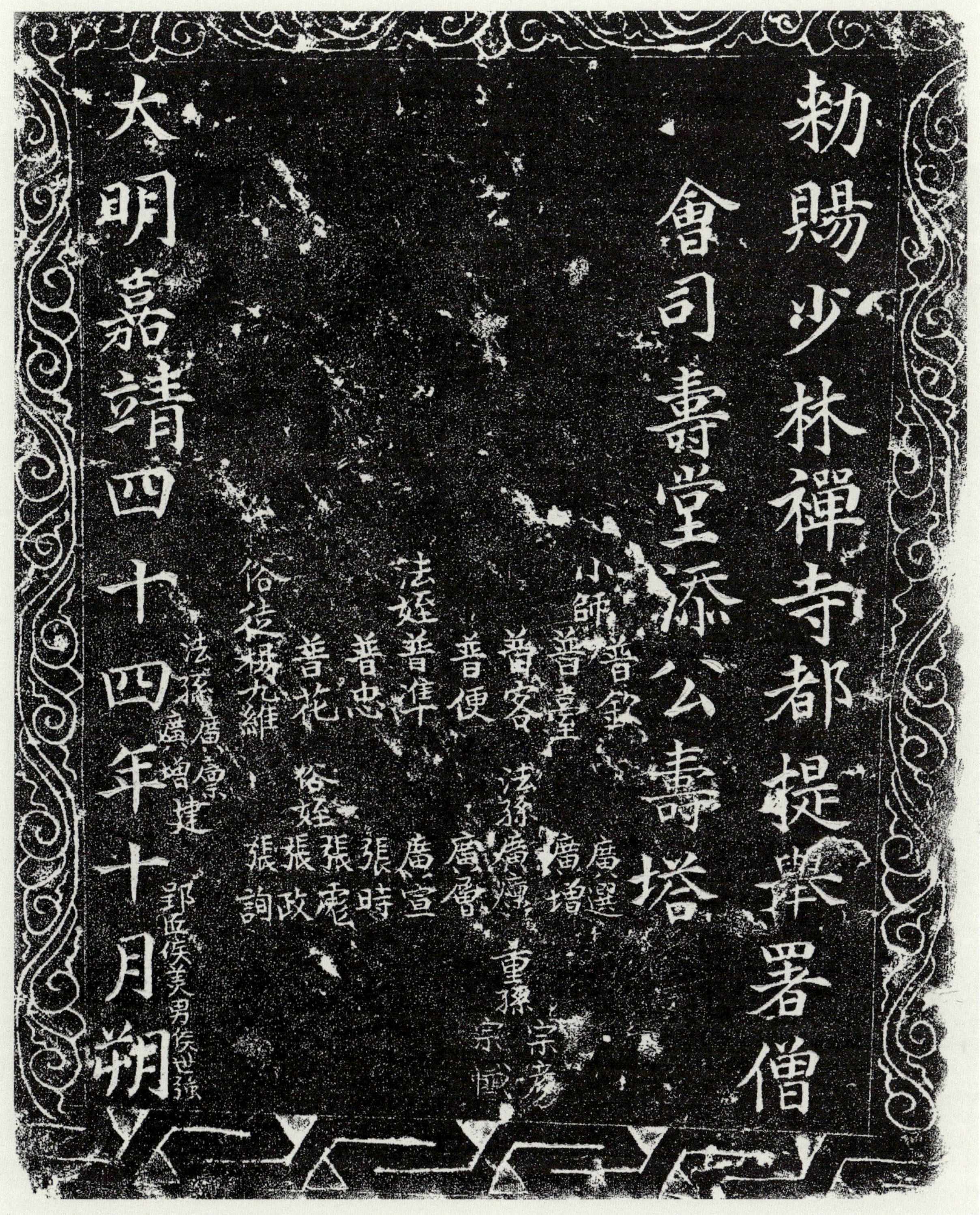
敕賜少林禪寺都提舉署僧
會司壽堂添公壽塔
小師 普欽
普臺
普客
普便
法姪 普
普忠
普花
俗徒 楊九維
大明嘉靖四十四年十月朔

郑州重修文庙记

张大猷撰　周国卿书　嘉靖四十四年十一月

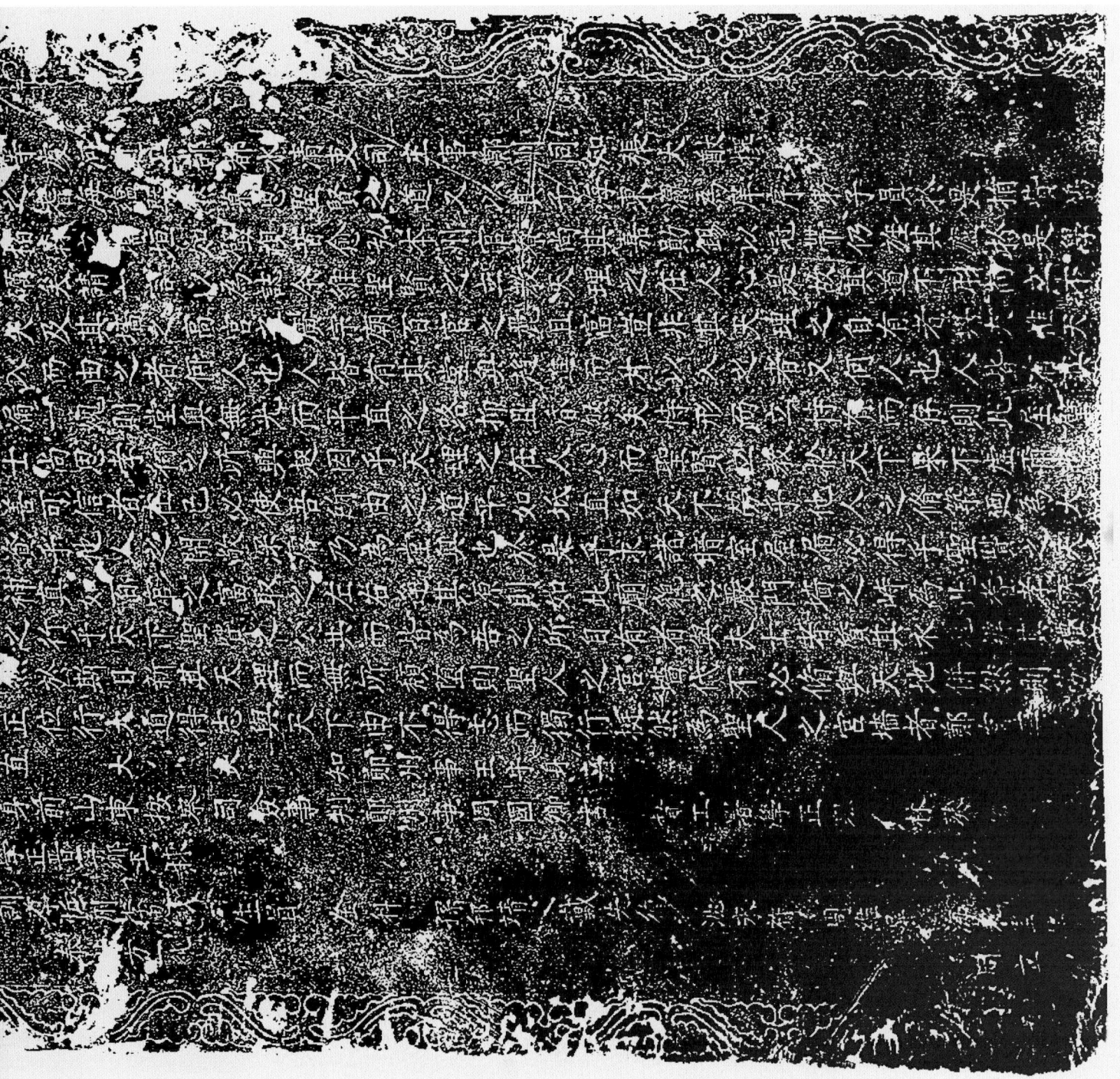

碧潭禅师寿塔铭

小山撰文　镇性书并篆　嘉靖四十五年正月

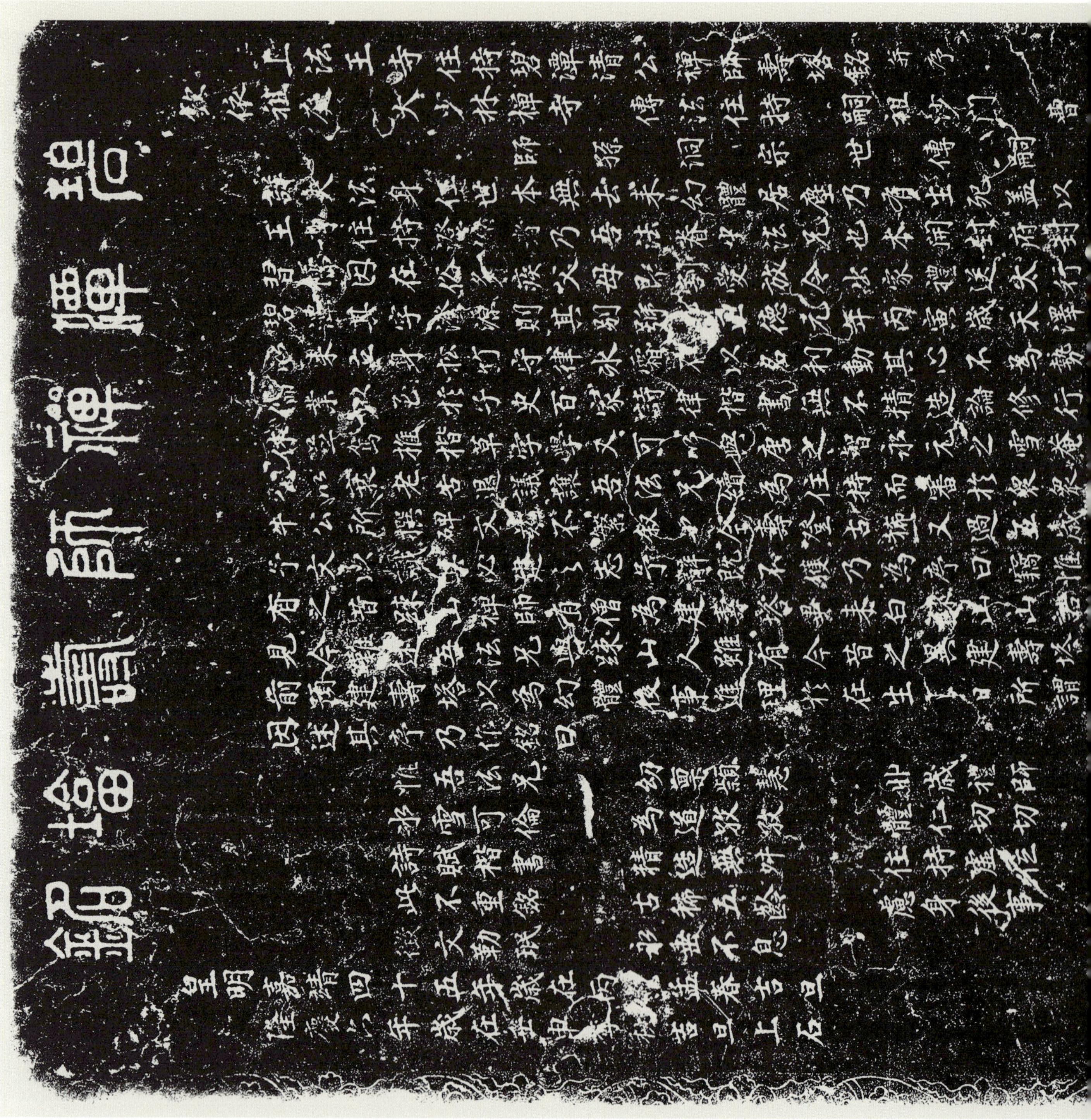

释迦佛手字及释迦如来双迹灵相图

嘉靖四十五年二月

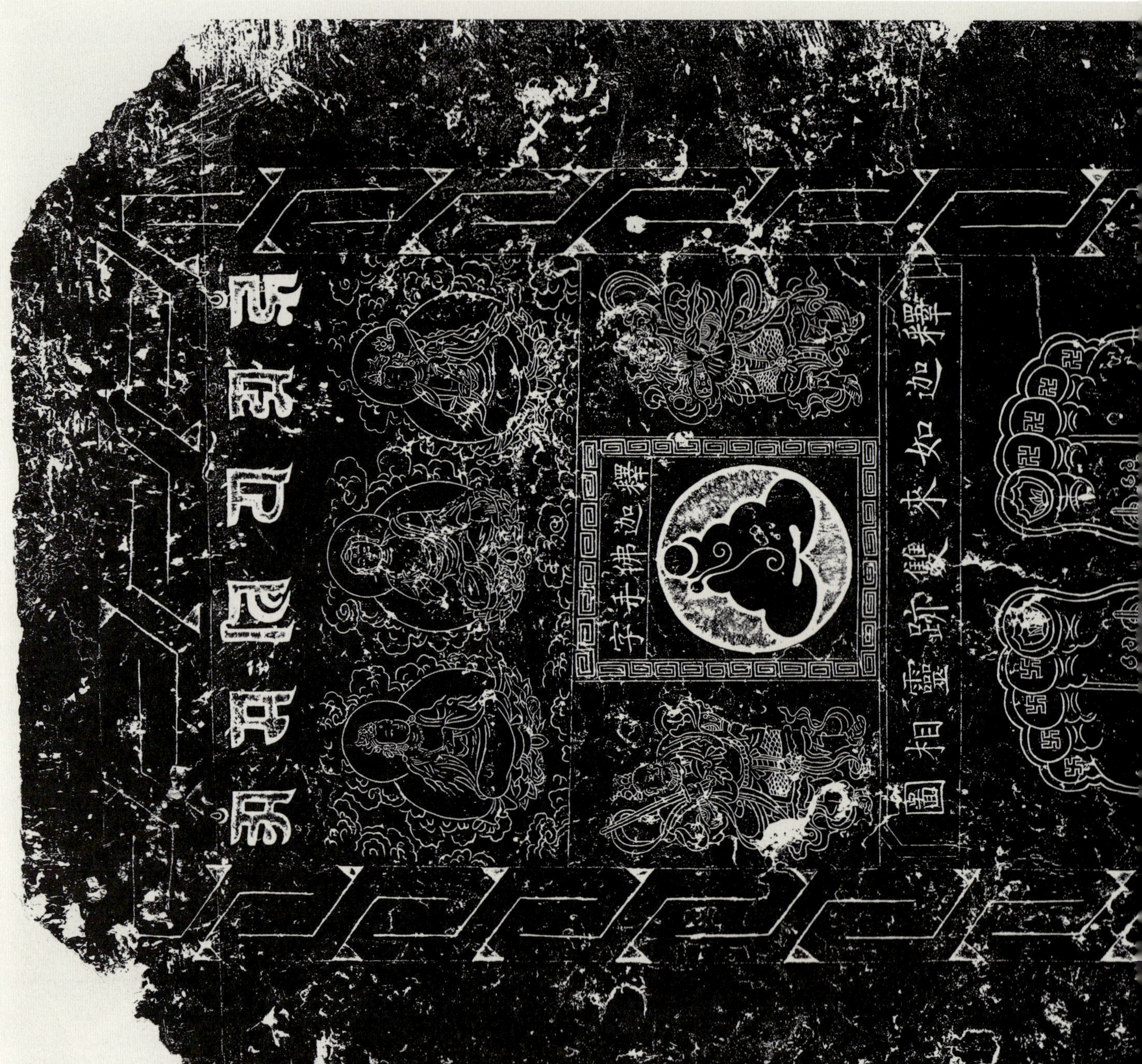

匾囤禅师行实碑铭

杜滦撰并书　隆庆三年九月

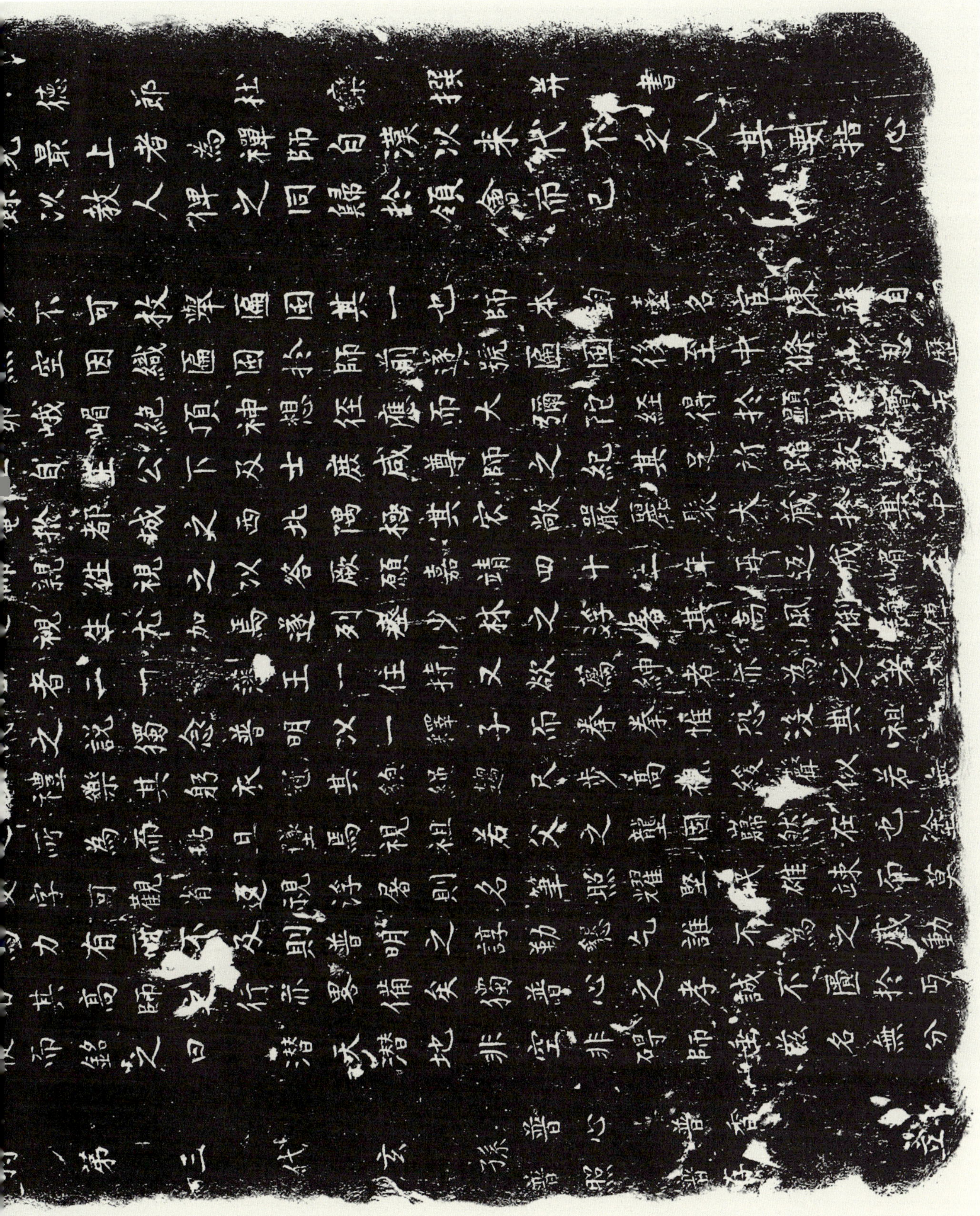

敕赐嵩山祖庭大少林禅寺本山首座义公无穷和尚塔

隆庆四年四月

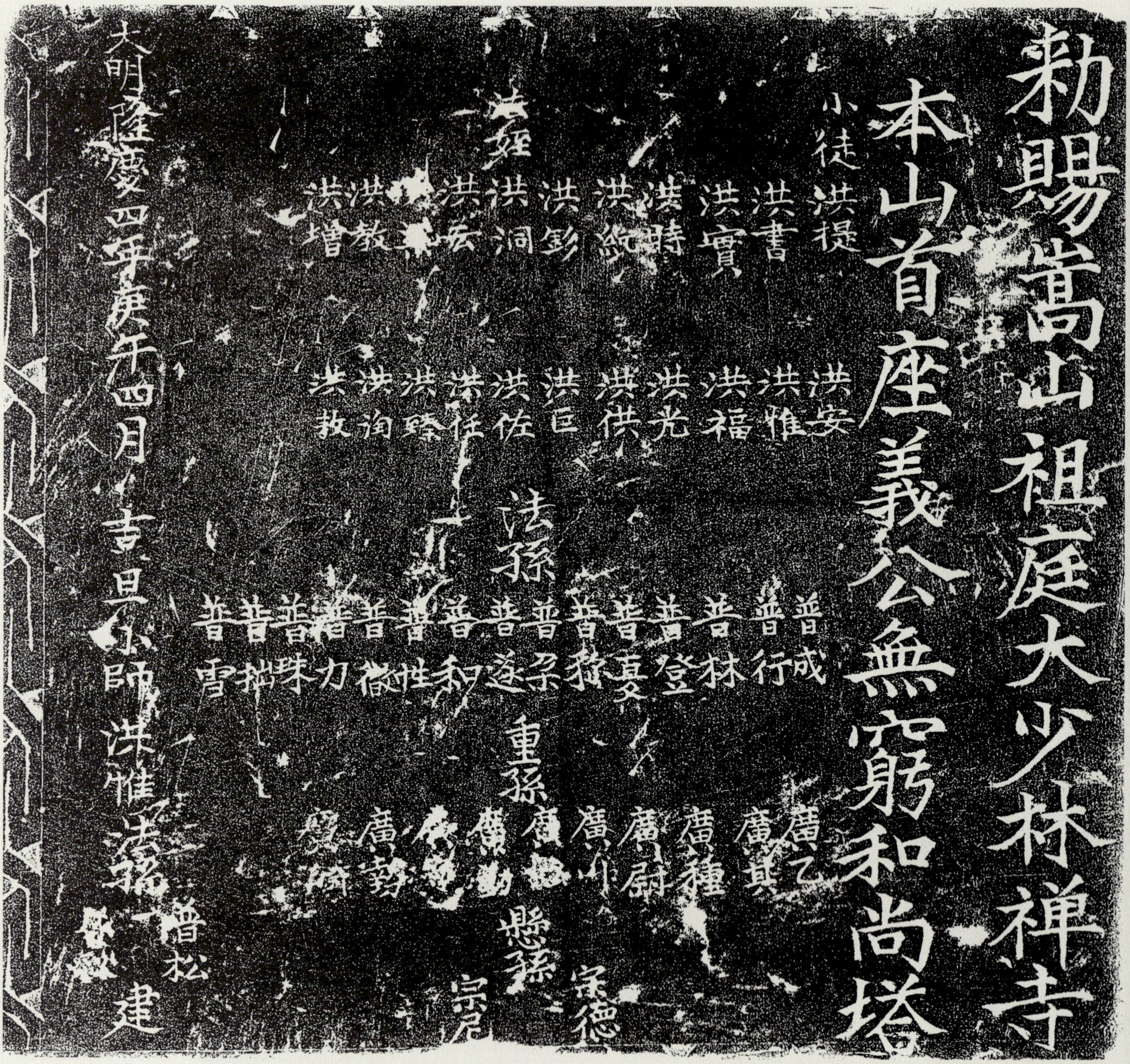

勅賜嵩山祖庭大少林禅寺

本山首座義公無窮和尚塔

小徒 洪提 洪書 洪實 洪時 洪紀 洪彩 洪洞 洪[illegible] 洪[illegible] 洪教 洪增

洪安 洪惟 洪福 洪光 洪供 洪巨 洪佐 洪任 洪琮 洪洵 洪教

法孫 普成 普行 普林 普登 普[illegible] 普[illegible] 普[illegible] 普遂 普和 普性 普徹 普力 普珠 普[illegible] 普雪

重孫 廣乙 廣真 廣種 廣尉 廣川 廣[illegible] 廣[illegible] 廣[illegible] 廣[illegible] 廣[illegible]

懸孫 宗德 宗尼

大明隆慶四年庚午四月吉旦 小師洪惟 法孫普松 [illegible] 建

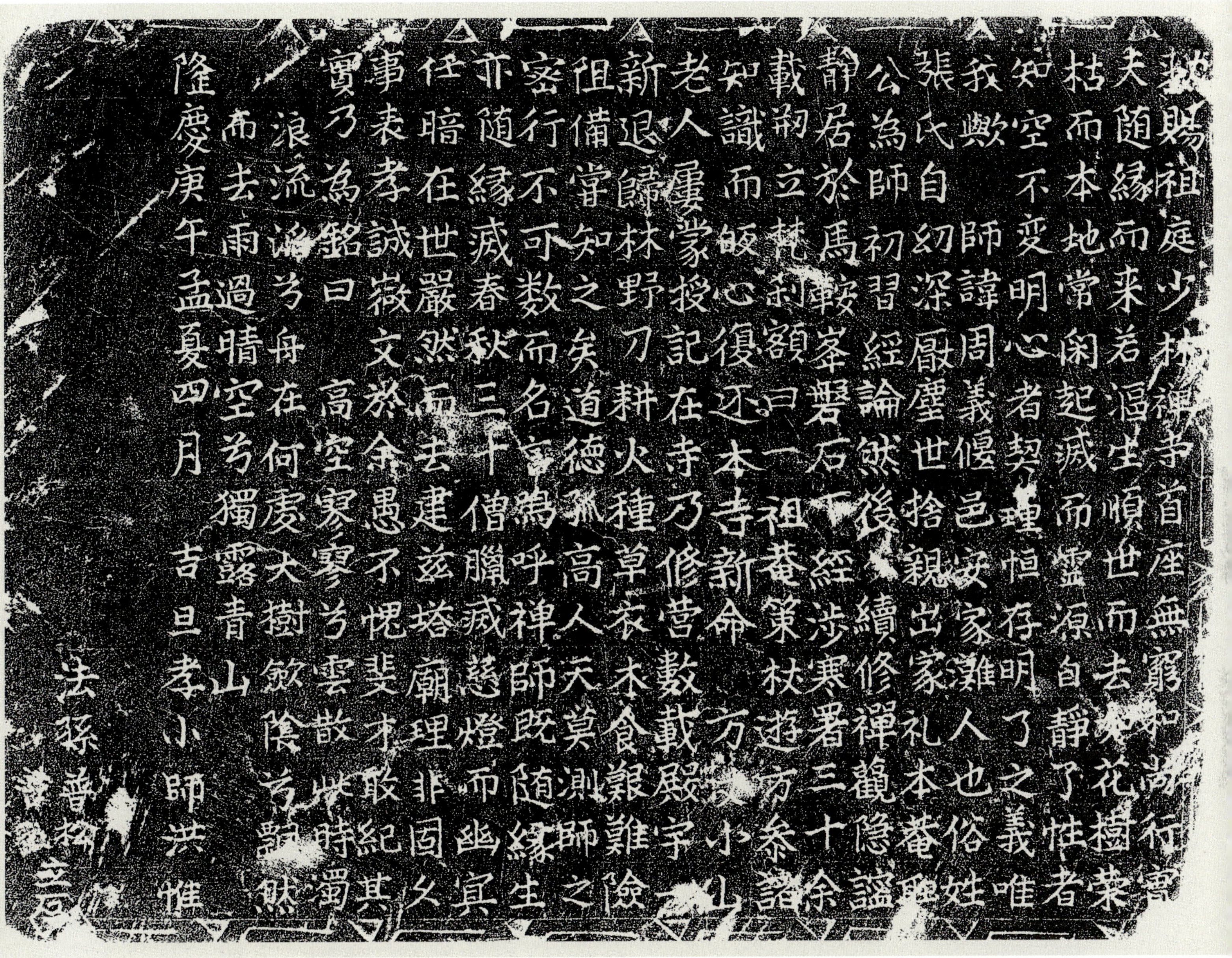
敕賜祖庭少林禪寺首座無窮和尚行實
夫隨緣而來若滔生順世而去□花樹榮
枯而本地常閑起滅而靈源自靜了性者
知空不變明心者契理恒存明了之義唯
我歟　師諱周義優邑安家雛人也俗姓
張氏自幼深厭塵世捨親出家禮本菴聖
公為師初習經論然後□續修禪觀隱謚
靜居於馬鞍峯碧石下經涉寒暑三十余
載剏立梵剎額曰一祖菴策杖遊方參諸
知識而皈心復還本寺新命　方□小山
老人屢蒙授記在寺乃修營數載殿宇一
新退歸林野刀耕火種草衣木食鄰難險
祖備嘗知之矣道德孤高人天莫測師之
密行不可數而名言為呼禪師既隨緣生
亦隨緣滅春秋三干僧臘藏慈燈而幽冥
任暗在世嚴然而去建玄塔廟理非固久
事表孝誠嶽文於余愚不愧斐才敢紀其
實乃為銘曰　高空寥寥兮雲散些時蜀
浪流□兮舟在何處大樹斂陰兮□然
而去雨過晴空兮獨露青山
隆慶庚午孟夏四月　吉旦孝小師洪惟
法孫普樞　□□立石

敕赐嵩山祖庭大少林禅寺初祖庵福公寿安和尚之塔

隆庆四年四月

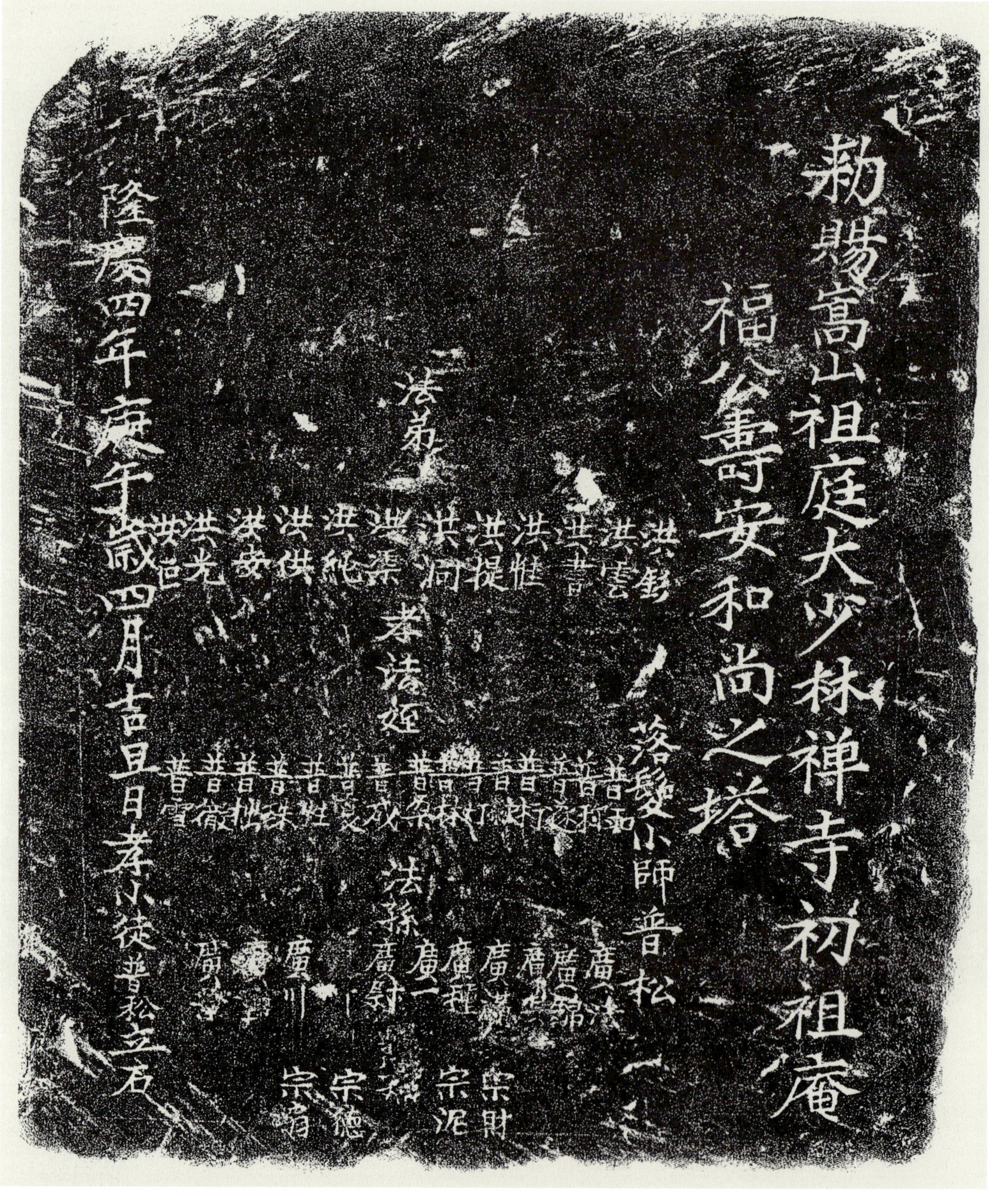

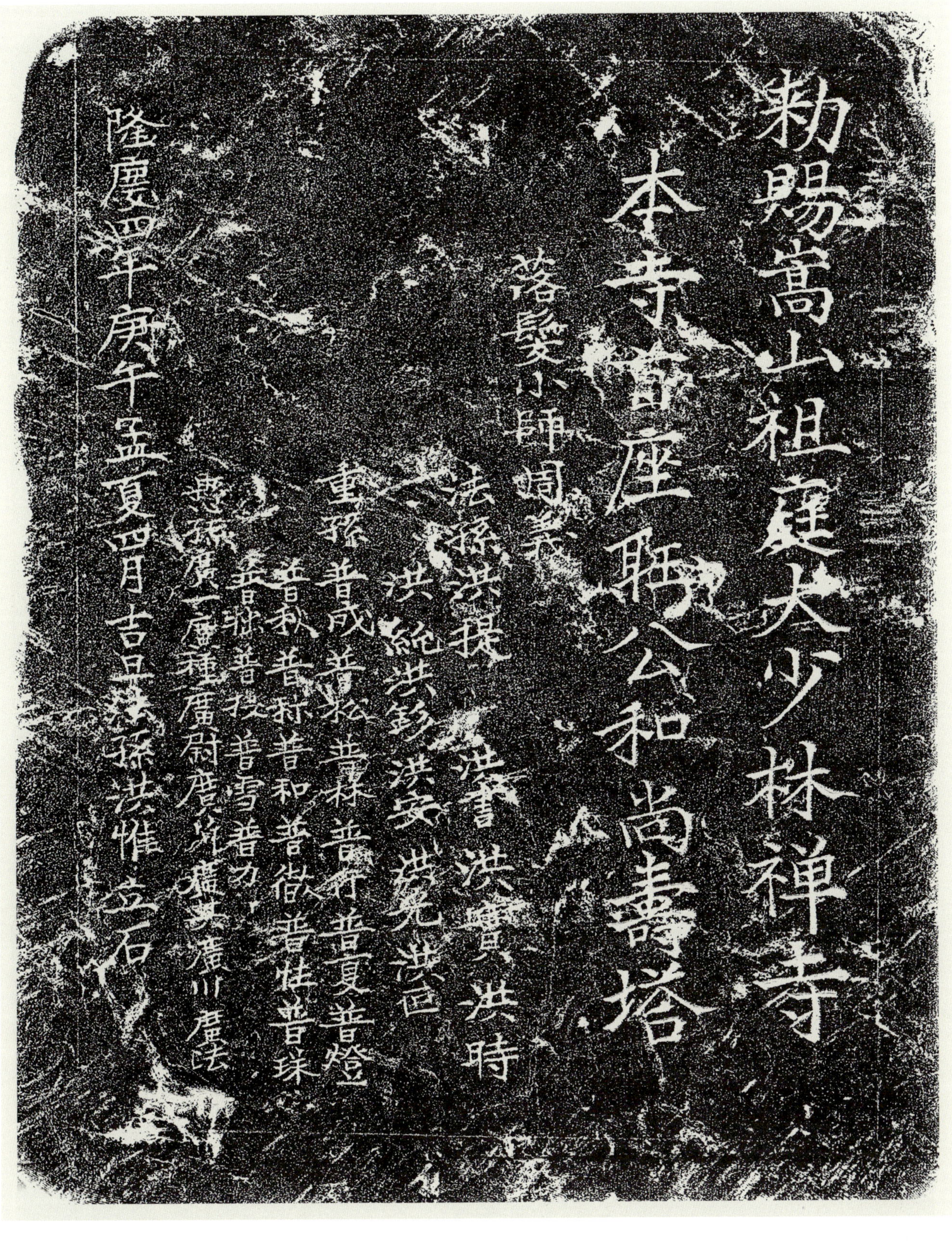
勅賜嵩山祖庭大少林禅寺
本寺首座珥公和尚壽塔
落髮小師洞義
法孫洪提 洪書 洪實 洪時
洪純 洪彩 洪安 洪見 洪臣
重孫普成 普崧 普森 普存 普夏 普燈
普教 普樹 普和 普徹 普性 普琛
普瑞 普投 普雪 普力
玄孫廣一 廣種 廣尉 廣流 廣興 廣川 廣法
隆慶四年庚午孟夏四月吉旦法孫洪惟立石

钦依住持少林寺嗣曹洞正宗第二十四世当代传法小山禅师塔铭

王体易撰　成吉祥书　隆庆六年四月

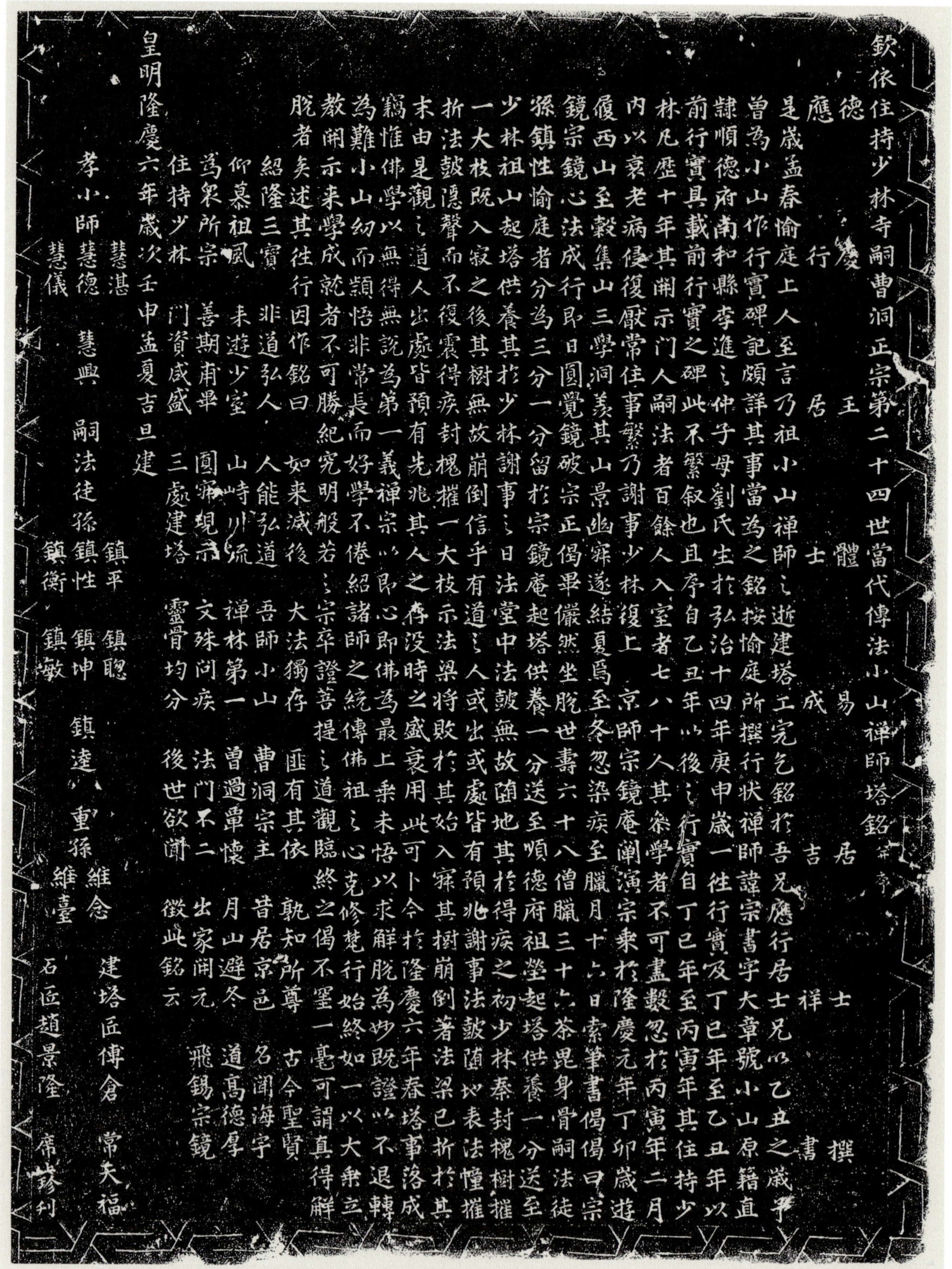

欽依住持少林寺嗣曹洞正宗第二十四世當代傳法小山禪師塔銘并序

德慶王體易居士撰

應行居士成吉祥書

是歲孟春愉庭上人至言乃祖小山禪師之逝建塔工完乞銘於吾兄應行居士兄以乙丑之歲予曾為小山作行實碑記頗詳其事當為之銘按愉庭所撰行狀禪師諱宗書字大章號小山原籍直隸順德府南和縣李進之仲子母劉氏生於弘治十四年庚申歲一往行實及丁巳年至乙丑年以前行實具載前行實之碑此不繁叙也且序自乙丑年以後之行實自丁巳年至丙寅年其住持少林凡歷十年其閑示门人嗣法者百餘人入室者七八十人其參學者不可盡數忽於丙寅年二月内以衰老病侵復厭常住事繁乃謝事少林復上京師宗鏡庵闡演宗乘於隆慶元年丁卯歲遊履西山至穀集山三學洞羨其山景幽寂遂結夏焉至冬忽染疾至臘月十六日索筆書偈偈曰宗鏡宗鏡心法成行即日圓覺鏡破宗正偈畢儼然坐脫世壽六十八僧臘三十六荼毘身骨嗣法徒孫鎮性愉庭者分為三分一分留於宗鏡庵起塔供養一分送至順德府祖塋起塔供養一分送至少林祖山起塔供養其於少林謝事之日法堂中法皷無故隨地其於得疾之初少林秦封槐樹摧一大枝既入寂之後其樹無故崩倒信乎有道之人或出或處皆有預兆謝事法皷隨地表法幢摧折法皷隱聲而不復震得疾封槐摧一大枝示法梁將敗於其始入寂其樹崩倒著法梁已折於其末由是觀之道人出處皆預有先兆其人之存没時之盛衰用此可卜今於隆慶六年春塔事落成竊惟佛學以無得無說為第一義禪宗以即心即佛為最上乘未悟以求解脫為妙既證以不退轉為難小山幼而頴悟非常長而好學不倦紹諸師之統傳佛祖之心克修梵行始終如一以大乘立教闡示来學成就者不可勝紀究明般若之宗卒證菩提之道觀臨終之偈不罣一毫可謂真得解脫者矣述其往行因作銘曰

紹隆三寶　非道弘人　人能弘道　吾師小山　曹洞宗主　昔居京邑　名聞海宇

如来滅後　大法獨存　匪有其依　孰知所尊　古今聖賢

仰慕祖風　来遊少室　山峙川流　禪林第一　曾過覃懷　月山避冬　道高德厚

為衆所宗　善期甫畢　圓寂現示　文殊問疾　法门不二　出家闡元　飛錫宗鏡

住持少林　门資咸盛　三處建塔　靈骨均分　後世欲瞯　徵此銘云

皇明隆慶六年歲次壬申孟夏吉旦建

慧湛　鎮平　鎮聰　維念　建塔匠傅倉　常天福

孝小師慧德　慧興　嗣法徒孫鎮性　鎮坤　鎮達　重孫

慧儀　鎮衡　鎮敏　維臺　石匠趙景隆　席鎔利

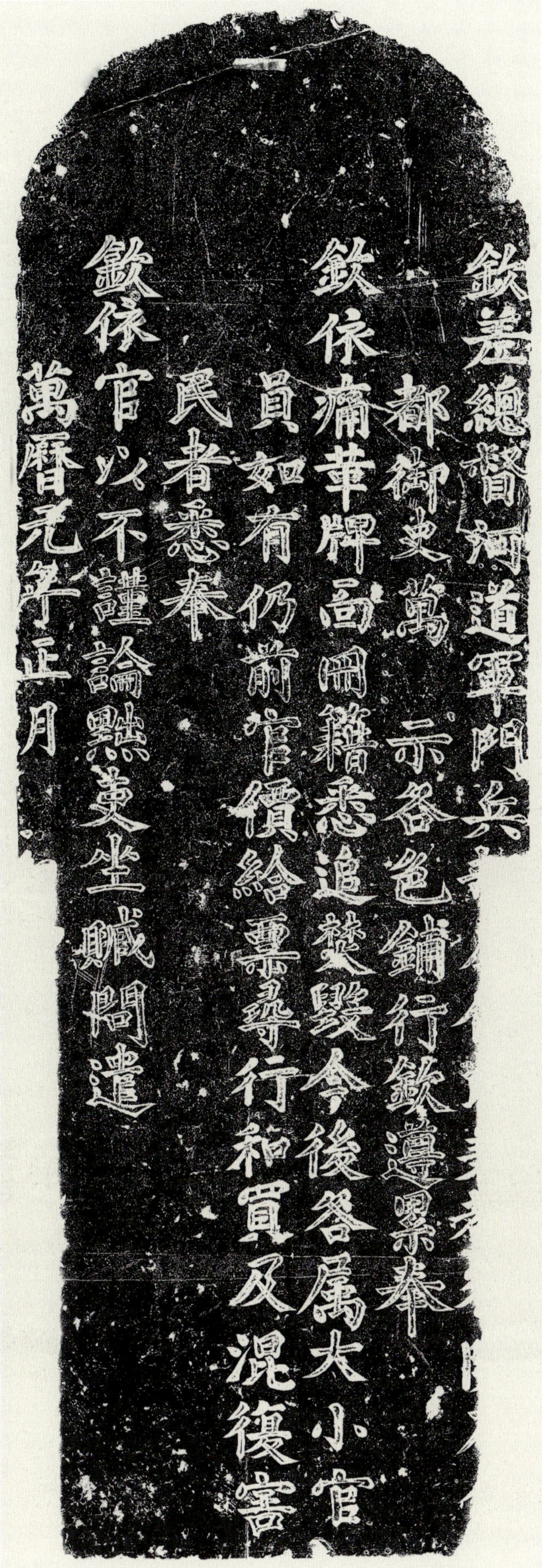
欽差總督河道軍門兵
都御史萬 示各色鋪行欽遵累奉
欽依痛革牌面冊籍悉追燬今後各屬大小官
員如有仍前官價給票尋行和買及混復害
民者悉奉
欽依官以不謹論黜吏坐贓問遣
萬曆元年正月

河南府登封县为乞怜山僧分豁额外粮差帖

万历元年十月

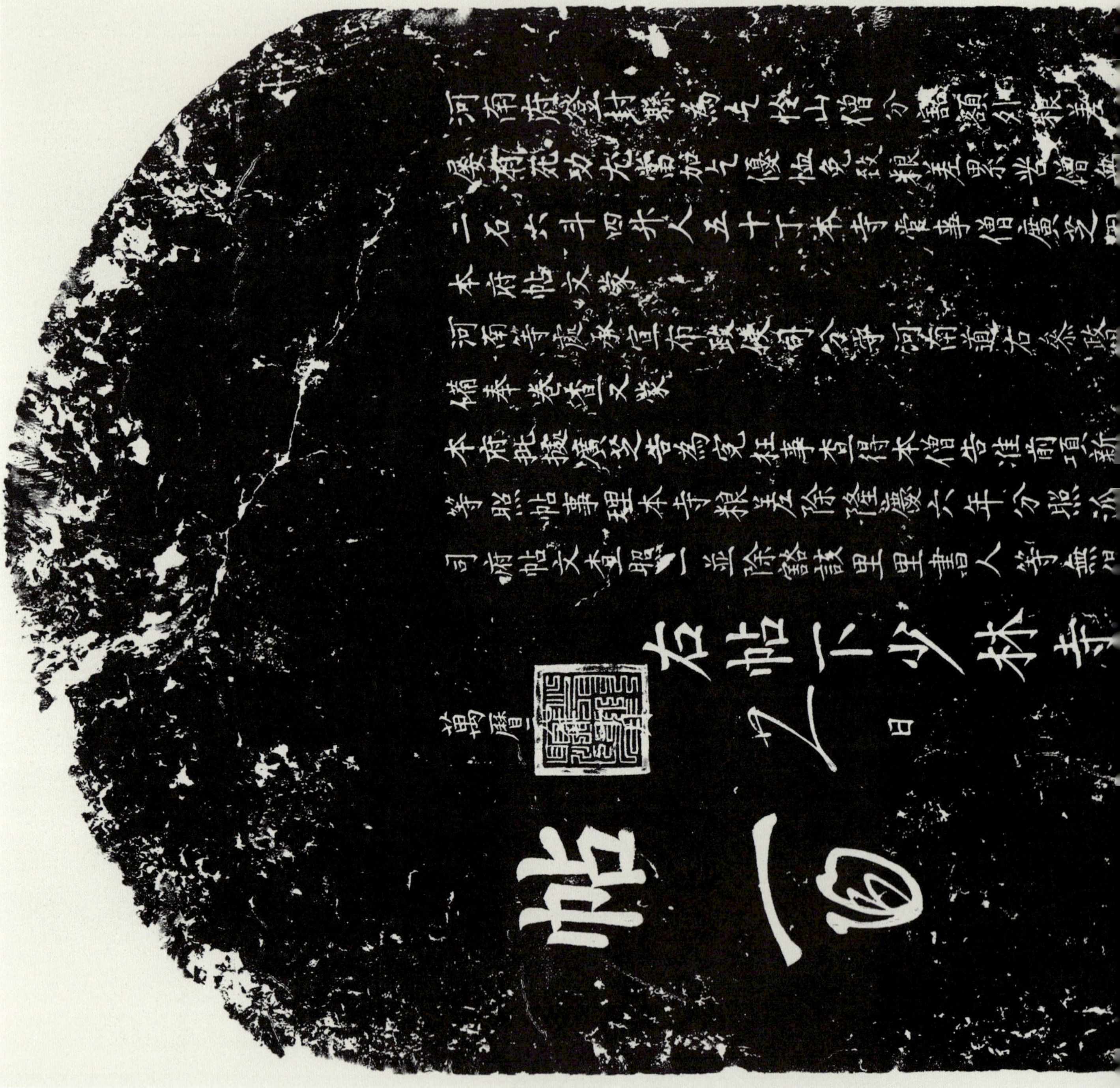

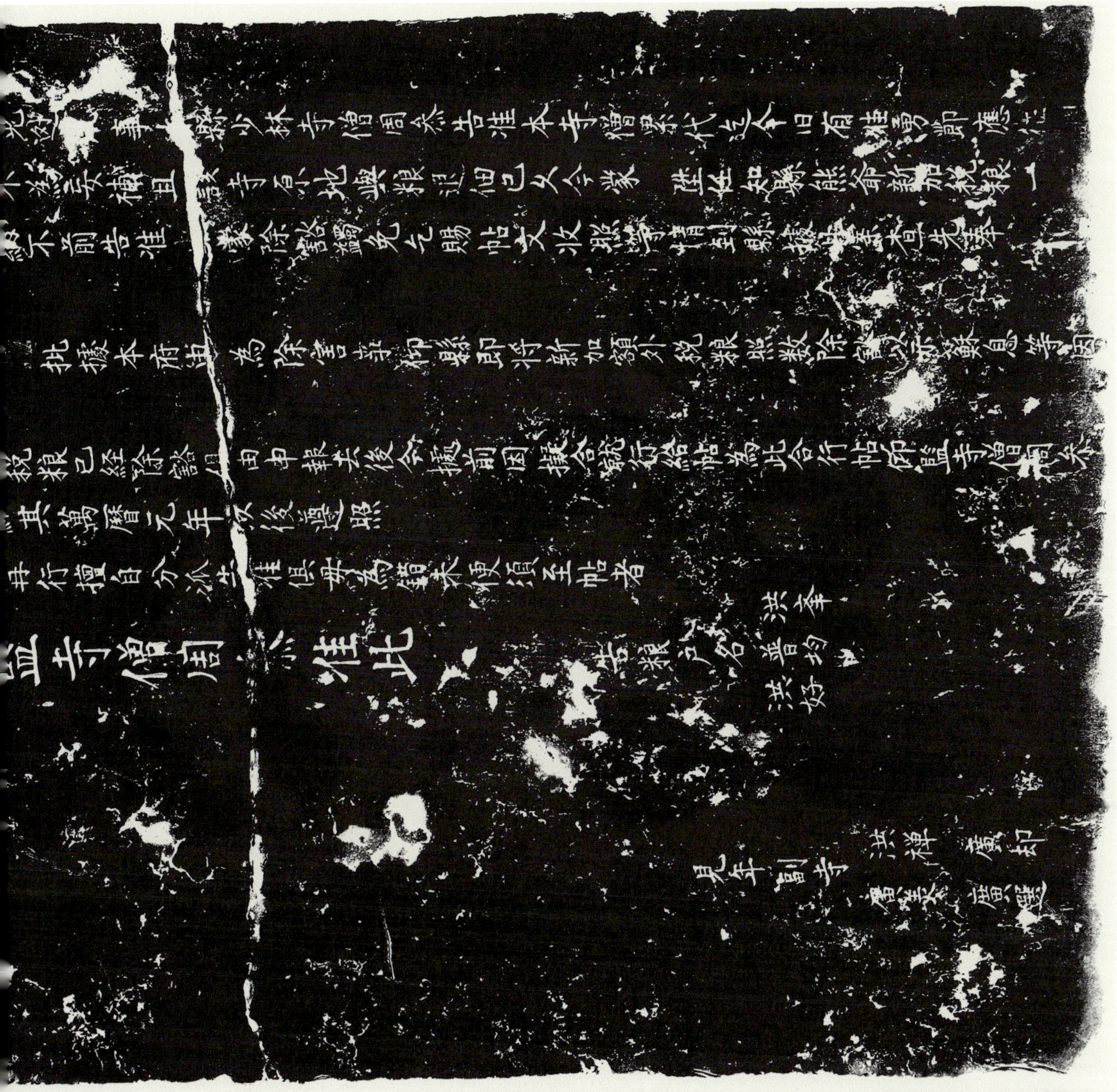

光遊事縣少林寺僧周悉告准本寺僧累代迄今旧有雉湧節應仕
不為妄補且該寺原地與粮退佃已久今蒙　陞任知縣熊爺新加税粮一
然不前告准　蒙除豁蠲免乞賜帖文收照等情到縣據此案查先奉
批據本府史　為除害事奉御縣即將新加額外税粮照數除豁以示蘇息等因
税粮已經除豁但　由申報去後今擬前因擬合就行給帖為此合行帖仰監寺僧周悉
其萬曆元年以後遵照
毋行擅自分派生　准俱毋為錯未便須至帖者
監寺僧周悉准此

告粮户名　洪峯　普均　洪好

見年副寺　洪禪　廣却　廣義　廣選

炼魔台

左思明书　万历元年冬

來
萬曆紀元冬吉河南府判閬中左思明書

达磨像

张路绘　陈文烛题　万历二年春

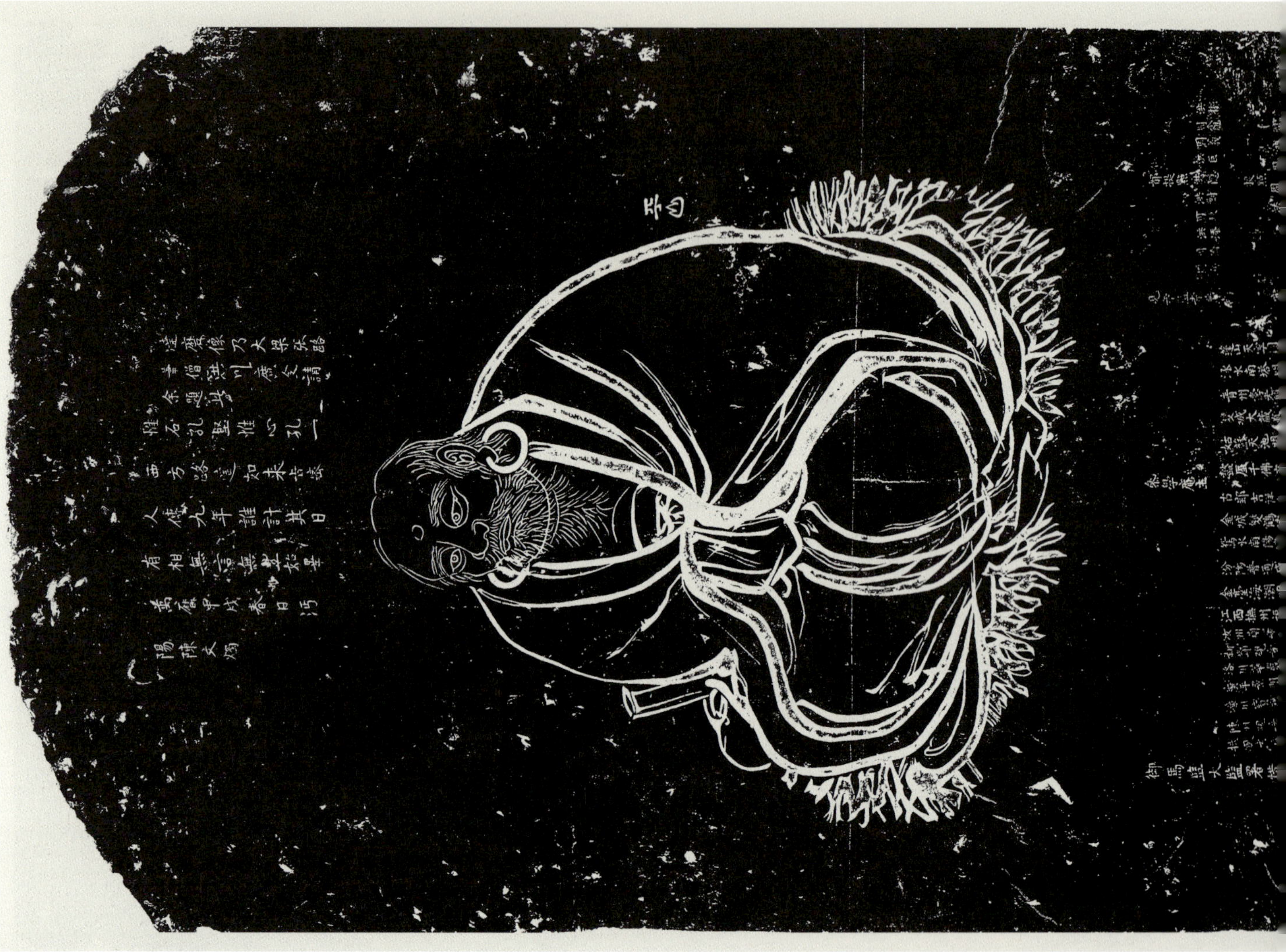

谒中岳庙

王守诚撰　万历二年冬

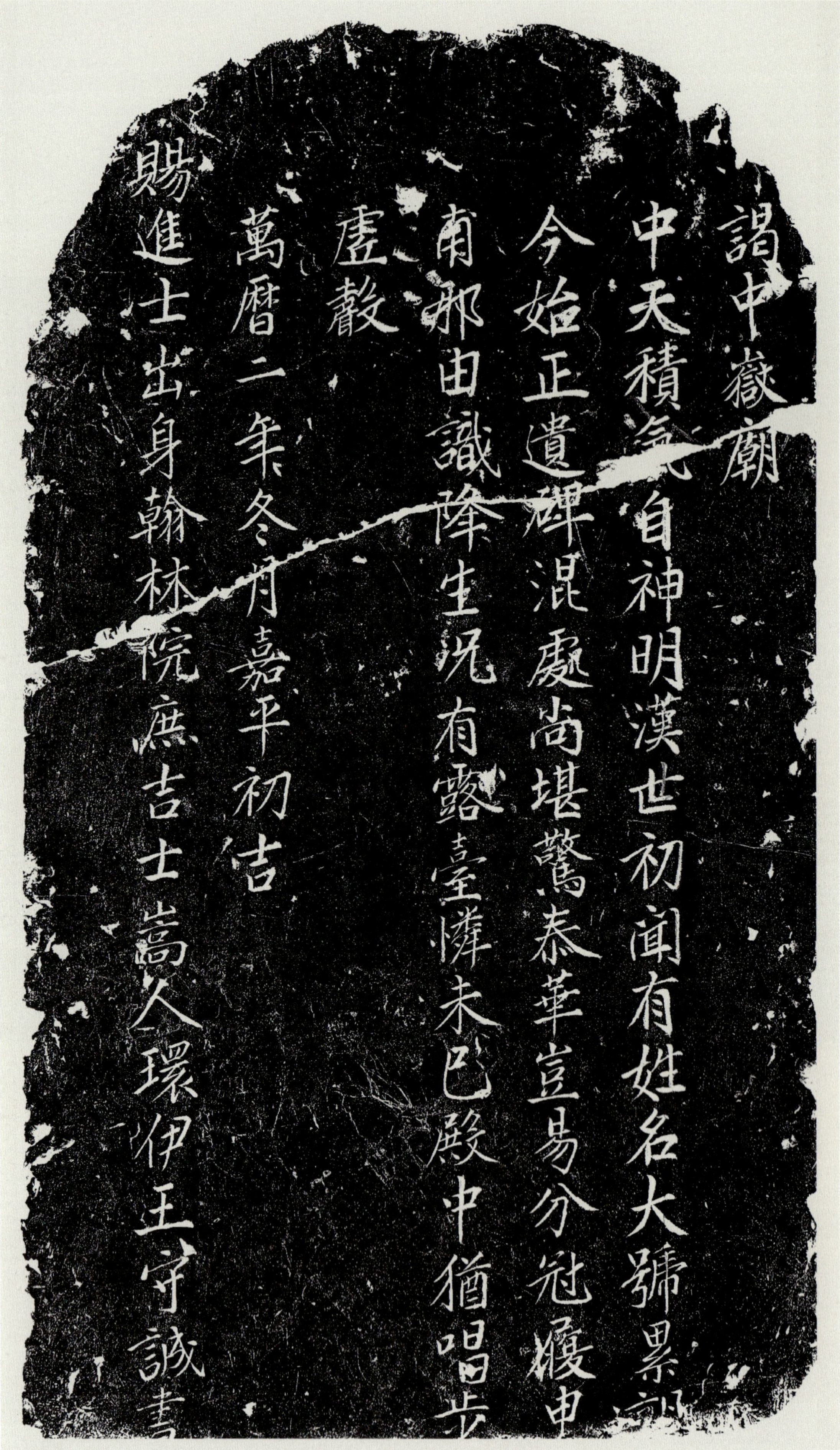

謁中嶽廟
中天積氣自神明漢世初聞有姓名大號累
今始正遺碑混處尚堪驚泰華豈易分冠屨申
甫邢由識降生況有露臺憐未已殿中猶唱步
虛聲
萬曆二年冬月嘉平初吉
賜進士出身翰林院庶吉士嵩人環伊王守誠書

万历三年二月

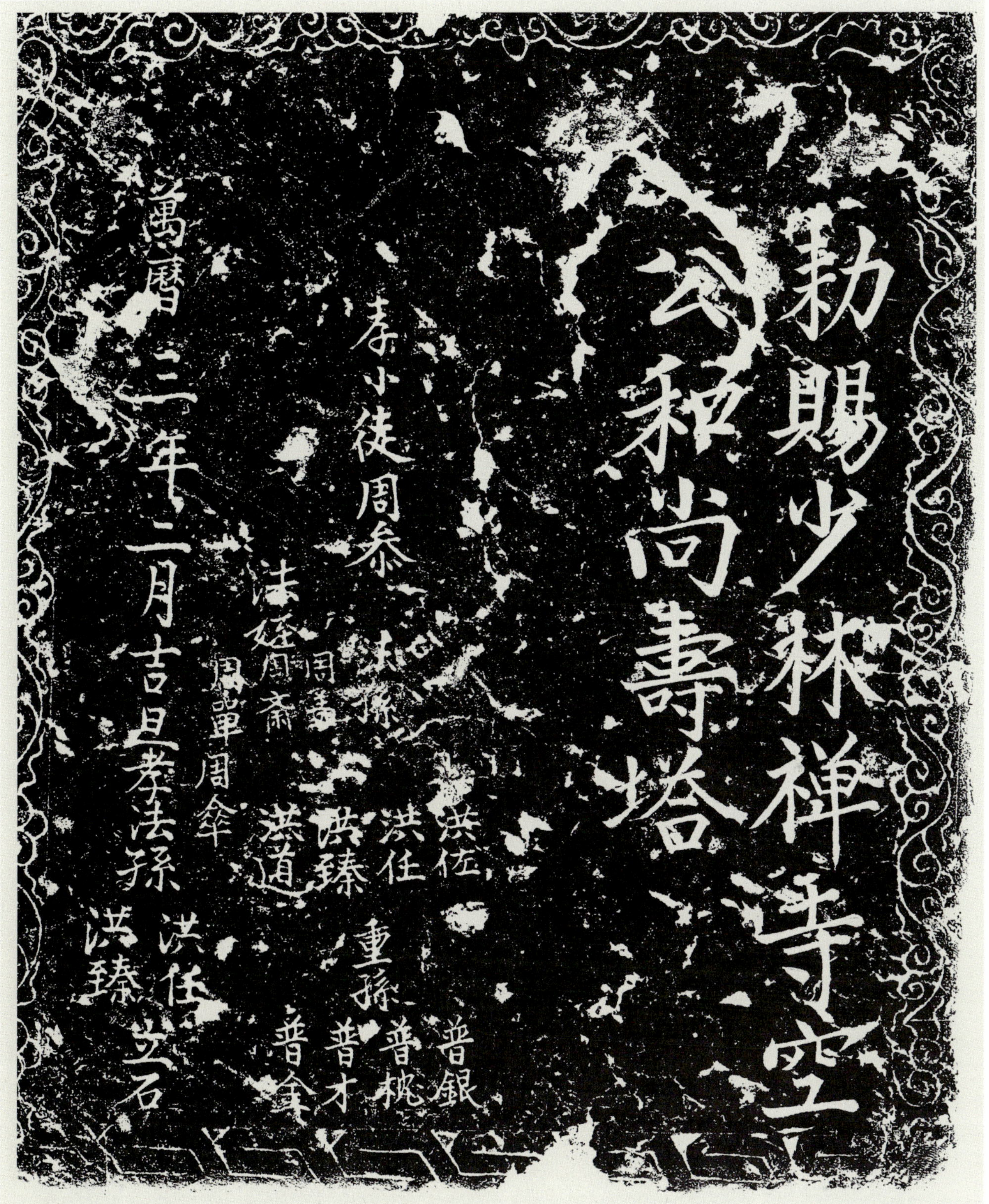
敕賜少林禅寺空
公和尚壽塔
孝小徒周泰
法孫
洪佐 普銀
洪任 重孫 普槐
洪臻 普才
洪道 普金
周善
法鎧 周斎
周單 周鈞
萬曆三年二月吉旦孝法孫洪任 洪臻立石

敕赐少林禅寺当代住持贤公隐山和尚灵塔

万历三年二月

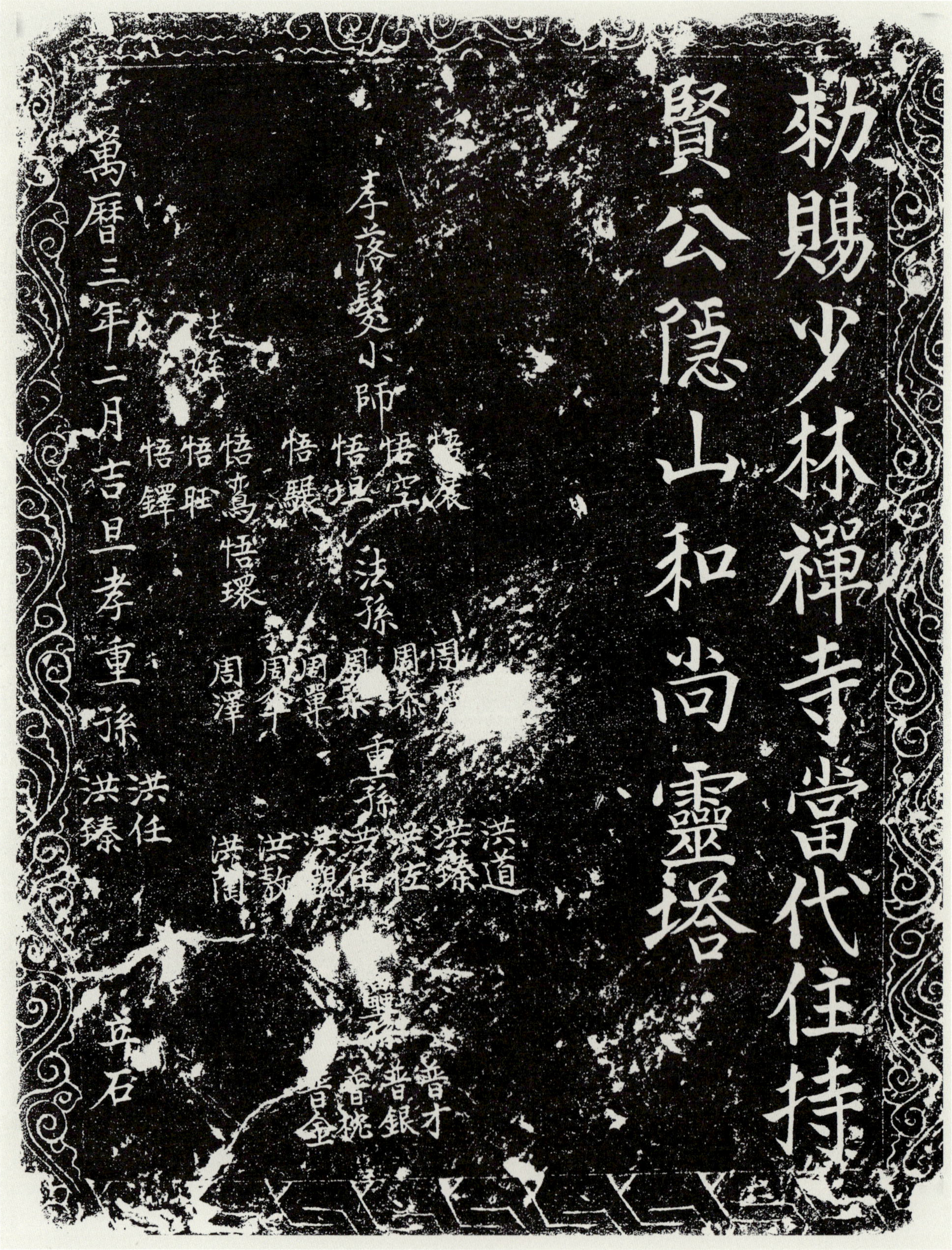

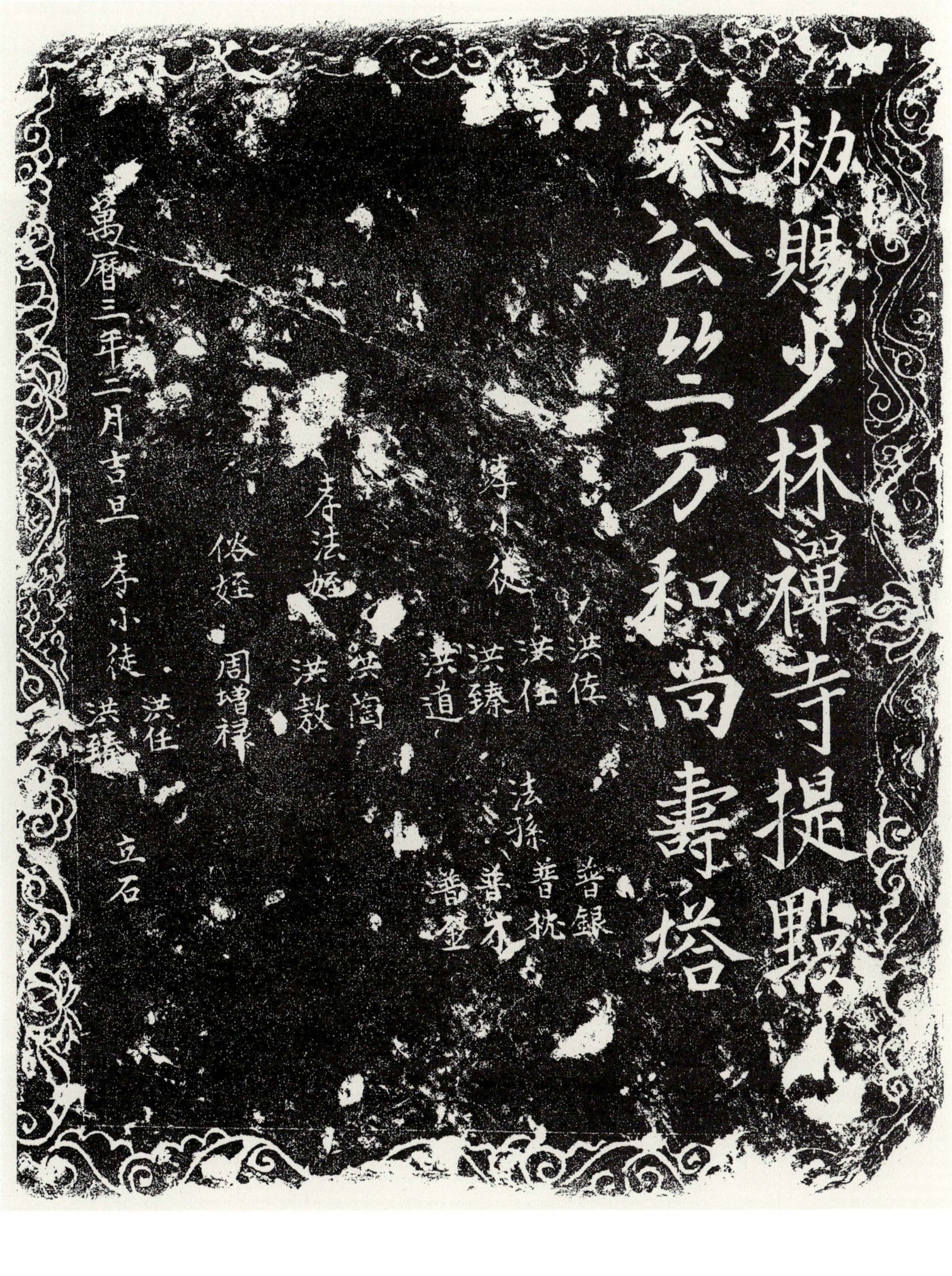
勅賜少林禪寺提點
參公竺方和尚壽塔
孝小徒 洪佐 洪任 洪臻 洪道
法孫 普錄 普抗 普木
孝法姪 洪敎
俗姪 周增祿
萬曆三年二月吉旦 孝小徒 洪任 洪臻 立石

秋日辱唐惠庵宪使同游少林用白岩乔公韵

李廷龙　万历三年七月

碑阳

护法紧那罗王　妙法紧那罗王　大法紧那罗王　持法紧那罗王像

万历三年七月

碑阴

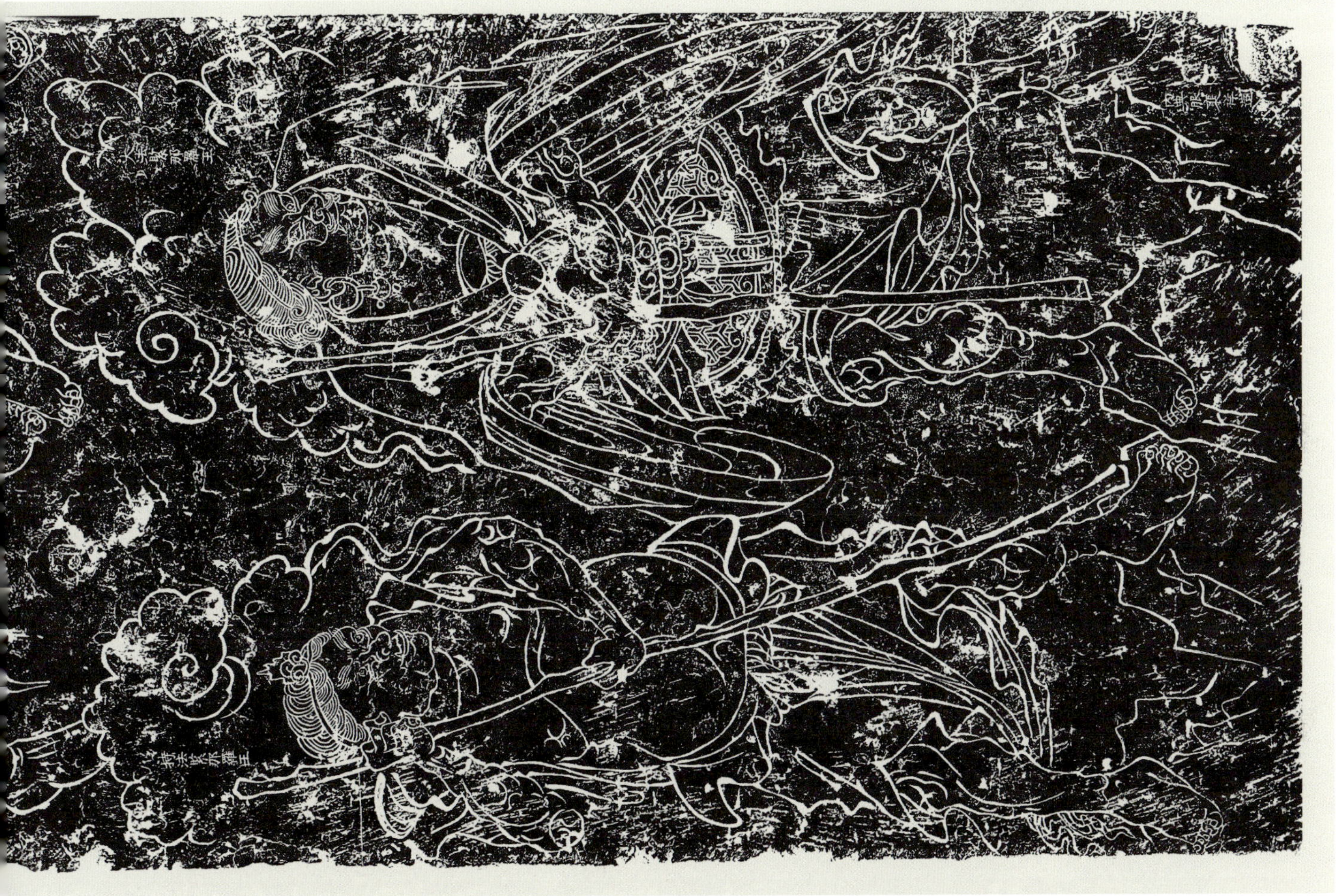

同滕北海、管建初二山人暨幻休上人游初祖庵遇雨　游达磨面壁洞

黄洪宪撰　万历五年六月

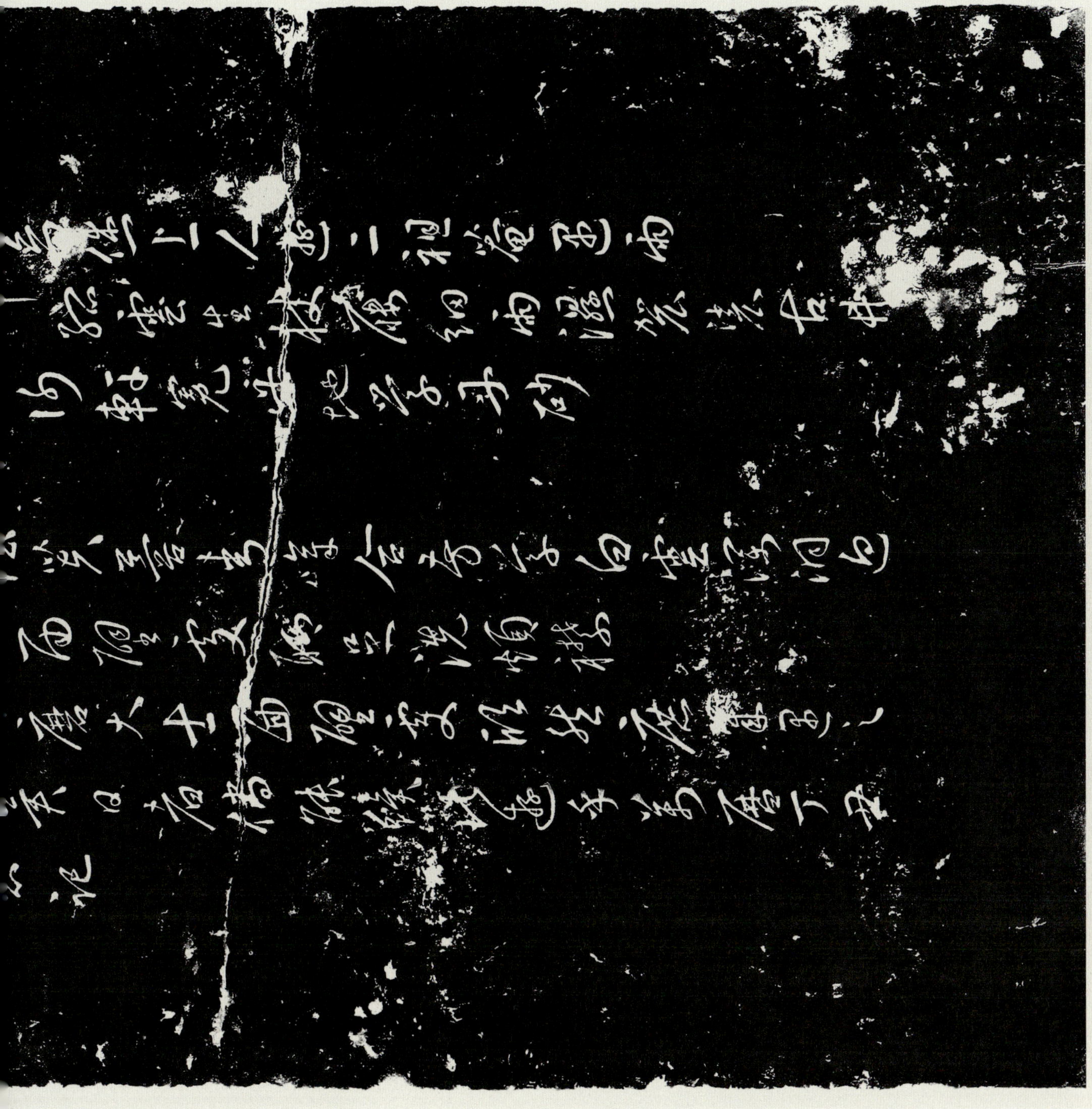

三圣庙□

高拱撰　万历六年四月

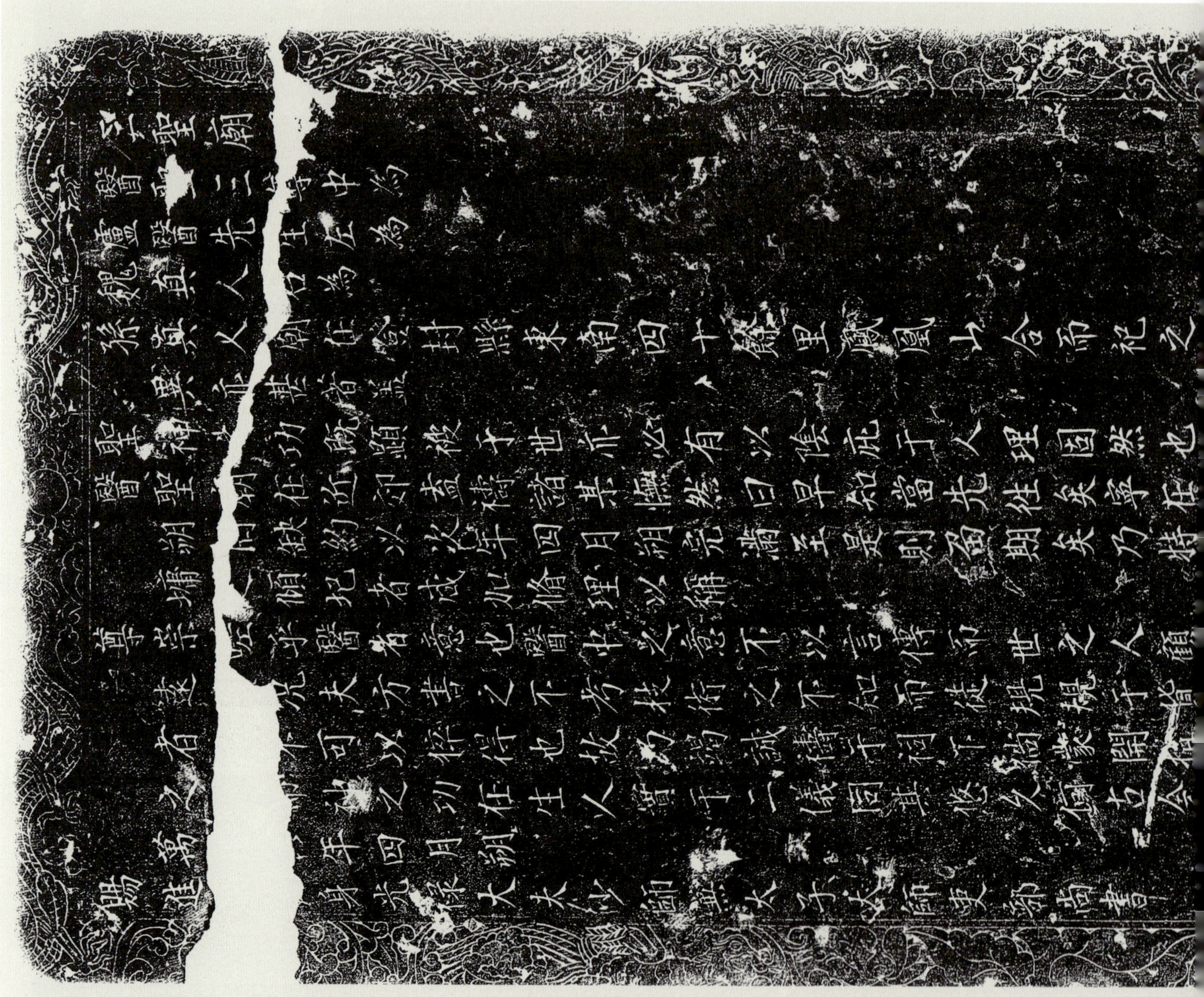

无穷禅师小像赞

翘勤撰　真空书　无穷禅师碑　法彬撰　无穷禅师像　文石绘　万历六年十二月

初祖庵观面壁像

周鉴撰　万历八年秋

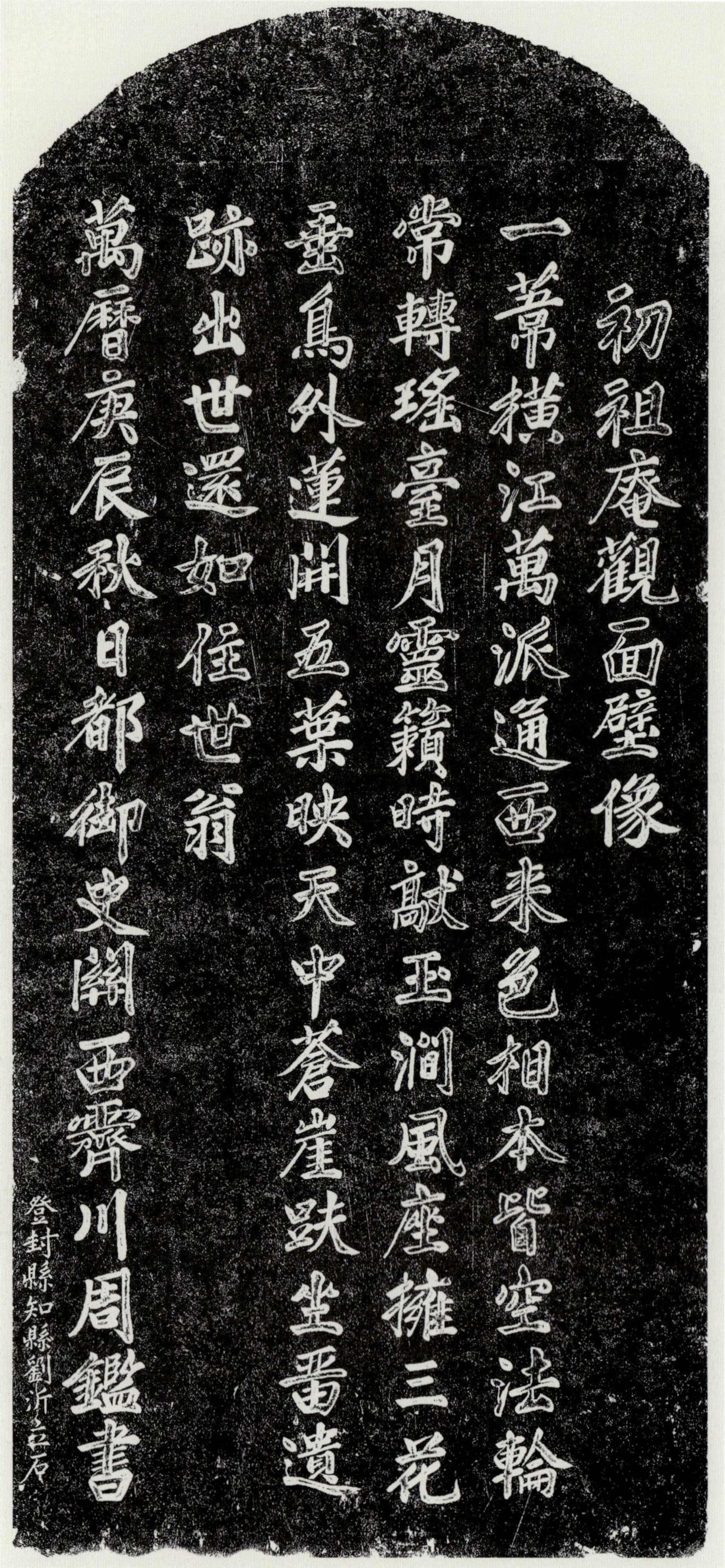
初祖庵觀面壁像
一葦橫江萬派通西来色相本皆空法輪
常轉瑤臺月靈籟時敲玉澗風座擁三花
垂鳥外蓮開五葉映天中蒼崖趺坐留遺
跡出世還如住世翁
萬曆庚辰秋日都御史關西齊川周鑑書
登封縣知縣劉沂立石

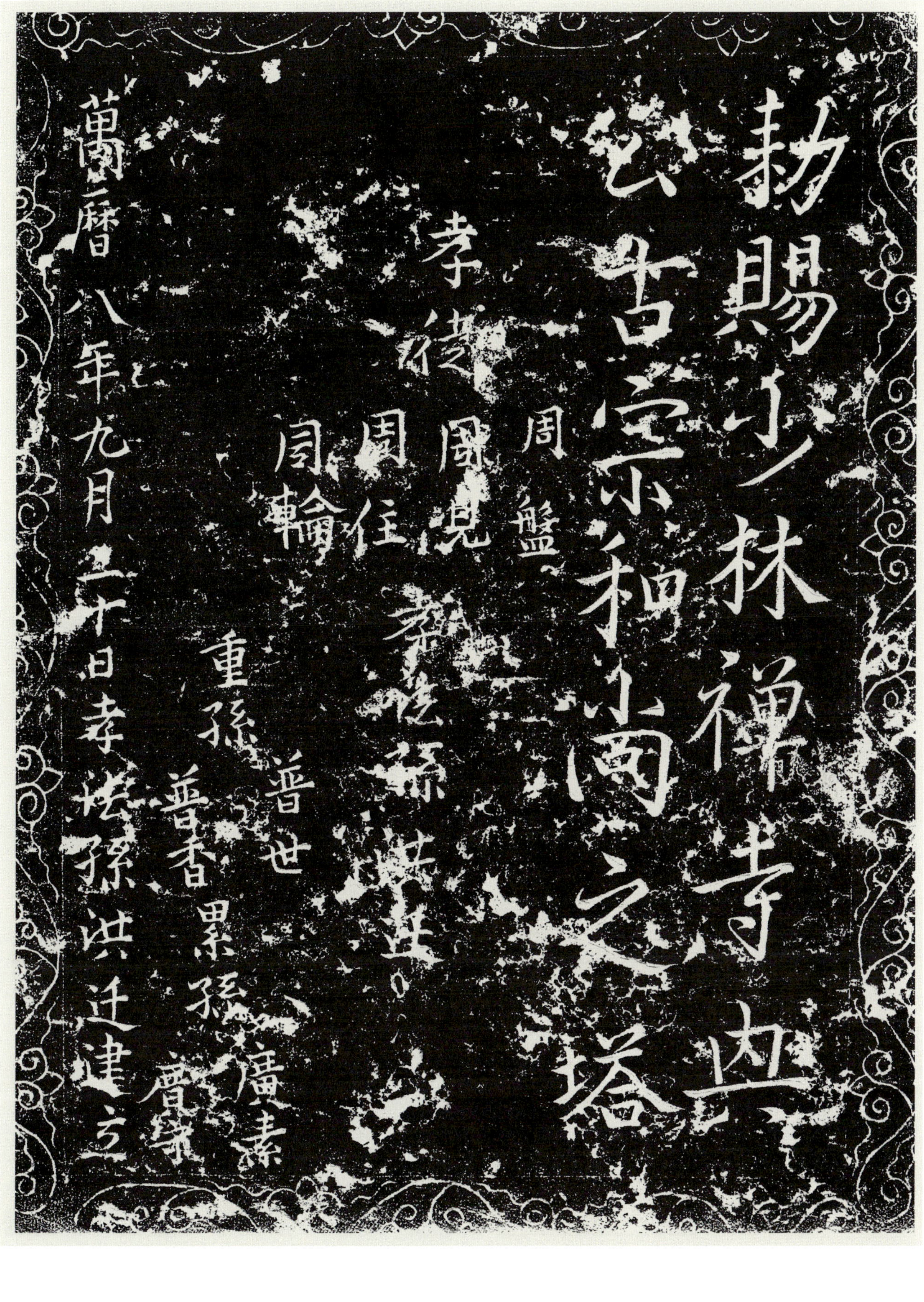
敕賜少林禪寺興
公古宗和尚之塔
孝徒
周盤
周見
周住
周輪
孝法孫
重孫
普世
普香
果孫
廣素
萬曆八年九月二十日孝法孫洪迁建立

敕赐少林寺见公和尚之塔

万历八年九月

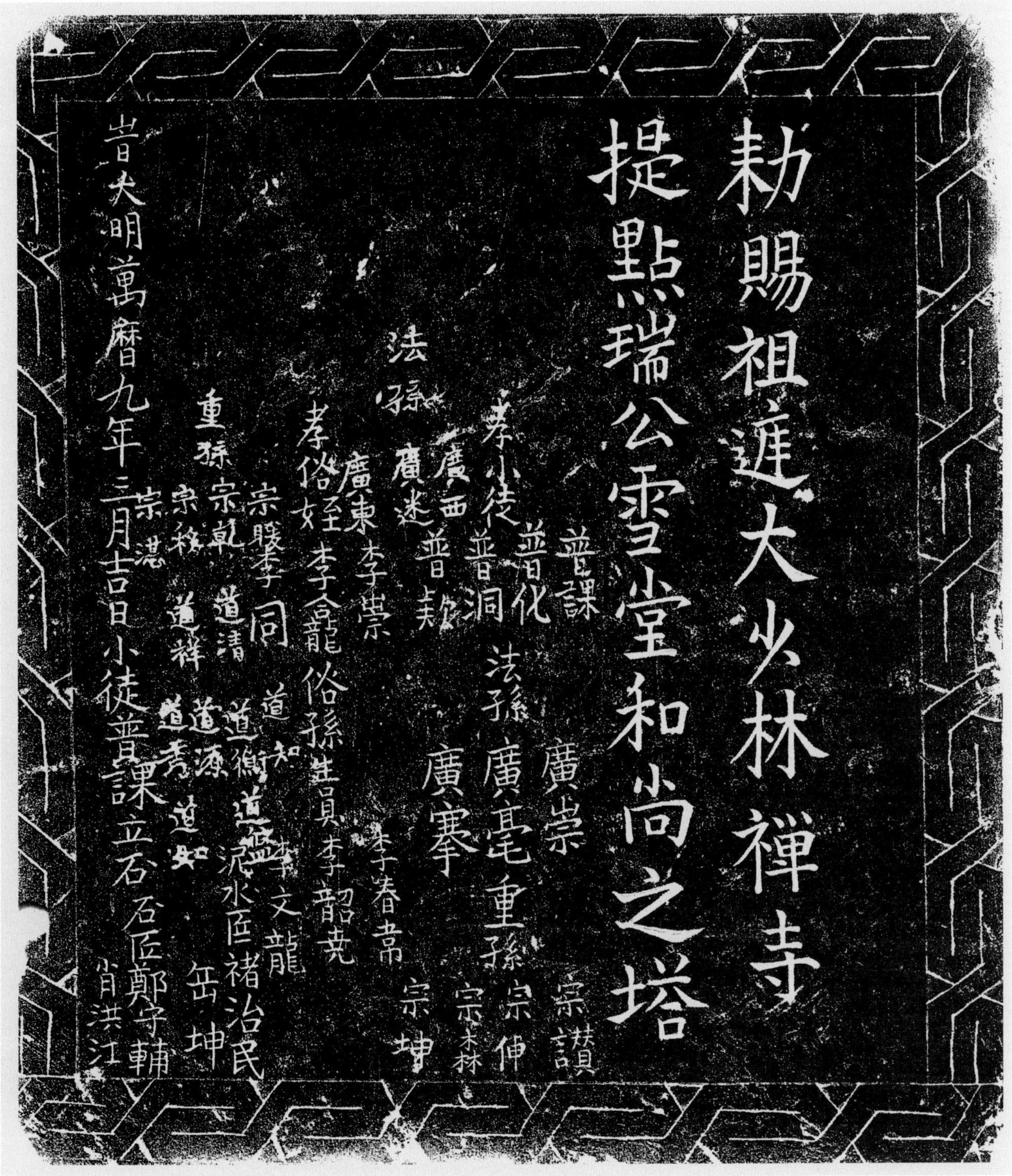
敕賜祖庭大少林禪寺
提點瑞公雪堂和尚之塔
皆大明萬曆九年三月吉日小徒普謀立石
石匠鄭守輔

河南府登封县为乞怜分豁丈地均粮帖

万历九年十一月

钦依大少林禅寺彪公和尚灵塔

万历十年正月

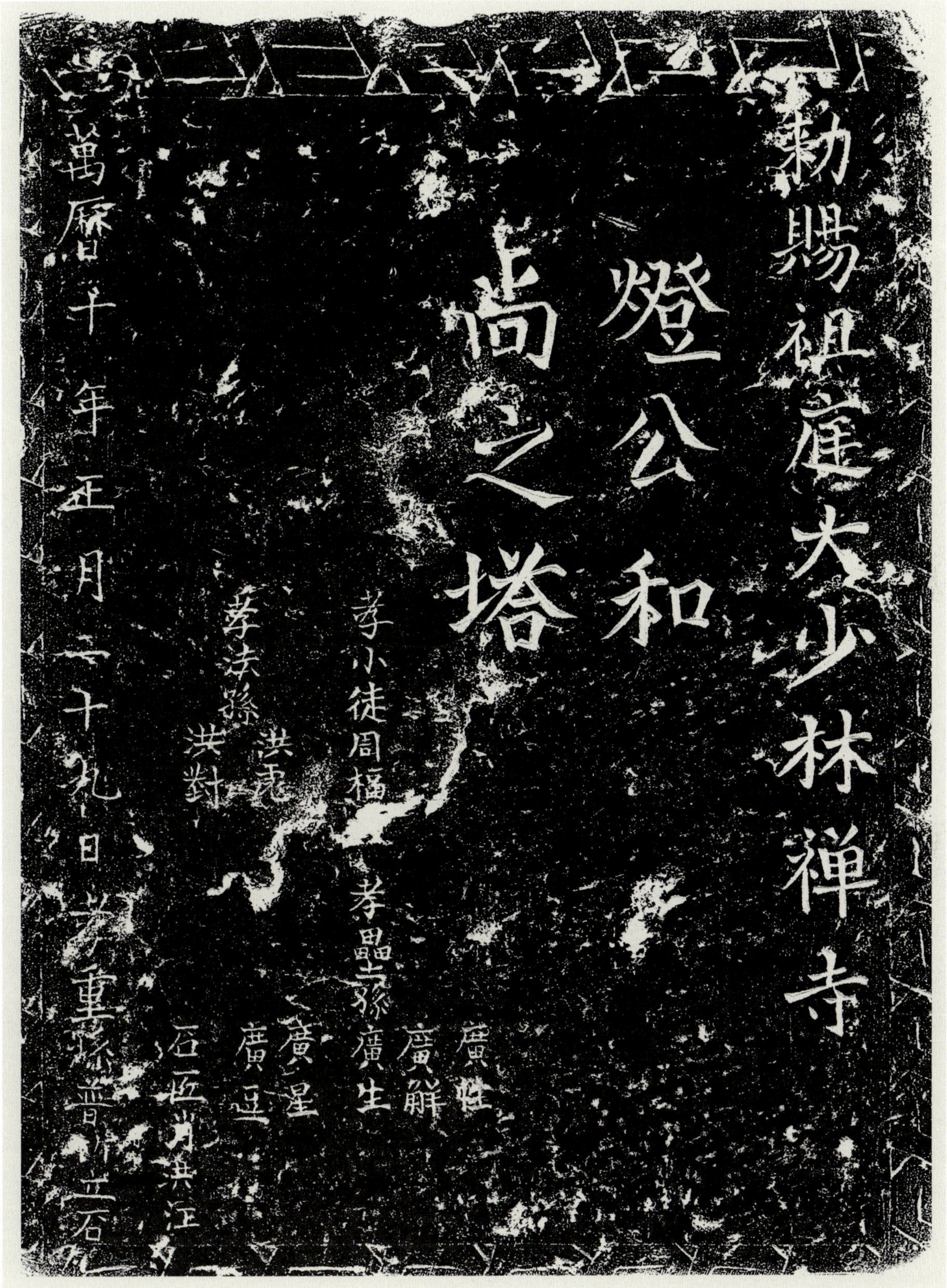
敕賜祖庭大少林禪寺
燈公和
尚之塔
萬曆十年正月二十九日

敕赐少林禅寺圆寂授教师助公天衣和尚寿塔

万历十年二月

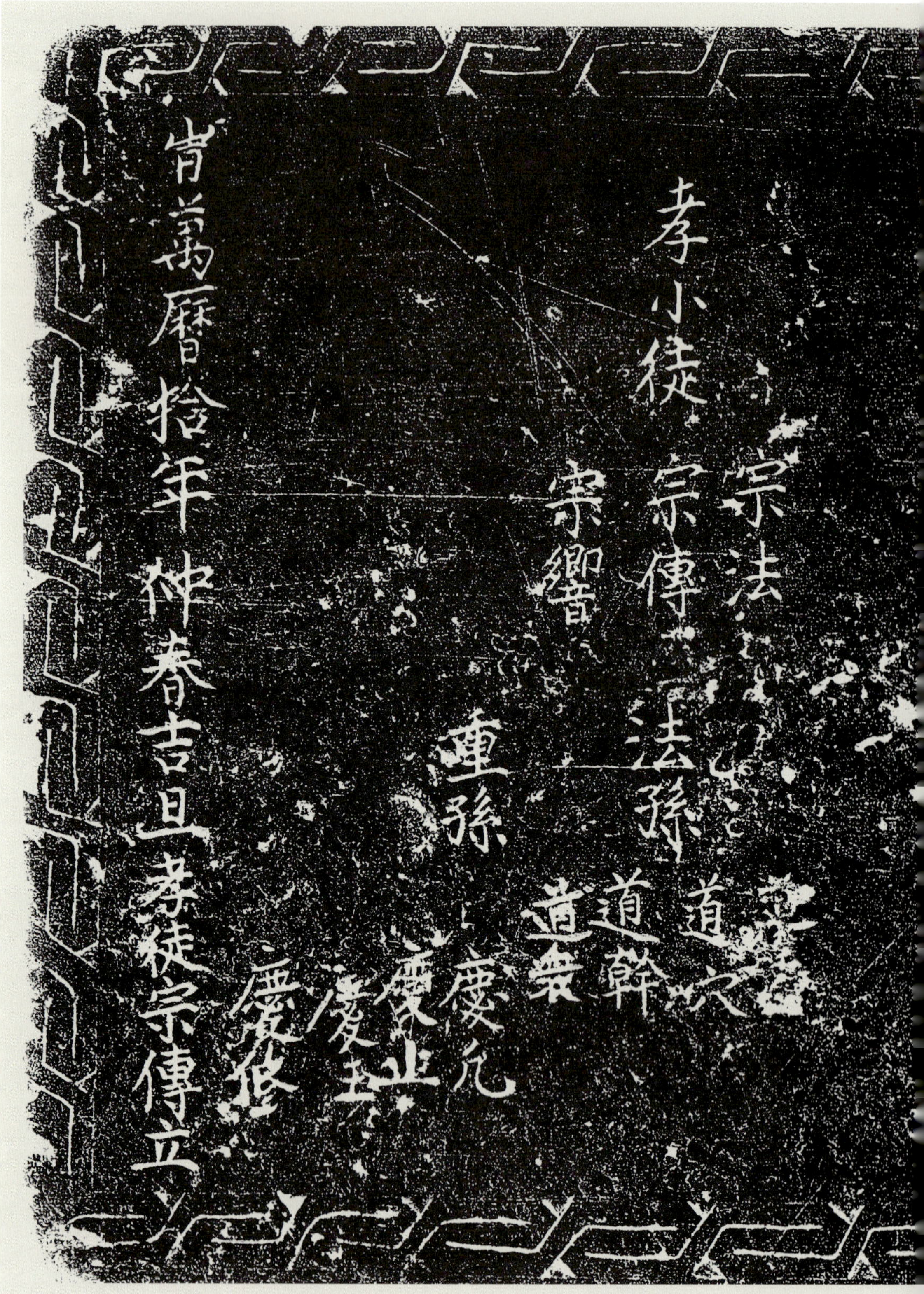

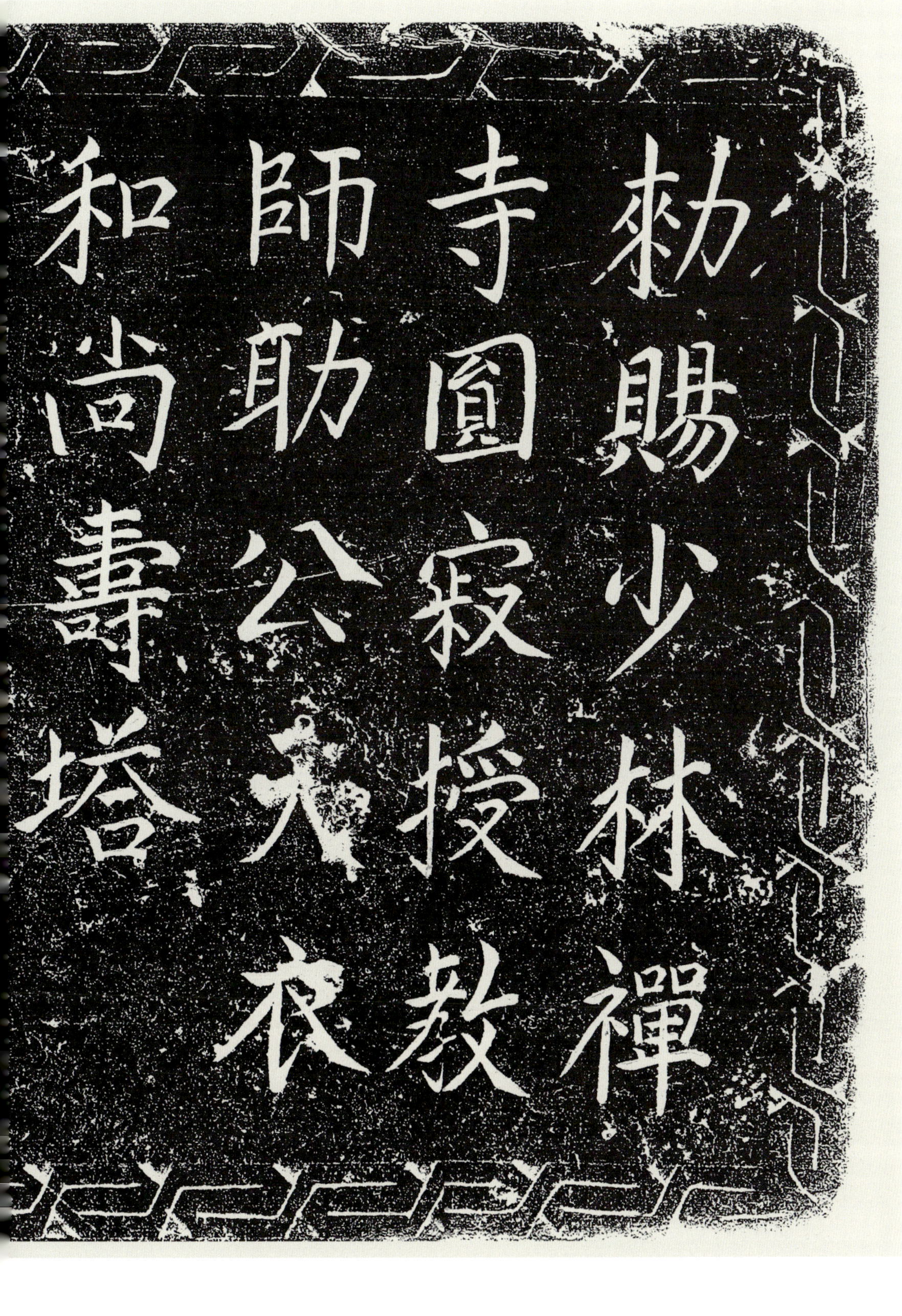
敕賜少林禪
寺圓寂授教
師助公大衣
和尚壽塔

敕赐大少林禅寺圆寂都提举雄公大威和尚寿塔

万历十年二月

少林寺雄公大威禪師塔銘并序

嘗聞人生天地來去非常豈常住而不滅常滅而不住也此因緣而相聚緣熟而散歟禪師法諱普雄號曰大威乃密縣蔡氏子早歲出家禮本寺無心和尚為範後遍履諸方叅知識而究竟了無生在當人生本無生滅本無滅何須外覓異日復歸祖源把針縫補已為佛事拈匙舉筯無非此理三十年而不致家風鄧林巨木凌雲表而特地成材既積歲而生之有時而用矣一日叢林伐人舉保監院常住歲継三載效揚岐之綱紀令後人之規範正好輔弼叢林已知生滅無常忽然膺疾書偈曰無去亦無來將甚作四大去時亦無我來時有何在言訖奄然滅於萬曆九年五月十七日嗚乎今有落髮小師廣撰念師叢林卅嘗宜表法浮之恩列石為銘是為記

俗徒　丁守詔　王裕民

落髮小師　廣助　廣撰

法孫　宗傳　宗法　宗響　宗線

重孫　道穴　道幹

明萬曆拾年二月吉旦建立　蔡大光　蔡金光　石匠鄭守甲刻

敕赐大少林禅寺圆寂首座整公无心和尚寿塔

万历十年二月

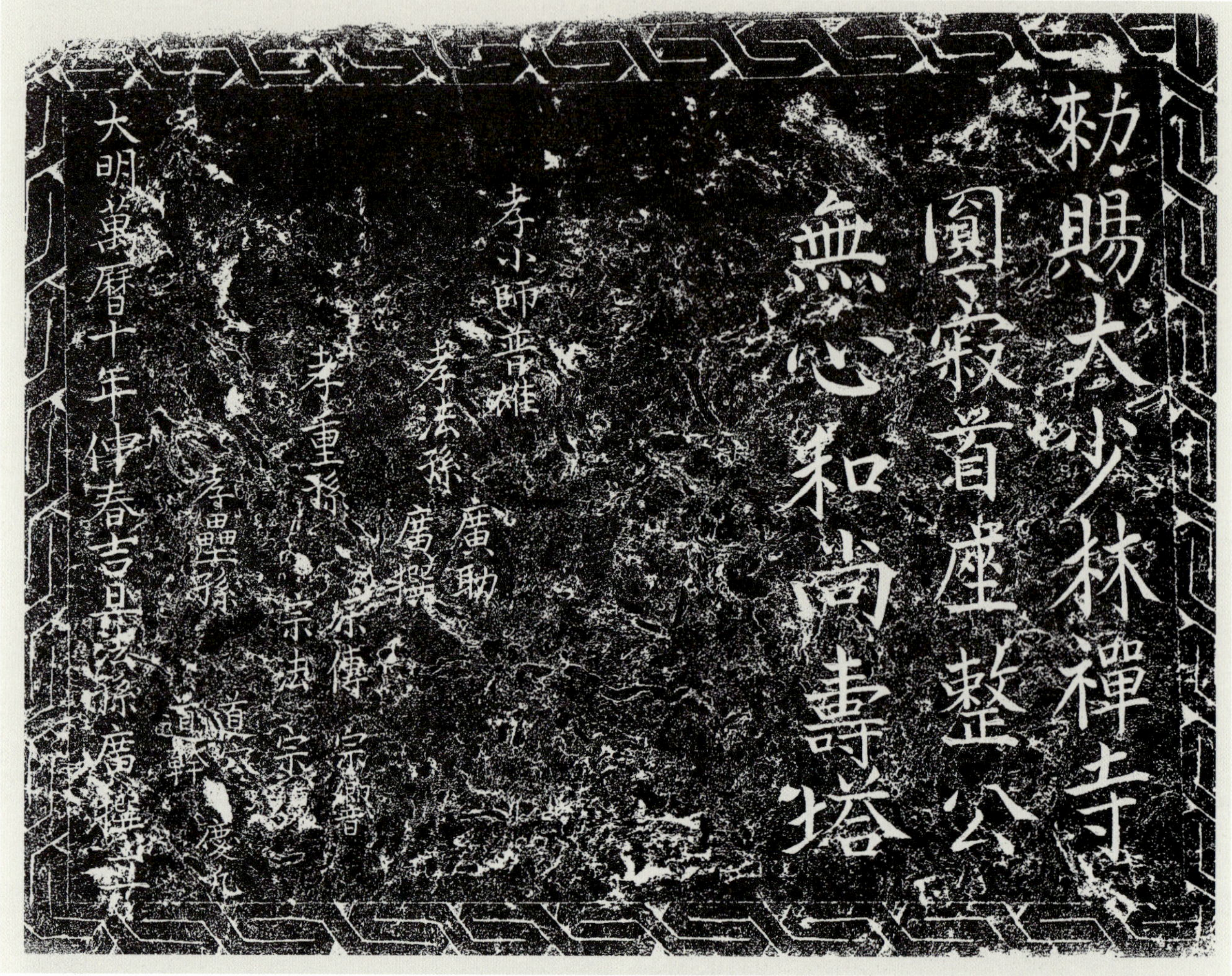

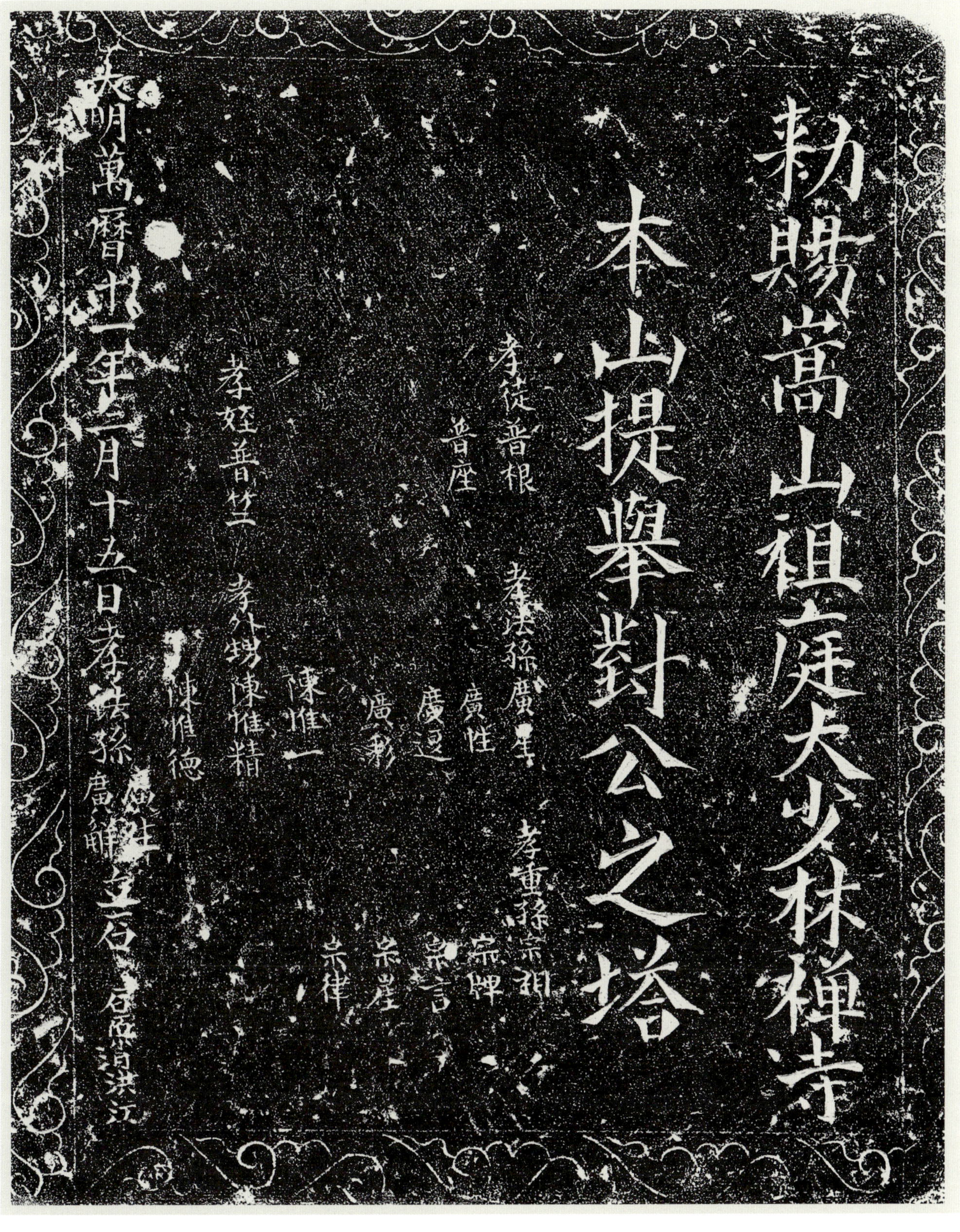
敕賜嵩山祖庭大少林禪寺
本山提舉對公之塔
孝徒普根
普座
廣性
宗言
宗律
陳惟一
孝外甥陳惟精
陳惟德
二月十五日孝法孫

圆寂亲教师本寺都提举雷公大震和尚灵塔

万历十一年三月

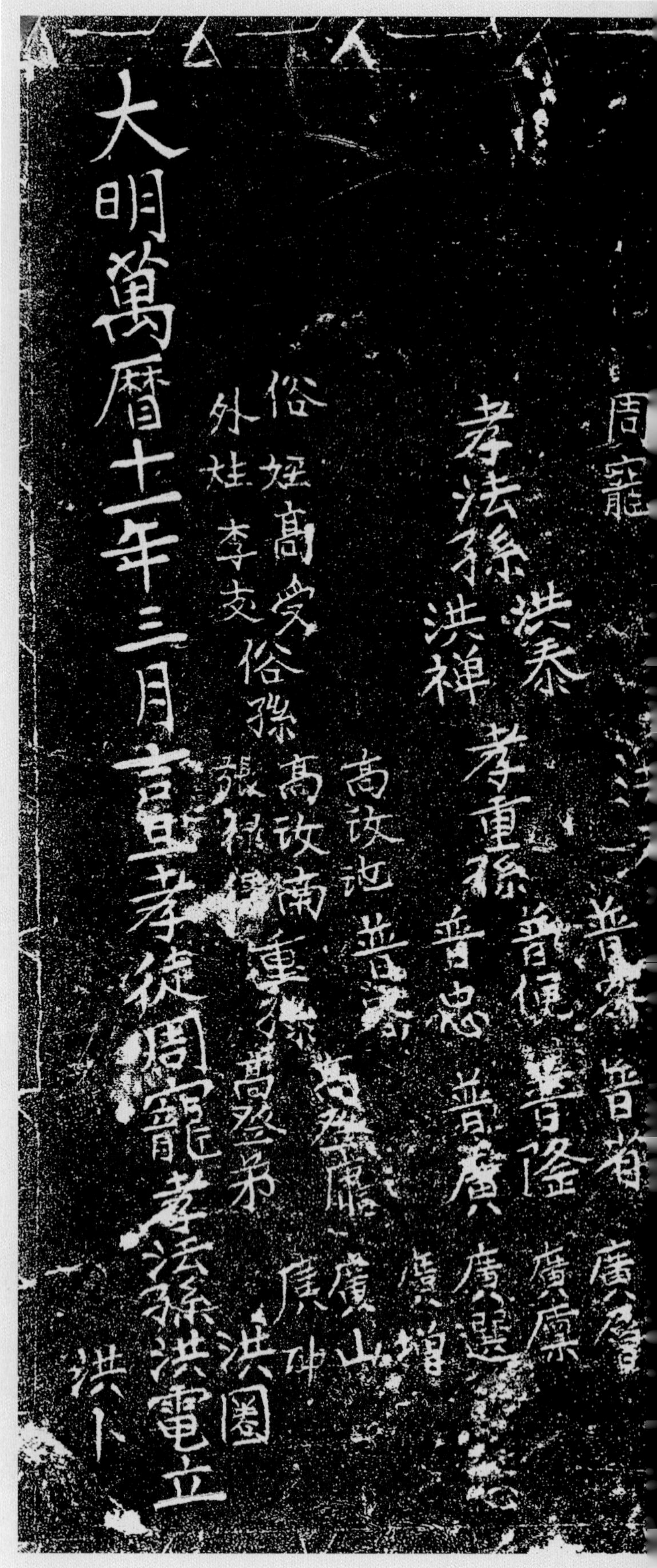

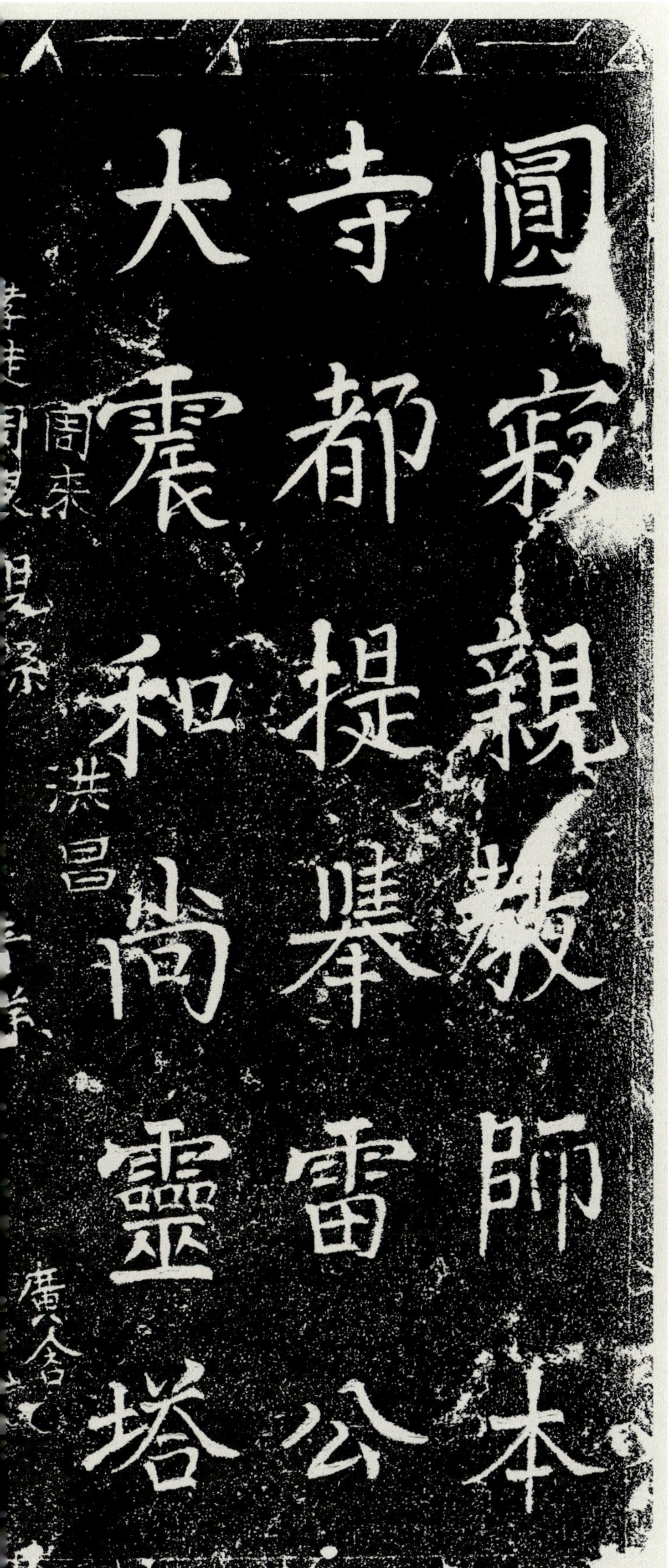
圓寂親教師本
寺都提舉雷公
大震和尚靈塔

少林寺设斋三载完满碑记

丁尧相撰　万历十一年十月

少林寺总持宗门幻休润禅师塔记

汪道昆撰　汪道贯篆　周天球书　万历十四年七月

碑阳

碑阴

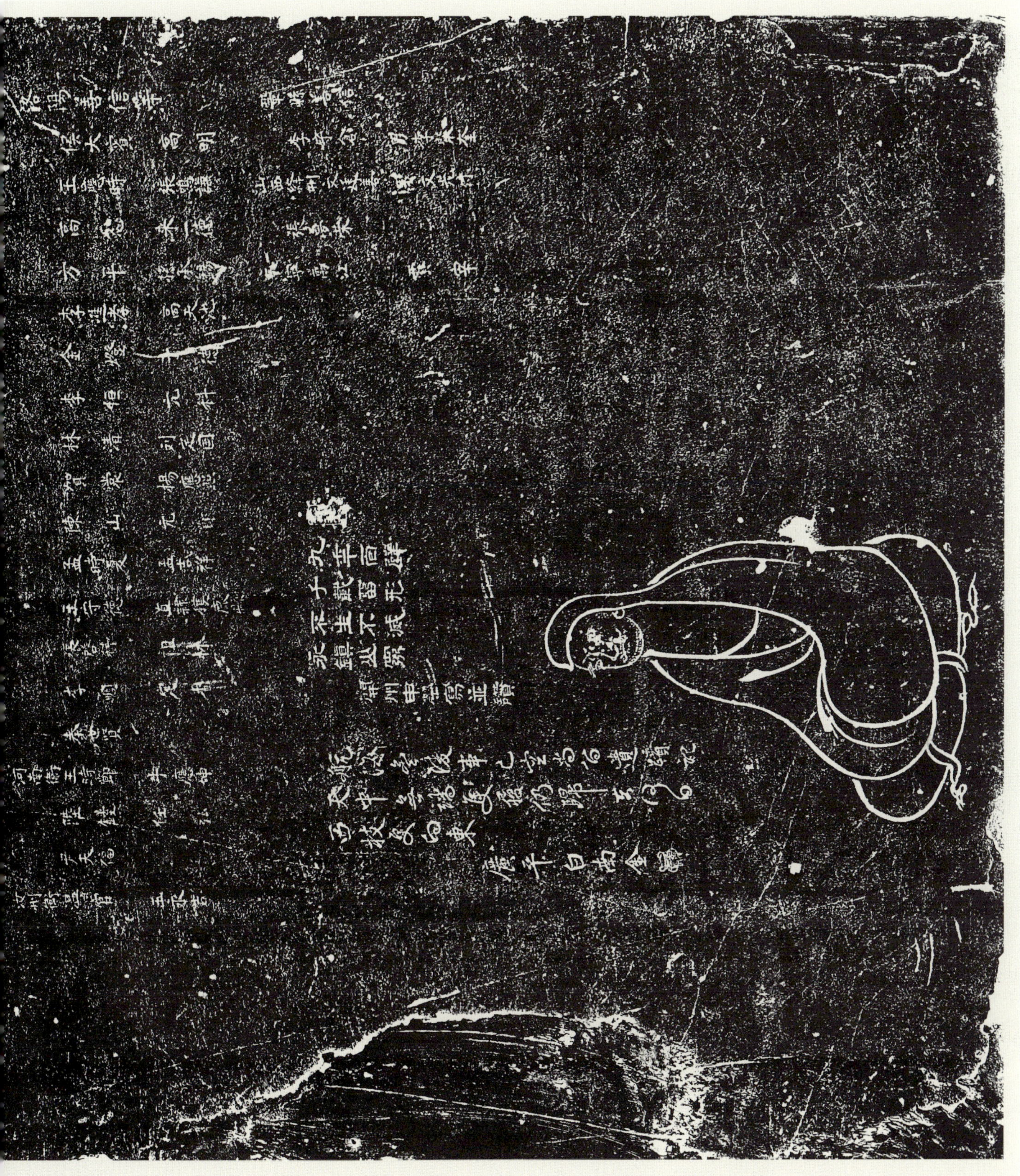

钦依大少林寺传法住持幻休和尚塔

汪道昆撰　汪道贯篆额　王稚登书　万历十四年七月

欽依大少林
寺傳灋住持
幻休龢尚墖

少林寺揔持宗門幻休潤禪師塔記
明道議大夫兵部左侍郎新都汪道昆撰　弟任子汪道貫篆額　吳郡半偈頭陀王穉登書
自佛降中劫是為西極聖人歷二十八傳東土乃始有祖後之學者卒祖少林宗曹谿其後裂立為五宗而曹洞特蕃稱之
嵩高峻極西岳承之歷世代興且為少林當家潤公則少林之自出北游上京余時以公事夕龍華習聞緒論居有頃少林
大衆迎公赴主席為宗師大宗伯墊真陵公授牒以往其時內則掖庭近侍外則宦者諸大臣諸宰官在廛市則諸長者居
士善男子善女人在叢林則諸比丘諸沙門諸法衆莫不舉手加額謂宗門得人既至而四衆皈依有如龍象居六年後
色入部人士嚴事有加又六年感疾始周公已示寂蓋乙酉四月二十七日也既而藏舍利於祖之乳峰其徒正道謁大宗伯為
之碑真理乃後拒余為塔記余故奉儒非佛既則始非非佛也者而歸之乃今以凡夫而譽聖人之徒譽亦非也第折衷於
大宗伯無用溢言公世家進賢籍黃氏幼倍二親而從從父賈出而周游嘗因攝塵優曇然若有所創諸幼皆局也無常謂
何乃今伏牛山禮平公祝髮法名常潤字大千自號幻休吾將從此休矣居三歲初攝心如接浮瓜起滅相乘茫無所措質
疑求決南詢萬松於徑山萬松詰之曰說是何人措者何物公亦未決退而業白九華一夕覺身同虛空沈谷而質其狀容
以為理障第由教而入之明入都市聽松秀二師講楞嚴經至圓明了知不因心念之句倏忽有悟廓然如鏡中像不落幻
空乃知前境塵空直塵勞一息耳復參大方蓮公座下鬪現鏡中像時如何蓮曰直須打破曰打破後如何曰亦未離心境
公未決從往參少林宗師小山書公始至舉響者言書曰何必打破公曰其柰鏡像何書曰鏡像安在公悟留侍祖庭一日
師問公曰雖昔之疑決□舉掌師曰無將以周兩問景邪公曰此外更無何有師曰試披衣檢之力行二年愈益精進師
嘗舉洞山法語我今不是渠因詰之曰既不是渠畢竟是何人公頓悟以偈答曰若要識此人有個真消息無相滿虛空有
形沒蹤跡曾為佛祖師嘗作乾坤則龜毛拂上清風生兎角杖頭明月出師曰子毋勦說更須自入悟門公對曰尚不借緣
從何門入師曰既不借緣何為至此公曰因不借緣所以至此師曰說不借緣一語於意云何公曰彩鳳翱飛身自在鐵牛
吞吼意常閒師喜曰善哉善自保任公將辭去昔夢一巨人立亂峰宣言曰祖庭在汝旦日就師謁行師丁寧以宗門相屬
授之偈曰當作人天主常思少室秋□謝□師娓娓而別時提舉了公攝登封縣僧會公過之了公夢洒掃迎新宗師公
適至了公告昔夢異日當嗣師曰子毋以夢幻為真尋別去其後小山歸寂□□迎□□□□□辭了公親往和尚縱不然
吾疇昔之夢寧詎虛先師偈言公聞之□□遂乃說道公魁然修碩容止莊嚴其響應如洪鐘其普度如廣筏其砥波流如
山立其隨機而顯化如珠走□□其稟獨□覺摩迷日孳孳然以道自任及門之士七百入室者幾三百人公法語凡數千
言雖世凡三偈具載語錄不具陳諸弟子又言公嘗就五臺壽明寺講法華寺中現白毫光周帀如纍大衆稱異公止之本
來原自光明勿作異見道者魔名入過獲喜止一精舍衆沙門羅拜稱祖師公退然語之闍梨安得此語則云昔夢伽藍掃
門旦日祖師過此非上人而何公咲曰不然祖師業已過矣此其有而不居善而不伐大都由定性中來昔酬了公皆此意
也余去國且久居□□林竊謂末法多門經禪角立博者務彰吾教約者務守吾宗或□或沿即源委猶雲壤矣蓋自白馬
以來大藏具在皆□求浴熟為指南達磨西來悉屏言語文字廓然無聖獨得其宗及曹溪直標見性一花五葉殊塗同
歸夫是之謂宗上乘夫是之謂不二瀍無餘蘊矣久之往口耳涉支離其說猶燕郢也密則失矣楚寧獨得乎哉甚者同室
鞅踐人我為敵援自以為王霸孽視諸宗槩諸普門何示人以不廣也余觀潤公法語志在集成禮樂干戈文武並用如之
何其以下羽長禹搏拊䨓變堂堂祖庭曹子代起第拈說鈴而希百浮屏戶說而歸大同斯則佛祖之所為涅槃公之所為
滅度者也余既為之記又系之銘銘曰
度流沙來初祖絕思議𣎴去能所蹤玄同班尼父吾道南曹溪浒徑心密建鳴鼓拓五宗芳鄰魯首曹洞棹常居擊大千起
瑕堵盤如龍眈如虎隨形骸流肺腑袪法塵散靈府臬宗門繩祖武星紀周歸淨土□嘻休哉是為曹洞之正宗歷世三十
有五
萬曆丙戌中元日　長洲沈幼文刻

丁亥二月嵩山祷雨遇雪，后雪大澍，喜和徐侍御游少林喜雪之作

叶时新撰　万历十五年二月

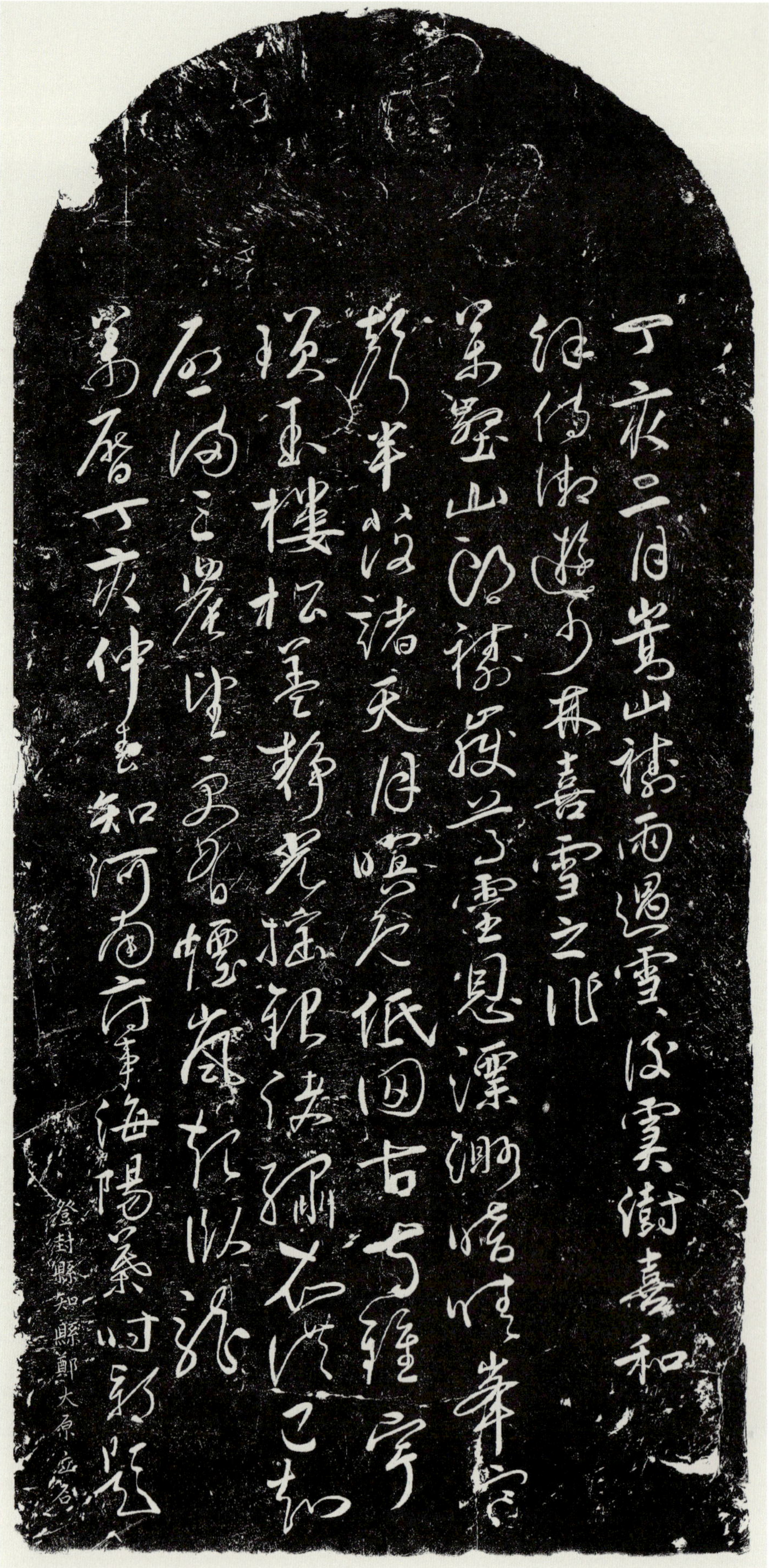

王士崧撰　万历十五年四月

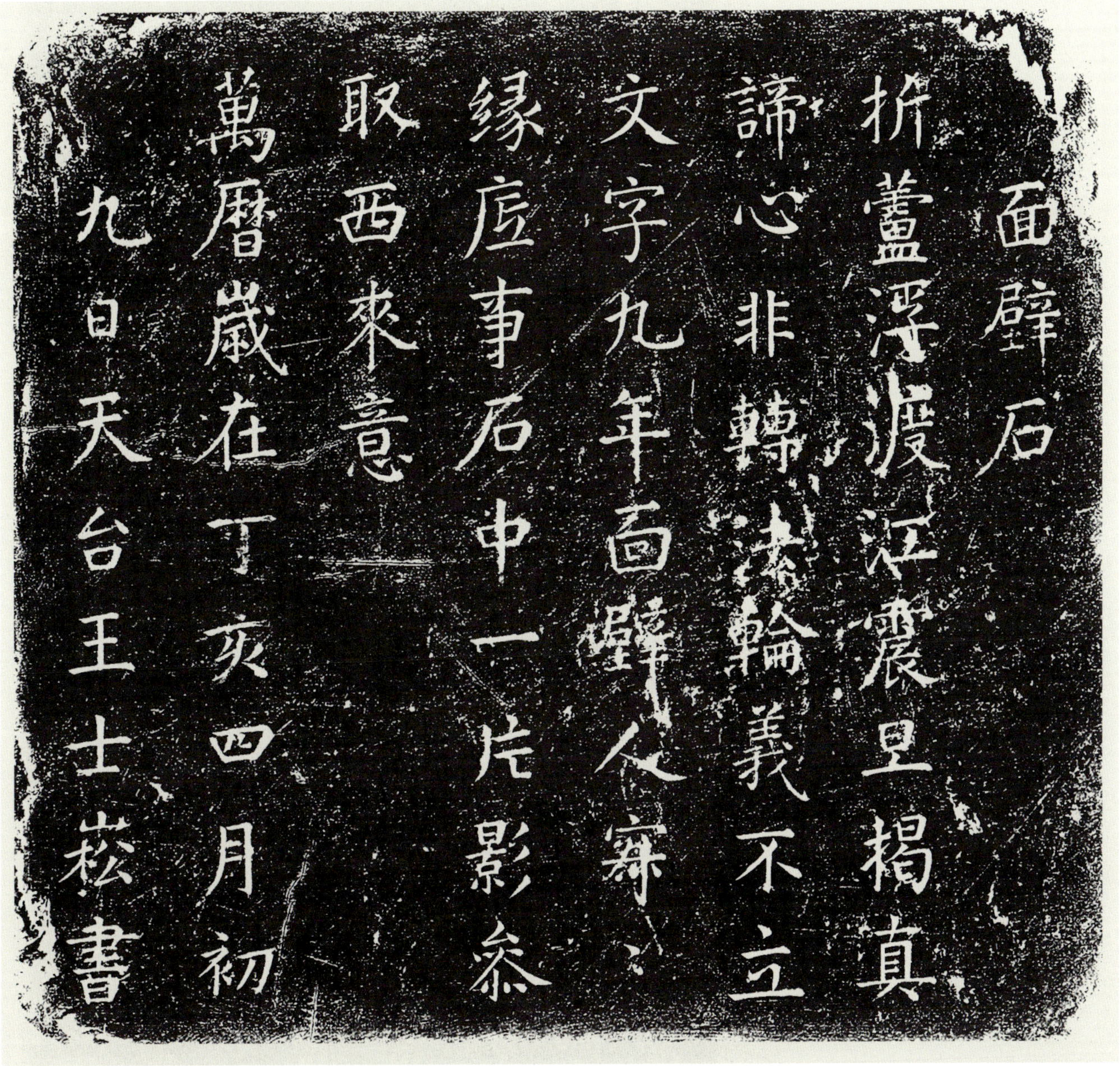

面壁石

折蘆浮渡江震旦揭真

諦心非轉法輪義不立

文字九年面壁人寧

緣底事石中一片影參

取西來意

萬曆歲在丁亥四月初

九日天台王士崧書

中秋夜同巩登二年丈考绩宿少林次题壁韵

冯懋仁　顾汉　郑大原撰　万历十七年八月

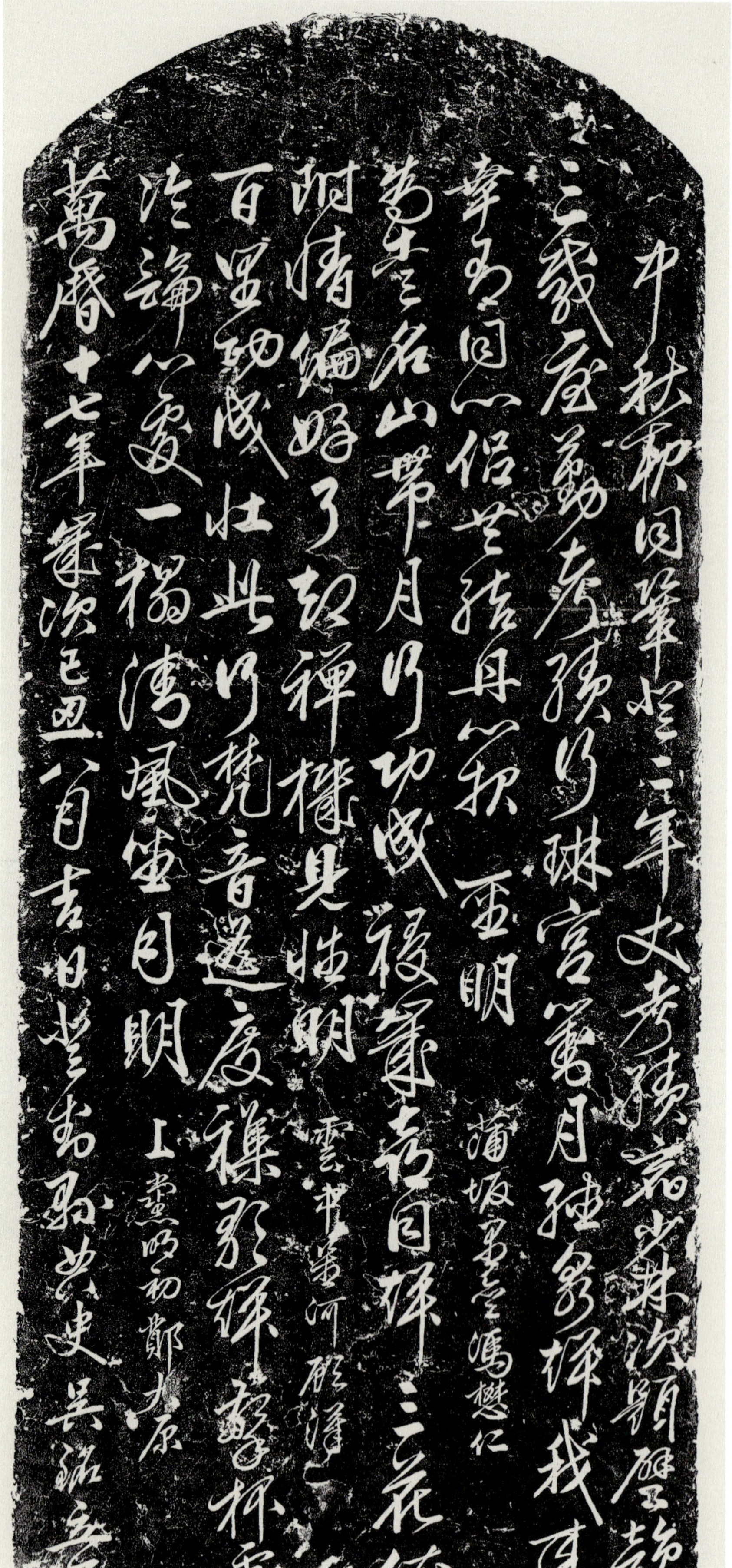

少林仲公
和尚之塔
孝徒周愛
法姪周當周智
萬曆十八秊季春
徒孫洪福普恩和仝建

少林提点爱公一慈和尚之塔

祖源撰　万历十八年三月

少林提點
愛公一慈
和尚之塔
萬曆十八季春三月吉旦徒洪福孫普和息仝建

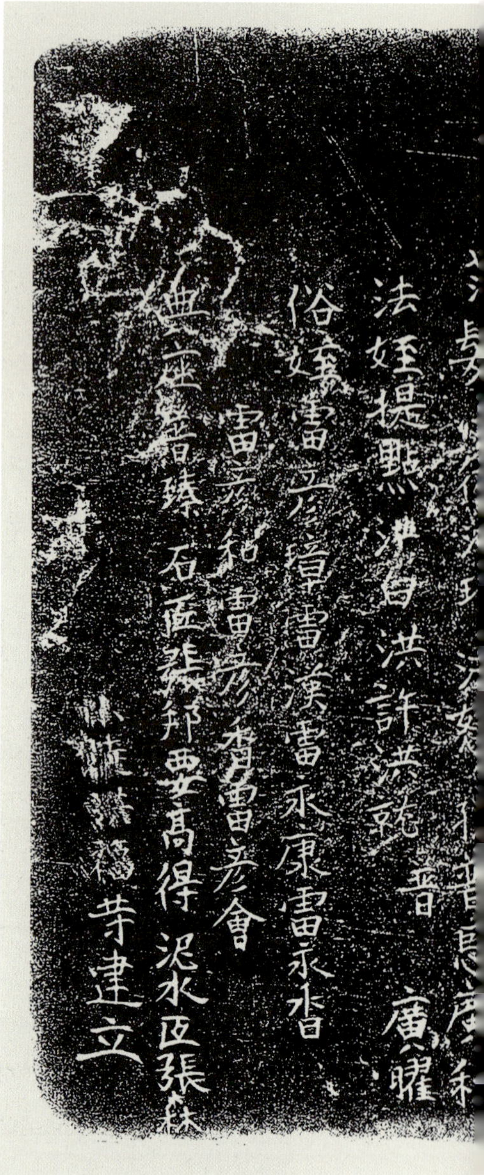

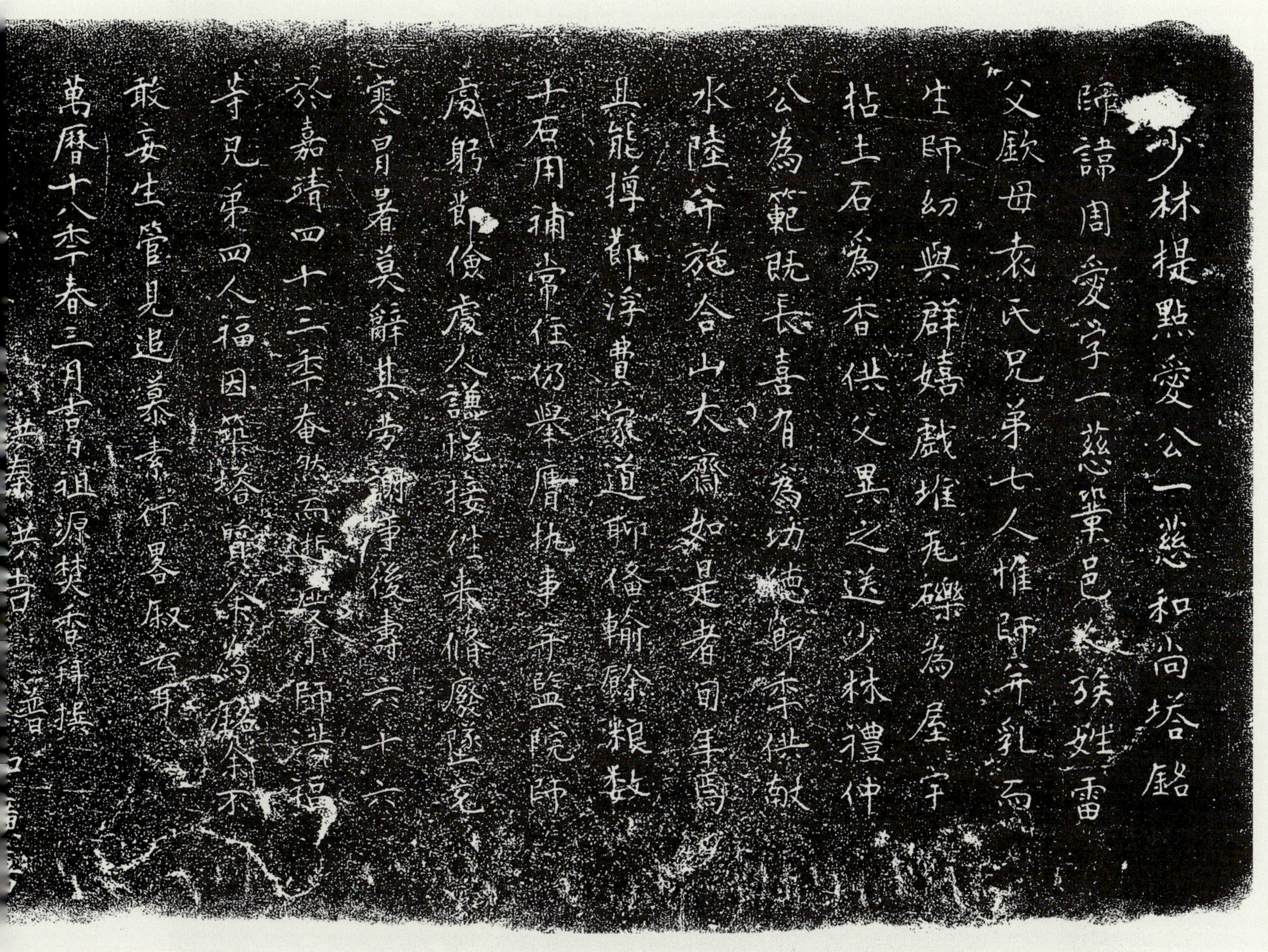

少林提點愛公一慈和尚塔銘

師諱周愛，字一慈，鞏邑之族，姓雷，父歆，母袁氏，兄弟七人，惟師并乳而生。師幼與群嬉戲，堆瓦礫為屋宇，拈土石為香供。父異之，送少林禮仲公為範。既長，喜有為功德，節年供獻水陸，并施合山大齋，如是者自年為□。且能撙節，淨費家道，恥備輸餘糧數十石用補常住，仍舉僧執事并監院。師處躬勤儉，處人謙恱，接從來僧廢墜，竟寒冒暑，莫辭其勞，謝事後，壽六十六，於嘉靖四十三年奄然而逝。徒弟師洪福等兄弟四人，福因築塔，嘱余為銘。余不敢妄生，嘗見追慕素行，畧叙云耳。

萬曆十八年春三月吉旦　祖源焚香拜撰

共泰　共吉　□譜

少林寺圆寂首座迷公指南和尚之塔

万历十九年三月

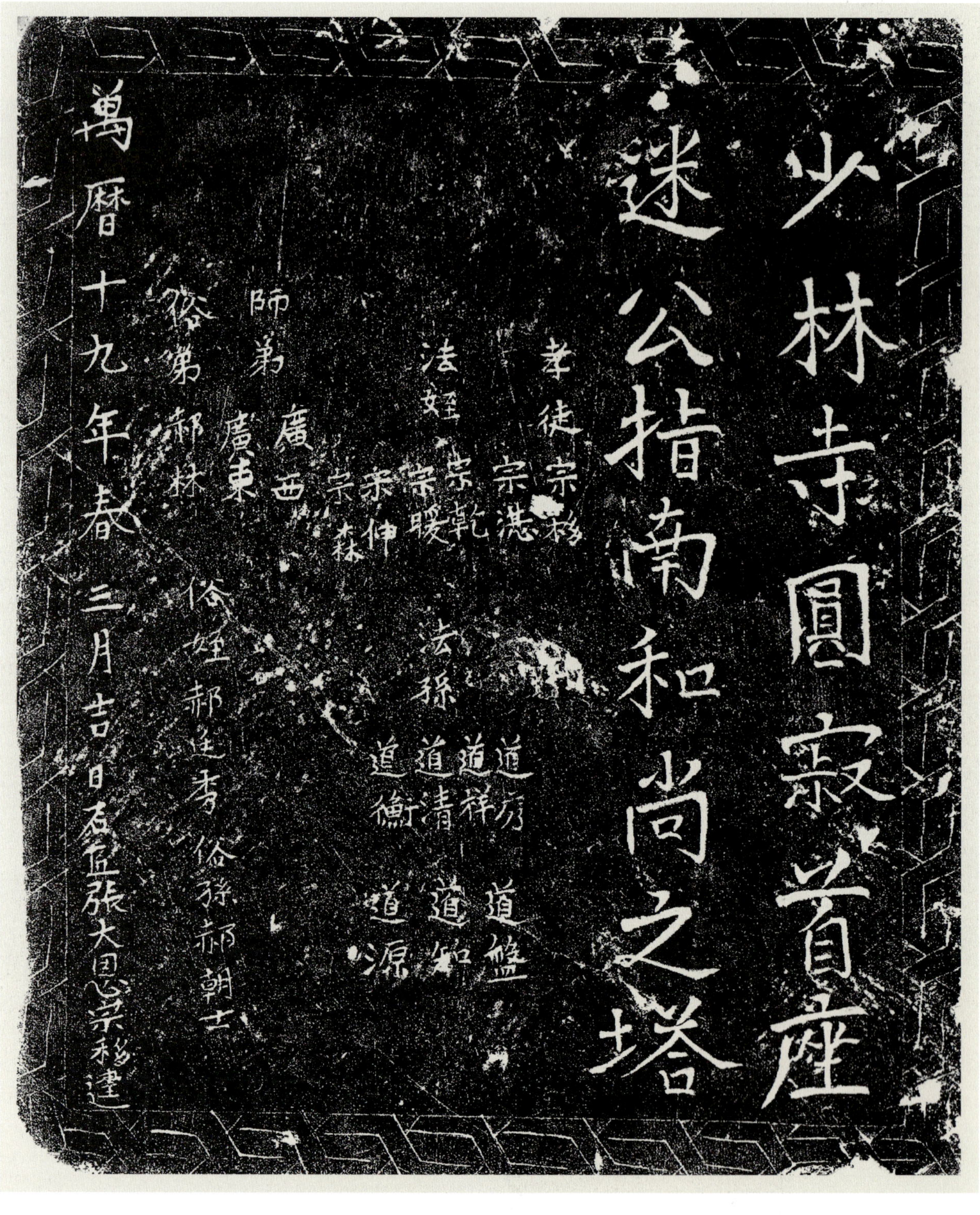

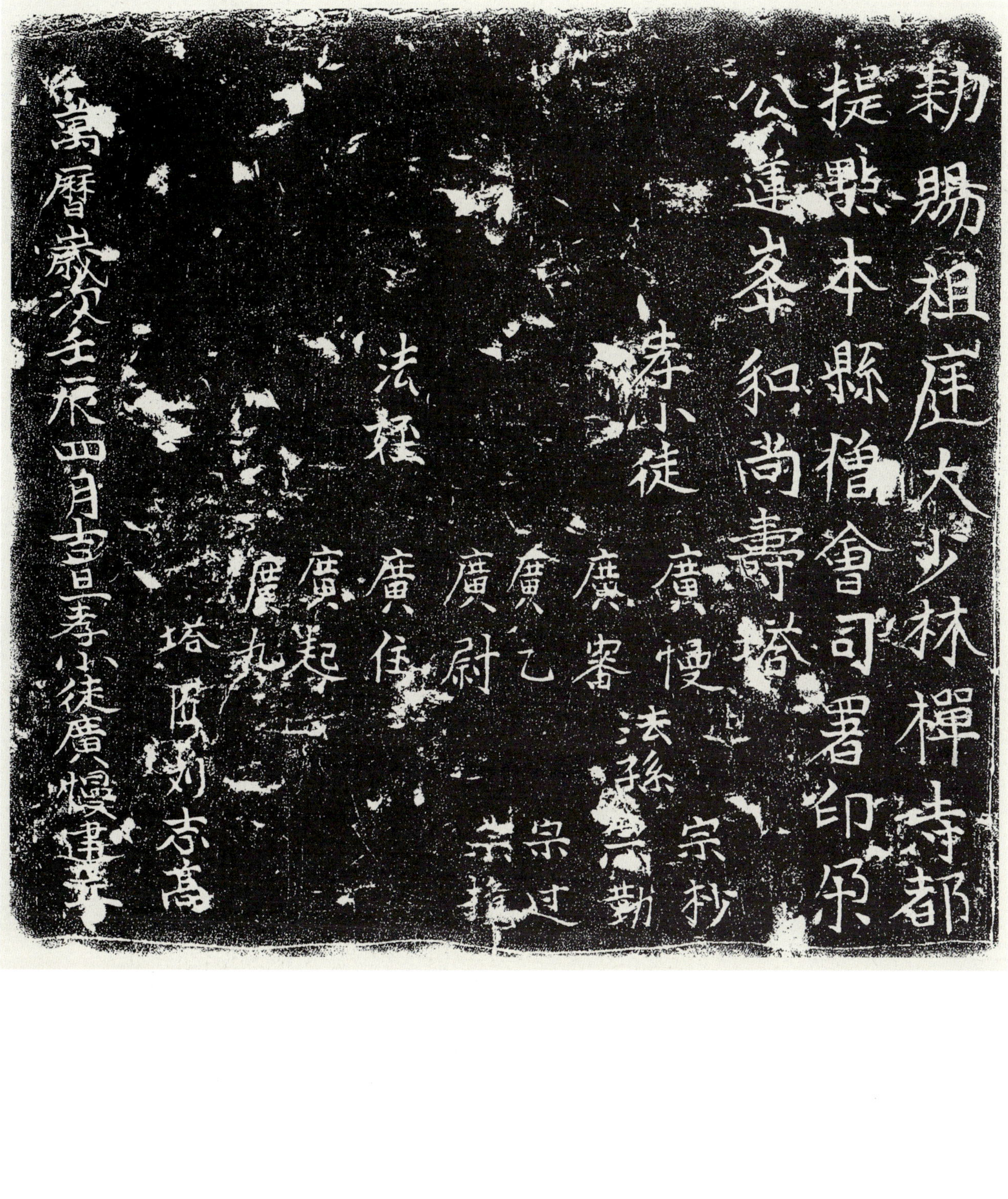
敕賜祖庭大少林禪寺都
提點本縣僧會司署印朵
公蓮峯和尚壽塔
萬曆歲次壬辰四月吉旦孝小徒廣慢建立

敕赐祖庭大少林禅寺初祖庵庵主洞公本原和尚之塔

万历二十年四月

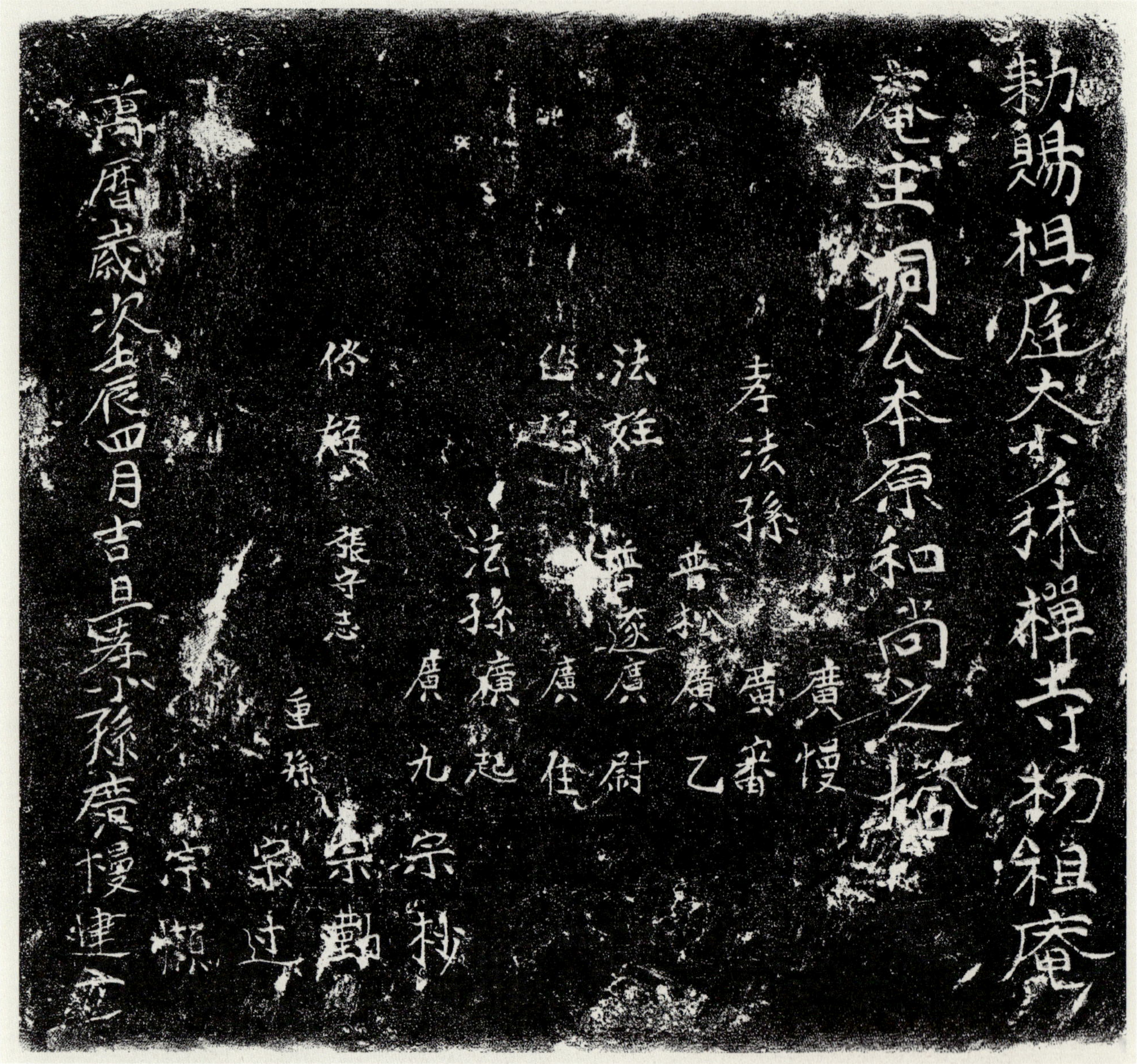

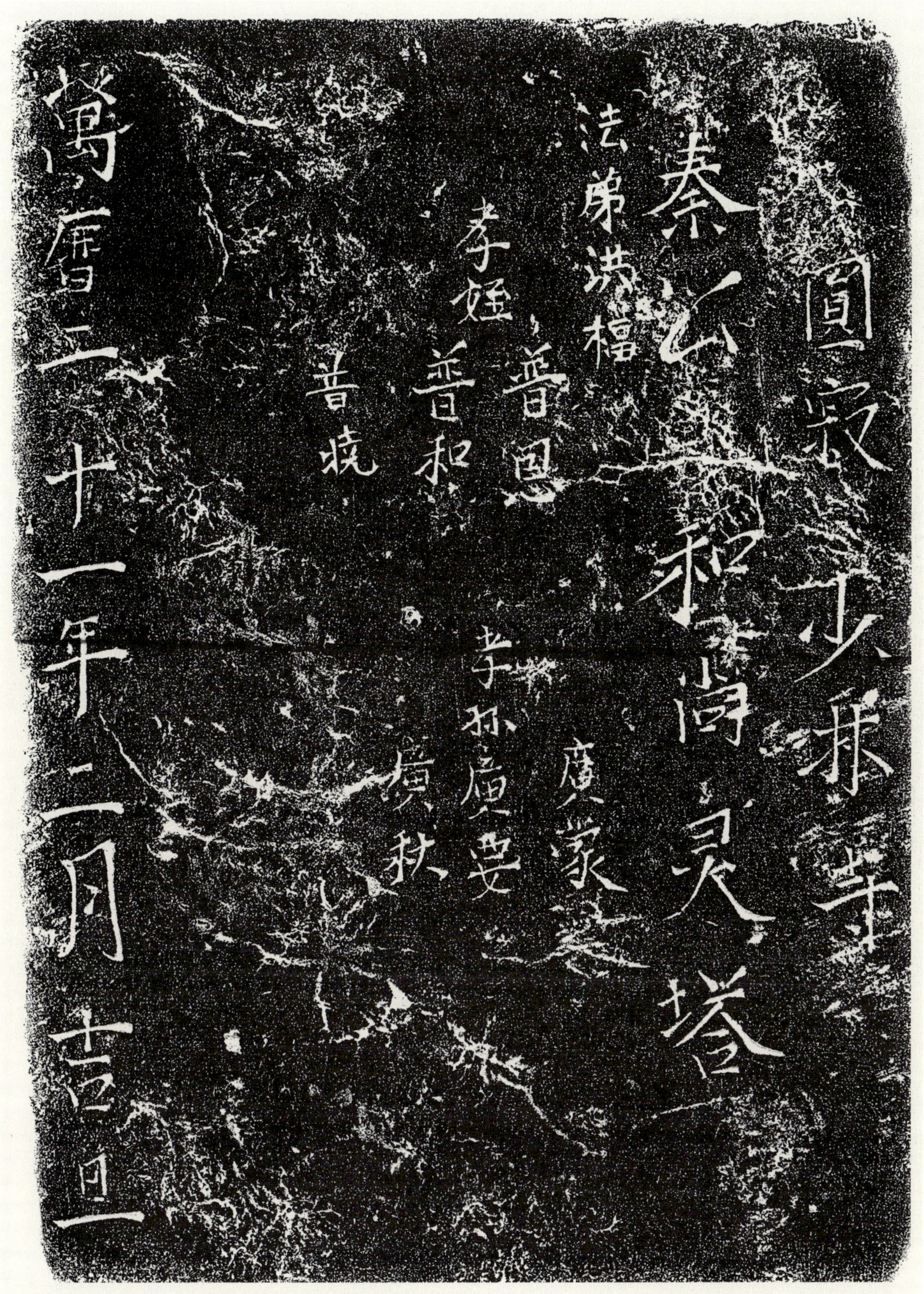
圓寂少林寺
秦公和尚靈塔
法弟洪福
孝姪普恩 普和 普曉
孝孫廣要 廣秋
萬曆二十一年二月吉旦

祖庭少林禅寺恕公和尚灵塔

万历二十一年二月

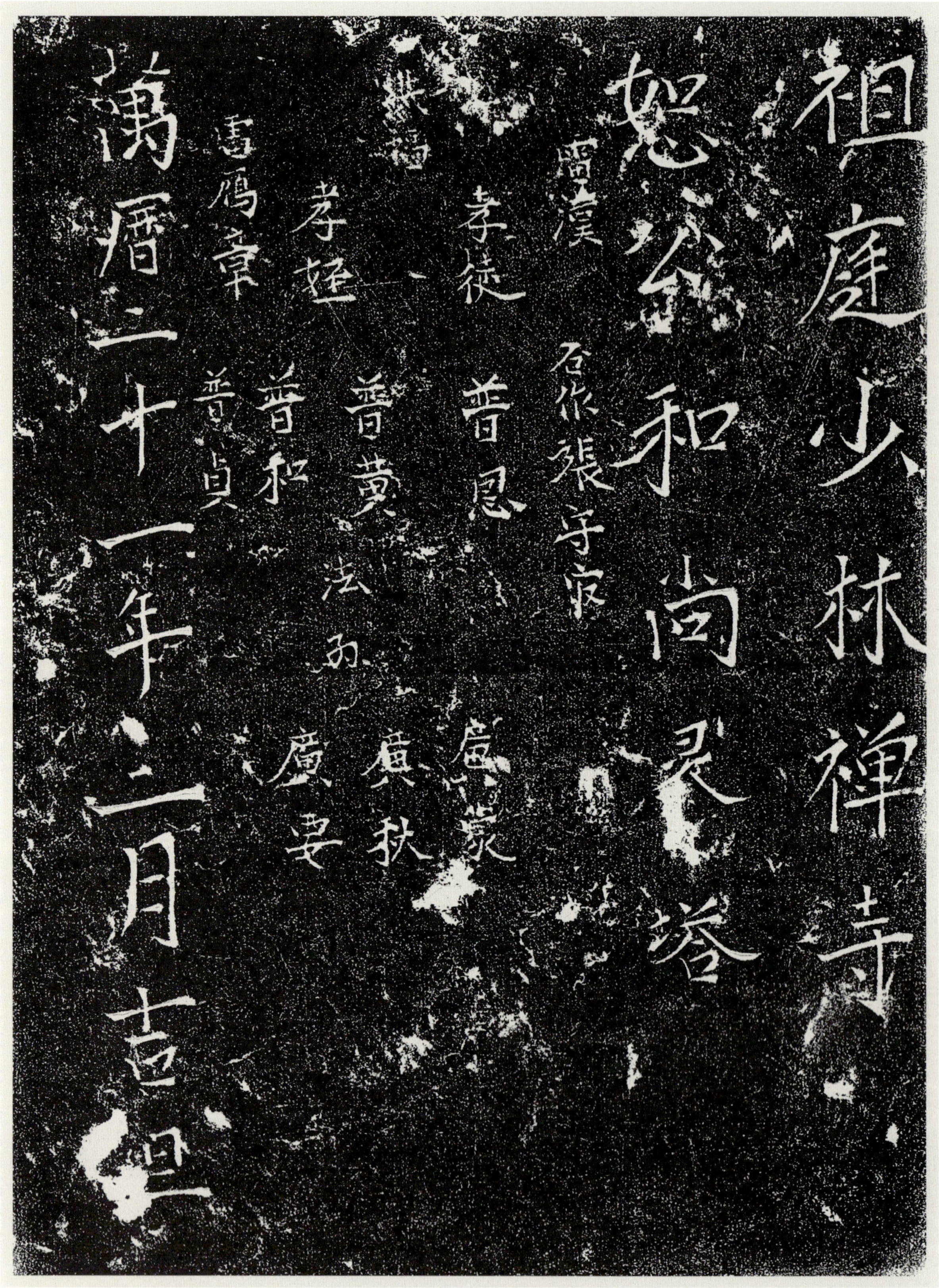

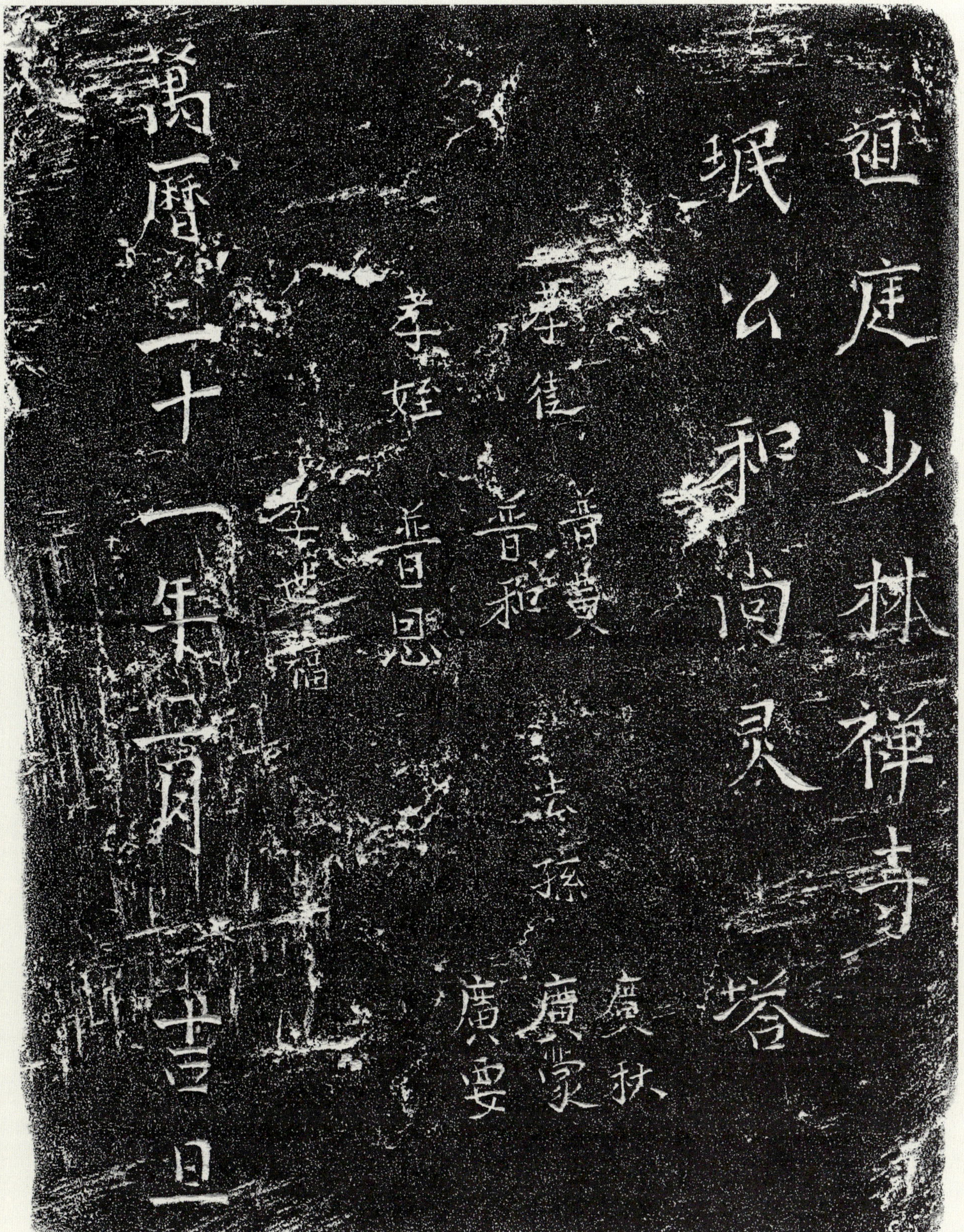
祖庭少林禪寺
珉公和尚靈塔
孝徒
孝孫
孝姪
普恩
萬曆二十一年二月吉旦

敕赐祖庭少林禅寺圆寂禅师和尚竹公寿塔

万历二十一年十月

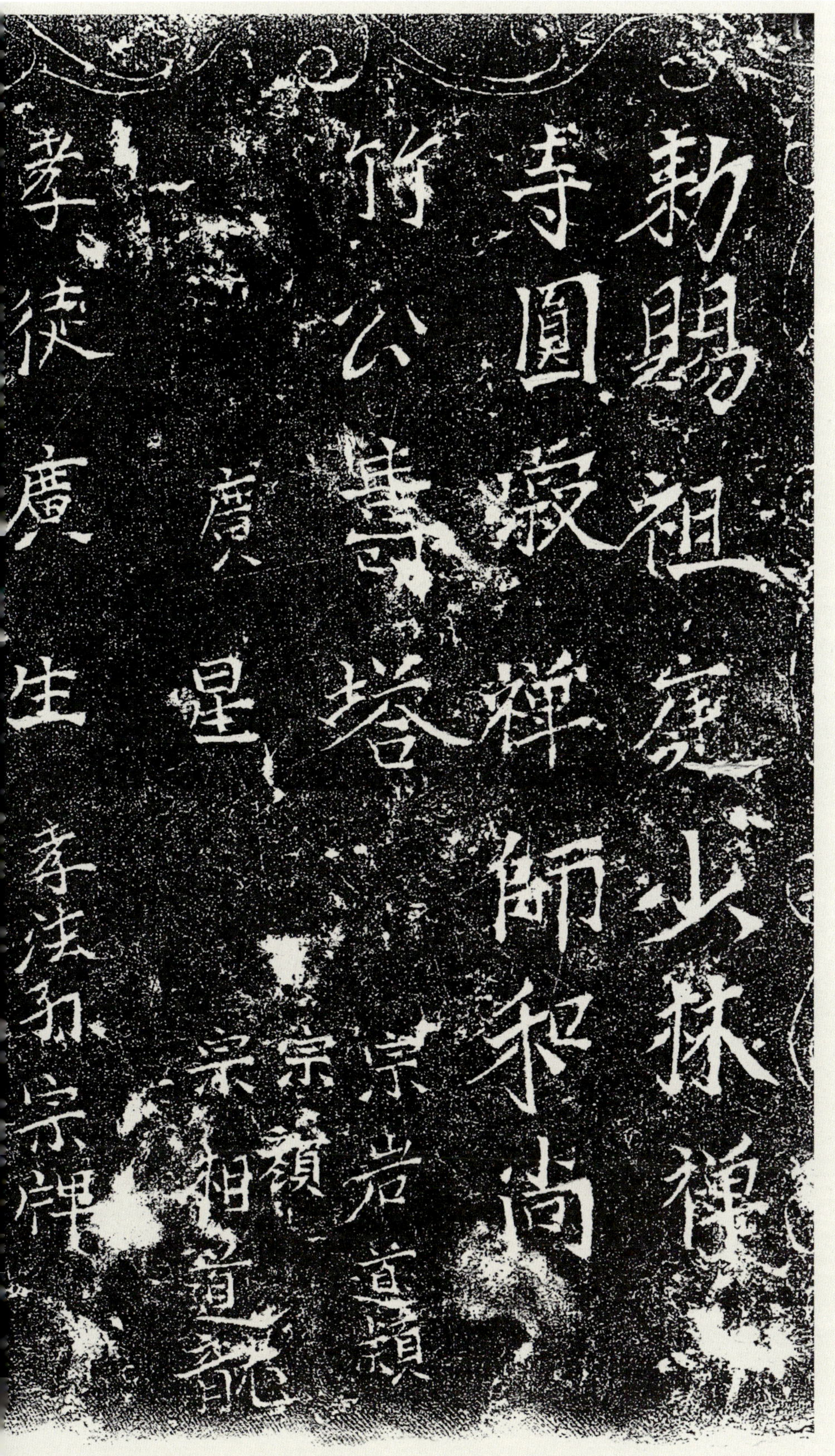
勅賜祖庭少林禪
寺圓
禪師和尚
公壽塔
廣昱
孝徒廣生
宗岩
宗嶺
宗相
孝法孫宗

登封县图

万历二十一年

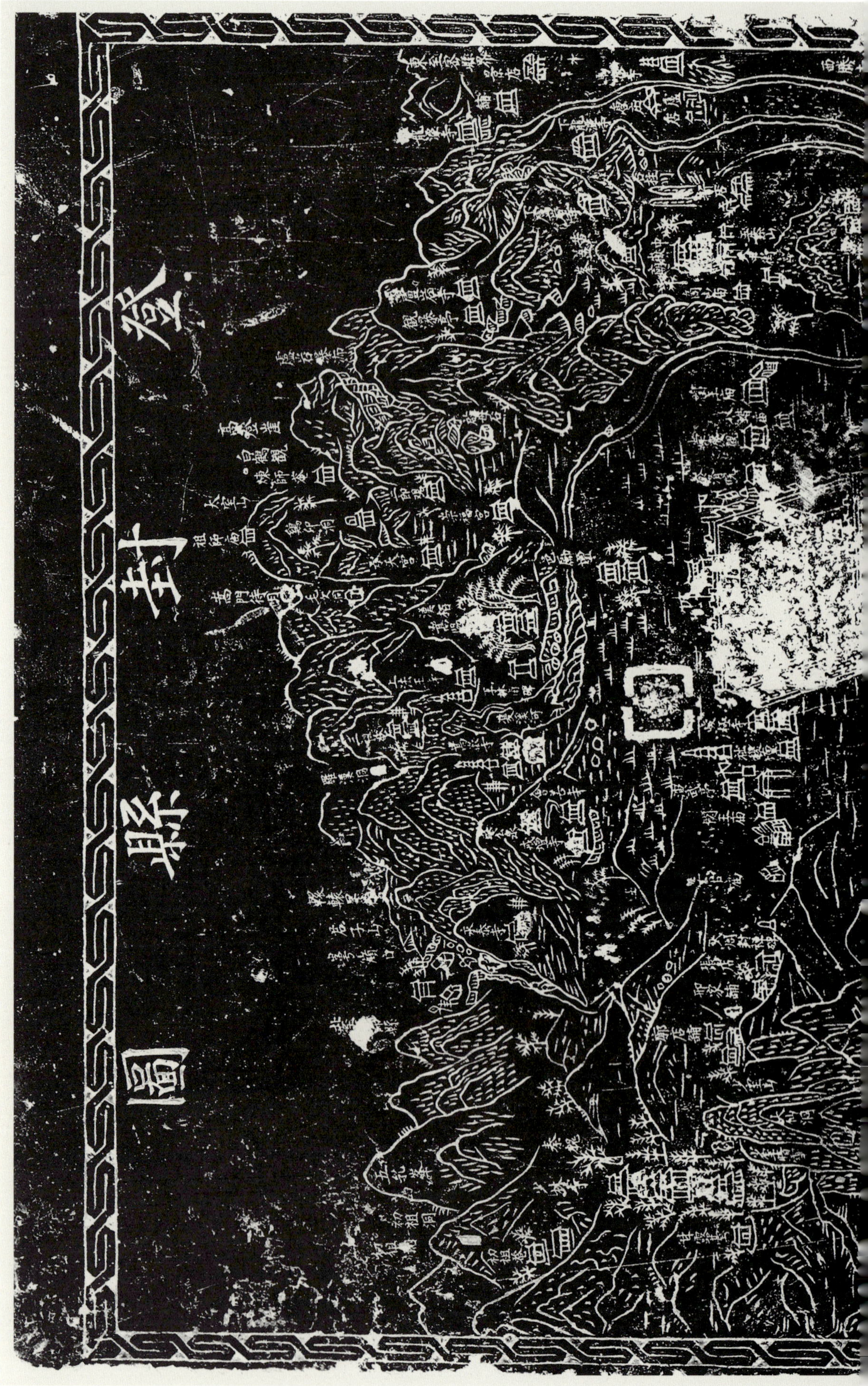

祖庭大少林禅寺僧智庵公和尚寿塔

万历二十二年二月

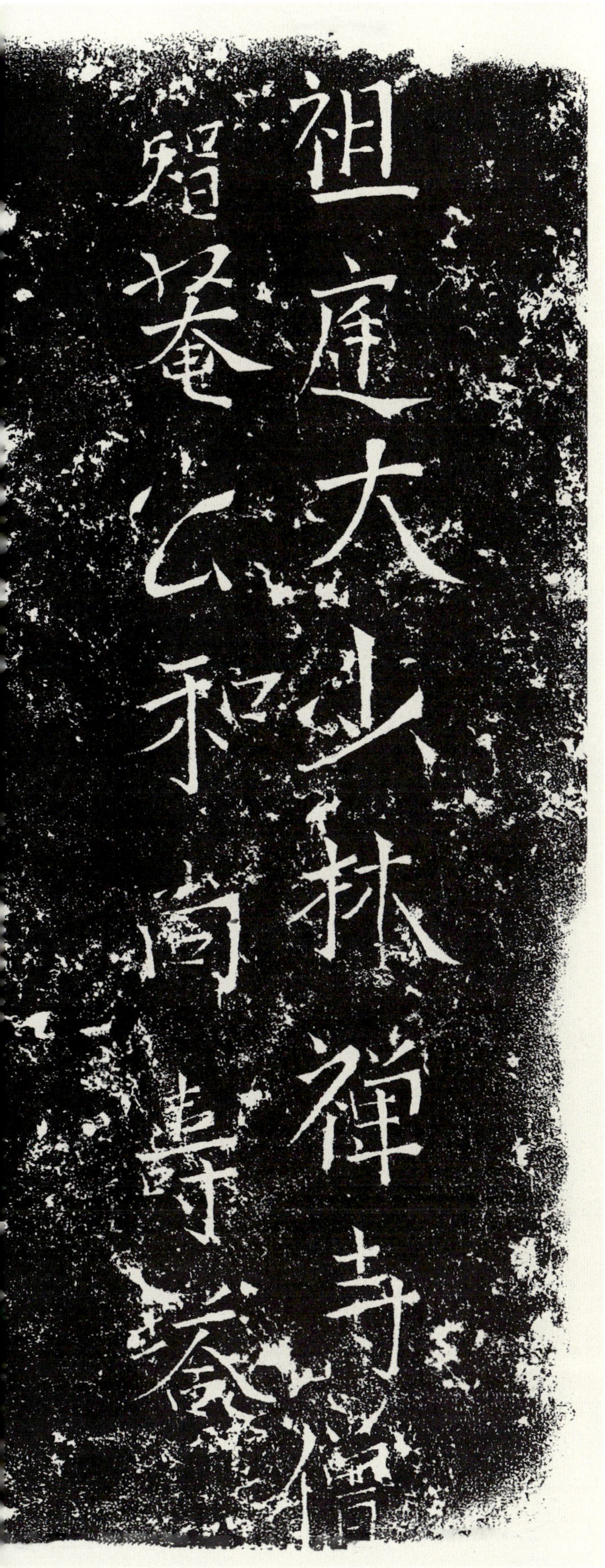
祖庭大少林禪寺僧
菴公和尚壽

祖庭少林禅寺僧犨公和尚灵塔

万历二十二年二月

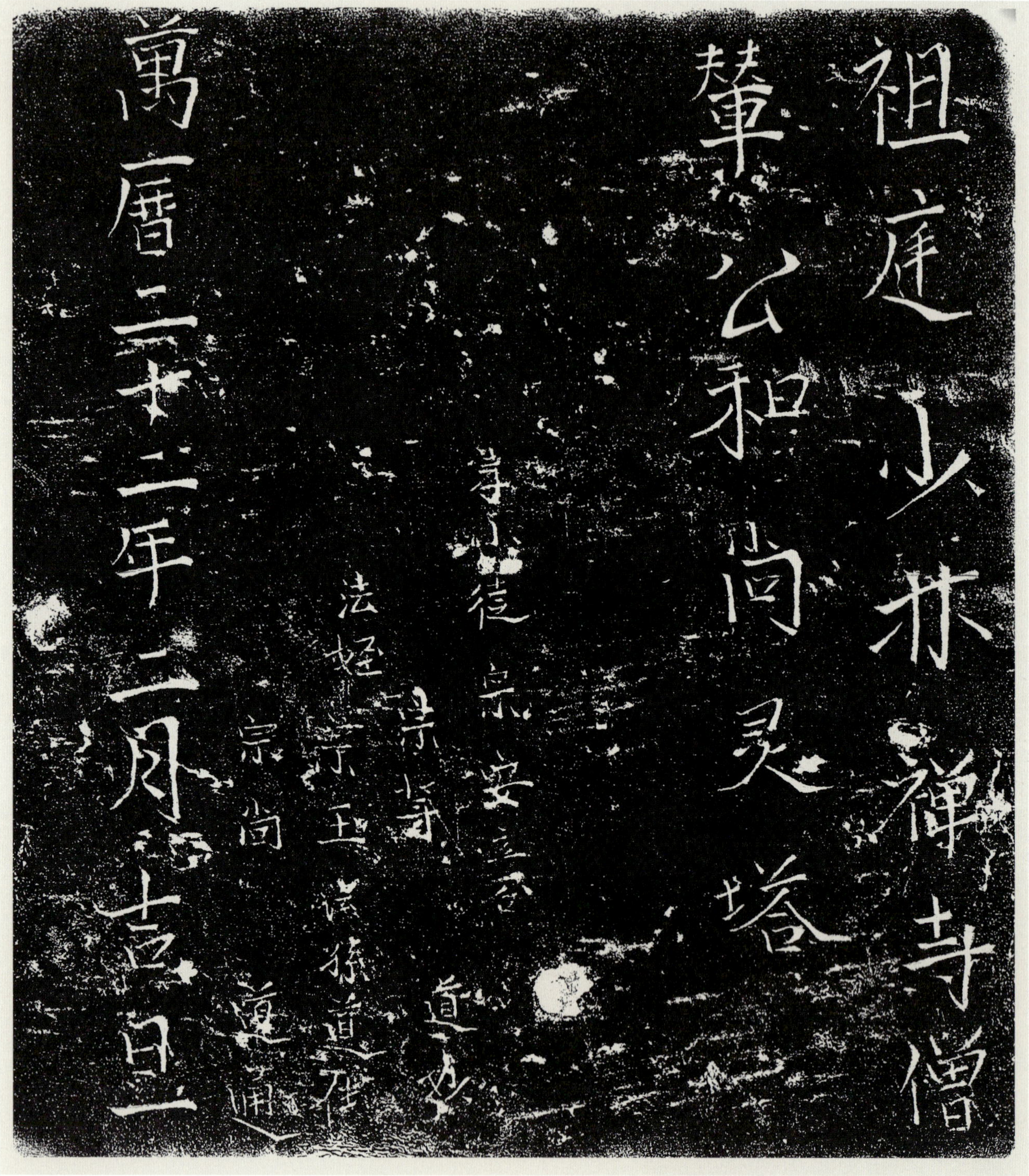

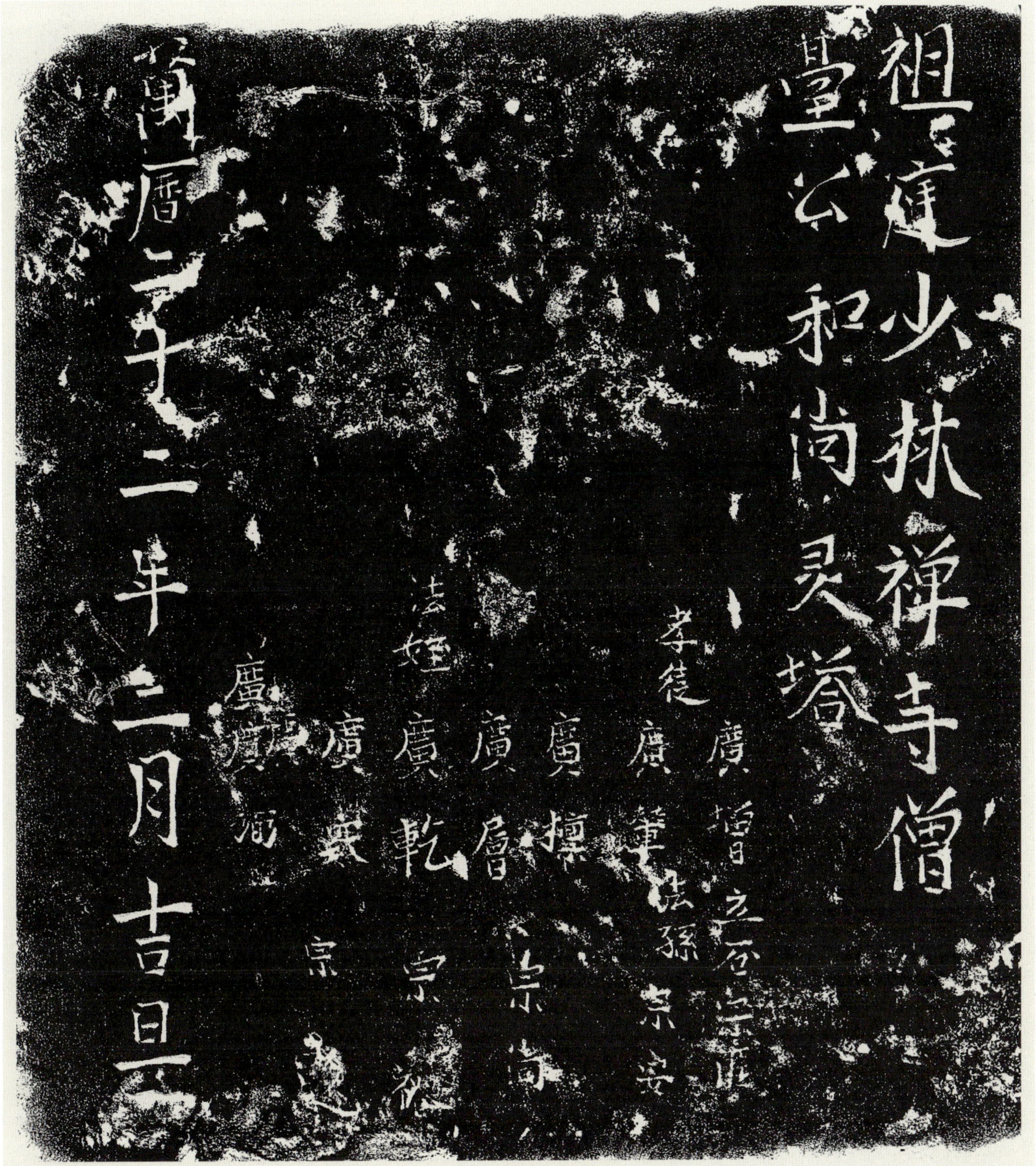
祖庭少林禅寺僧
臺公和尚灵塔
萬曆二十二年二月吉日

院行明文

万历二十三年八月

登封县知县丁为肃清规杜诈害以安丛林事告示

万历二十三年十月

杜詐害以安叢林事照浔少林禪寺自古祖庭為天
衆雲集遂致不遵戒律者有之然住持之設出自。
求其任至專其選至慎非苟佩心印端潔操履者不
服破律等項事情小則住持徑自責處大則當年管
當年容隱姑息訪出一併坐罪近訪浔郭店等處地
媒子挾騙或假公濟私或將無作有攪擾宗門深為
紀恣行驅詐者舉呈受呈之人各重責枷號撤贓定
田土犯者不饒況本寺武僧驃兵護
肆行瀆亂及侵占尺寸之土者許管事僧具實呈舉

日示

監寺 普忠 普寶 首僧 宗鏡 廣財 錢帛庫 普菜 道朵 倉庫 宗彦 慶芳 米麵庫 宗滔 宗起 移

立石

面壁洞同丁元文给谏　颖阳三月雨雪歌赠丁元文

区大相撰　杨玉润书　万历二十四年

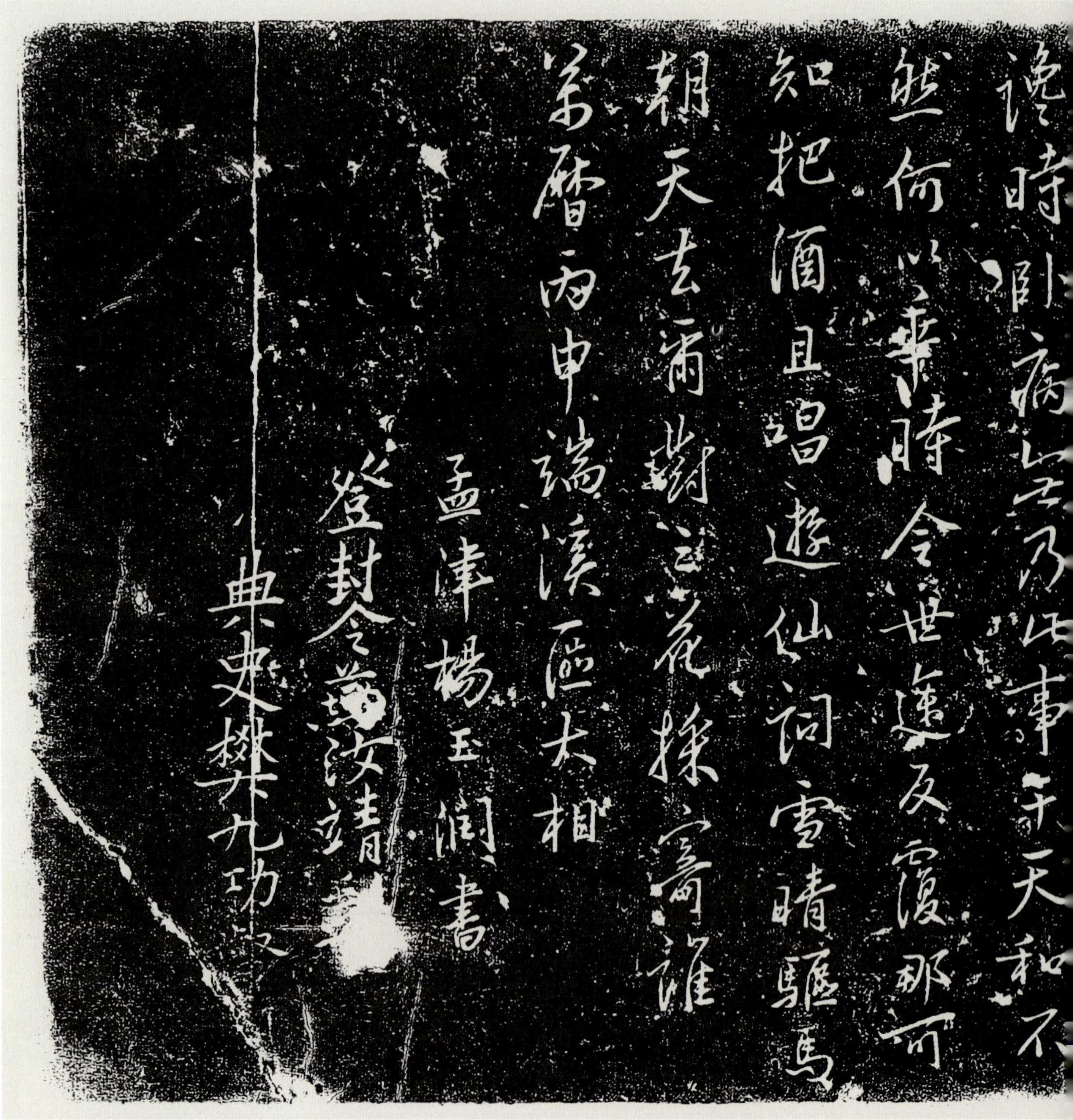

然何以乘时今世遘反覆那可
知把酒且唱游仙词雪晴驱马
朝天去雨树飞花梯高谁
万历丙申端溪区大相
孟津杨玉润书
登封令[illegible]汝靖立
典史樊九功

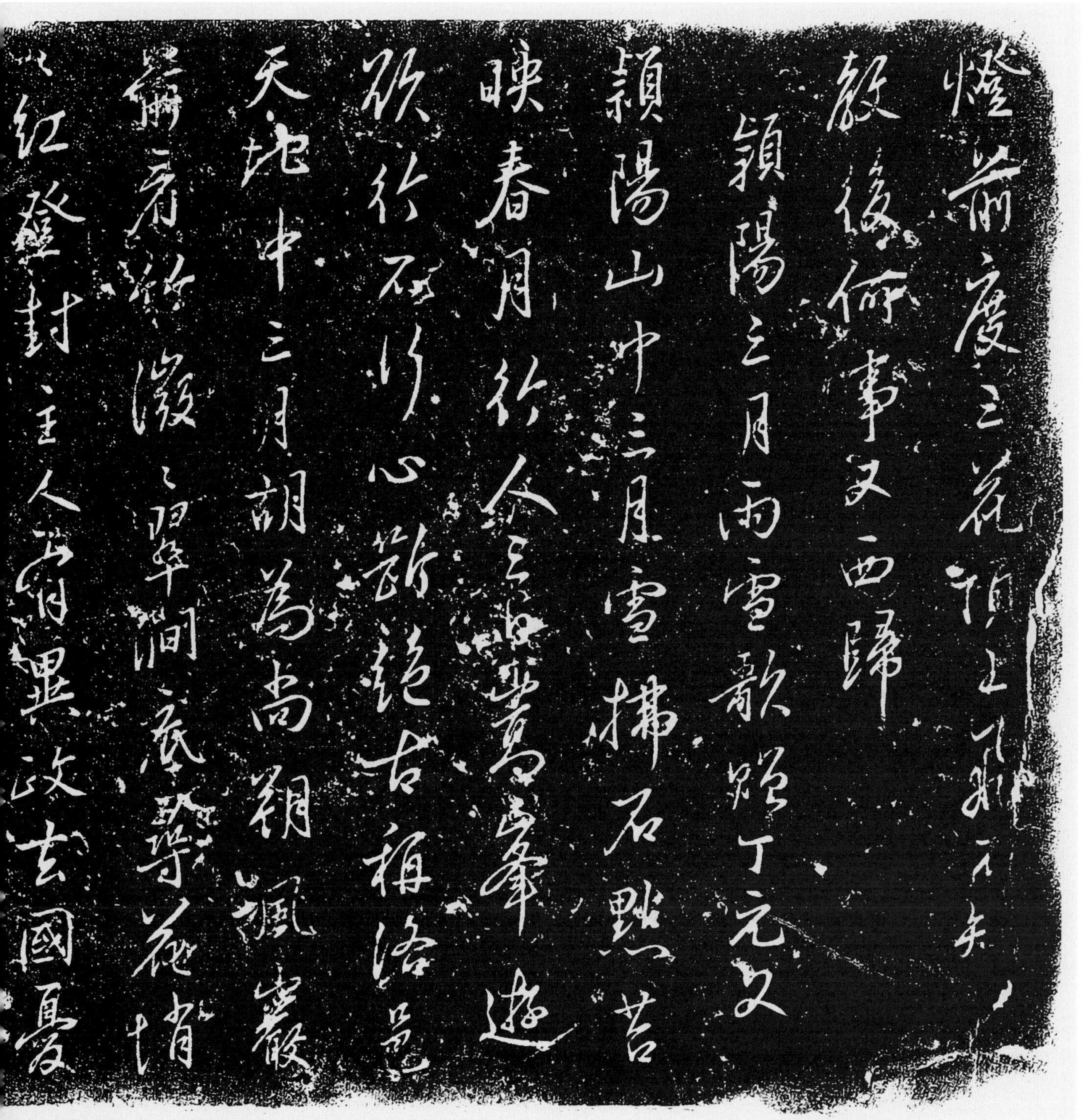

敕赐祖庭少林寺白公雪峰灵塔

万历二十五年二月

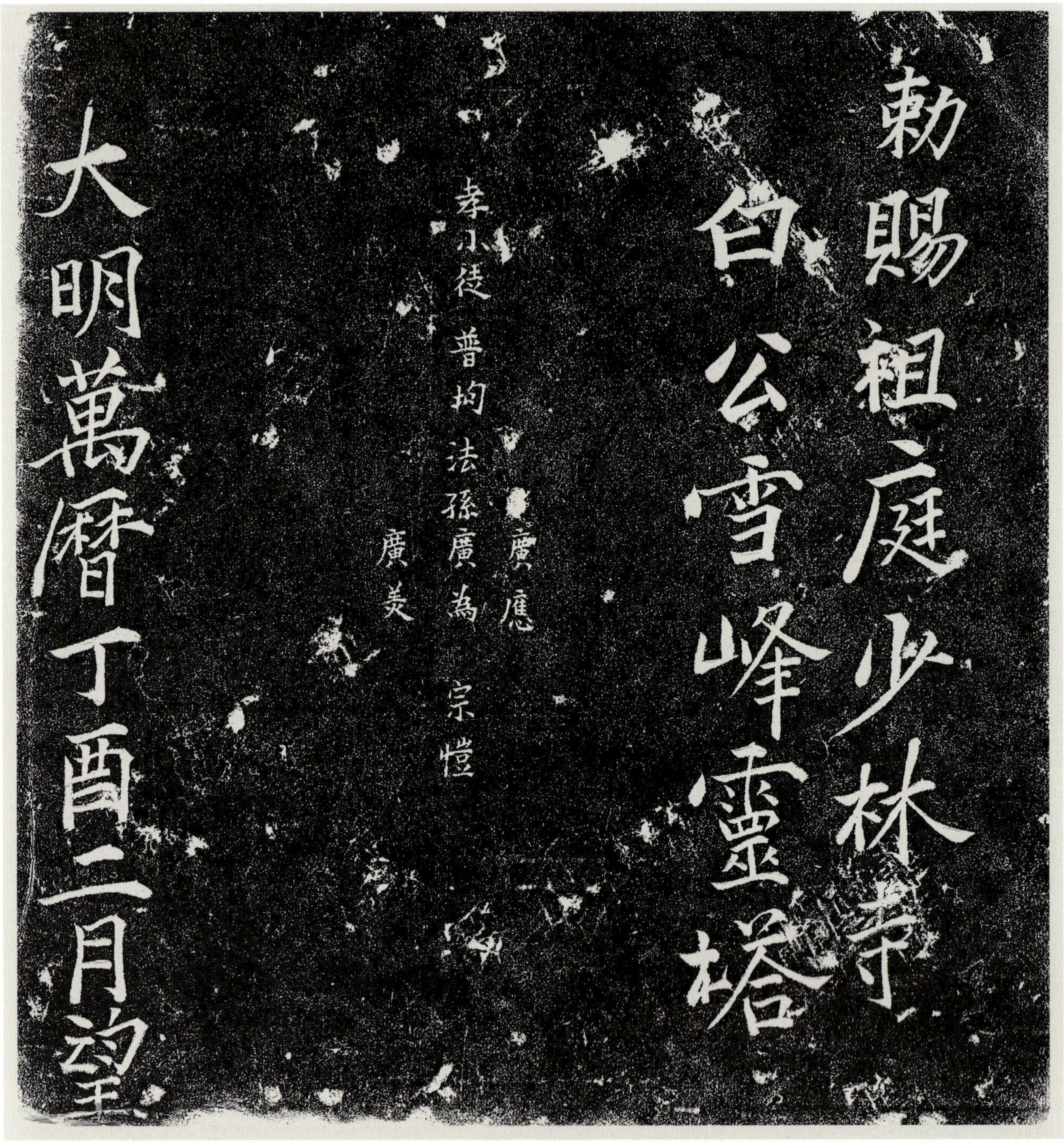
勅賜祖庭少林寺
白公雪峰靈塔
孝小徒 普均 法孫 廣應
廣為 宗愷
廣美
大明萬曆丁酉二月望

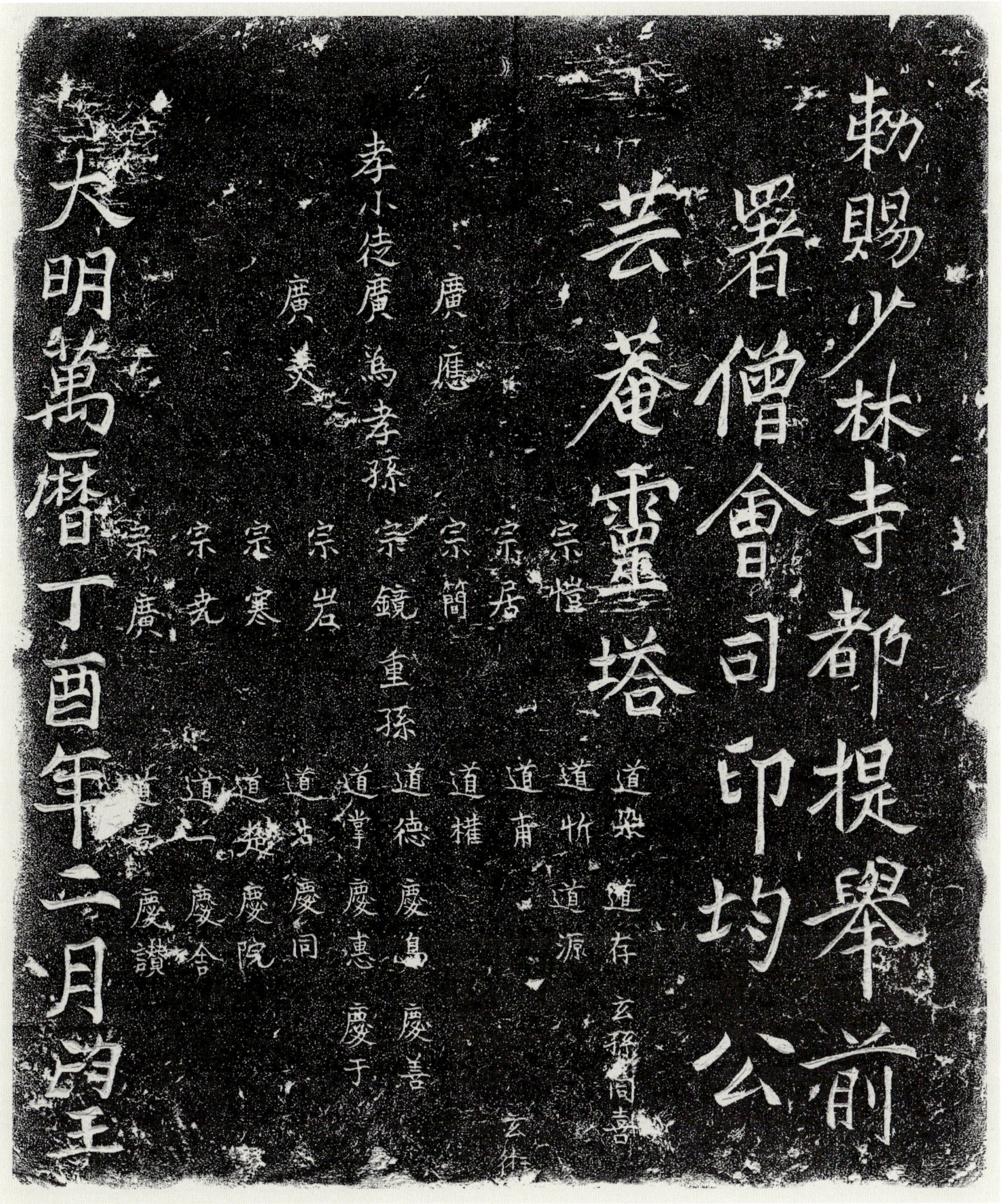
敕賜少林寺都提舉前
署僧會司印均公
芸菴靈塔
孝小徒廣為孝孫
廣應
廣炎
大明萬曆丁酉年二月

敕赐祖庭少林寺都提举当公正宗灵塔

万历二十五年二月

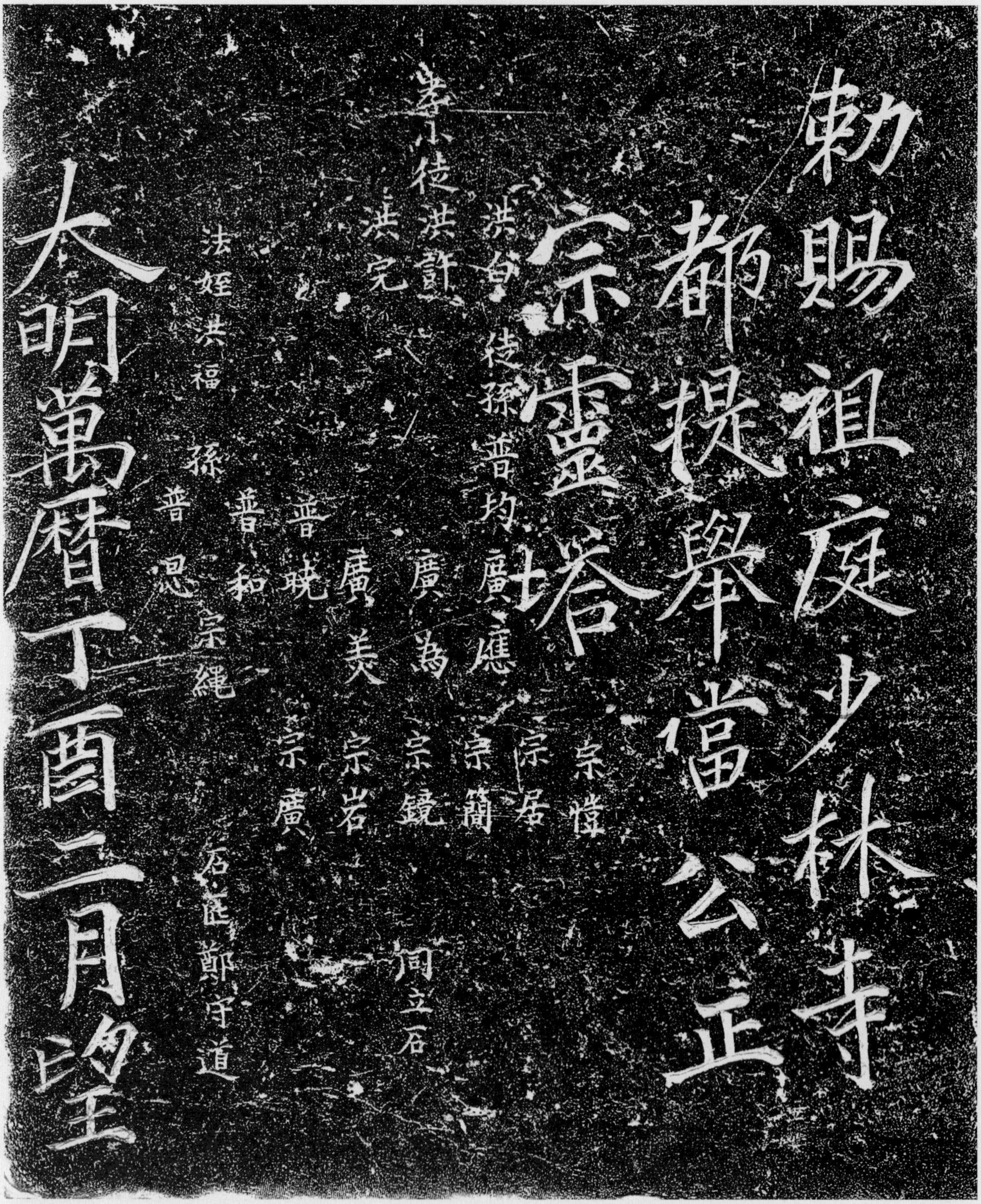
勅賜祖庭少林寺
都提舉當公正
宗靈塔
宗愭
宗居
洪台 徒孫普均 廣應 宗簡
孝徒洪許 廣為 宗鏡 同立石
洪完 廣美 宗岩
普曉 宗廣
普和
法姪洪福 孫 宗繩 石匠鄭守道
普恩
大明萬曆丁酉二月望

思庵撰　万历二十六年夏

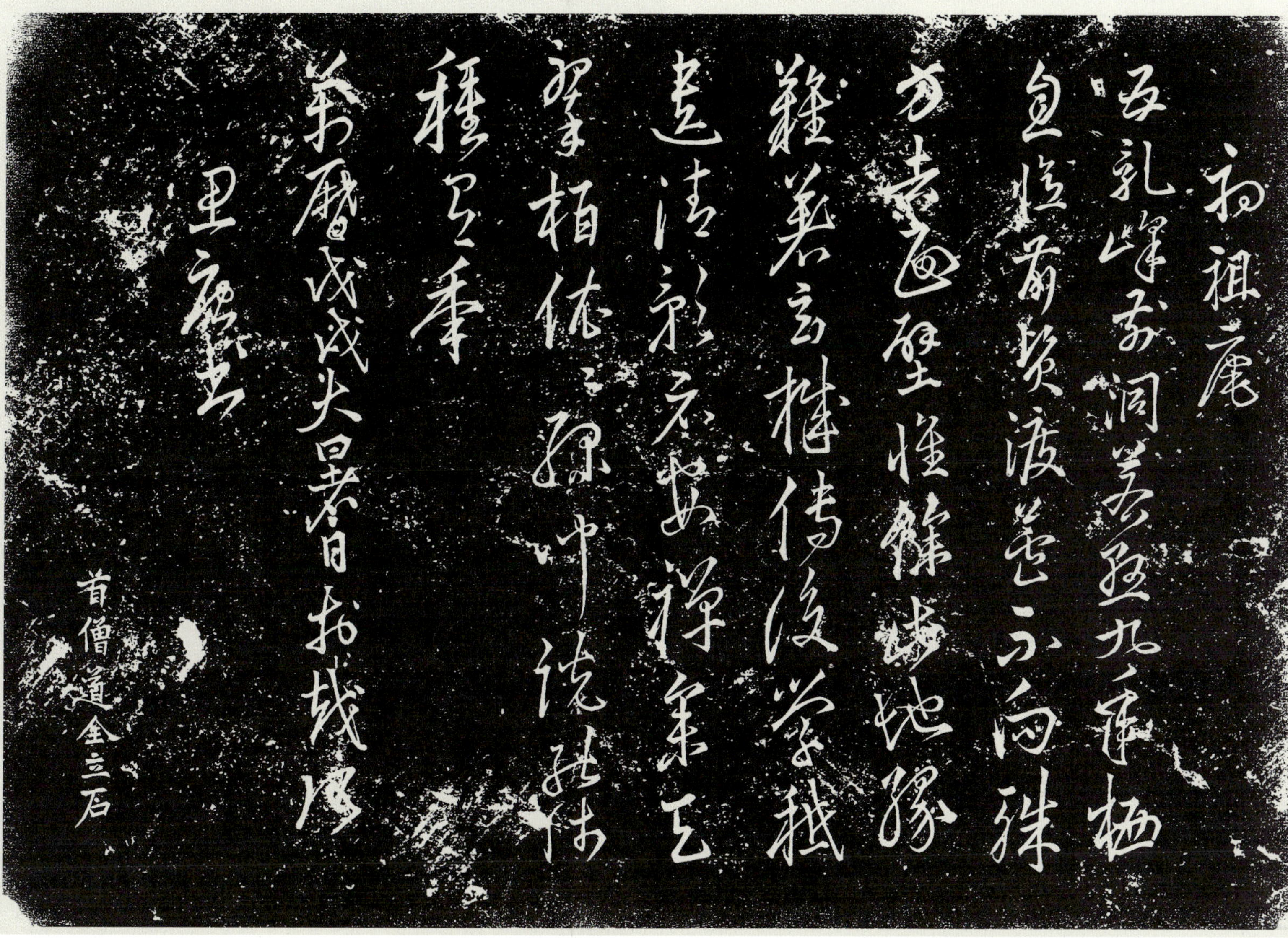

明钦依道公无言禅师行实碑

王锡爵撰　俞汝为篆额　董其昌书　万历二十七年十二月

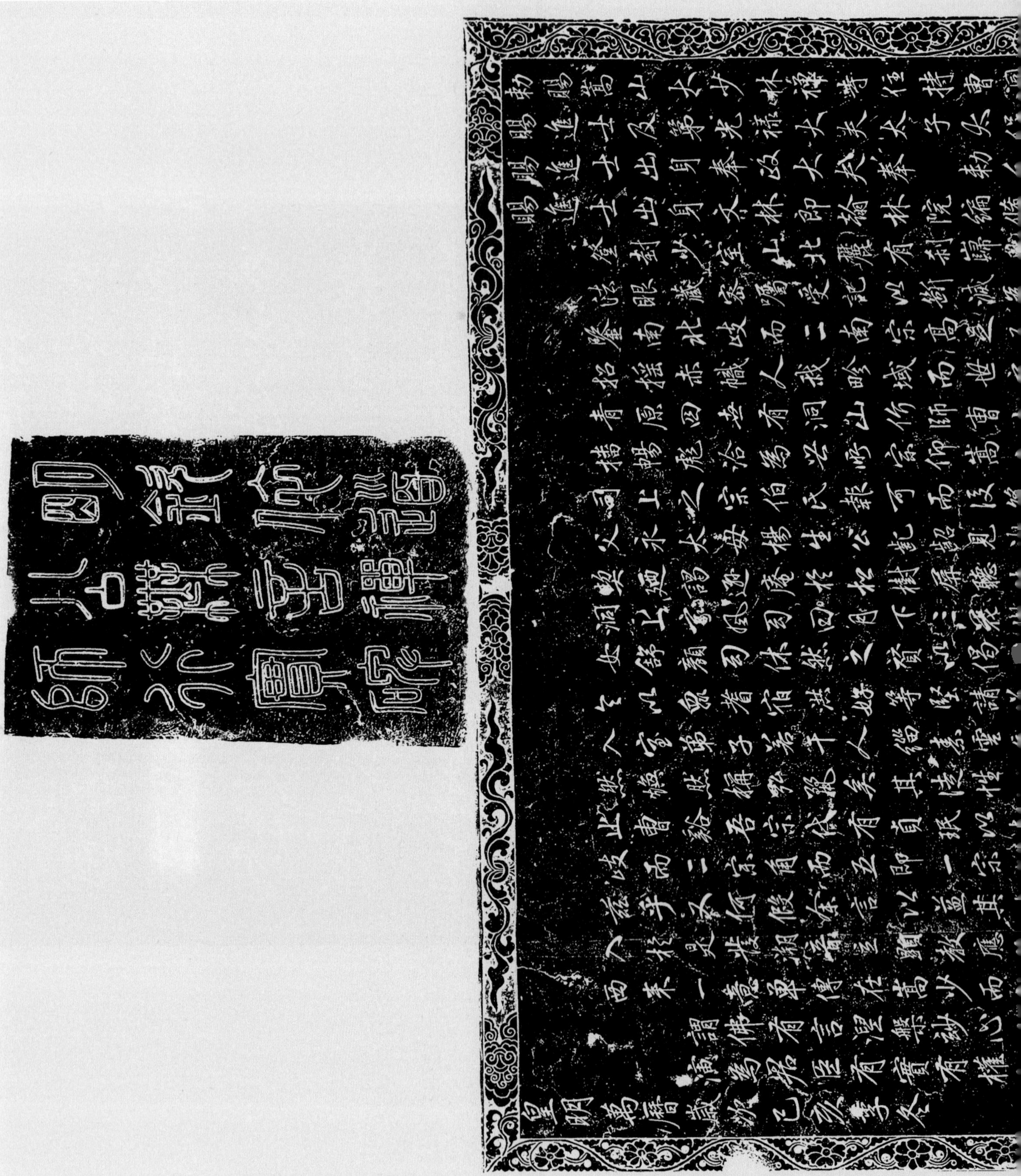

初祖庵

思庵撰　万历二十六年夏

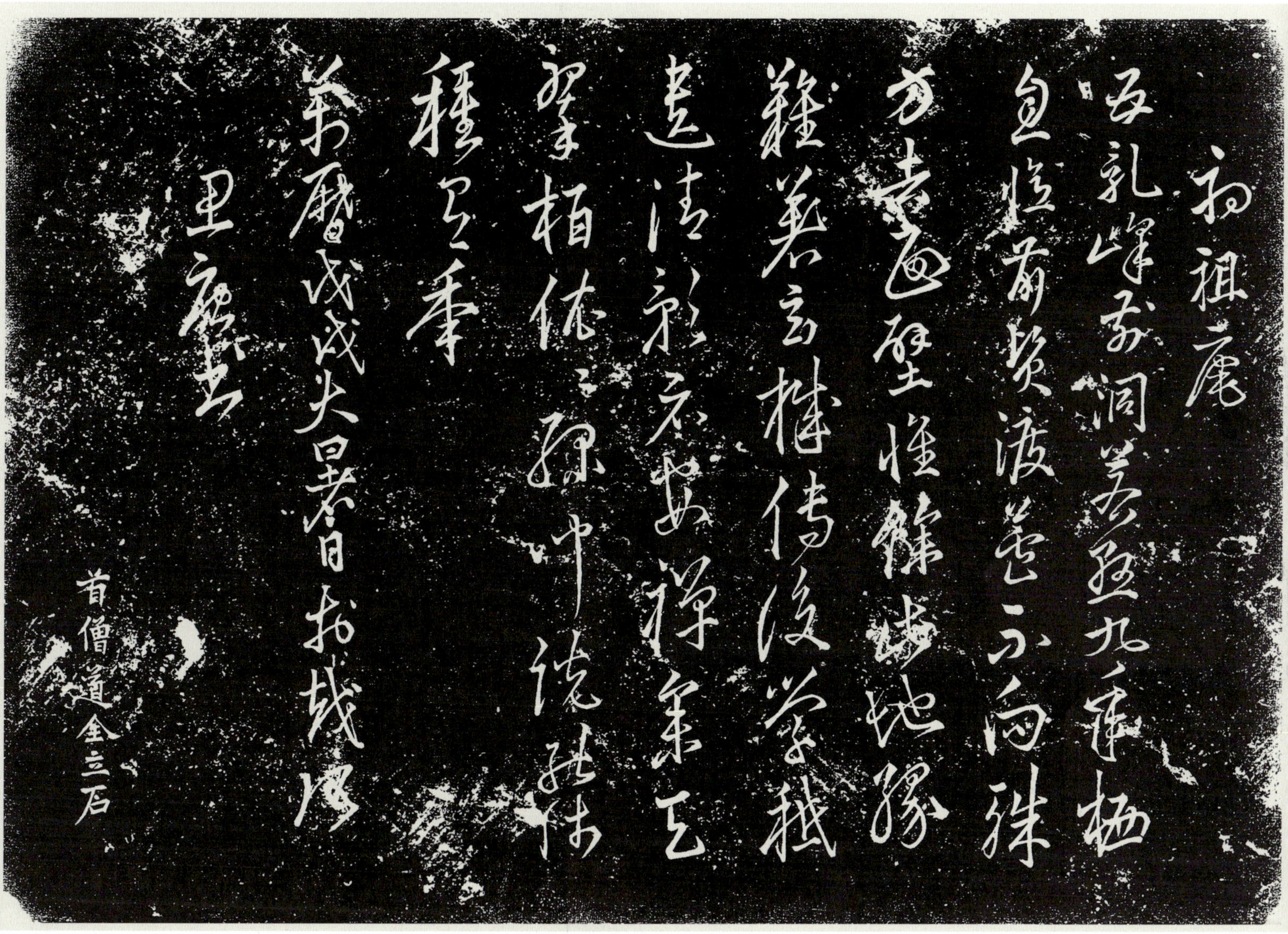

明钦依道公无言禅师行实碑

王锡爵撰　俞汝为篆额　董其昌书　万历二十七年十二月

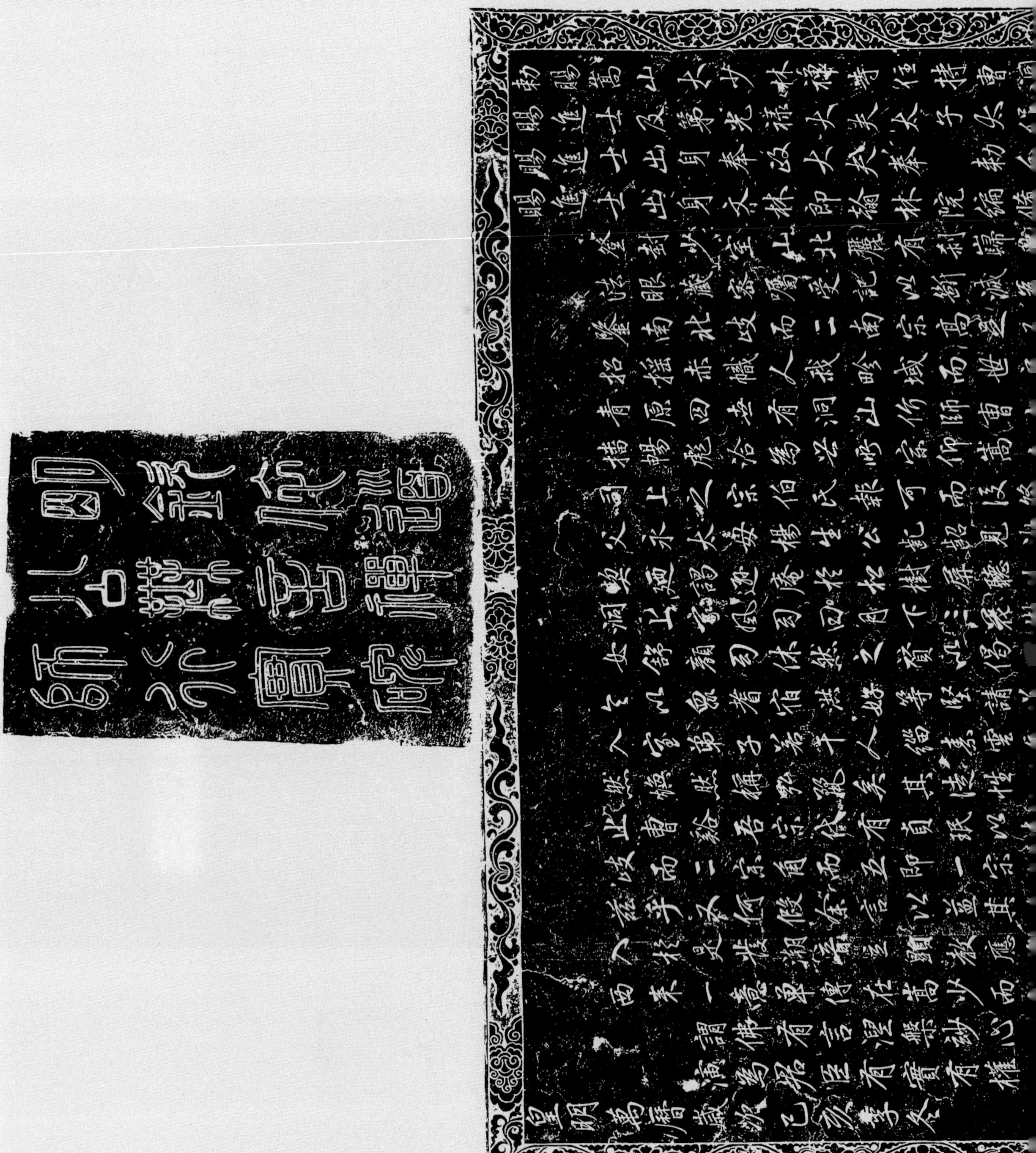

正宗二十六代嗣祖沙門無言道禪師碑銘
吏部尚書兼武英殿大學士　予告太原王錫爵撰
延東兗等處兼曹濮兵備道山東提刑按察司僉事雲間俞汝為
兼理　誥勅纂脩　正史　起居章奏經筵日講官華亭董其
興中岳並雄者曰少林寺勅自後魏而梁時達摩西辟而止九
誠由迦葉二十三世至獅子尊者而離離而為菩提達磨由達
離而為青原思為南岳讓嗣青原者為曹洞為法眼為雲門嗣南
空禎自我者又竄而誣其教以逃至素所薰染言始儋囊禪始
本寂禪師又嗣之作師權潤五位酬接四方雲水禪師洞契祖機
學法獨守師說單傳密印自唐迄於今稱曹洞宗法嗣不少逾其
壇嗣位焉蓋其慎哉今無言道公寔少林二十六代嗣法住持公
門有宿契遂捨出家祝髮於上藍寺璘和尚年三十遇知休〻
於東巖講師受戒於無盡通和諸方自是得入後抵少室參先
峰前雙桂枝又問和尚還別有麼幻白唯〻二事實公言下大
宗言的旨不離言玄唱玄提妙施傳令日單傳親受記他年雙林
部給劄俾紹祖位以壬辰十月十五日曹洞宗事隨機接應有明
以千計宗風振起又以其餘飾殿宇法堂方丈庵湢之屬檀信
走二千里持狀請曰祖師九年面壁為法求人於少室不無因
示來禩乃祖〻相傳僧衆黎意也敢徼惠於寀官長者余曰續
有五位兼帶語說余病其煩且渙矣祖師西來不立文字經白
而清至源也性一曰不離夫不假筌筏佛為上根說耳最上法
止啼言諄〻而系方未學未識宗旨或隨緹綢吾宗唱演西標
言禪師寔曹谿直下兒孫也幸以一言賜之九鼎余曰唯〻迺
笑而傳議擬即乖乃其真詮謂佛無言露潤群品藏列五千如
言而言克紹祖遙亢赫厥宗懿暢九埏爰飾像教載啟檀旃於
吉旦　門人仁林等立石

五岳真形之图

方大美跋并书　万历三十二年二月

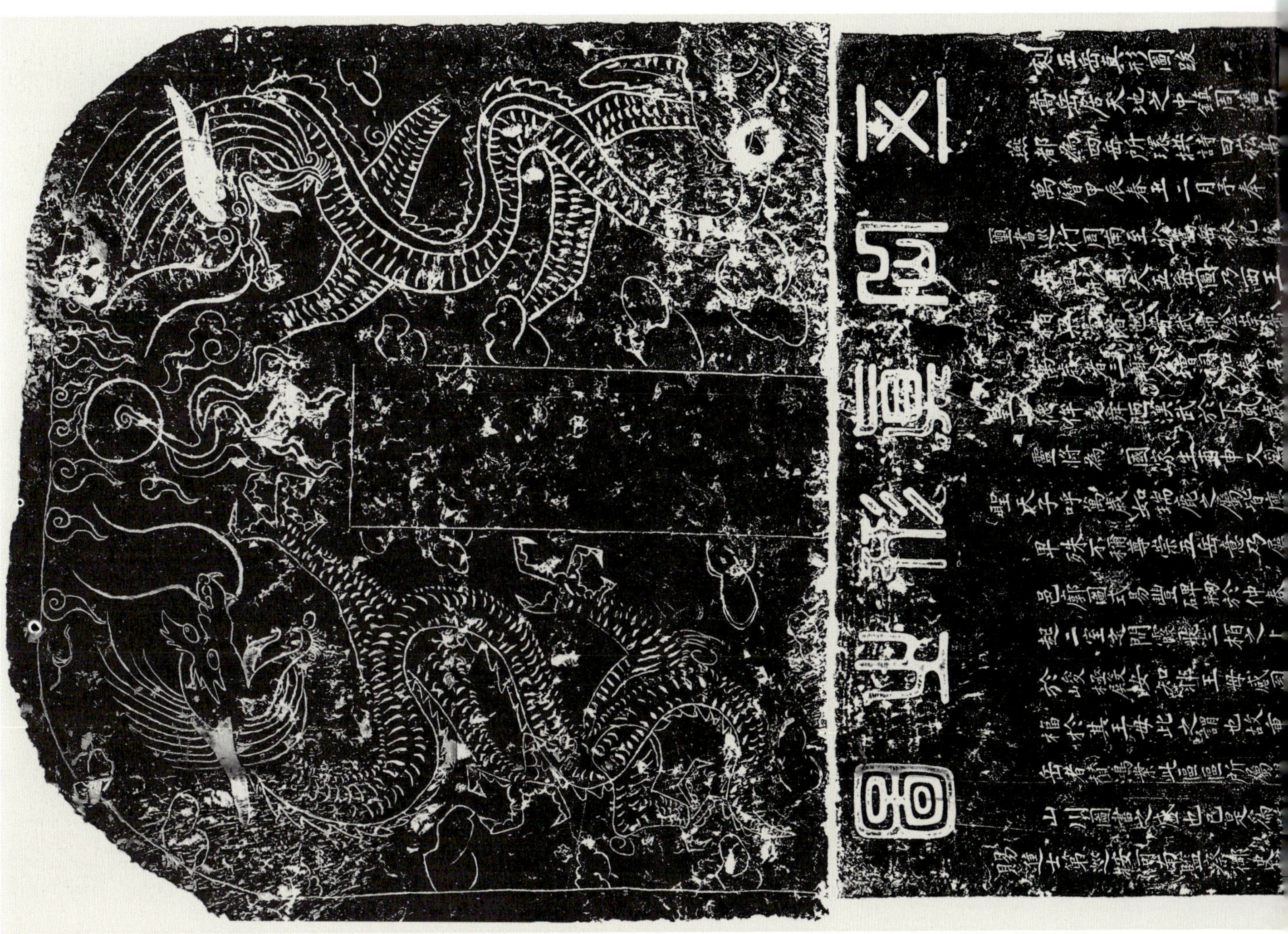

敕赐少林禅寺都提举体公一元和尚寿塔

万历三十三年三月

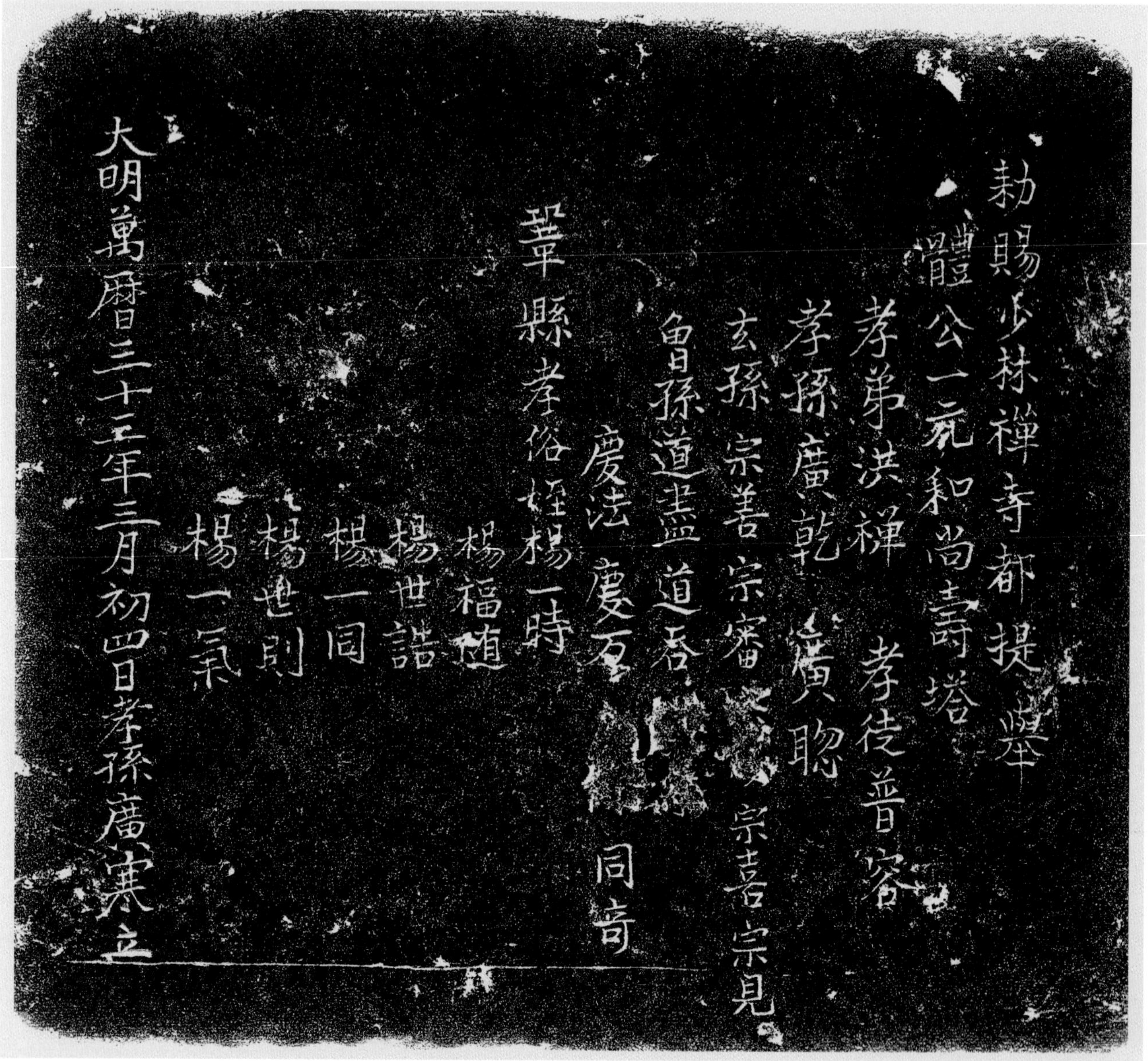

勅賜少林禪寺都提舉
體公一元和尚壽塔
孝弟洪禪　孝徒普容
孝孫廣乾　廣聰
玄孫宗善　宗審　□　宗喜　宗見
曾孫道盡　道吞　□
慶法　慶石　□　同奇
鞏縣孝俗姪楊一時
楊福通
楊世諧
楊一同
楊世則
楊一氣
大明萬曆三十三年三月初四日孝孫廣寒立

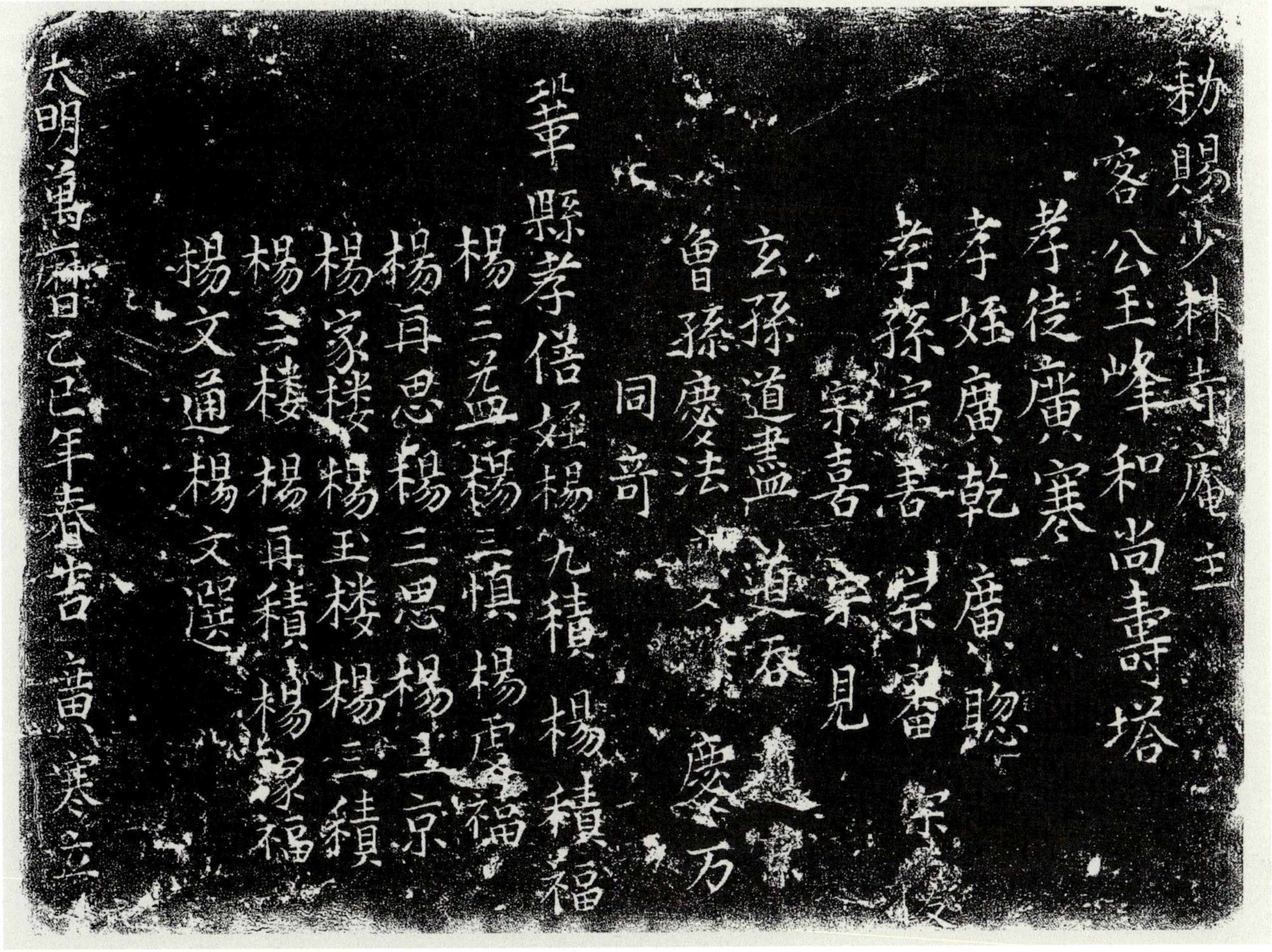
勅賜少林寺庵主
客公玉峰和尚壽塔
孝徒廣寒
孝姪廣乾 廣聰
孝孫宗書 宗審
宗喜 宗見
玄孫道盡 道春
曾孫慶法 慶万
同奇
華縣孝信 姪楊九積 楊積福
楊三益 楊三慎 楊虎福
楊再思 楊三思 楊三京
楊家樓 楊玉樓 楊三積
楊三樓 楊再積 楊緣福
楊文通 楊文選
大明萬曆乙巳年春吉 黃寒立

敕赐少林寺都提举宾公智庵和尚寿塔

万历三十三年春

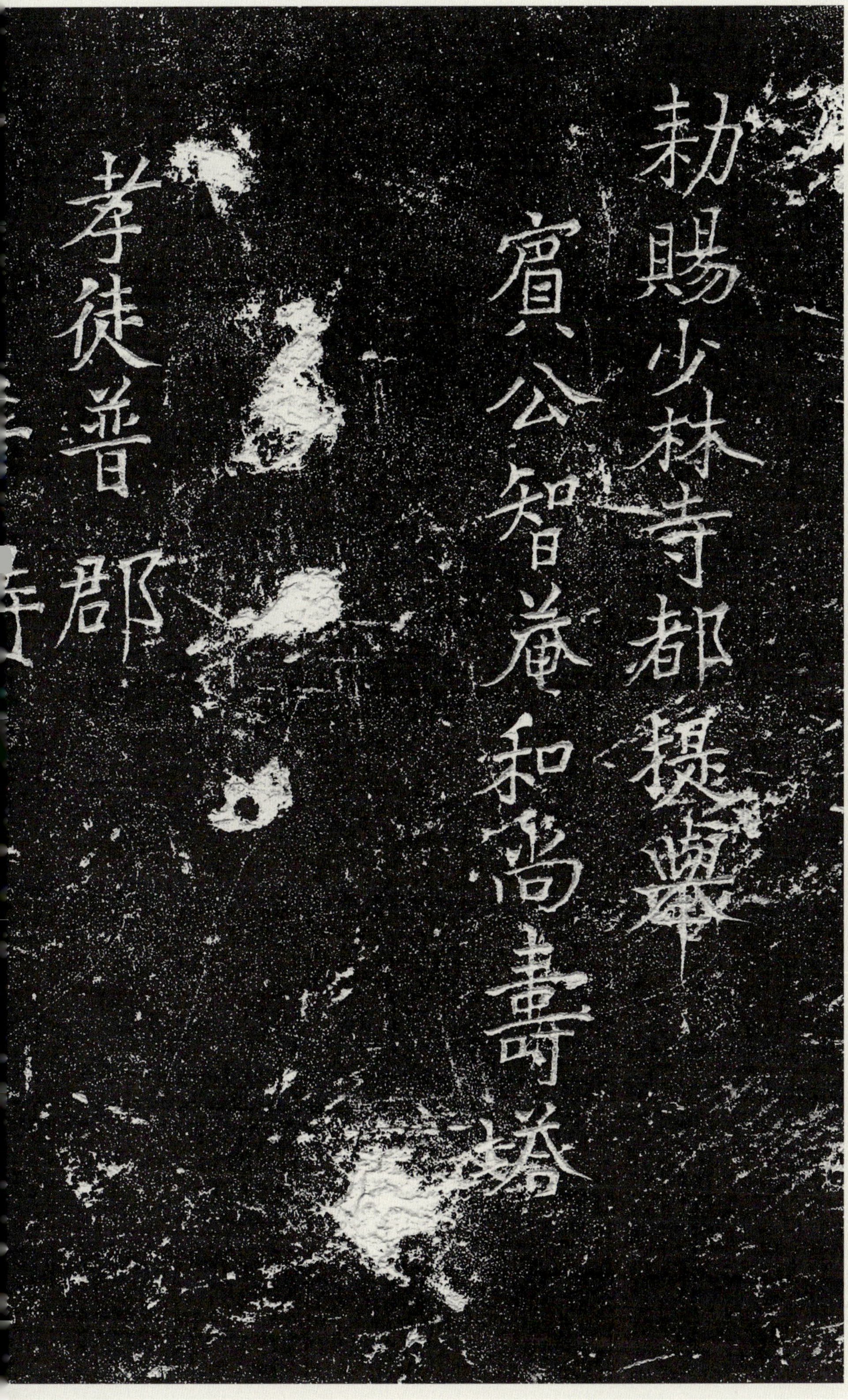
勅賜少林寺都提舉
賓公智菴和尚壽塔
孝徒普郡

明钦依道公无言禅师行实碑

鲁风仪撰　乐元声书　虞淳熙篆额　万历三十年四月

碑阳

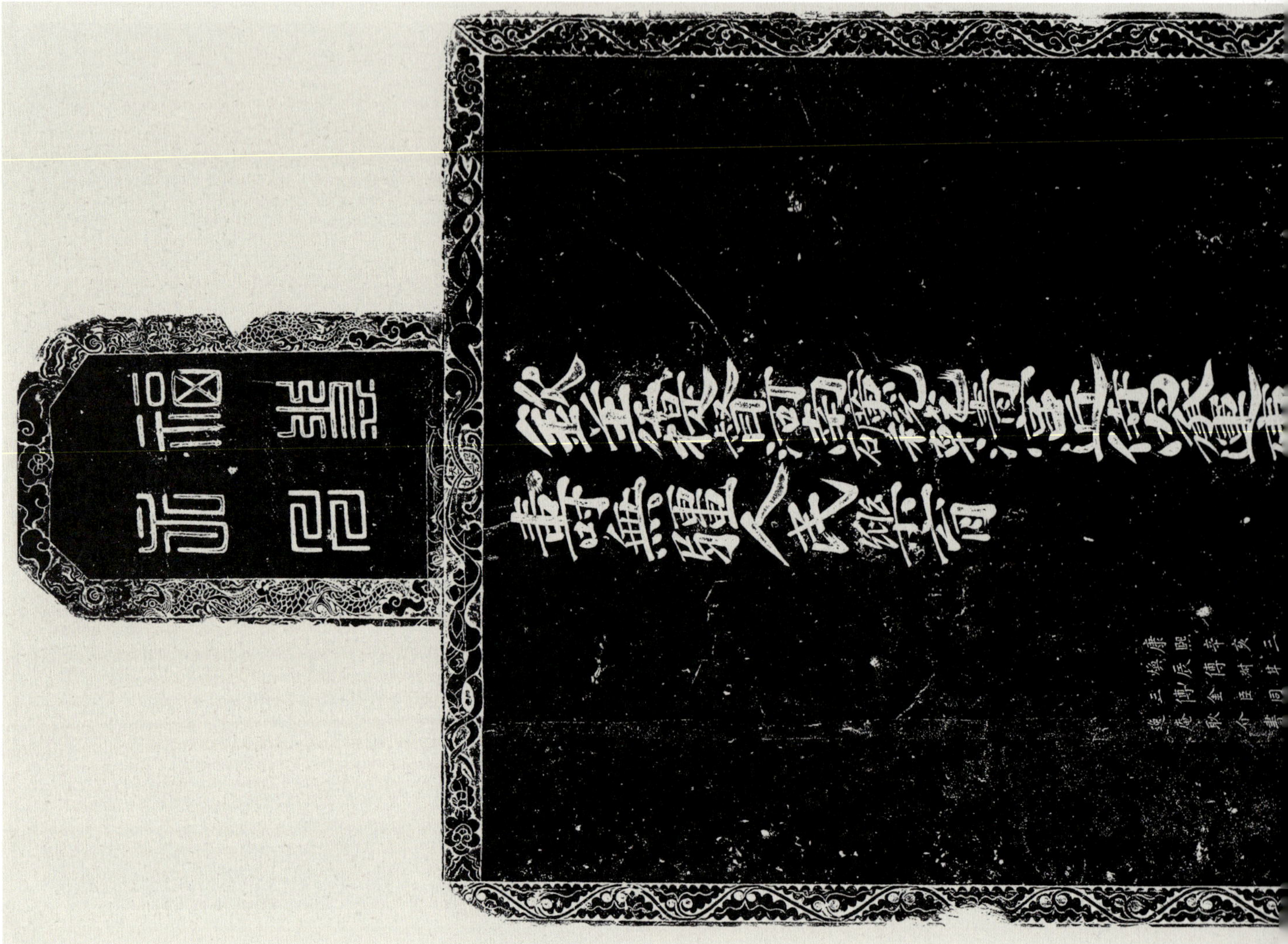

碑阴

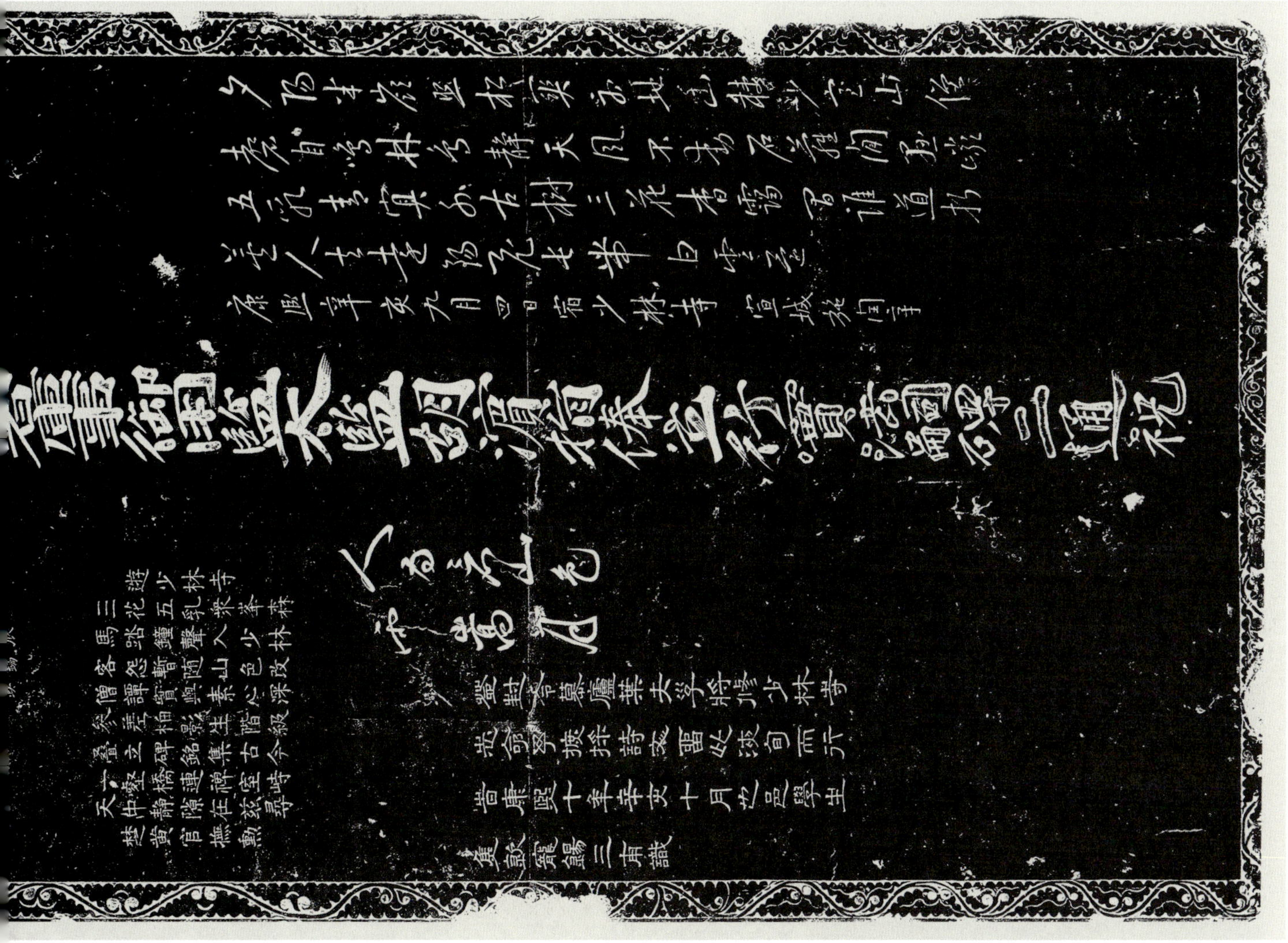

题达磨面壁

金忠士　　万历三十六年十月

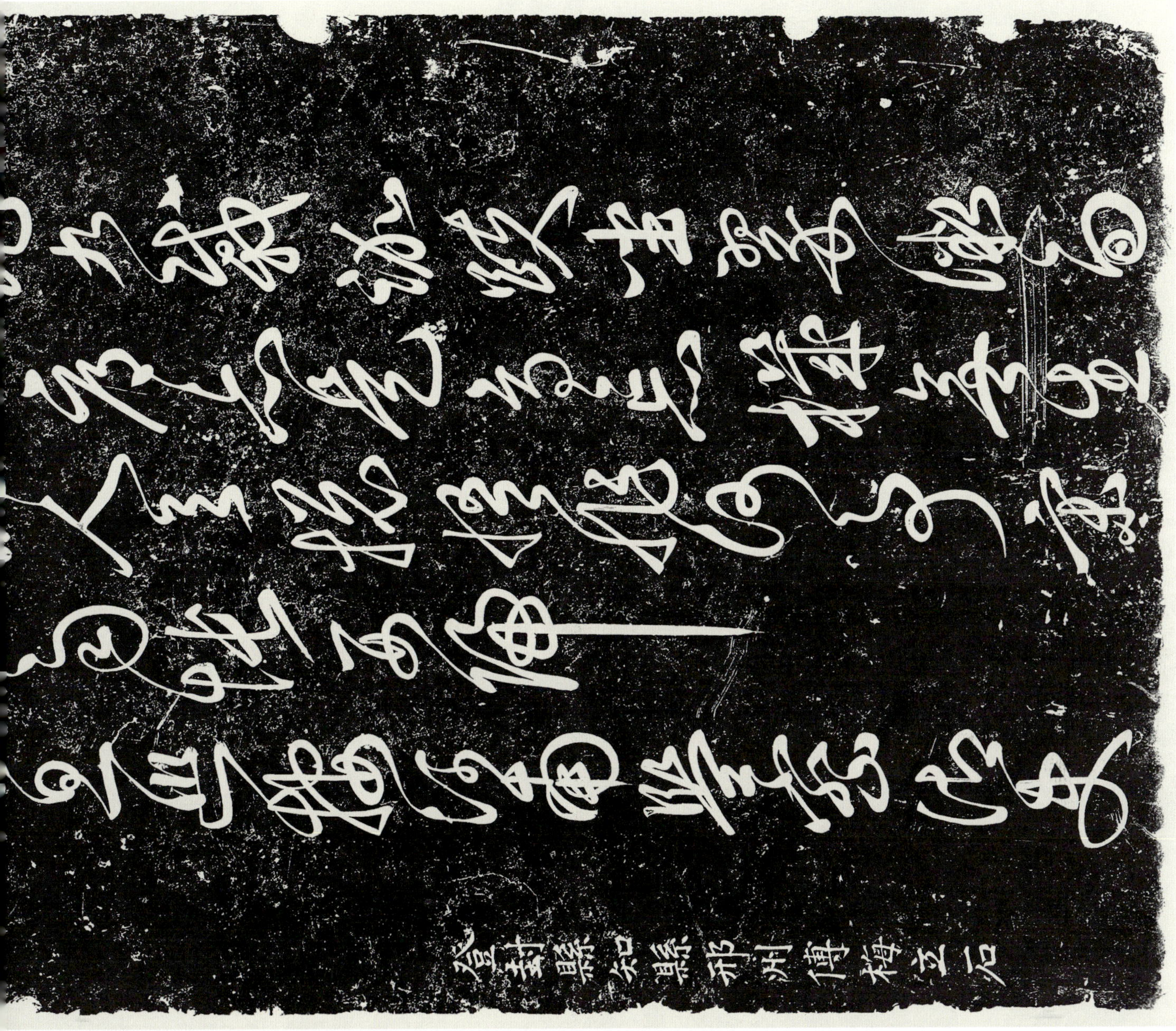
登封縣知縣邢州傅梅立石

嵩山少林寺赐紫住持曹洞正宗第二十六代禅师道公碑铭

董其昌撰并书丹篆额　万历三十七年正月

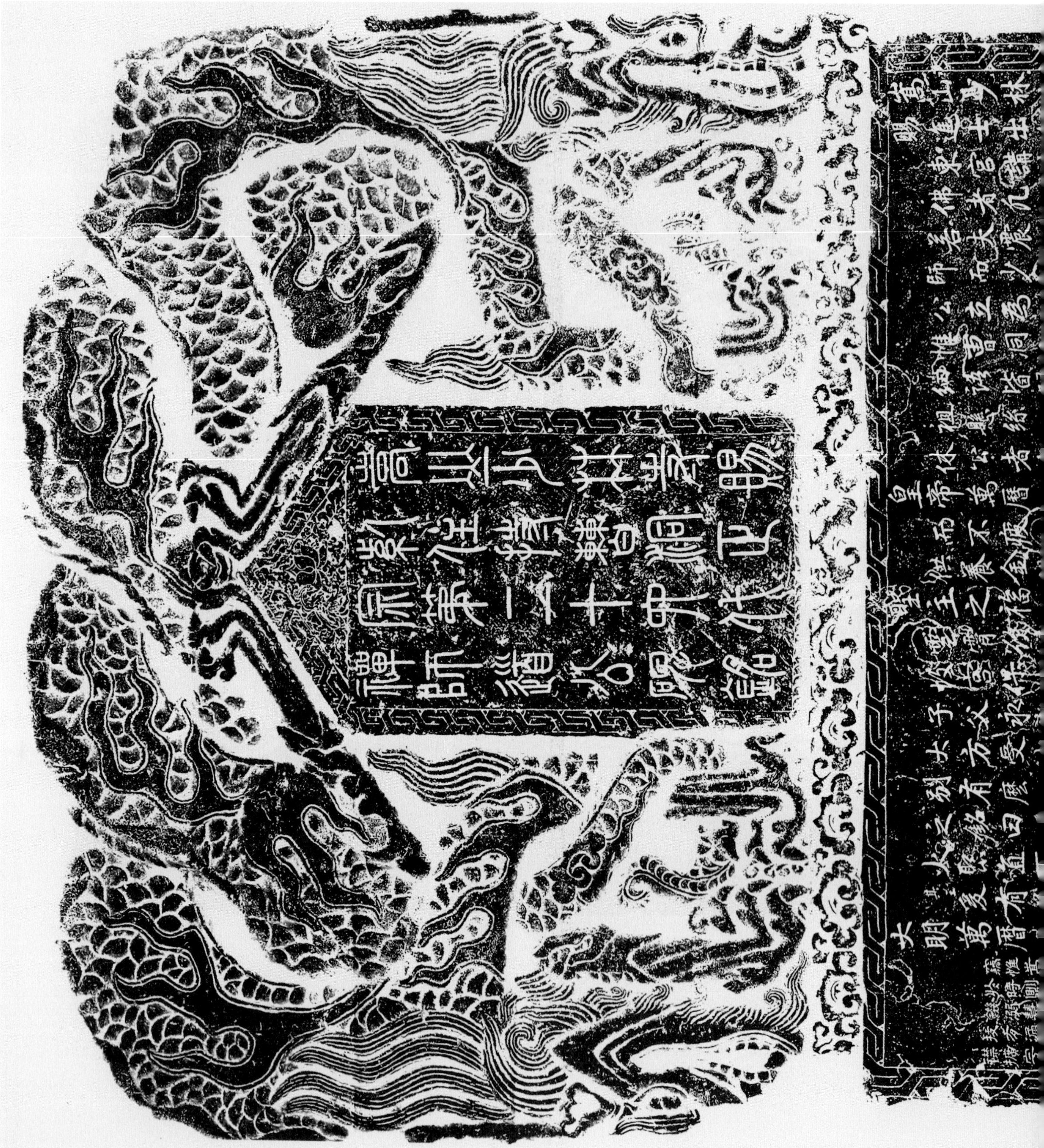

碑阳

賜紫住持曹洞正宗第二十六代禪師道公碑銘

中憲大夫欽差湖廣提督學校按察司副使前翰林院 國史編脩

官華亭董其昌撰并書丹篆額

之覺者也凡夫以不覺故覺曰意爲三業佛以覺故在身爲律在口爲

之少林其西竺之靈山乎故海內之名藍淨剎曰律寺曰講寺曰禪寺

詩稱宗師雖世譜流布乎亦非諸方所敢望矣其祖達磨而宗曹洞何

位君臣偏正回互[illegible]者開無門之門施出楔之楔所以提綱宗揀魔異

林[illegible]雅曹洞[illegible]猶魯之秉周禮也宗則言路絕矣其舉揚賞古拈雪竇

第一義[illegible]良以清對則棒喝皆揚[illegible]見[illegible]則回互無傳機上士以之契同

記[illegible]可[illegible][illegible]定[illegible]唐以來代指七人主持法席二十五代爲休休公

之[illegible]圓[illegible]不敢應浮沉雲水者十有四年法堂草深宗風[illegible]散於是登

辰之十月也師自領衆以來七有七載行[illegible][illegible]辨[illegible]流[illegible]升堂普

鍾待叩而[illegible]應無刑草爾清規肅然作屏王家名動京闕於是有貝葉

護持國以續諸祖之慧命之以廣

者矣師雖[illegible]宣一乘而行崇六度諸所檀施斥脩偏曰其居也有幻出

參而傳衣乃密陰而息影曰吾將面壁老矣少林之開堂者及有記師

並宗公時[illegible]不侵昌與徵士陳繼儒皆締蓮社之交徵柏亭之義廿年

母楊氏初薙髮於上藍寺璘和尚年二十從知休休禪師受禪那大旨居

於無盡偏參諸方至少林所得法於幻公幻公陞座問如何是洞上家[illegible]

惟然一事實師於言下大悟即呈偈曰雲攢峰頂月鎖幽巖木人撐掌

嵩高少室天地之中大乘氣象鬱鬱葱葱破顏宗會面壁真風祖佛非[illegible]

便是擬向即背奇哉衆生具如來慧其五家[illegible][illegible]如世畫師靈空可拈

公僧中之傑傳涅槃心吐廣長舌隻桂開數三花屹嶼一代時教永存

十七年正月吉旦 門人慧如等

嵩嶽鎮之中今賓主紫少林推獅藍之最師獨[illegible]宗是故明德馨香足賛陰陽之[illegible][illegible]此流布[illegible]生典度之[illegible]天[illegible]如[illegible]豐之禪明

[illegible]言[illegible]公贗領宗教公餘命黨數想過從披拂[illegible]宮咀嚼法味經衷[illegible]之三[illegible][illegible]獲寶之滋[illegible]悟[illegible]歷因施于有政必[illegible]若[illegible]民[illegible]

斷絕假竟[illegible]清淨以凝禁六緣之薄書稍掃平等[illegible]嚴[illegible]民之[illegible]籠消[illegible]竊佛靈[illegible]王化敷洋[illegible][illegible]以得[illegible]賓慶周行之

[illegible]思度無疆[illegible]劫譬之飲茗茗者不忘澗泉之幽飯香稻者常思耕[illegible]之勤於公[illegible]爾慈雲[illegible]將潤[illegible]霖極者哉皆[illegible][illegible]結[illegible]遠于

遐矚[illegible]斯言之[illegible]情也偶讀董宮詹太史[illegible]碑銘而識之于後太史[illegible]大[illegible]異[illegible]有題[illegible]絹[illegible]帰[illegible]茲不具論矣 是

碑阴

嵩山六十峰诗

傅梅撰　王正民书并篆额　万历三十七年五月

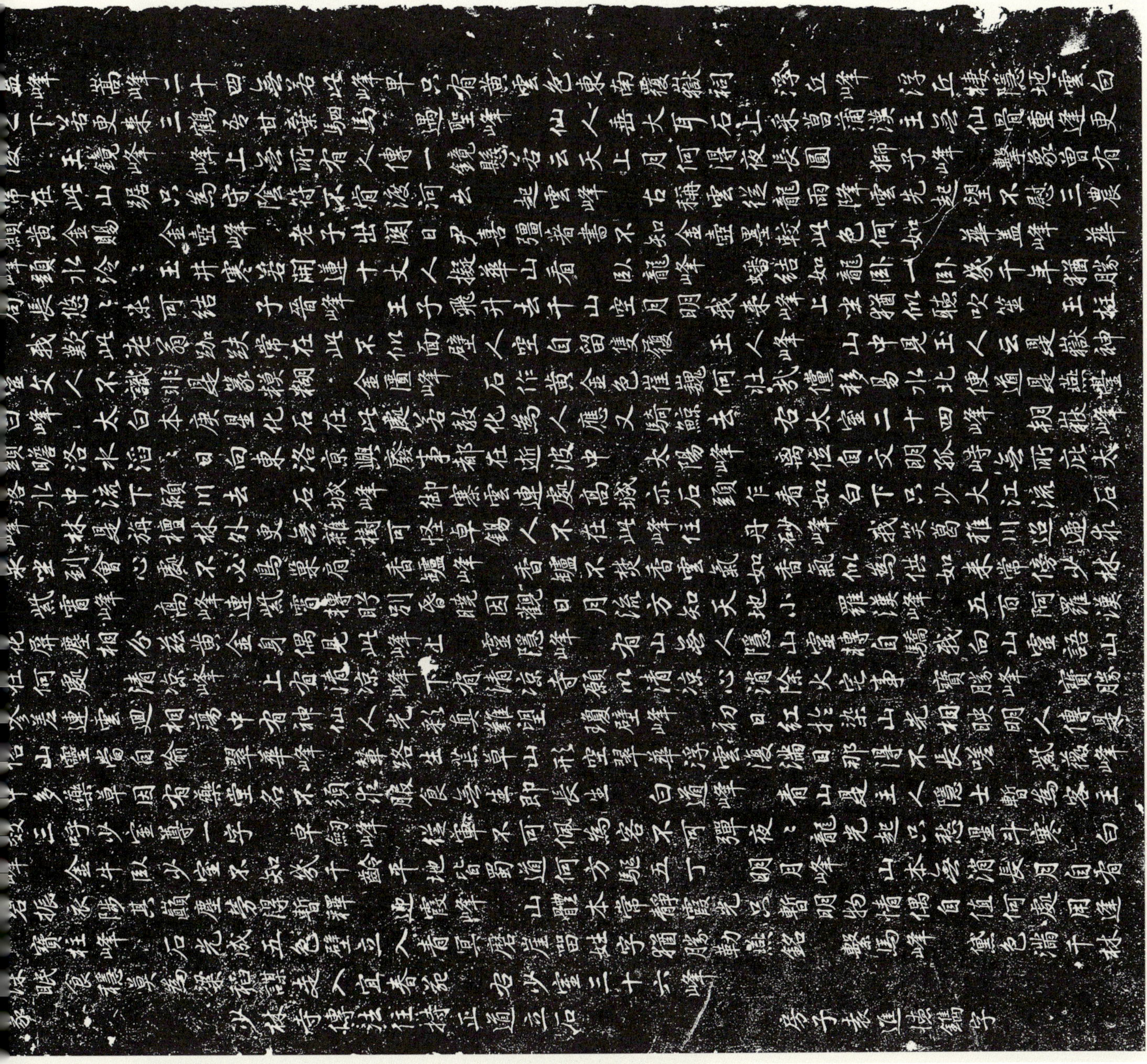

甘露台

李思孝题　万历三十八年夏

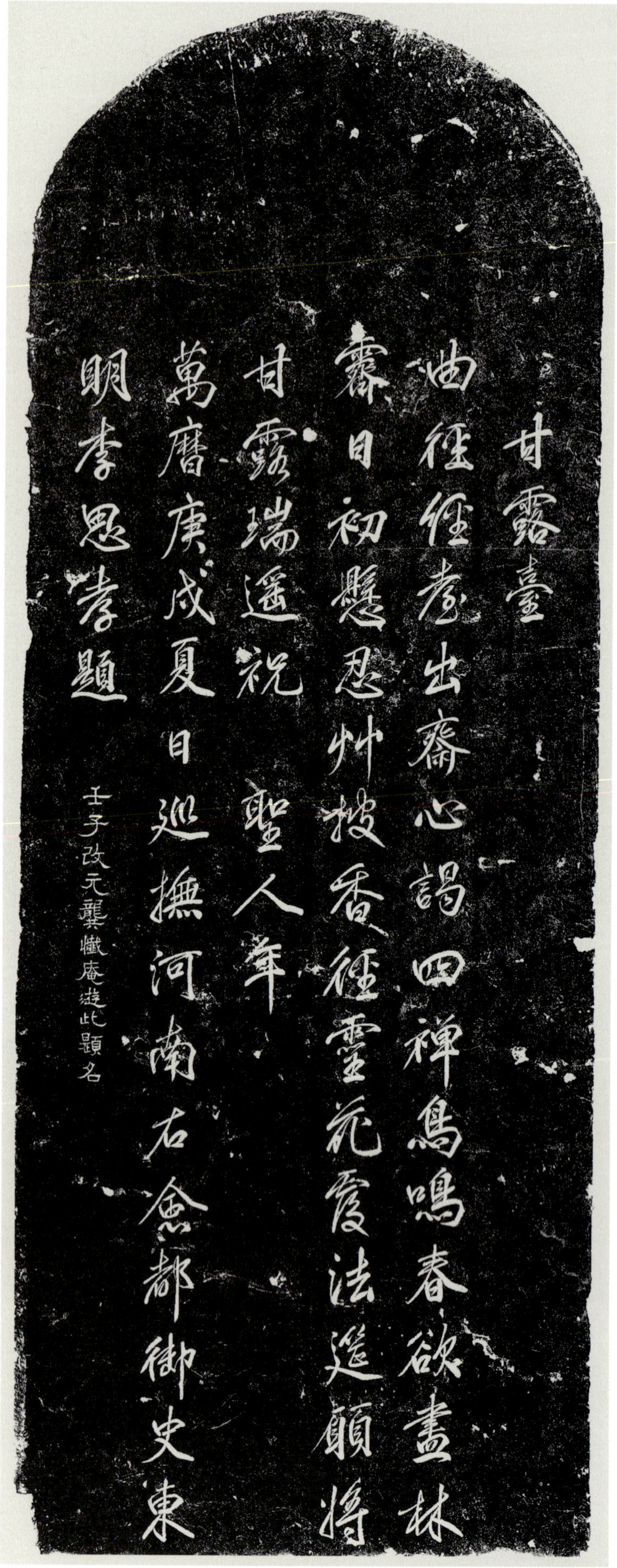

李思孝题　万历三十八年夏

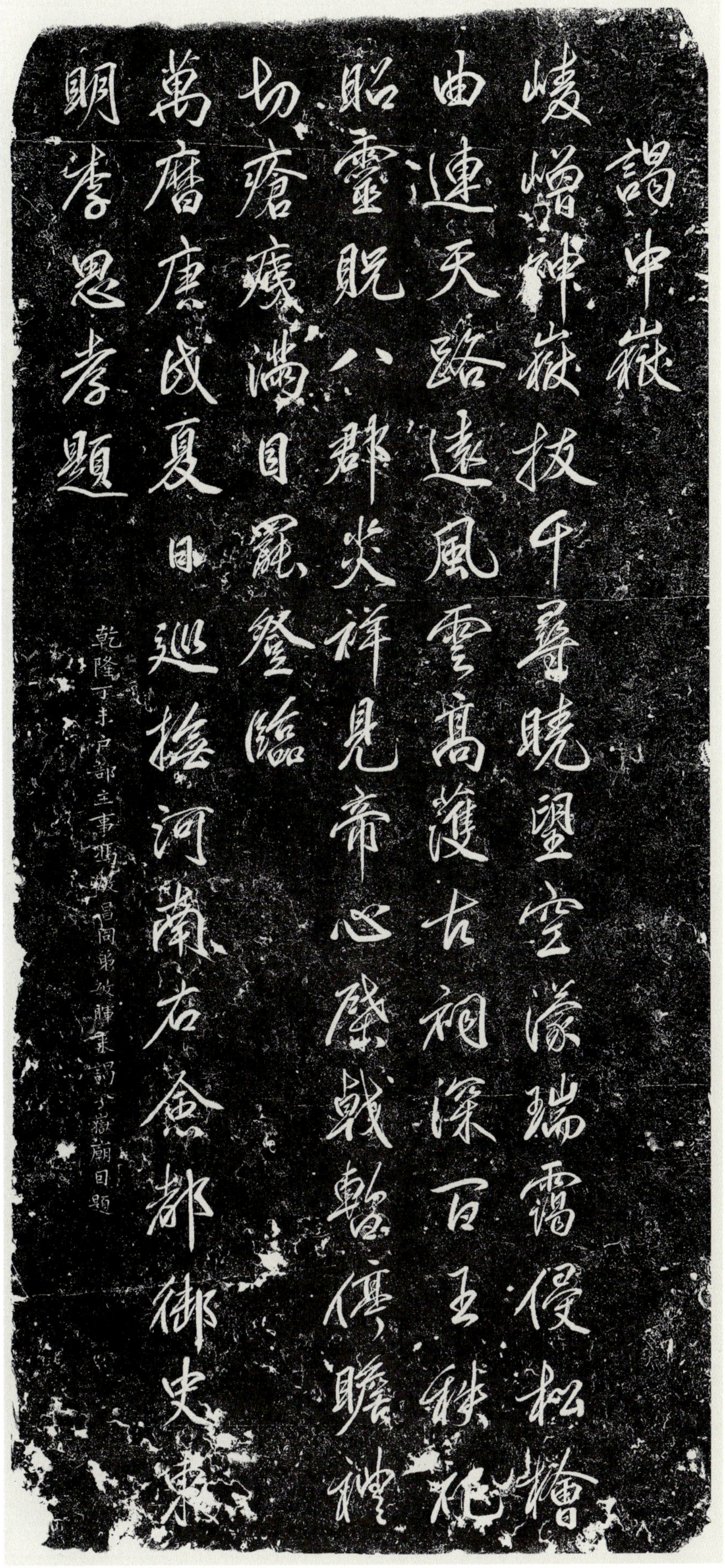

少室、阳城、石淙诗

傅梅撰　万历三十九年十月

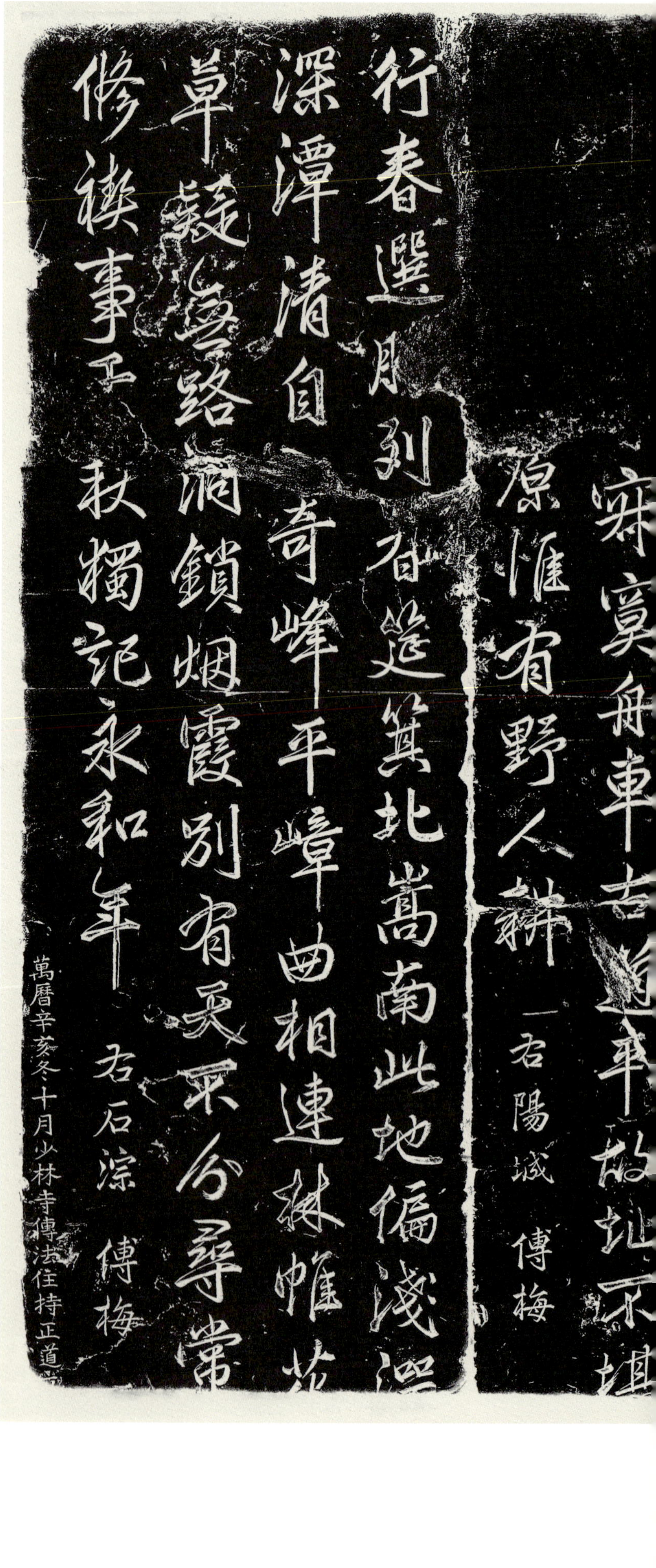

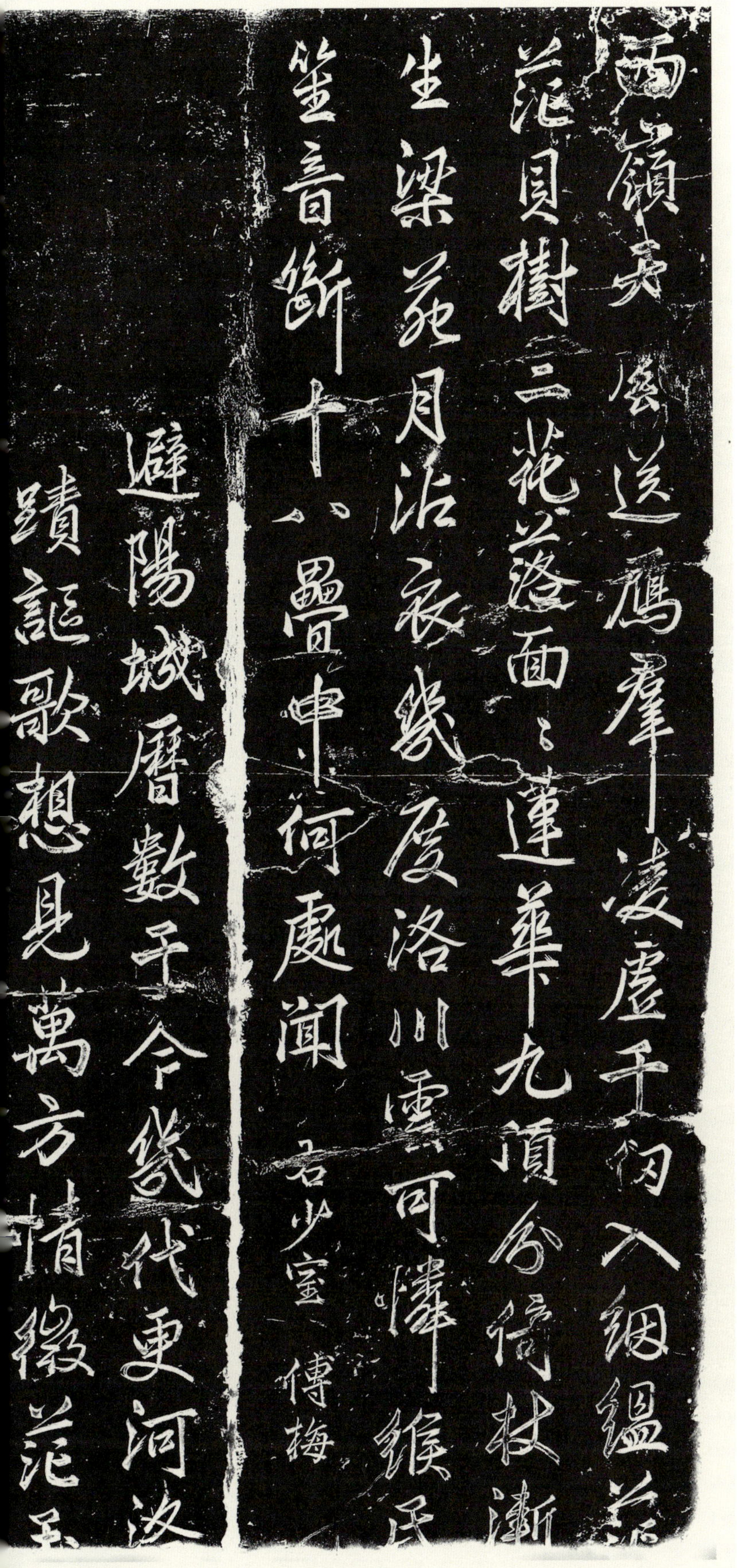
西嶺天陰送雁羣凌虛千仞入絪縕
花貝樹三花落面々蓮華九頂分倚杖漸
生梁苑月沿衣幾度洛川雲可憐綠民
筆音斷十八疊中何處聞 吾少室 傅梅
避陽城曆數于今幾代更河洛
蹟謳歌想見萬方情徽范

重修慈云寺千佛大殿碑记

赵景星撰　万历四十年正月

白衣洞善碑记

万历四十四年

再宿少林

董光宏撰　万历四十五年五月

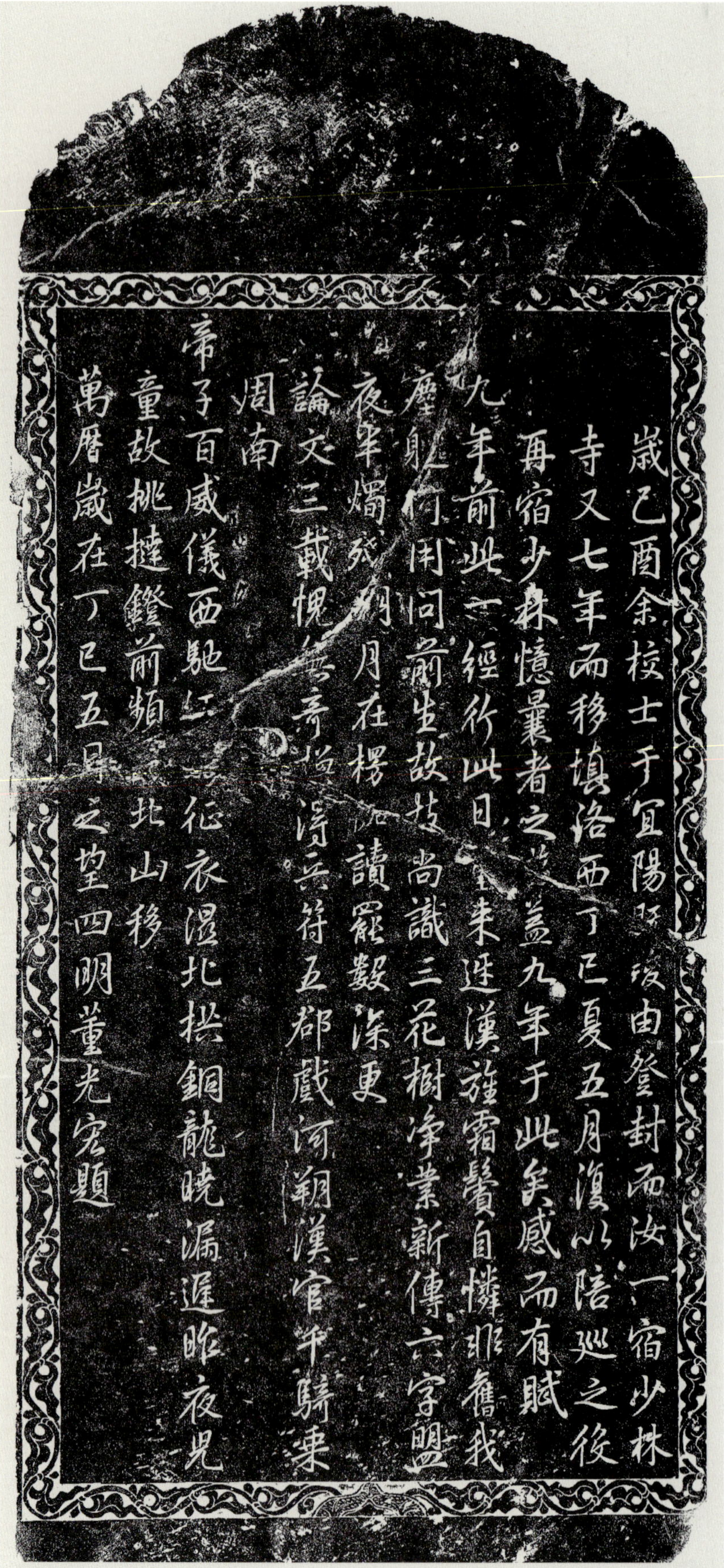

鱼篮观音图

万历四十五年十二月

观音大士像

万历四十六年九月

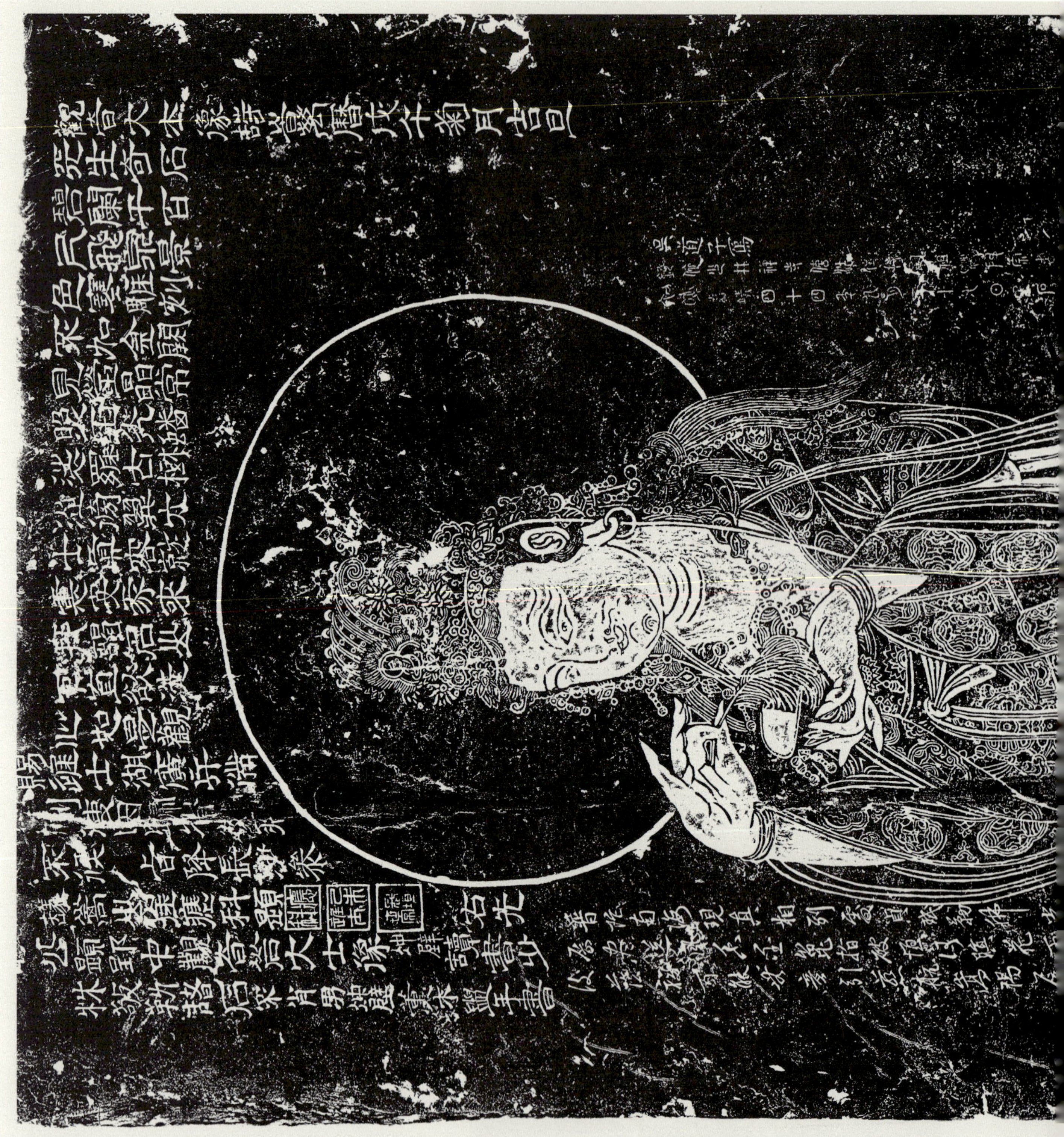

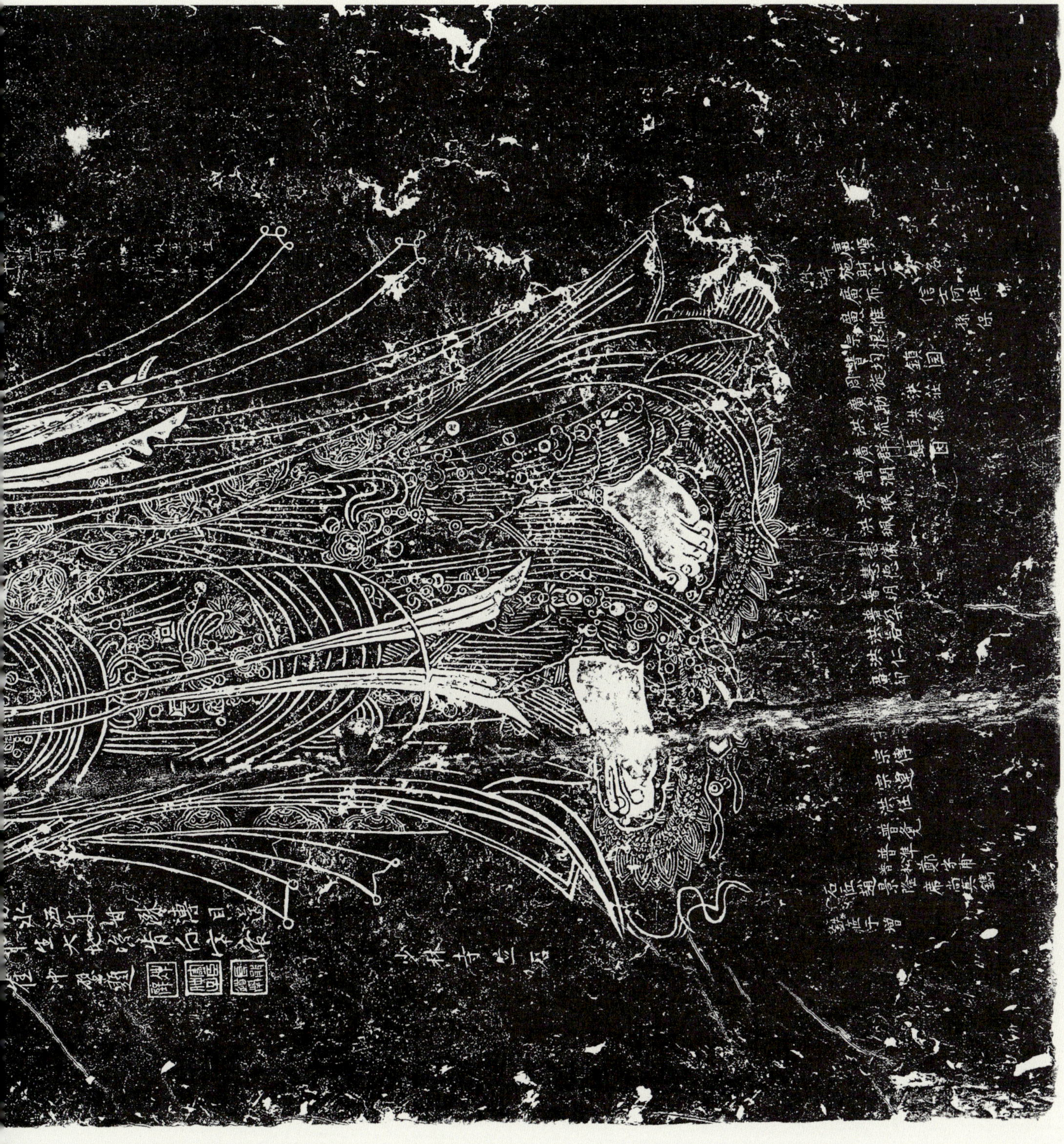

启建佛斋供三次完满碑记

无言撰　永随书　万历四十六年九月

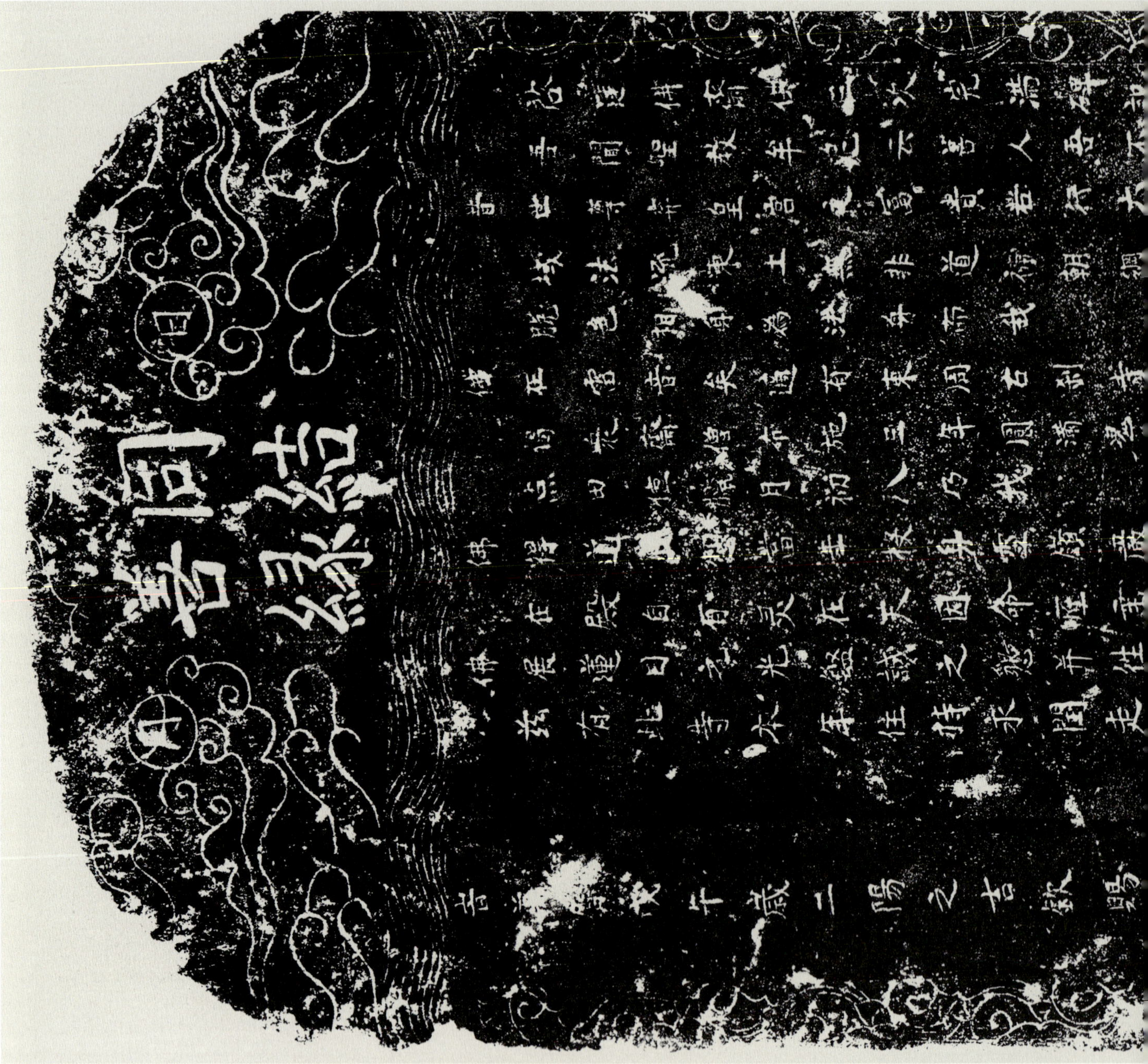

敕赐少林禅寺授教师武公本乐和尚享寿四十一之塔

万历四十七年三月

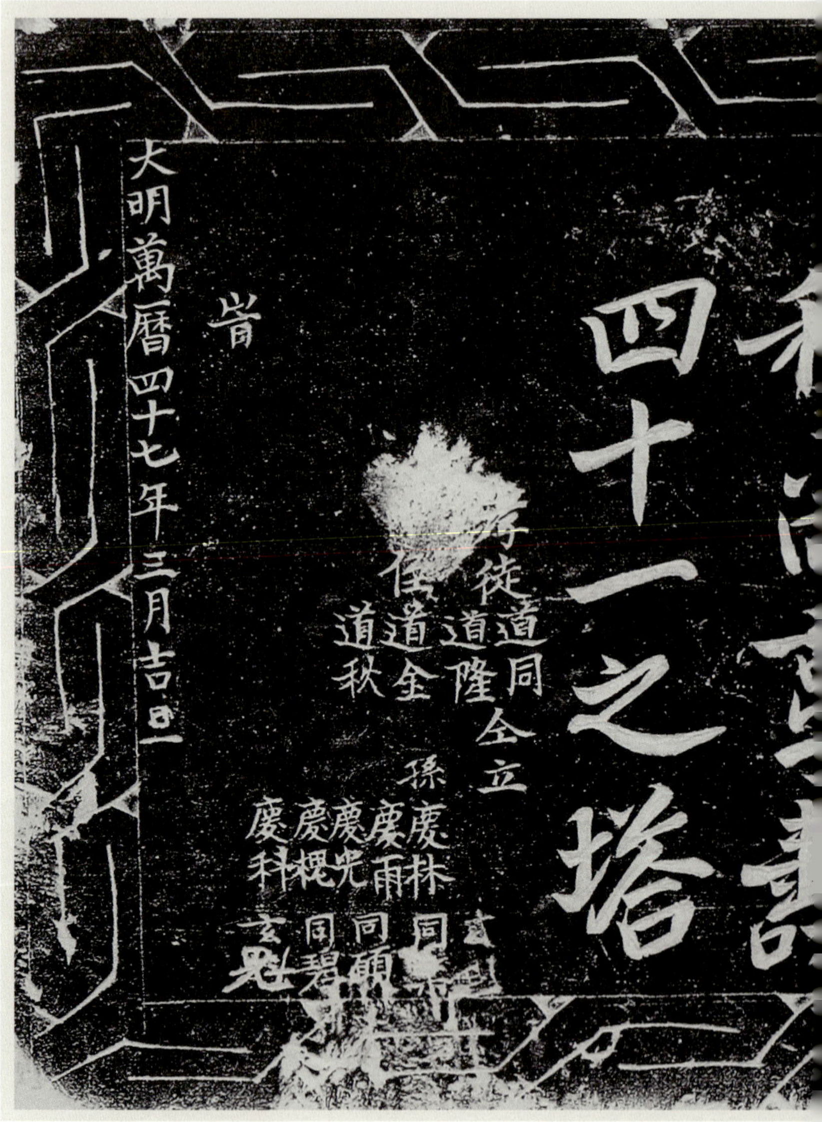

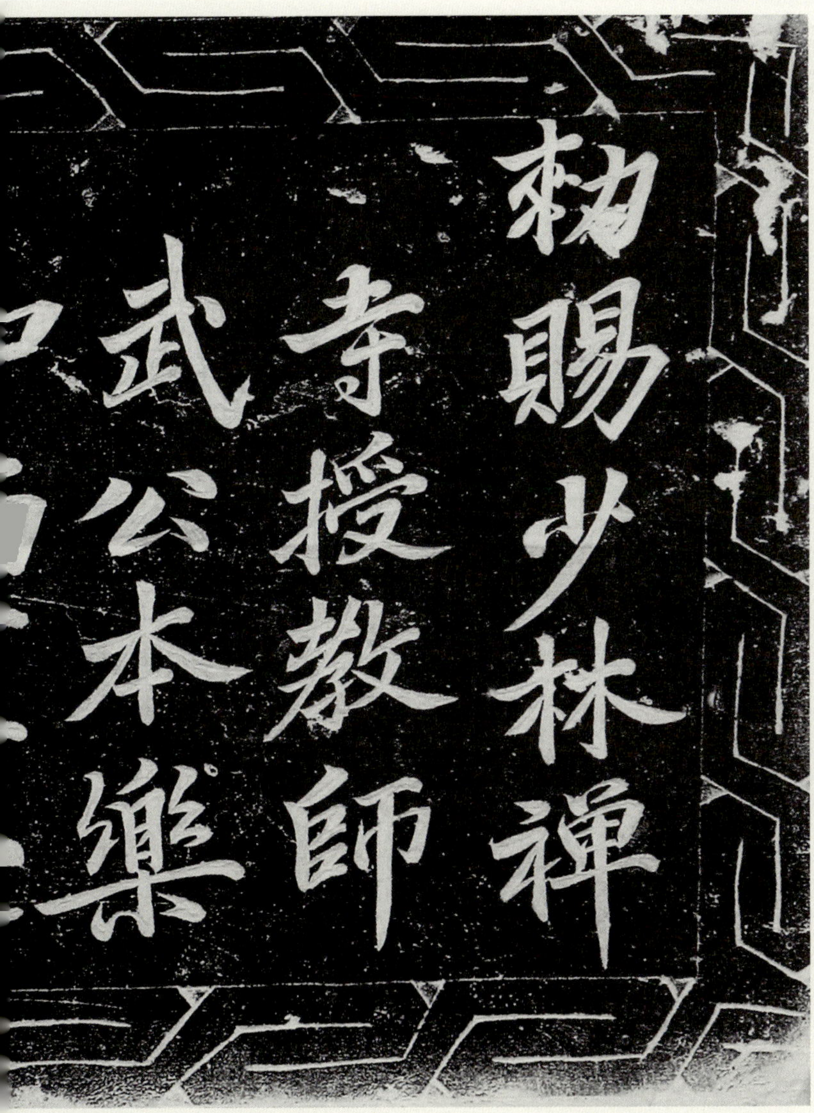
敕賜少林禪
寺授敎師
武公本樂

敕赐少林禅寺都提举征战有功顺公万庵和尚享寿七十四之塔

万历四十七年三月

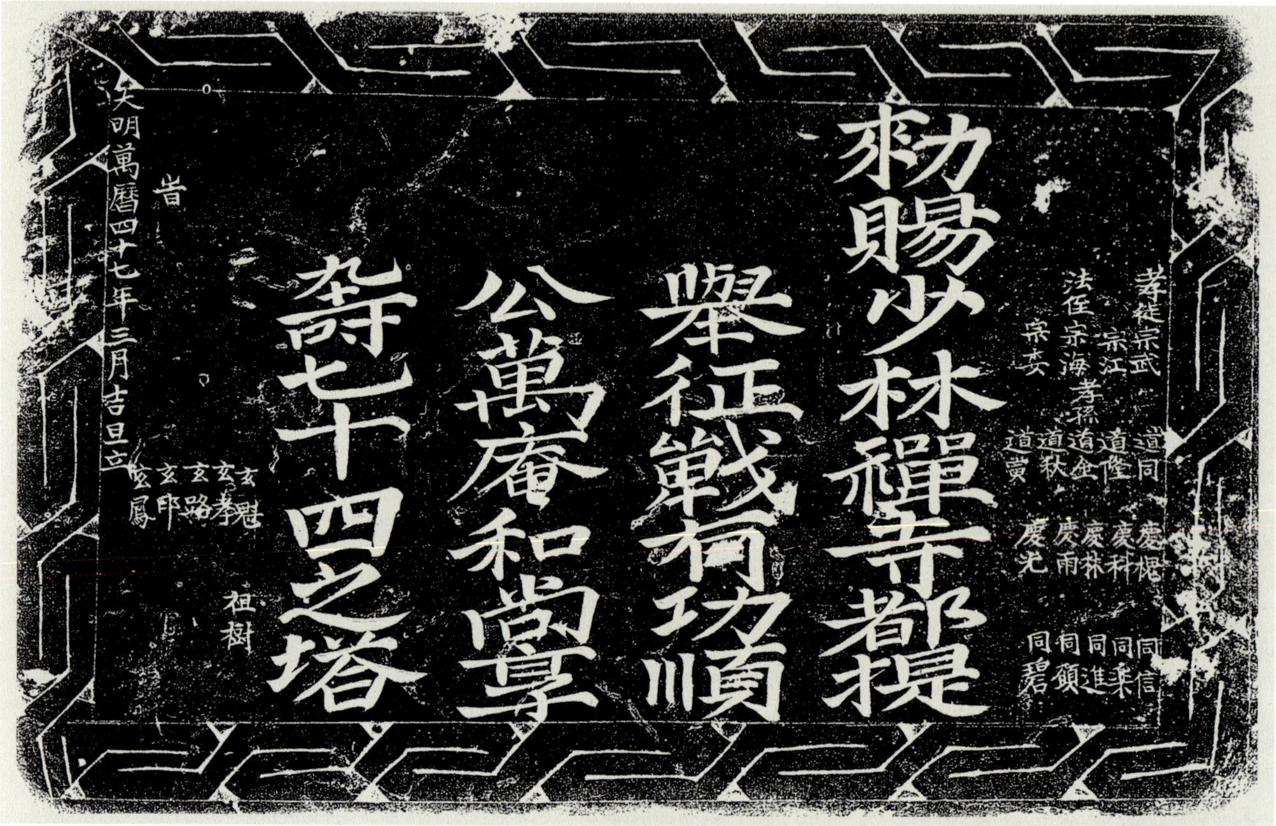

勅賜寂
禪
靈塔
萬曆歲

登五乳峰顶访达磨洞

曹文衡撰　天启元年八月

初祖庵偈

夏民仰撰　天启三年四月

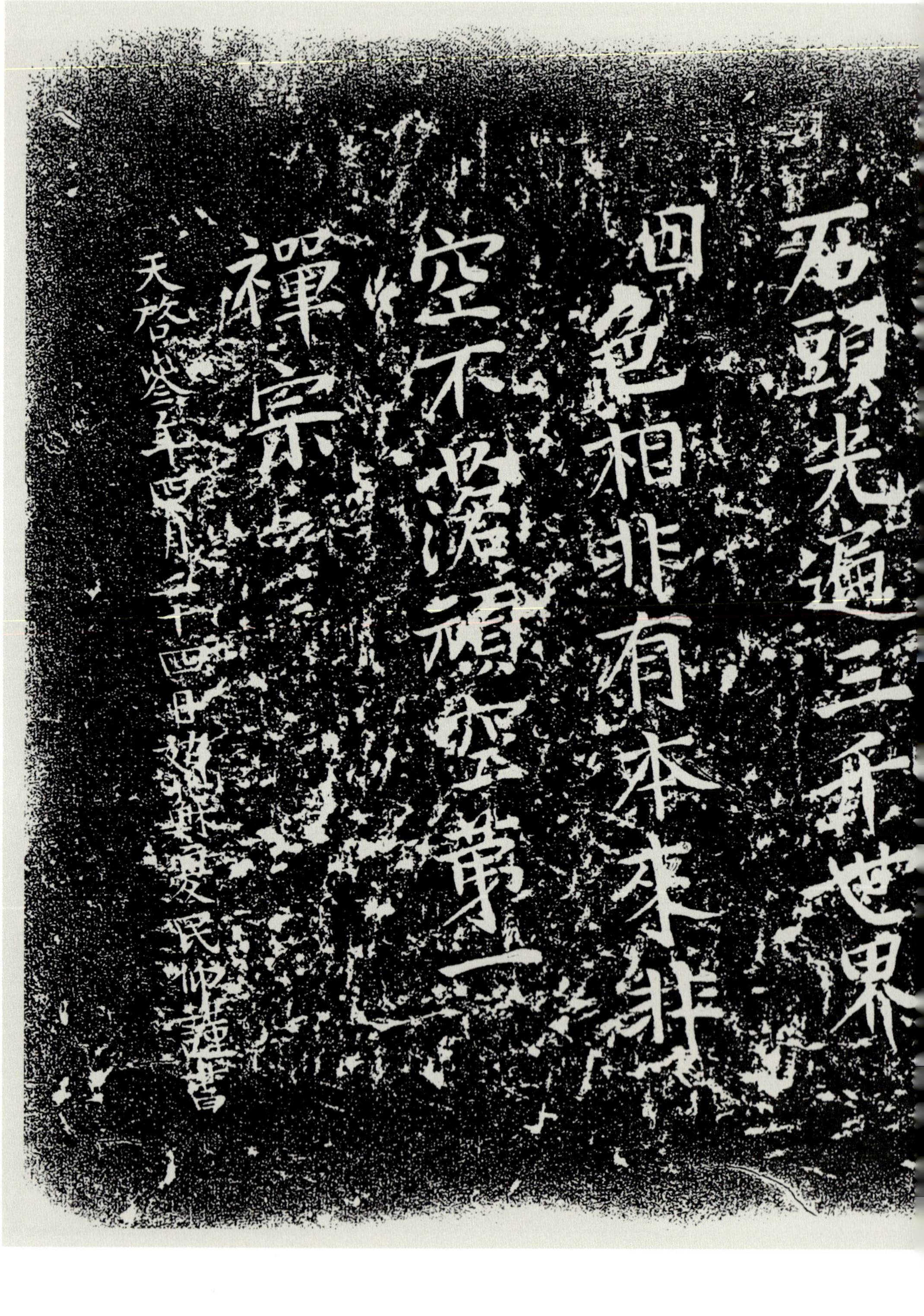

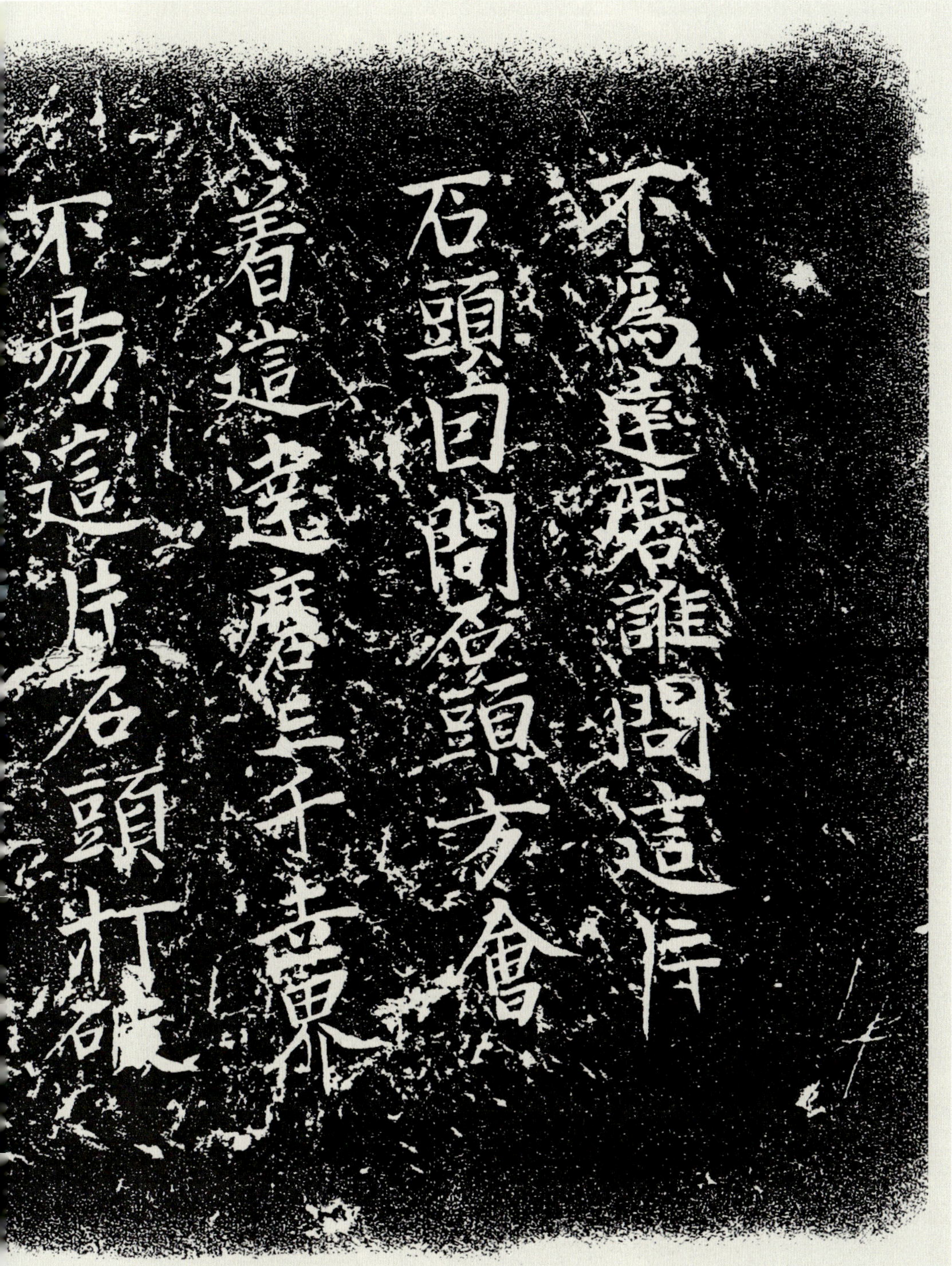
不為這磨誰問這件
石頭曰問石頭方會
着這遠磨三千萬界
不易這片石頭打破

钦依少林寺传曹洞正宗第二十六代雪居大师安乐处

天启三年

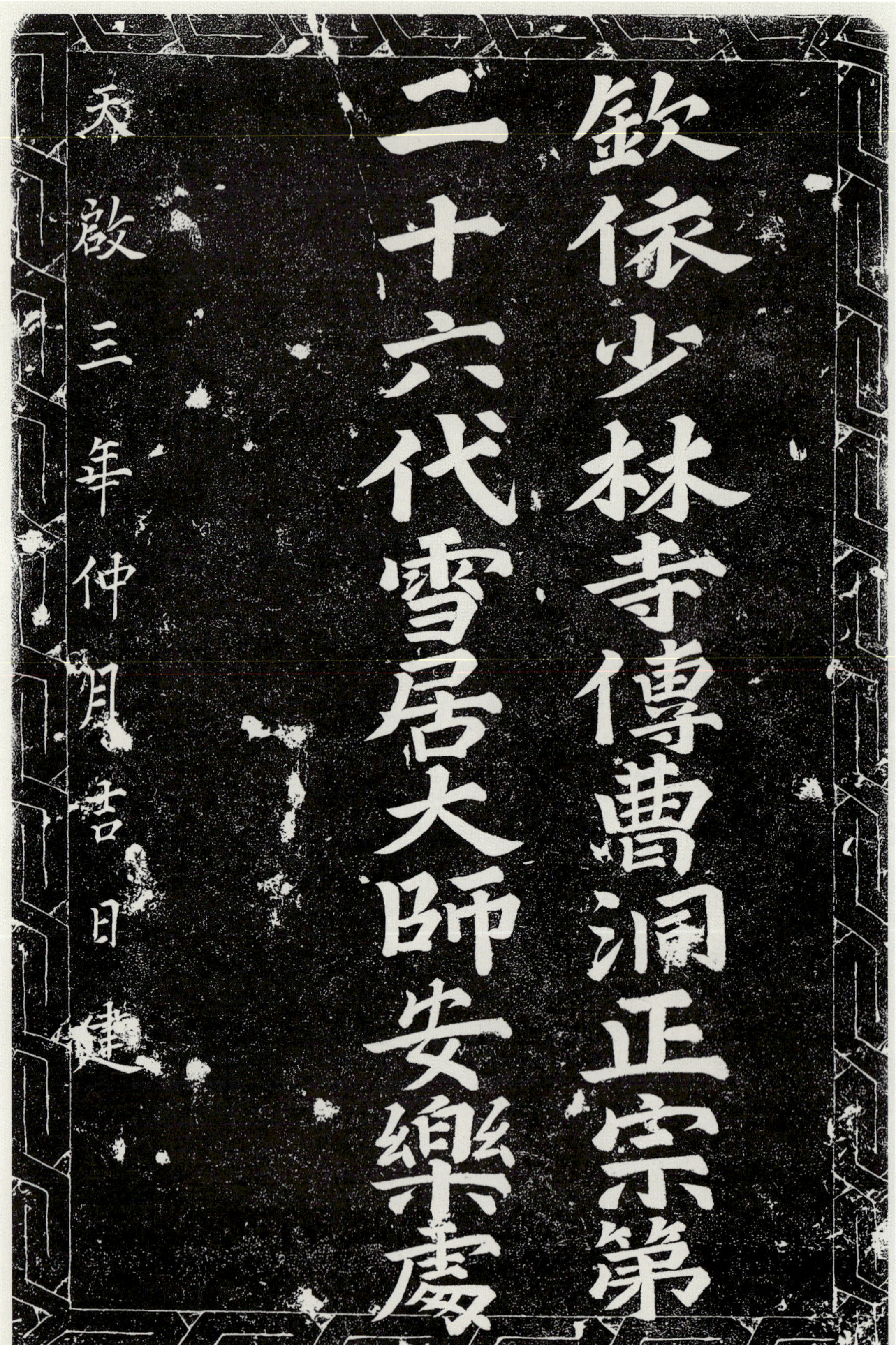

题少林寺诗

梁建廷　天启三年

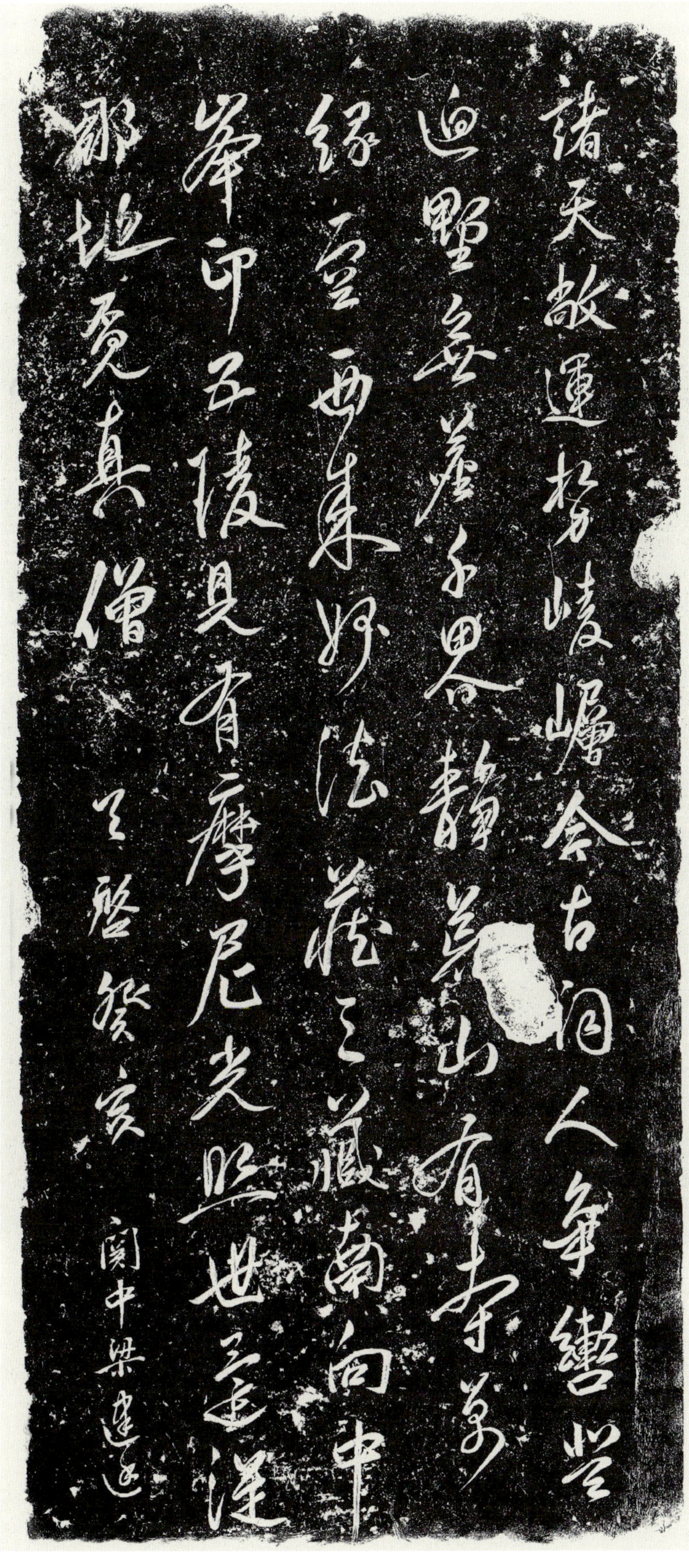

游少室及道公入寿藏序

刘安行撰　天启三年十二月

敕赐祖庭大少林禅寺授教恩师房公右室大和尚寿灵之塔

天启四年三月

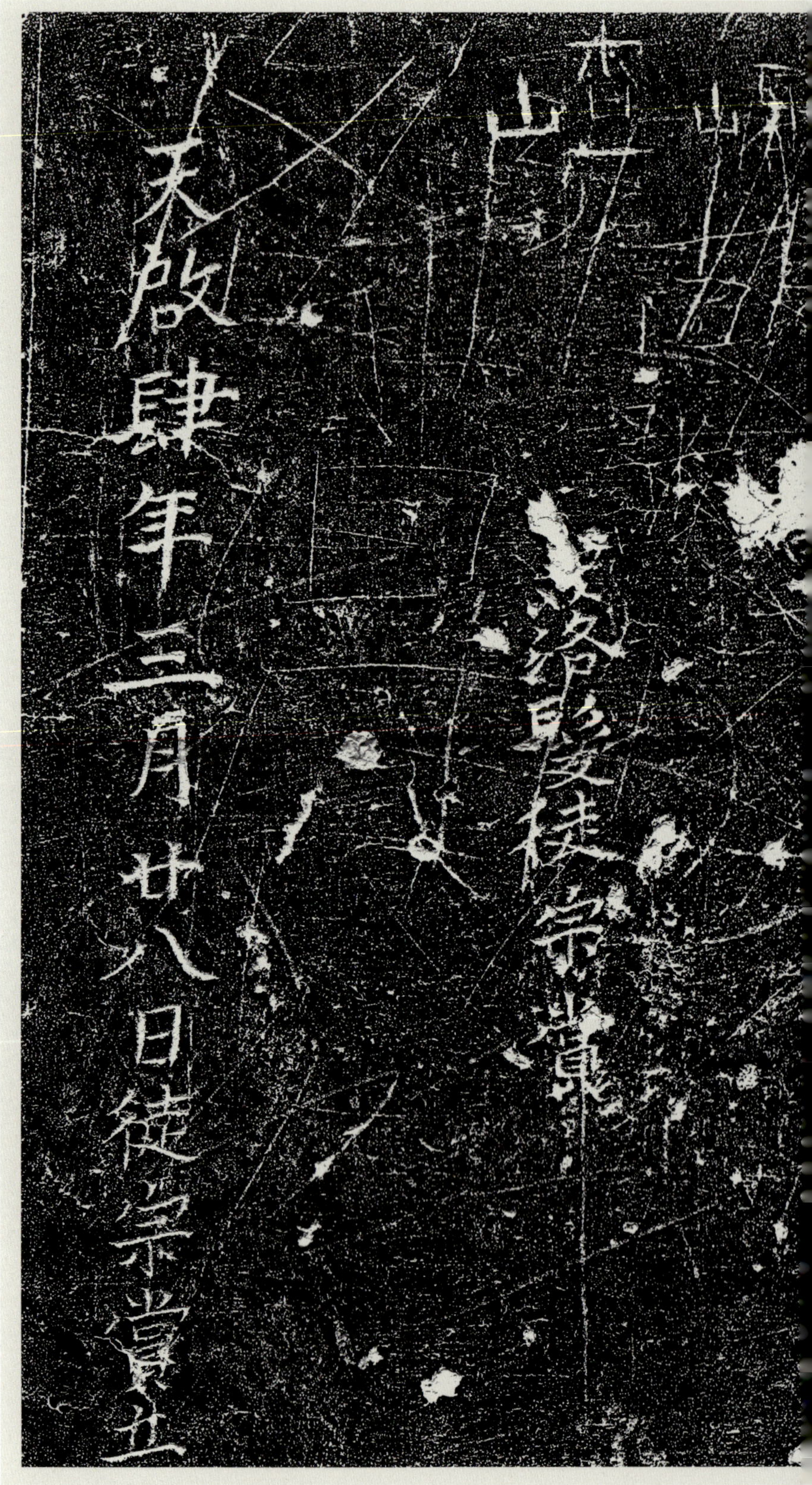

敕賜祖庭大少林禪寺
授教恩師房公名室
大和尚壽靈之塔

钟馗像碑

梁建廷题　天启四年四月

钦命河南少林寺创建千佛阁兼权方丈第二十六代静庵大师安乐处

天启四年四月

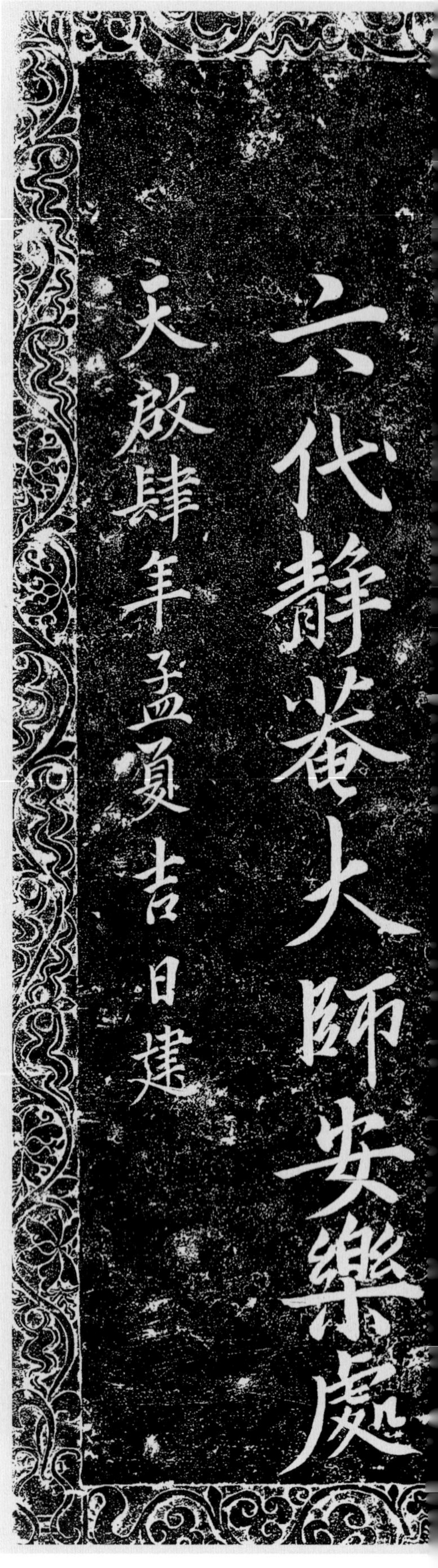

欽命河南少林寺創建
千佛閣兼權方丈第二十

达摩像碑

梁建廷赞　天启四年五月

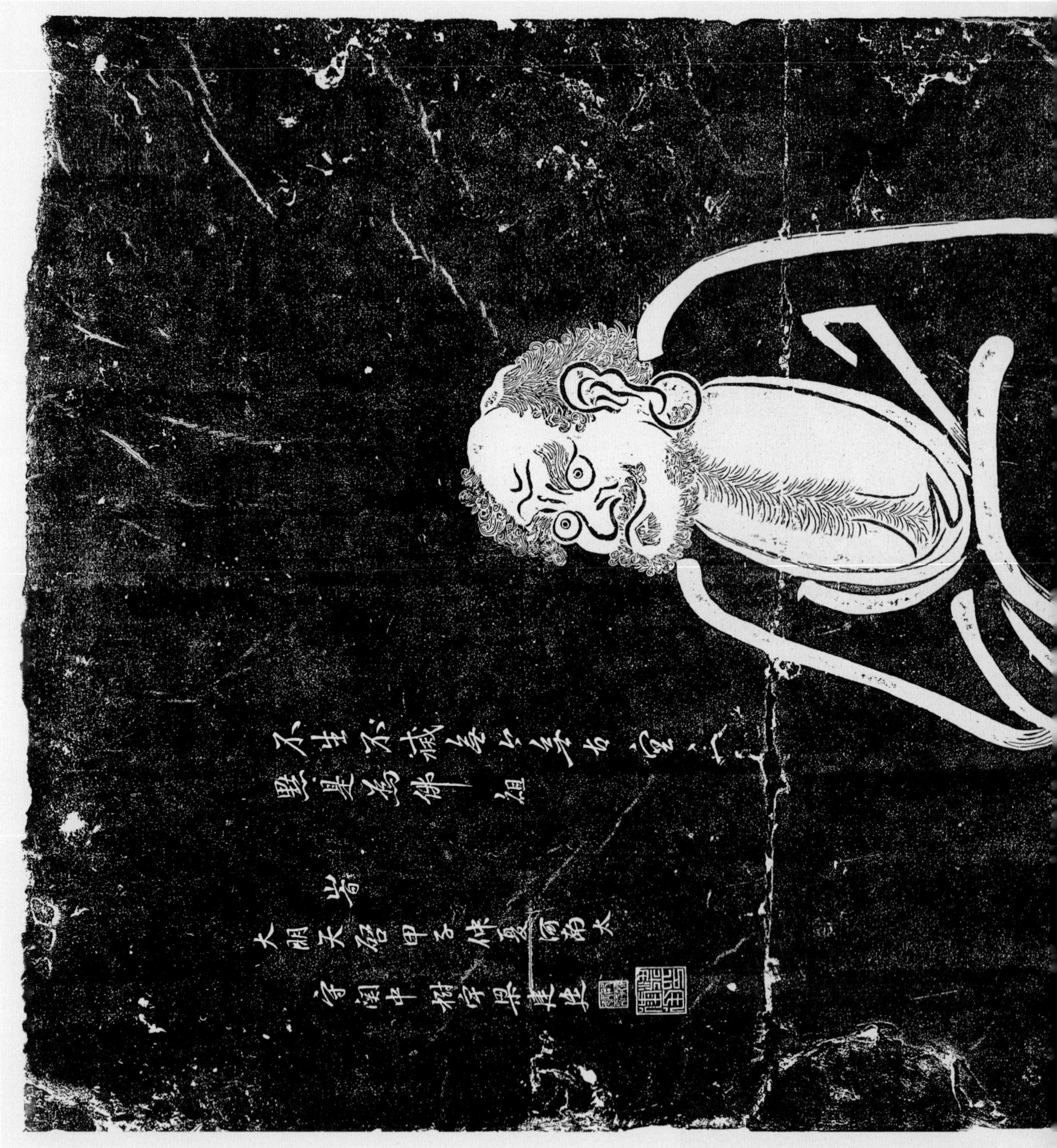

登封縣知縣劉安行立石

少林观武

程绍撰　天启五年二月

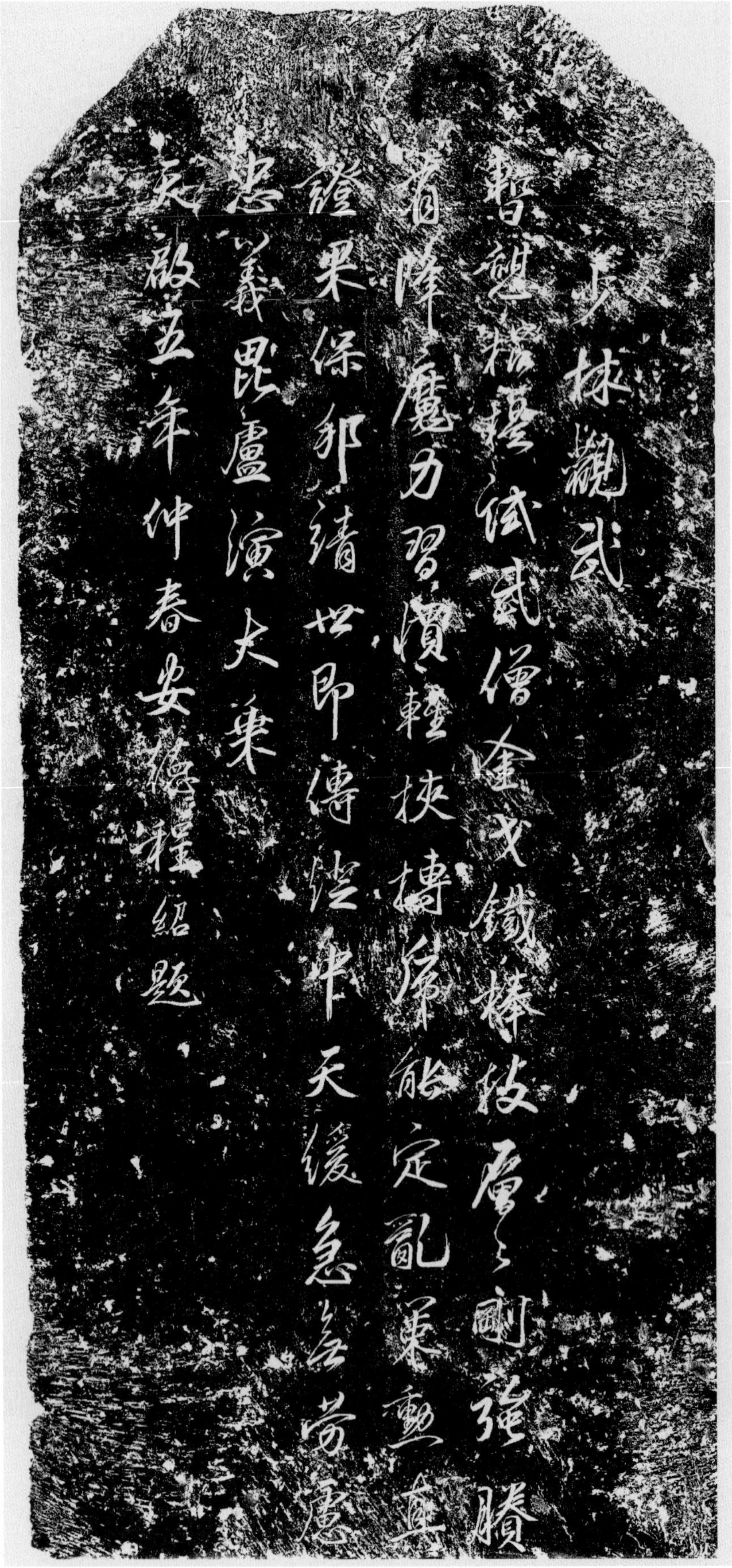

天启五年三月

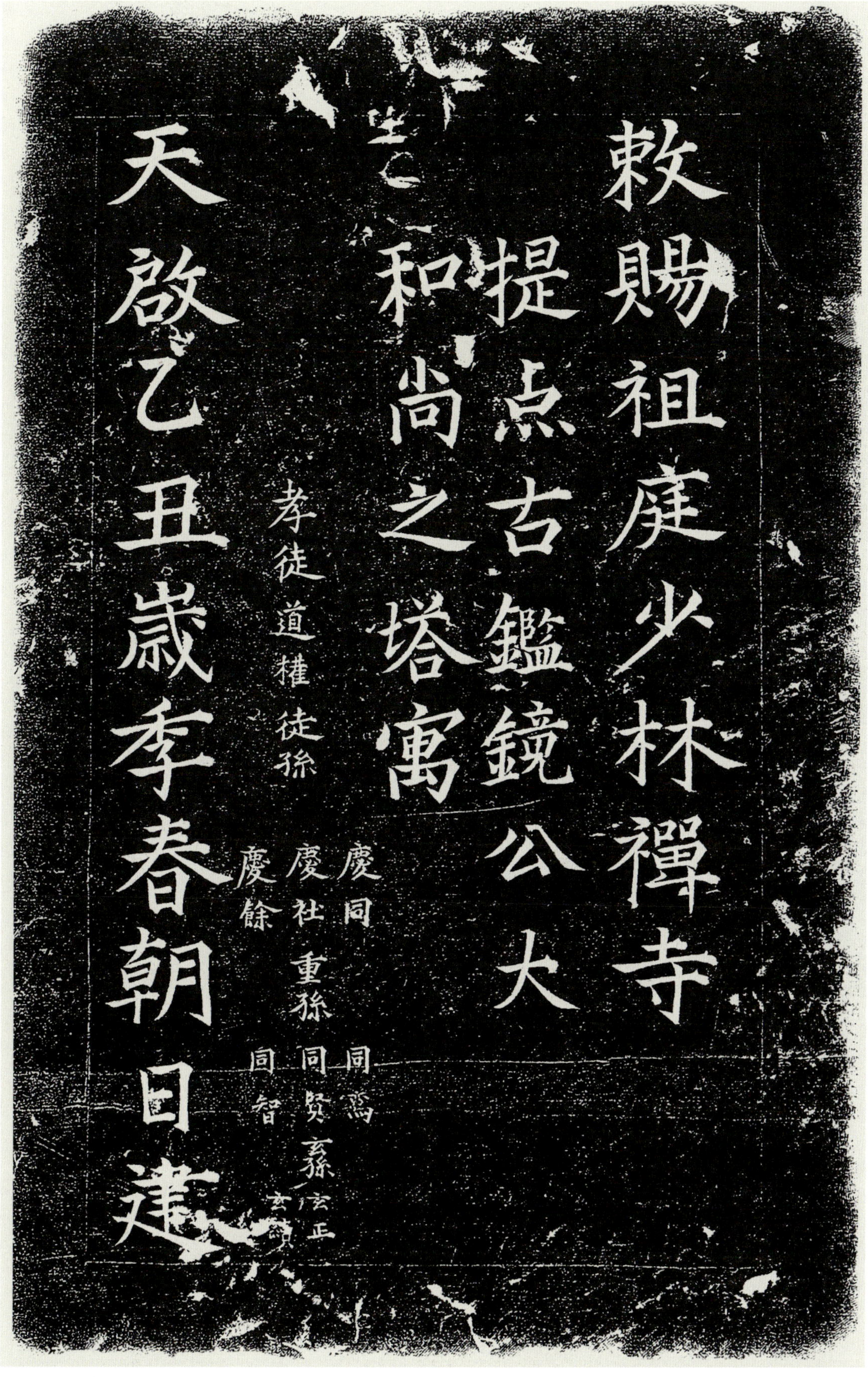

敕賜祖庭少林禪寺
提点古鑑鏡公大
和尚之塔寓
孝徒道權 徒孫
慶同 同焉
慶社 重孫 同賢 玄孫 法正
慶餘 同智 玄[illegible]
天啓乙丑歲季春朝日建

敕赐祖庭大少林禅寺恩师提点守余乡公本大和尚寿算之塔

天启五年四月

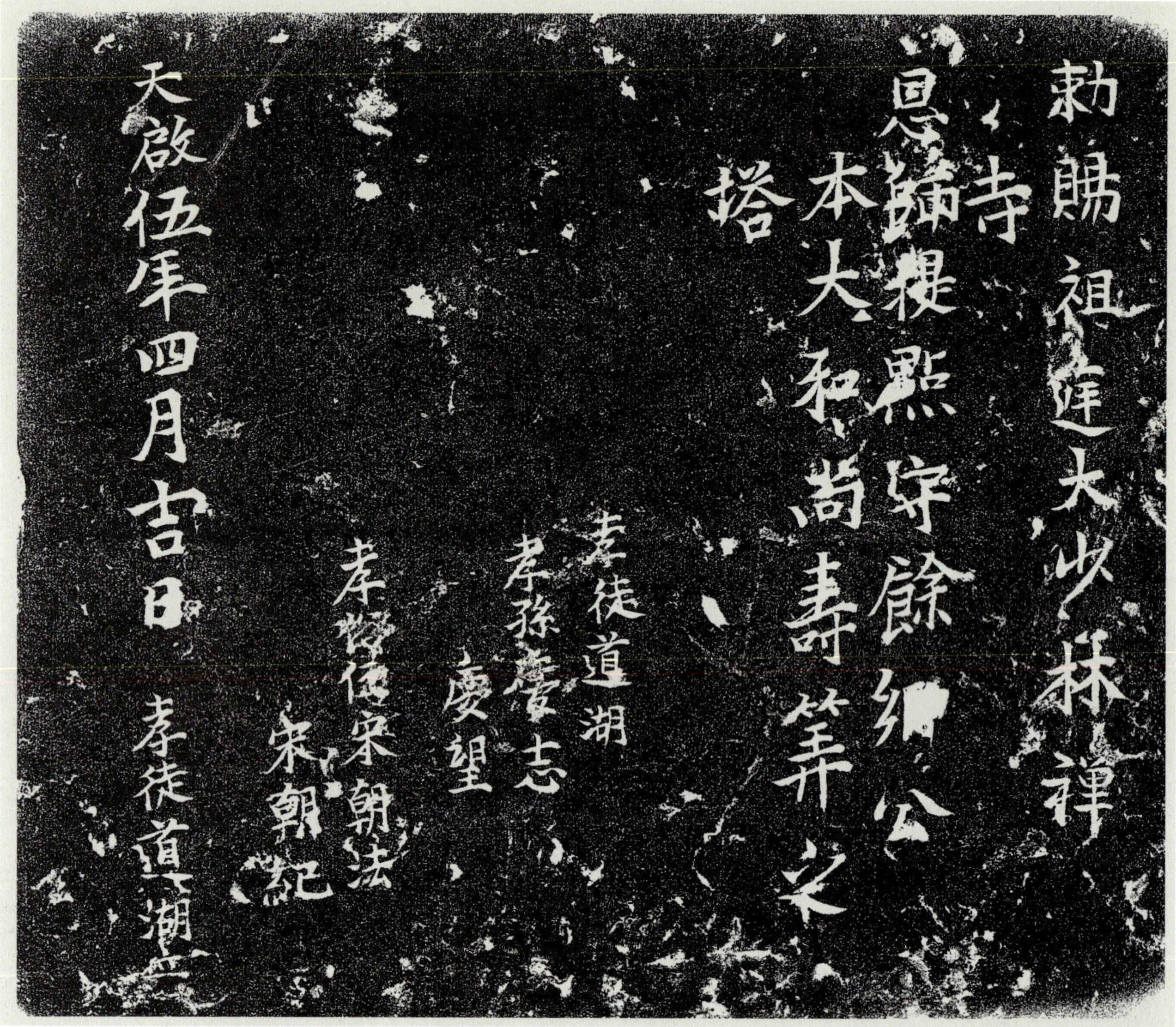

敕赐祖庭大少林禅寺恩祖征战有功大才便公寿算八十三岁本大和尚之灵塔

天启五年四月

敕赐祖庭大少林禅寺千佛阁焚修冠带住持提点信公道源大和尚寿塔

天启七年二月

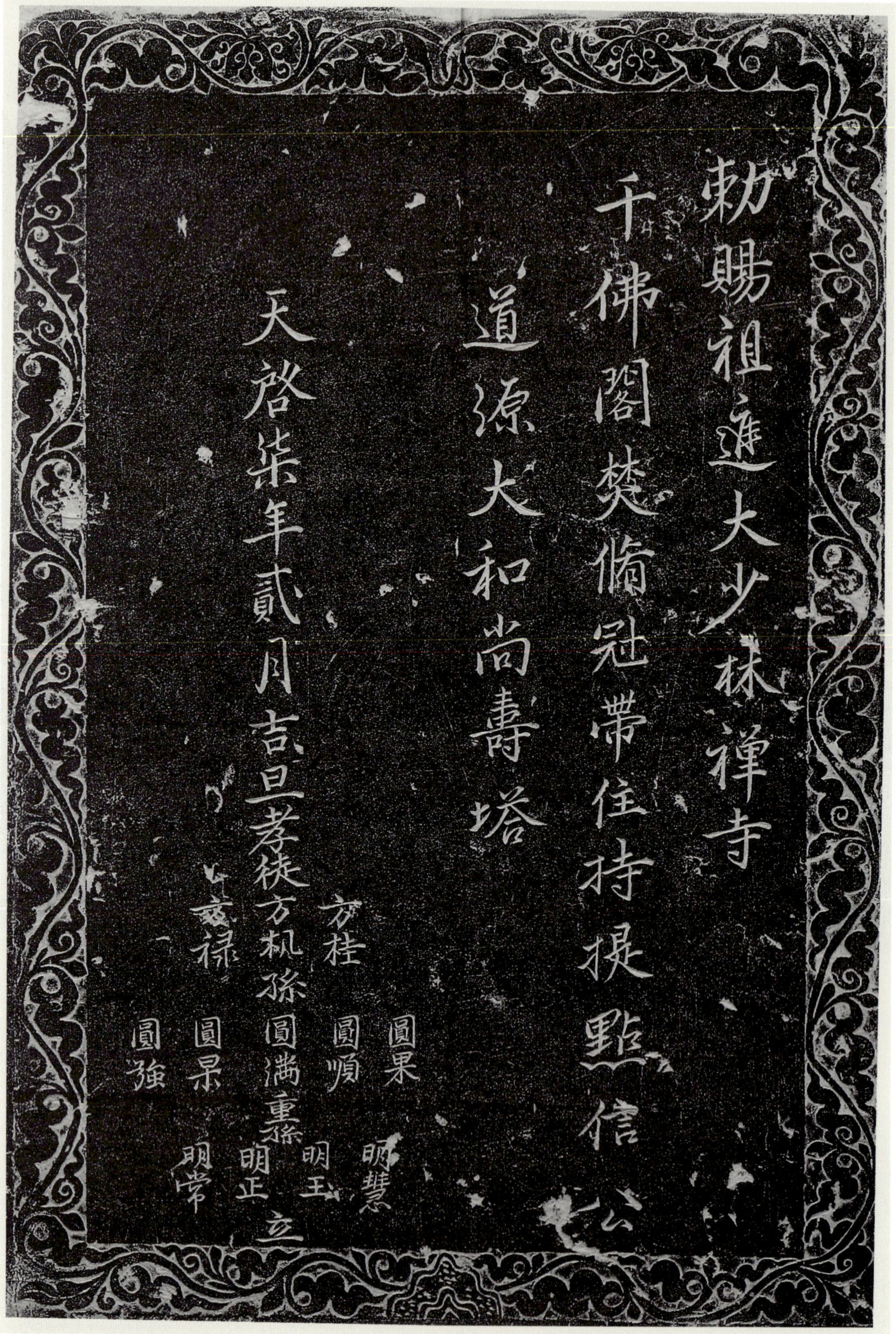
敕賜祖庭大少林禪寺
千佛閣焚脩冠帶住持提點信公
道源大和尚壽塔
天啓柒年貳月吉旦孝徒方桂 方枫 方祿 孫圓果 圓順 圓滿 圓景 圓強 重孫明慧 明玉 明正 明常 立

告文
孟津王鐸沐手撰
稽十月十二日廼
中嶽尊神成道昇真之日今崇禎三年復值此
日百神蘇集赴靈效職蒸牲濟濟供事嶽
神嶽神廼面
上帝揖拜神與帝語凡人間善惡禄壽命消
長之事增算餘紀惟神權之嗜欲聞先惟神
兆之私從厥生惟神昌之今維陽御史邢紹
德剛心滌品剋事煉腸堂神之靈炯所不知
而震風者屢至咏誦口食之役當宮主又尚
未嶷立豈神之喆睿至暮好是正直坐晰之
而不惻動也其敢爲香禮勤其器爲神奏之

多陽山谷江[illegible]鈞洛皆何[illegible]神[illegible]之鬼烝之[illegible]烝

之竊耶盖淫昏借祀之鬼假托神威將以何

爲汩擾人之微嗣使愚民溺而求福不吉於

神罔其畀汩擾忠孝家之微嗣使逞其舉更

倍其畀非神所當式遏其慾後至曰予則棓

壞法曰予則戕小眚曰予則笞郊遂曰予則

屛黜而後愉快哉况神之所迎者吉人之善

氣也人之善氣[illegible]而[illegible][illegible]也[illegible]生[illegible]

大夫士脩壇豆潔幣祿非瀆非諂薦實而非

食僞又禱所當禱也當禱當與神必允奏於

思媚之婦祿祺是兆衍慶是香東方至婚明

之期惡月再相齊之謀辭子顯毋知之奇假

樂出抱爲學豐盈貲暈實許亦孔之呱其老

壽蕃衍也如雲膚寸山則吐之如雨縕戀雲

則畀之釐善如渴渴即與之神聰明正直與

人謀與帝謀則淫祀之鬼不爲靈眞不足信

[illegible]共童未合[illegible]辛以[illegible]

[illegible]民人皆[illegible]喧蠓吁哉惡行而不[illegible]曰汝[illegible]
御史恐夌紫亂朱作蘗而為神羞嗚呼人處
世想因缺一變則神之患不僅加於一邪氏
子一家而已如謂壽命之柄神實不司邪兆
善懲惡之心神實不名邪予奪消長之數神
實不增減邪明明在上凛凛在前不幾以此
誣神哉今為善至於奪氣求仁因而解心神
何以鼓萬物而作人善姦族雲仍邪正雜揉
而相寇上帝不寧神心不樂有是理歟有是
理歟敬告

南京戶部侍郎呂維祺
原任太常寺卿郭興言
翰林院侍講王鐸
兵科都給事中張[illegible]逵
吏部稽勳司郎中[illegible]
巡按陝西監察御史張應辰

紹德者清邵君體自諸生以暨今日事於老
母有温清色養不如志耶曰不矣爰冠歲之
鐵勁氷寒憐民夜而不竭於君耶曰不矣利
人濟物恡財不救於湯火俾榮不生枯生不
轉死耶罔恥噬敢鈎吹孤寡宅畮田據族適
姻畔否谷然私交人而貌耶則又曰不矣益
修組之闇人所有事不垢其身而寥往陋非
神代濯也萅祥選禮以茂人之陽華人之善
非人之所得冥專也是神之事也神欲不事
神不得而不事也神或曰上帝攸統以陰騭
于下夫惟嶽降神生甫及申非神之已事乎
昭昭帝廷邈然無私况神即請於帝以紹德
孝忠義仁帝必喜無有不從闕疊之脩董汲
之才俾維之學胡璉之器降以麒麟卿士大
夫孰曰不宜且十餘年間亦大可疑矣或者
上帝玄慮静鑒高幽不殉衆欲如人世官[illegible]

碑阴

重修横翠亭记

慧喜志　寂光书　崇祯四年八月

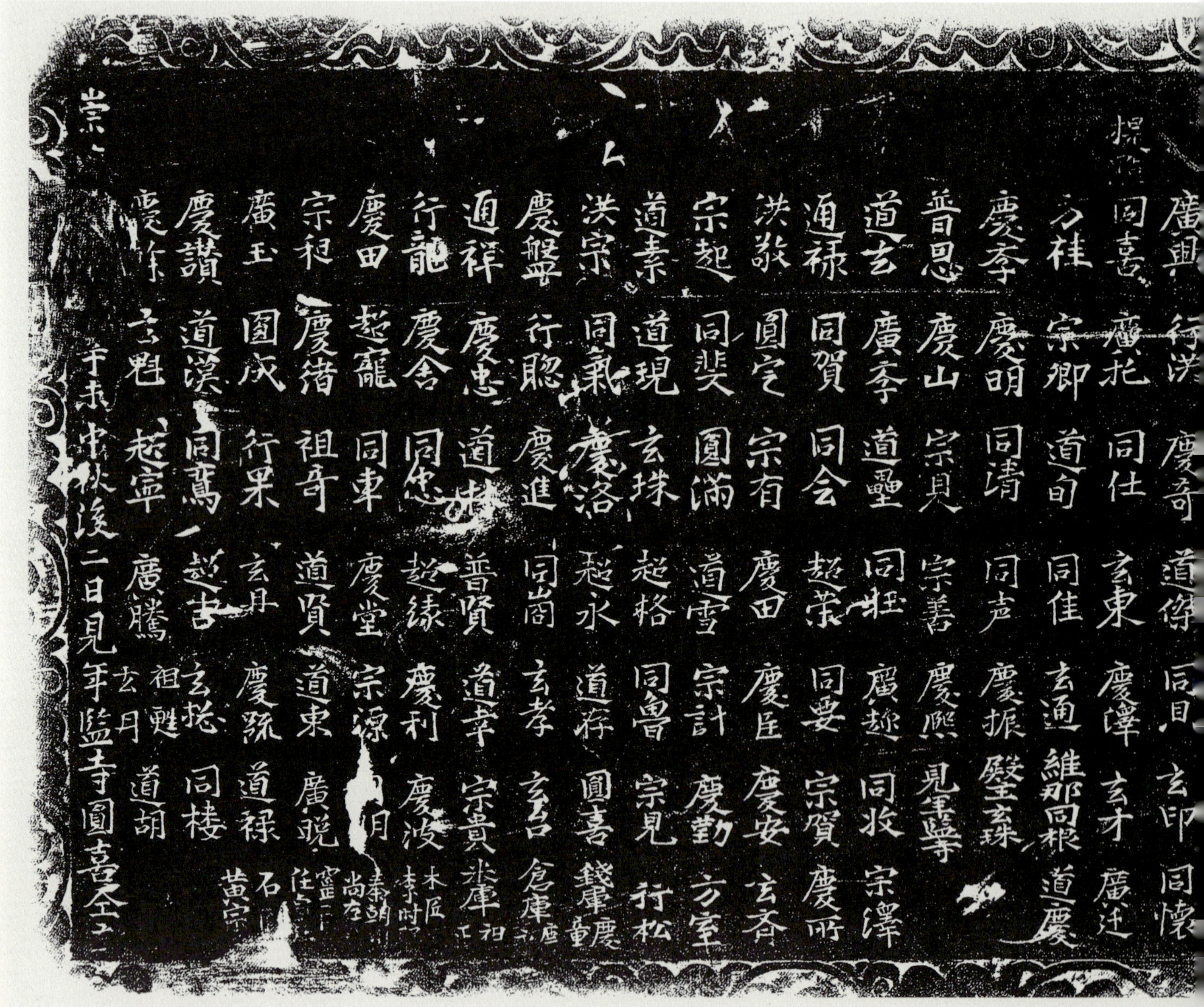

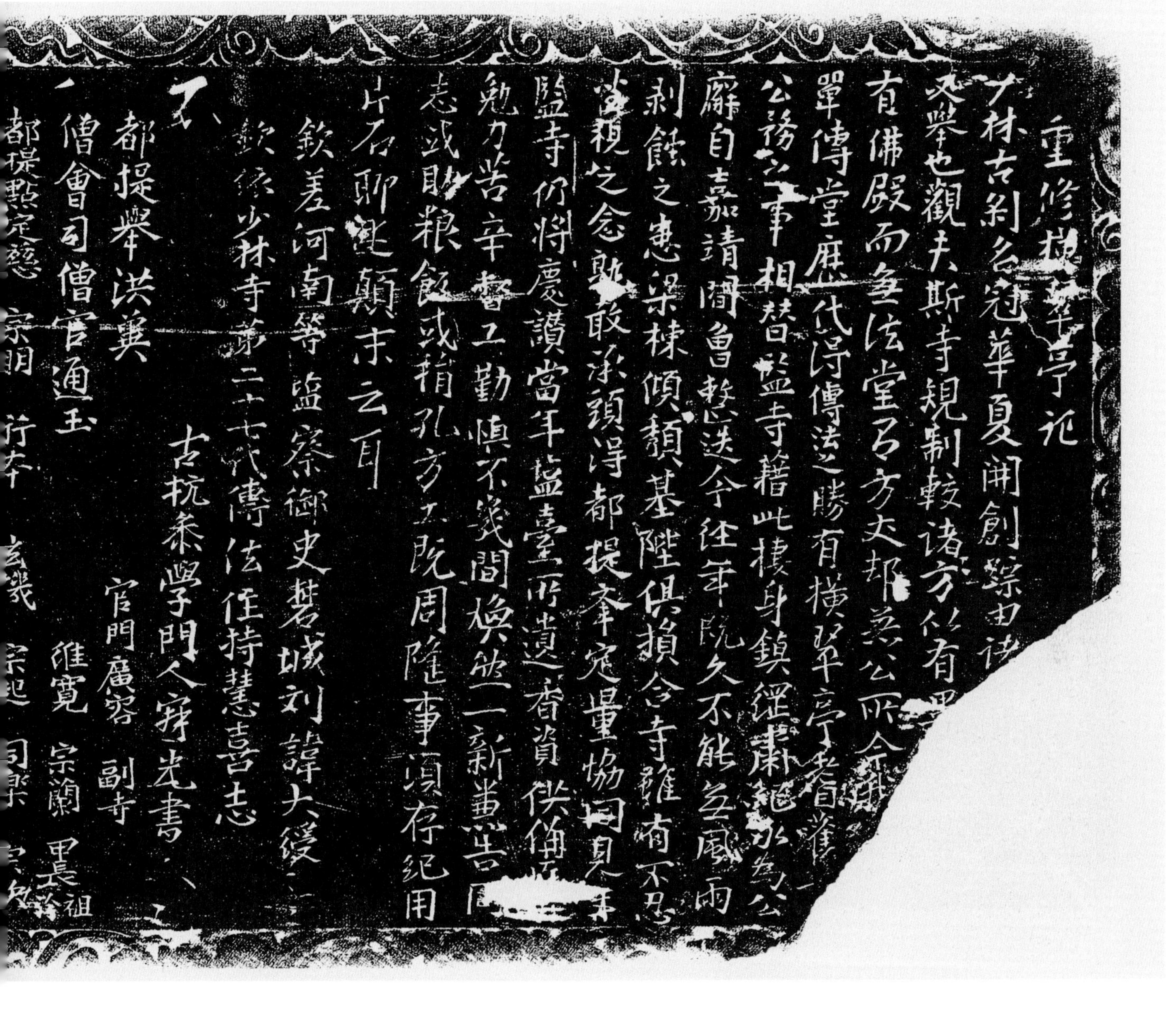

重修橫翠亭記

少林古刹名冠華夏開創緣由詳[illegible]
又舉也觀夫斯寺規制較諸方似有[illegible]
有佛殿而無法堂乃方丈郝菴公所[illegible]
單傳堂歷代得傳法之勝有橫翠亭者[illegible]
公務之事相替監寺稽此樓身鎮徑肅[illegible]
廨自嘉靖間魯整送今往年既久不能無風雨
剝蝕之患梁棟傾頹基陛俱損合寺雖有不忍
坐視之念孰敢承頭得都提舉寬量協同[illegible]
監寺仍將慶讚當年監臺所遺香資供[illegible]
勉力苦辛督工勤慎不幾閱歲煥然一新並告同
志或助糧飯或捐孔方工既周隆事須存紀用
片石聊述顛末云耳

古杭叅學門人釋光書

欽差河南等處監察御史碧城劉諱大綬
欽依少林寺第二十七代傳法住持慧喜誌

都提舉洪眞
僧會司僧官通玉
都提點定慈

王铎撰　毛文炳篆额　禹好善书　崇祯十年十一月

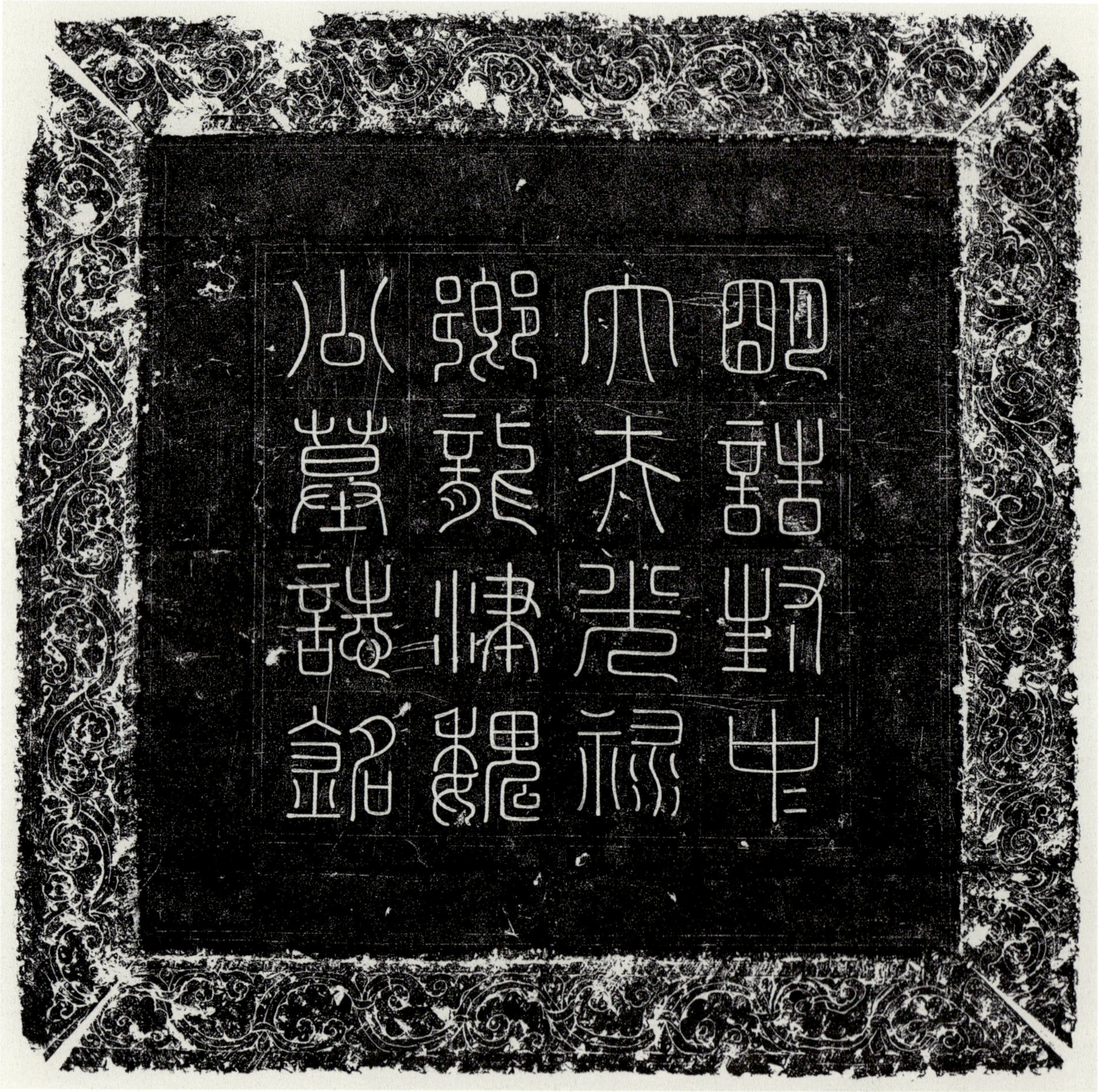

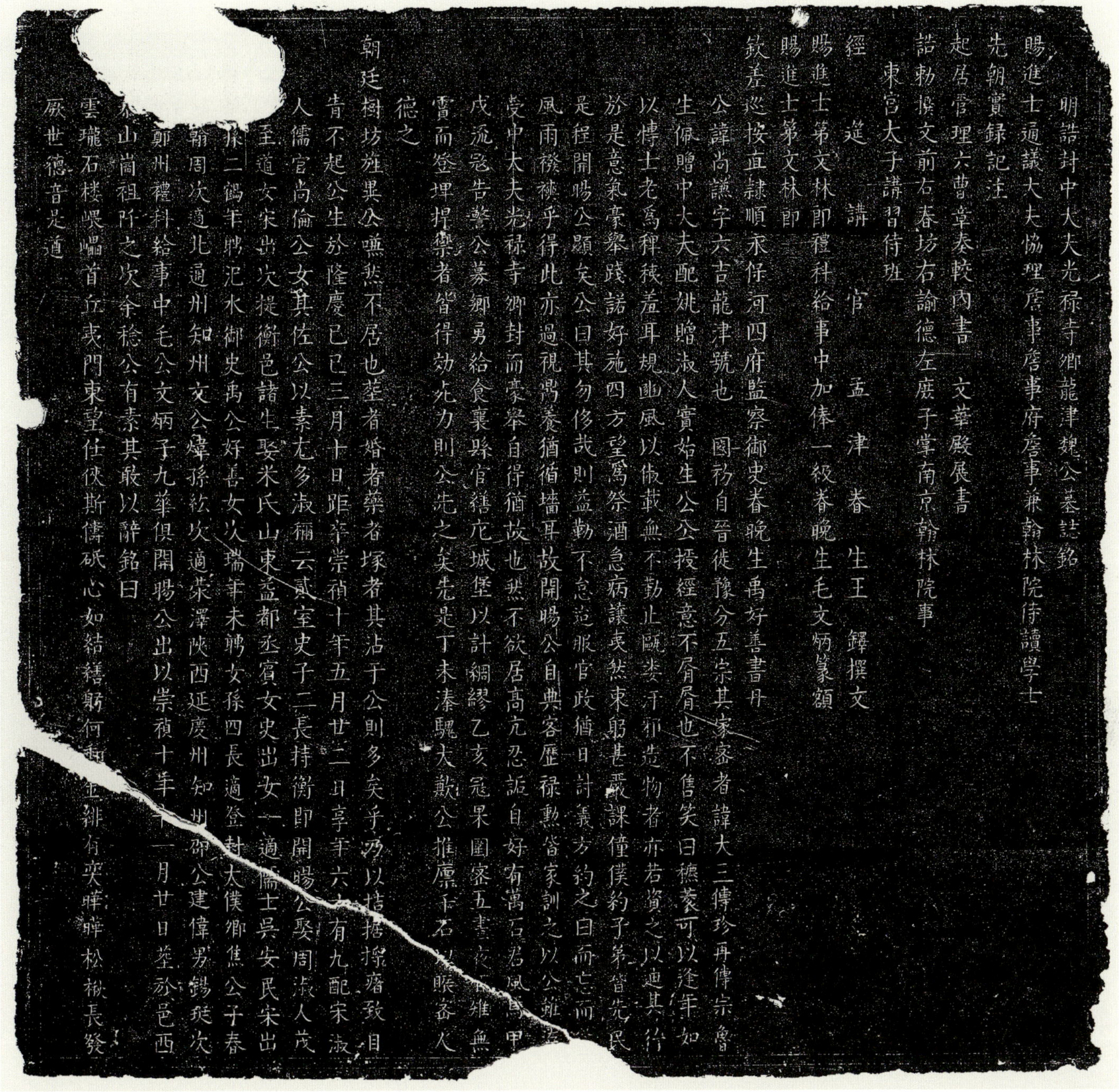
明誥封中大夫光祿寺卿龍津魏公墓誌銘
賜進士通議大夫協理詹事府詹事兼翰林院侍讀學士
先朝實録記注
起居管理六曹章奏較內書　文華殿展書
誥敕撰文前右春坊右諭德左庶子掌南京翰林院事
東宮太子講習侍班
經筵講官孟津春生王鐸撰文
賜進士第文林郎禮科給事中加俸一級眷晚生毛文炳篆額
賜進士第文林郎
欽差巡按直隸順永保河四府監察御史眷晚生禹好善書丹
公諱尚謙字六吉龍津號也　國初自晉徙豫分五宗其家崙者諱大三傳珍再傳宗魯
生佩贈中大夫配姚贈淑人實始生公公授經意不屑屑也不售笑曰穠蔆可以逢年如
以慱士老為稗稊羞耳規幽風以傚載無不勤止甌窶汙邪造物者亦若資之以適其衍
於是意氣豪舉踐諾好施四方望為祭酒急病讓夷然束躬甚嚴課僮僕約子弟皆先民
是程開賜公顯矣公曰其勿侈哉則益勤不怠迨服官政猶日討義方約之曰而亡而
風雨穰穰乎得此亦過視爲養循循墻耳故開賜公自典客歷祿勲皆家訓之以公雖
壹中太夫光祿寺卿封而豪舉自得猶故也然不欲居高亢恐詬自好有萬石君風焉甲
戌流寇告警公募鄉勇給食襄縣官繕庀城堡以計綢繆乙亥寇果圍密五晝夜雖無
賣而登埤捍禦者皆得効死力則公先之矣先是丁未溱騩大歉公推廩平石以賑畜人
德之
朝廷樹坊旌異公嘸然不居也葬者婚者藥者塚者其沾于公則多矣乎乃以拮据瘏致目
青不起公生於隆慶己巳三月十日距卒崇禎十年五月廿二日享年六十有九配宋淑
人儒官尚倫公女其佐公以素尤多淑稱云貳室史子二長持衡即開賜公娶周淑人茂
至道女宋出次提衡邑諸生娶米氏山東益都丞賓女史出女一適儒士吳安民宋出
孫二鶴年聘汜水御史禹公好善女次瑞年未聘女孫四長適登封太僕卿焦公子春
翰周次適北通州知州文公煒孫紘次適滎澤陝西延慶州知州邵公建偉男錫珽次
鄭州禮科給事中毛公文炳子九華俱開賜公出以崇禎十年十一月廿日葬於邑西
泰山崗祖阡之次余稔公有素其敢以辭銘曰
雲瓏石樓嵔嵔首丘裒門東望佳俠斯儔砥心如結繕躬何金緋有奕曄曄松楸長發
厥世德音是道

重修东岳寝殿金装神像碑记

屈复伸撰　崇祯十二年七月

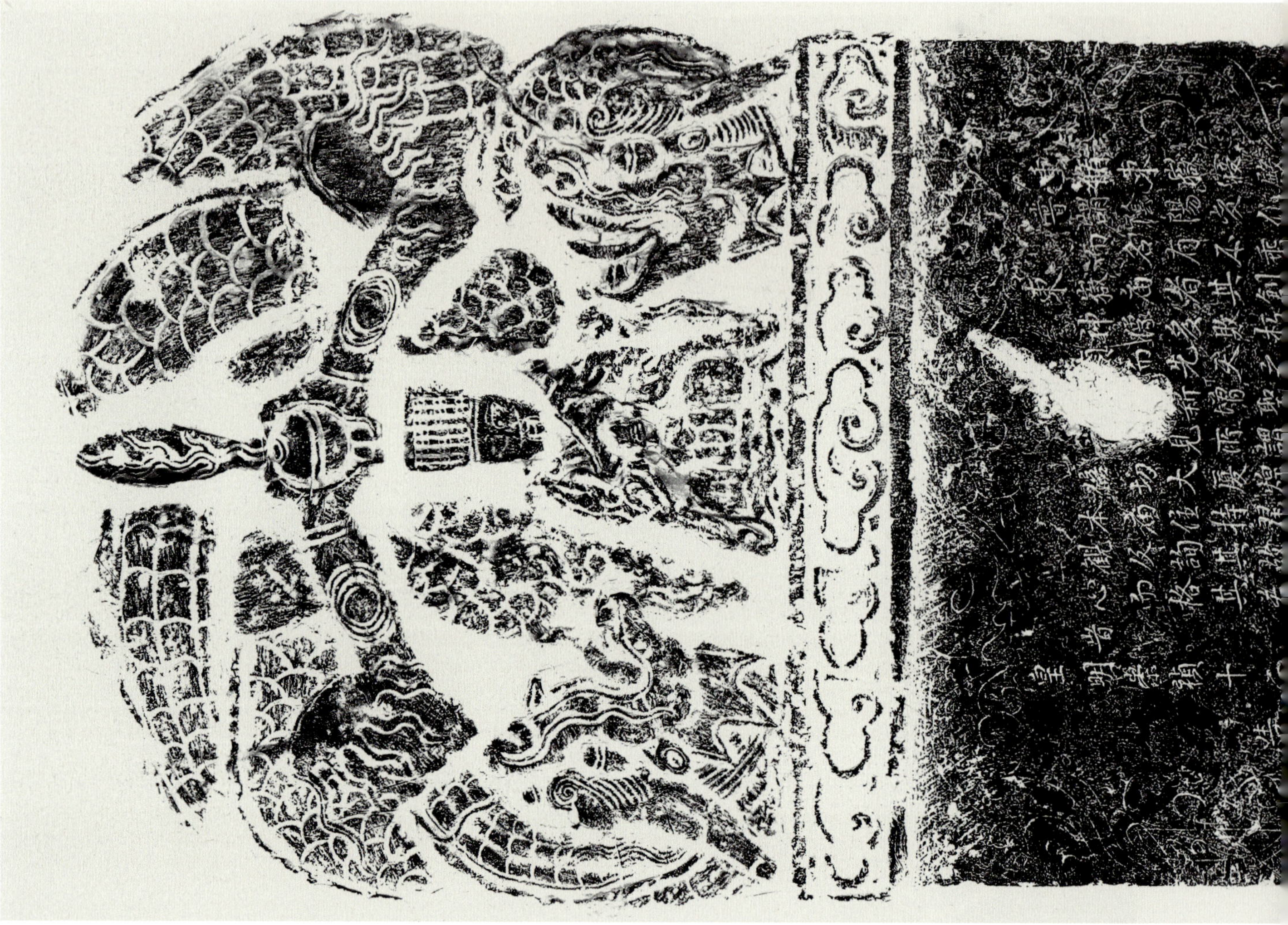

图书在版编目（CIP）数据

郑州金石志. 明代编 / 郑州市地方史志办公室编著
. -- 北京 : 中国水利水电出版社, 2021.12
（郑州市地方史研究丛书）
ISBN 978-7-5226-0185-4

Ⅰ. ①郑… Ⅱ. ①郑… Ⅲ. ①金石－汇编－郑州－明
代 Ⅳ. ①K877.22

中国版本图书馆CIP数据核字(2021)第214667号

选题策划 马爱梅 宋建娜 李慧君
责任编辑 戴甫青
书籍设计 李 菲 芦 博 龚 煜

丛 书 名 郑州市地方史研究丛书
书 名 郑州金石志 · 明代编
ZHENGZHOU JINSHI ZHI · MING DAI BIAN
作 者 郑州市地方史志办公室 编著
出版发行 中国水利水电出版社
(北京市海淀区玉渊潭南路1号D座 100038)
网址: www.waterpub.com.cn
E-mail: sales@mwr.gov.cn
电话: (010) 68545888（营销中心）
经 售 北京科水图书销售有限公司
电话: (010) 68545874、63202643
全国各地新华书店和相关出版物销售网点

排 版 北京金五环出版服务有限公司
印 刷 北京天工印刷有限公司
规 格 210mm×285mm 16开本 26印张 608千字
版 次 2021年12月第1版 2021年12月第1次印刷
定 价 289.00元